北大国学课

文章 编著

北京工艺美术出版社

图书在版编目（CIP）数据

北大国学课/文章编著． —— 北京：北京工艺美术出版社，2017.6（2021.6重印）

（第一阅读系列）
ISBN 978-7-5140-1044-2

Ⅰ.①北… Ⅱ.①文… Ⅲ.①国学－基础知识 Ⅳ.①Z126

中国版本图书馆CIP数据核字（2017）第052877号

出 版 人：陈高潮　　　　　装帧设计：青蓝工作室
责任编辑：张怀林　　　　　责任印制：高　岩

法律顾问：北京恒理律师事务所　丁　玲　肖灵利

北大国学课
文　章　编著

出　　版	北京工艺美术出版社
发　　行	北京美联京工图书有限公司
地　　址	北京市朝阳区焦化路甲18号
	中国北京出版创意产业基地先导区
邮　　编	100124
电　　话	（010）84255105（总编室）
	（010）64283627（编辑室）
	（010）64280045（发　行）
传　　真	（010）64280045/84255105
网　　址	www.gmcbs.cn
经　　销	全国新华书店
印　　刷	金世嘉元（唐山）印务有限公司
开　　本	720毫米×1020毫米　1/16
印　　张	24
版　　次	2017年6月第1版
印　　次	2021年6月第2次印刷
印　　数	5001～55000
书　　号	ISBN 978-7-5140-1044-2
定　　价	59.00元

前　言

国学是一个国家特有的传统历史文化和学术研究。它的含义非常广泛，涉及中国古代的思想、哲学、科学、技术、历史、地理、政治、经济以及书画、音乐、术数、医学、星相、建筑等诸多方面。

在很多人的想象中，国学是一种虚空久远的学问，对我们的现实生活毫无建树。事实上，国学是从一种更宏观的角度来建立我们对现实生活的感知和改造，我们在生活中的诸多行为习惯、诸种思维方式都可以在国学中找到依据。只是，国学研究的现状并不乐观。尽管《百家讲坛》栏目曾经带来一时的国学热潮，但这种"热而不火"的短暂潮流并不能促使大众进行深入的国学学习和长期的自觉传承。而现今教育和媒体对如何更大范围地推广传播国学思想也没有提出更为完善的模式。其实，国学的热衷者并不少，但是作为中国人应该了解的老祖宗的传统文化和学术，国学无论从传播还是传承来说都颇为有限。

为什么国学会陷入这种尴尬的情形？原因很复杂，其中一个非常重要的方面就是大家对国学的认知有偏差。每当提到国学，很多人认为那是一种高屋建瓴的知识，"实际的利用价值"不大，与其学习这种虚无缥缈的文史类知识，还不如学些更"实际"的、更有"经济价值"的学问。比如，理科、工科等专业就很受青睐。

也许，在这个信息更新迅速的物质时代，国学给人一种"不合时宜"的感觉，但是，正是这种"不合时宜"集中体现了国学的珍贵。首先，国学经典中汇集了我们这个民族在长期的历史发展中摸索总结出的思想精粹和生活智慧。其次，国学经典中蕴藏着中华民族在历史演进中形成的闪光的道德传统，其中有很多都值得我们现代人继承发扬。最后，国学经典集中体现了我们民族文化的独特魅力，正是这种独特的魅力使我们成为世界民族之林中与众不同又不可或缺的独立个体。因此，国学中蕴含的厚重深广的人生智慧足以贯穿我们的生命，能够对每个人的一生进行一种长期的、宏观的、形而上式的指导。

对于国学的传播和传承，受众是没有限制的，但是，从传播者来说，需要一定的高度和水平。北京大学作为我国文学类科研成果最为显著的学府，在国学方面的研究水平和贡献能力有目共睹。北大是我国第一所国立大学，也是近代第一个以"大学"身份建立的学校，传承着中国数千年来国家最高学府的学统，保持了一种文化传统的正统风范，也成为中国近代高等教育的开创。在过去的岁月中，蔡元培、胡适、章士钊、马叙伦、冯友兰、朱自清、顾颉刚等知名学者为北大国学的研究做出了各自卓越的贡献，已逝的北大副校长季羡林老先生更是提出了"大国学"的观点。可以说，民国以来，中国国学的研究和传承集中体现在许多学者和大师身上，他们对国学的反思、研究、继承和推广又对当时和后世产生了深远的影响。而这些学者和大师中很大一部分又和北大有着直接或间接的关联。

对莘莘学子来说，北大国学课堂中的知识精华是真正值得认真学习和用心领会的。但是，如果大师们的智慧闪光仅仅局限于北大讲堂，对于社会将是一件憾事。因此，本书从北大国学课中选取最精华的部分，让你即使不进北大，也一样可以聆听到大师们的谆谆教诲。这是一本轻松、好玩、全面而又渊博的书，它将带领你穿越时间的阻隔，走入中国文化的深处，领略它优美而深厚的人文风光；带领你跨越地域的障碍，随时随地都能走入北大课堂，聆听国学大师们充满智慧的声音。

书中按照国学经典《四库全书》的分类，将内容分为经部、史部、子部、集部四个部分，涵盖经学、史学、诸子学说、古典文学、历代科学与艺术、典章制度等各个方面的内容，不单是收罗了大量国学瑰宝知识，让大家了解到国学研究和学习的必要性，同时，还有北大学者的各种研究成果和观点佐证。在书中，大家可以了解到国学的很多重要内容，比如，道家、儒家、释家到底讲了什么，主要思想和核心内容是什么，精髓何在。这些对诸子百家学问的探讨，让我们更清楚地认识到国学的博大精深。

编者力图用简洁的文字将国学中精华的思想传递给读者，为读者提供想知道、需要知道和应该知道的国学知识。比起学术研究层面的知识来说，书中的内容更显得通俗易懂、清新有趣。丰富的内容、简明的体例，让你一书在手，就如走进北大国学课堂；一卷在握，就将传统智慧收入囊中。

目 录

□ 经部

第一章 易经——易学中的智慧"妙胜"
《易经》是一门怎样的学问 2
《易经》成书时间有何争论 4
"爻"是何概念？如何而来 6
何谓"八卦"和"六十四卦" 8
古人如何用易学预测吉凶 9
奇门遁甲中有哪四"盘" 11
乾坤两卦蕴含了什么文化内涵 12

第二章 诗经——中华诗歌的源头，华夏文章的根基
《诗经》成书过程有几种说法 14
何谓"风雅颂"？分别有何特点 16
何谓"赋比兴"？它们如何表现诗情 19
后世四言诗对《诗经》有何继承 21
《诗经》中涉及什么饮食文化 23
《诗经》中经典植物有何意象 26
如何品读《诗经》中的爱情诗 28

第三章 礼仪——礼节、仪式所代表的社会规范
"五礼"分别指什么 30

古人的"相见礼"如何行 33
"三朝""满月""百日""周岁"分别指什么 35
"弱冠"和"及笄"分别是什么 36
古代婚姻仪式中的"六礼"指什么 38
古代婚礼有何细节事项 40
古人在饮食上有哪些礼仪 42
古人有什么尊称和谦称 45

第四章 衣饰——服饰着装也是一种制度

"钗"都有哪些形制特点 47
鞋都有怎样的发展历程 49
戒指本义为何？为何在佩饰中略失华彩 51
皇帝的龙袍都有什么讲究 53
凤冠霞帔本是贵族妇女的礼服吗 55
旗袍有何变化历程 56
唐装是唐代服装吗？它有何历史变化 58
唐女穿着真的都十分暴露吗 60

第五章 舞乐——歌舞乐律背后的文化启示

音律学在中国历史上是怎样发展的 62
什么是"宫、商、角、徵、羽" 64
"八音"分别指的是什么 66

学"三分损益法"有什么用 68
"剑器舞"就是"舞剑"吗 70
古代都有哪些乐器 71
箜篌产自何处 73
为什么把知心朋友称"知音" 75

□ 史部

第六章 历史——以人为鉴可以知得失,以史为鉴可以知兴替

为什么有些朝代会被分为"前后南北" 78
"三皇五帝"到底是指哪些人 80
"二十四史"指的是哪二十四部史书 82
"三通四史"从何而来 84
何谓编年体史书?有何代表作 86
何谓纪传体史书?有何代表作 88
何谓国别体史书?有何代表作 90
何谓"正史"与"野史" 92

第七章 节日——节日蕴含着天地人之道

元宵节有何来历?有何风俗 94
压岁钱是何时出现的 96
正月初九是什么日子 97
清明节有什么典故、风俗 99
端午节一开始是为了祛毒吗 100
七夕到底是什么节日 102
立秋都有哪些历史风俗 103
重阳节有什么旧风俗 104
腊八节有何民间故事和食俗 106
冬至有何由来和传说 108

3

第八章　职官——朝堂为官的等级典制

"储君皇太子"在帝王制度下是怎样的角色 110
"三公九卿"是怎样一种官制 113
"卿大夫"这个官职经历了怎样的变化 115
"三省六部制"的具体内涵是什么 117
俸禄制度有何演变 120
谏官有何职责 122
何谓"花翎"？它和官秩有何关系 123

第九章　科举——传统文化中的教育体制

科举制度是怎么演变的 125
"正科""恩科"都是怎么进行的 129
科举是否具有公务员性质 132
何谓"两榜"？何谓"放榜" 134
"曲江宴会""雁塔题名"是怎么回事 135
如何理解科举制中的"科名" 137
"魁星点斗，独占鳌头"有何典故 138
为何对官宦子弟有科举限制 140

□ 子部

第十章　儒家——入世的思想，实用主义的哲学

儒学里的"礼"和"仁"到底是什么 142
"温、良、恭、俭、让"是怎样的修养 144
何谓"中庸之道" 146
"格物致知"如何理解 148
何谓"天人感应"之说 150
"刑不上大夫"如何解读 152
"存天理，灭人欲"应该如何理解 154
孔子对"礼治""法治"有何态度 156
何谓"心之四端"与"人性本善论" 158
"天人相分"有何思想进步性 160

第十一章　道家——"天人合一"的大气象

道教有何文化内涵及思想渊源 162
何谓"黄老之学" 163
道教教理教义为什么是"自然无为" 165
"无为而治"有哪些代表人物 168
何谓"三玄" 170

庄子学说有何哲理之美 173
道家养生为什么讲究"天人合一" 174
道教都有哪些修炼法门 177
葛洪到底是什么人 179

第十二章 法家——以法为教的法家思想

秦是否亡于法家 182
"法家"与"法制"有何不同 185
法家认为"君臣之间"应该是怎样的关系 186
《管子》中有何"人君之术" 189
什么是"五听"断案法 190
"五刑"是什么 192
"监狱"制度是怎样完善起来的 194
《商君书》是怎样一本书 195

第十三章 兵家——"以正合,以奇胜"的军事大谋略

《孙子兵法》有怎样的思想精髓 198
古代军人都持什么"利益观" 201
姜太公为什么被称为"兵家始祖" 203
《司马法》是何书?有何价值 206
齐桓公与管仲在军事制度上有哪些改革 208
何谓"合纵连横"?有哪些人和国家参与其中 209

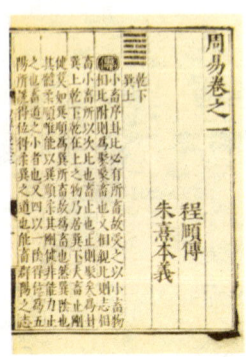

我国第一支建制骑兵是何时出现的 213
诸葛亮的"八阵图"就是一座石阵吗 214
"杯酒释兵权"隐藏了怎样的政治形势 215

第十四章　农工——农家的"劝耕桑，以足衣食"

"神农"对农业文明的贡献 218
《管子》中对农业生产有哪些独特认知 220
汉初贾谊的民本重农思想 222
《齐民要术》有何与时俱进的精神 223
《农书》有何贡献？王祯有何民本思想 225
《农政全书》为何十分重要 228
"耒耜"到底是什么器械 229
土地崇拜有何文化影响 231

第十五章　医家——从生命真谛中看中医的高度

中医是怎样诊病的 233
中药的"四气五味" 236
什么是"正气""邪气" 238
中医所说的"气血"指什么 240
什么是"经络" 242
世界上最早的人体模型是什么时候设计的 246
《黄帝内经》所讲为何 247
《伤寒杂病论》有何养生学思想 249

《本草纲目》为何被称为医学巨著..................251
"太医"和"御医"是一回事吗..................253

第十六章 书画——水墨间透析"古意"传统

中国书法有何发展历程..................254
中国书法如何追求古法与古意..................257
"文房四宝"指什么..................259
为什么说"气"是中国书法的生命..................263
甲骨文是怎样的艺术..................265
中国画有怎样的发展历程..................267
山水画如何表现山势与龙脉..................270
什么是汉墓壁画..................272
印章起源于何时？与书画有何渊源..................274
书画上都有哪些"用印"技法..................277

□ 集部

第十七章 诗学——诗歌里的美学和艺术高度

"平仄"是什么？怎么使用..................280
"建安风骨"是什么意思..................282
"诗仙""诗圣""诗佛""诗鬼"分别指哪几位诗人..................284
诗中亦有养生道..................286

如何解析项羽《垓下歌》..288
《春江花月夜》是音乐还是诗..291
如何品读《红楼梦》中的《好了歌》..292

第十八章　词学——词中韵律美的要义

词的主要题材..295
"词"和"诗"有何关系..297
"千古词帝"李后主有何妙词..299
柳永词的魅力何在..302
苏轼诗词有何创作风格..304
婉约词人李清照有何创作历程..306
纳兰词为什么这么受后人喜爱..308

第十九章　文章学——"文"是思想精华的浓缩

汉朝的"赋"为什么这么有气势..310
"句读"是什么..313
"骈体文"是什么结构..315
"序""跋""赠序"分别写什么..317
庄子"寓言"有什么特点..319
《文心雕龙》是本怎样的书..321

第二十章 小说——小说中深厚的文化内涵

中国小说都是如何发展的 324
什么是志怪小说？它在文学上有何地位 328
什么是志人小说？它在文学上有何地位 330
《琵琶记》如何体现当时的价值观 332
《水浒传》是一人所写，还是多人所著 334
《西游记》中有何现实影射 336
《金瓶梅》如何阐述"欲" 338
《聊斋志异》中的女性为何带有一些"青楼"悲情色彩 340
如何理解《镜花缘》中的"女儿国" 343

第二十一章 戏曲——唱、念、做、打的综合表演词

"戏曲"应该如何理解 346
什么是"生、旦、净、末、丑" 349
何谓"杂剧""散曲" 351
南戏和北杂剧形成于何时 353
"元曲四大家"是谁？因什么而出名 355
清代戏曲"双璧"：南洪北孔 357
《赵氏孤儿》阐述了怎样的故事 359
如何品读《西厢记》中的"红娘"一角 362
《墙头马上》是何故事？表现何种思想 365

经部

第一章

易经

——易学中的智慧"妙胜"

北大教授冯友兰先生写给1984年周易学术讨论会的贺词中对《周易》一书做了十分精辟的论断:"周易哲学可以称为宇宙代数学。代数学是算学中的一个部门,但是其中没有数目字,它只是一些公式,这些公式用一些符号表示出来。对于数目字来说,这些公式只是一些空套子。正是因为它们是空套子,所以任何数目字都可以套进去。我说周易可称为宇宙代数学,就是这个意思。周易本身并不讲具体的天地万物,而只讲一些空套子,但是任何事物都可以套进去,这就叫'神无方而易无体'。"

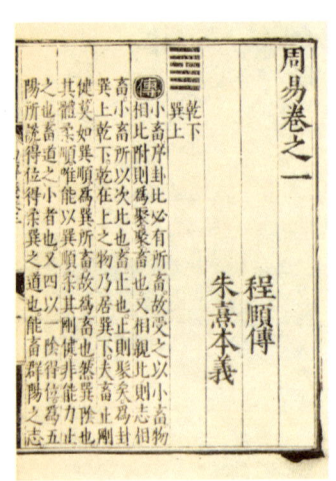

宋代程颐、朱熹注释的《周易》

《周易》的宝贵之处,就在于它把万事万物都看成处于一个不断变化的过程中,好的可以变坏,弱的可以变强,冬去春来,星移斗转,皆是如此。读懂《周易》,我们更能够用变化的眼光去看待这个世界。

《易经》是一门怎样的学问

《易经》又称《周易》,是我国最古老的经典著作之一,被尊为"群经之首",在我国文化史上有着非常深远的影响。我国传统文化中的阴阳相济、刚柔有应、自强不息、厚德载物等都是出自《周易》。四书五经的首经即为《易经》,《道德经》中有八十八句经文援引自《易经》。

《易经》中文化博大精深,被历代文人所推崇。孔子喜读《易经》,以至于"韦编三绝",孔子甚至说"假我数年,五十以学易,可以无大过矣"。可见他对《易》的用心之深。清人纪晓岚在《四库全书总目提要》中称:"易道广大,无所不包。旁及天文、地理、乐律、兵法、韵学、算术,以逮方外之炉火,皆可援《易》以为说;而好异者又援以入《易》,故易学愈繁。"

《易经》包含着相当丰富而深刻的朴素辩证法思想,它是一部讲宇宙万物与人类社会的变易法则的书;最基本的要素为阴阳概念,一阴一阳之谓道。在《易经》中,天、地与人无不包含一阴一阳的矛盾双方,"阴阳接而变化起","刚柔相推而生变化",整个宇宙都在奔流不息地变化着,没有一刻停止。在这两点之中,阳是主要的,阴是次要的;阳是领导,阴辅助领导。

《易经》中用阳爻(——)和阴爻(— —)表示阴阳,将上述阴阳爻按照由下往上重叠三次,就形成了八卦,即乾、坤、震、巽、坎、离、艮、兑八个基本卦,称为八经卦。再将八经卦两两重叠,就可以得到六个位次的易卦,共有六十四卦,这六十四卦称为六十四别卦,每一卦都有特定的名称。《易经》就是用这六十四卦来阐述对天文、地理、人事的理解,构筑成了一个严谨而完整的文化系统。同时,通过阴阳互应的道理,古人一方面注意到了这两种相反相成力量的融合,另一方面也注意到了天道和人道的相似,从自然界中找到了如何生活、如何处世的道理,这就叫"天人合一"。这种阴阳的斗争和平衡,就体现了辩证法中相辅相成的思想。

据说《易经》的释文部分《彖辞》《象辞》《说卦》等是孔子著的。而孔子于其中主张"三才","才"就是"材",天、地、人是构成宇宙的三种基本材料。宇宙分成三块,人足足占了三分之一,为什么给人这么大的分量呢?因为《易经》研究的哲理,不仅仅是天、地的哲理,而是天、地、人的哲理。所以人要像天那样,自强不息,奋斗不已;要像地那样,宽容地接纳一切,吸收一切,养育一切;要像风那样,到五湖四海去游历,睁大眼睛观

秋窗读《易》图 南宋 刘松年
《周易》一书自从问世以来,便成为士大夫的必读书,观卦象、玩卦辞,将人生哲理结合自身生活经历一一加以发挥,以便更好地修身养性,陶冶性情。秋窗读《易》,足见《易》中境界之宏伟。

察，开动脑筋思考；要像雷那样，勇猛刚烈，努力成就一番事业。四季之中，也蕴含着同样的道理：待人要像春天般温暖，做事要有夏天般的热情，思考问题要像秋天一样清爽，反省自己要像冬天一样严肃。

《易经》谆谆告诫我们要树立起"自强不息"的人生哲学，在客观事物的变化中，不可墨守成规，因循守旧，而应把握最有利的时机，采取果敢的行动，同时还要时刻想到"物极必反"的原则，防止"亢龙有悔"的局势发生。

当然，易学如此博大浩瀚，与后人不断阐发延伸不无关系，易的本质其实是非常简单朴素的。古人说："简则简，易则易。简则简之易，易则易之简，万物皆在一简一易中矣。"宇宙万物，时刻变化，人与事也演变不止。易学认为，这些看似繁复，实则简单，归结起来不过三点：

易：变易是就天地万物而言。我们要追随天地万物演化的规律，才能与时俱进。

不易：这是指天地万物的内在规律，它们是不变的。即看似杂乱无章的人生，也是遵循一些规则发生发展的。

简易：天地万物是复杂的，但是其中的规律却是简易的。剖开事物纷繁的表面，往往只能看到一个简单的内核，即是说，我们没有必要把事情想复杂。所谓"易"，即是如此。

《易经》成书时间有何争论

《易经》是中国古代的一部哲学书籍。《易经》的诞生地是现在的古都安阳。而关于《易经》的产生年代，学术界目前有以下四种说法：

说法一认为《易经》成书于春秋时期。大学者郭沫若对此进行佐证——中国思想史上天地对立观念出现很晚，周代金文中无八卦的痕迹，甚至无"地"字；乾坤等字在古书中也是很晚才出现……足见《易经》不能早于春秋时期。

说法二认为《易经》成书于西周初年。中国现代哲学家张岱年认为，卦爻辞中的故事如"丧牛于易""丧羊于易""高宗讨鬼方"和"帝乙归妹""箕子之明夷"等，都是商和西周的故事，周成王以后的故事，没有引用，因此，《易经》成书不可能晚于周成王时代。

说法三认为《易经》成书于殷周之际。学者金静芳认为，"卦出于筮"，卦象所代表的含义是通过古代巫史逐年总结占筮活动的大量记录，经过筛选整理而成

经 部

《连山》，夏之《易》，以艮卦为首。

《归藏》，商之《易》，以坤卦为首。

《周易》，周之《易》，以乾卦为首。

的，之后写成《易经》。还有学者从中国思想发展的逻辑进程和殷商之际社会矛盾中考察《易经》的成书时代，也认为《易经》成书于殷周之际。

说法四认为《易经》成书于三古。这个说法又带上了几分传统的神话色彩——远古时代，黄河出现了背上画有图形的龙马，洛水出现了背上有文字的灵龟，圣人伏羲由此而画出了先天八卦。殷商末年，周文王囚禁在羑里，又根据伏羲的先天八卦演绎出了后天八卦，也就是文王八卦，并进一步推演出了六十四卦，并作卦辞和爻辞。后来春秋时期的大圣人孔子又作了《易传》，这是一部具体解说《易经》的论文集。

于是，也就有了班固在《汉书·艺文志》中提到的"易道深矣，人更三圣，世历三古"。意思就是说《易经》的成书经历了上古、中古、下古三个时代（"三古"），由伏羲、文王、孔子三个圣人完成（"三圣"）。而这第四种说法则是易学界中比较认可和统一的观点。因这种历经"三古"的时代特色，这种主流观点则说明《易经》在当时并非是一本书流传继承。这也正好符合了《周礼》中所说的："太卜掌三易之法，一曰《连山》，二曰《归藏》，三曰《周易》，其经卦皆八，其别皆六十有四。"此处，我们可以得知，历史上的《易经》其实有三种——《连山》《归藏》《周易》，即"三易"。但是，《连山易》和《归藏易》已经失传，我们现在流传下来的其实就是《周易》一种。关于这"三易"的流传时间其实也有争议。

《连山易》据说源自神农时代，是首先从"艮卦"开始的，象征"山之出云，连绵不绝"。《归藏易》据说源自黄帝时代，是从"坤卦"开始的，象征"万物莫不归藏于其中"，表示万物皆生于地，终又归藏于地，一切以大地为主。最后就是我们现在的《周易》，主流观点是周文王被囚禁羑里所作，是从"乾、坤"两卦开始，表示天地之间，以及"天人之际"的学问不同。而另一种说法则是东汉的大儒郑玄提出的，他认为，夏代的易学是《连山》，商代的易学是《归藏》，周代的易学就是《周易》。

5

"爻"是何概念？如何而来

爻，乃是《周易》中组成卦的符号，"⚊"为阳爻，"⚋"为阴爻。阳爻和阴爻又分别有不同的属性，所以它们也有不同的象征含义。比如，阳爻象征着刚健有力、蓬勃而起的朝气，它代表着男性、阳刚、大地、太阳这种属性比较强硬的事物；而阴爻则象征着阴柔温和之意，它代表女性、阴柔、天空、月亮这种属性比较柔和的事物。

阳爻和阴爻有它们各自深刻的内涵，而每三爻又合成一卦，可得八卦；两卦相重，就是六爻。

六爻，既可以指从下向上排列的六个阴阳符号的组合，也泛指借用这种组合进行预测的方法。每个爻都有爻辞，是对那一爻的解释，六爻可以看作一件事

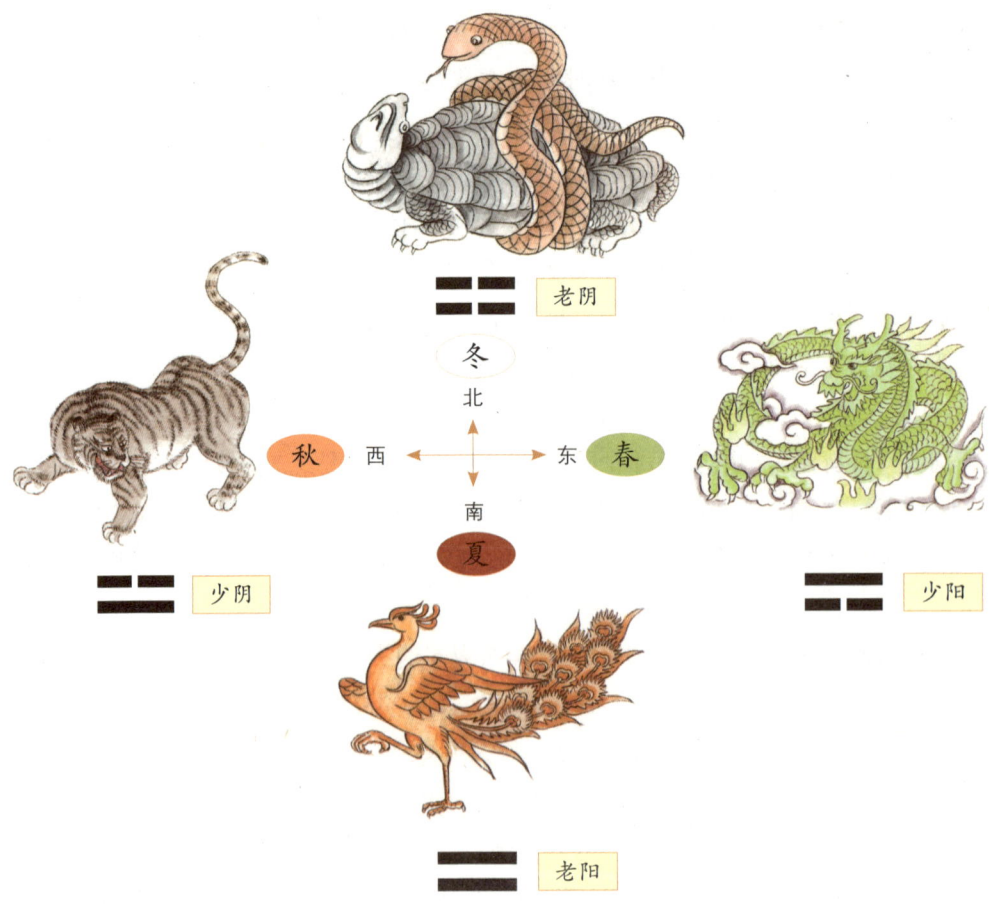

四象

太极生两仪，两仪生四象，四象生八卦。四象是指阴阳消长的四种特征，分别是老阳、老阴、少阳、少阴。

发展的六个阶段，六爻辞和卦名就是那个卦的解释。我们将最下面的爻称为"初爻"，最上面的称为"上爻"，中间的爻由下往上依次为二、三、四、五爻。阳爻称"九"，阴爻称"六"，如果初爻是阳爻，那么初爻也可以说成"初九"；如果"上爻"是阴爻，那么"上爻"也可以说成"上六"。初爻加二、三爻就是一个"卦"，我们将其称之为"内卦"，也称为"下卦"；四、五爻加六爻成另一个"卦"，称为"外卦"，也称为"上卦"。下卦是主卦，代表主方；上卦是客卦，代表客方。

"爻"是易经中比较基础的概念，它是易经八卦组成成分的最小单位，那么，这个单位本身又是如何来的呢？它本身又是什么含义呢？关于这个问题，在易学界中存在比较大的争议，我们来看看几个主要的观点。

第一个是"结绳说"

这个观点认为"爻"本身和古时候的结绳记事是有一定关系的。这个观点认为古时候人们观察日影变化，一般都会用八根绳索以记录一天的变化过程。因为八根绳索并列挂在一起，也就有了"八挂"，而后谐音为"八卦"。其中的"爻"，周易研究者李镜池则认为是打结的表现，以"⚊"为一大结，"⚋"为两小结。"☰"为三大结。"☷"为六小结。

第二个是"龟兆说"

这个观点认为，古代人用龟壳来进行占卜吉凶——用火来烧龟壳，然后根据龟壳表面的裂纹进行演算和推测。而阴爻和阳爻就是根据龟壳裂纹的具体形态演变过来的。

第三个是"男女生殖说"

这个观点认为，阴爻、阳爻的具体形状写法其实是根据男女生殖器的表现来定的，阴爻"⚋"就是女性生殖器，从形状来看，和女阴部分是很神似的；而阳爻"⚊"将其竖起来的话，也是颇有男根神似效果。同时，这也和阴爻（象征女性阴柔）、阳爻（象征男性阳刚）本身的含义有所契合。

第四个是"圭表记录日景说"

这个观点认为，爻和八卦的概念源于日影的记录。其认为，古人将一天分为三个阶段，分别是早上、中午、黄昏，而在这个过程中，如果是晴天，那么白天太阳的影子比较清晰，就用实线"⚊"来表示，而遇到阴天的时候，因为日影模糊不清就用虚线"⚋"来表示。而由爻组成的八卦则是早上、中午、黄昏三个时间段的重叠。

何谓"八卦"和"六十四卦"

八卦是易学中比较重要的概念,据说是人类始祖伏羲而制,后由周文王发展推演而出。八卦本身就表示了事物的属性和变化。就其组成部分来说,八卦是由阴爻、阳爻排列组合而成。一卦有三爻,组合成不同的八种基础形式,具体每一卦又有其代表含义。

这八卦分别是乾、坤、震、巽、坎、离、艮、兑。因为由三个爻组成,又称为"三爻卦",因为是基础卦,之后又可以组合生成六十四卦,所以又称"小成之卦""单卦"等。而之后由这八卦再组合生成的六十四卦中的一卦,又称为"重卦"。

单卦每一个都有比较清晰的卦象,我们来看一下其最基本代表含义。乾卦代表至高无上的天。坤卦代表包容万物的大地。震卦代表击响生命的雷声。巽卦代表唤醒万物的清风。坎卦代表润泽天地的雨水。离卦代表炽烈燃烧的烈火。艮卦代表孕育生灵的大山。兑卦代表生发万物的河泽。

单卦只是比较基础的概念,要分析天地大道,我们还必须知道由单卦组成的八八六十四卦的重卦,重卦就是两个单卦上下重叠。重卦对天地万物的描述和解释意味就更加的丰富和立体。我们按照周易古经顺序排列,大致说一下其卦制:

这六十四卦分别为乾卦(上乾下乾)、坤卦(上坤下坤)、屯卦(上坎下震)、蒙卦(上艮下坎)、需卦(上坎下乾)、讼卦(上乾下坎)、师卦(上坤下坎)、比卦(上坎下坤)、小畜卦(上巽下乾)、履卦(上乾下兑)、泰卦(上坤下乾)、否卦(上乾下坤)、同人卦(上乾下离)、大有卦(上离下乾)、谦卦(上坤

卦名	卦象	自然	性情	家族	方位	二进制
乾	☰	天	健	父	西北	111
兑	☱	泽	悦	少女	西	110
离	☲	火	丽	中女	南	101
震	☳	雷	动	长男	东	100
巽	☴	风	入	长女	东南	011
坎	☵	水	陷	中男	北	010
艮	☶	山	止	少男	东北	001
坤	☷	地	顺	母	西南	000

八卦及其取象

太极到八卦

下艮）、豫卦（上震下坤）、随卦（上兑下震）、蛊卦（上艮下巽）、临卦（上坤下兑）、观卦（上巽下坤）、噬嗑卦（上离下震）、贲卦（上艮下离）、剥卦（上艮下坤）、复卦（上坤下震）、无妄卦（上乾下震）、大畜卦（上艮下乾）、颐卦（上艮下震）、大过卦（上兑下巽）、坎卦（上坎下坎）、离卦（上离下离）、咸卦（上兑下艮）、恒卦（上震下巽）、遁卦（上乾下艮）、大壮卦（上震下乾）、晋卦（上离下坤）、明夷卦（上坤下离）、家人卦（上巽下离）、睽卦（上离下兑）、蹇卦（上坎下艮）、解卦（上离下坎）、损卦（上艮下兑）、益卦（上巽下震）、夬卦（上兑下乾）、姤卦（上乾下巽）、萃卦（上兑下坤）、升卦（上坤下巽）、困卦（上兑下坎）、井卦（上坎下巽）、革卦（上兑下离）、鼎卦（上离下巽）、震卦（上震下震）、艮卦（上艮下艮）、渐卦（上巽下艮）、归妹卦（上震下兑）、丰卦（上震下离）、旅卦（上离下艮）、巽卦（上巽下巽）、兑卦（上兑下兑）、涣卦（上巽下坎）、节卦（上坎下兑）、中孚卦（上巽下兑）、小过卦（上震下艮）、既济卦（上坎下离）、未济卦（上离下坎）。

八单卦、六十四重卦在易学上的研究意义是巨大的，这些复杂的卦象表示在阴阳的动态和静态变化中，有一个能够包容天地万物的体系，正在有条不紊地运作着，并且用自己的逻辑构架来阐述这个世界、宇宙运行的规律。

古人如何用易学预测吉凶

《易经》自诞生以来，就成为古人推测吉凶的标准。推测吉凶源自人们对未来未知的恐惧和预测，人们想要了解这个世界的运行规律，并期望从中摸索出一些存在的道理。

殷商时期，人们预测吉凶多是通过用烈火灼烧龟甲，然后观察龟甲裂纹，这个占卜方法被称为"龟卜"。人们之所以选择龟甲是因为，龟本身寿命十分长久，这种属性为其增添了很多神秘性，使古人认为龟壳有一种神奇的能够通达天地认识的力量。占卜用的龟甲的加工有两种，一种是去了边骨，然后打磨平整备用；第二种是钻孔。去了边骨的直接用蓍草在面上烧；钻孔的是用青铜加热放在孔内，观察裂纹。到了周代以后，人们又有了用"蓍草"来占卜的方法，被称为"占筮"。为什么会选择这种特定的植物而不用其他呢？据《易纬·乾凿度》引古《经》认为，蓍草从大地中长出，寿命是十分长久的，一百岁的时候才生了七七四十九茎秆，这是天地之数，恰合天道之理。

然后，人们逐渐将这类占卜的结果和吉凶倾向总结起来，并由朝廷专人保管。于是，积累的数据越来越多，后人根据推演，加以编修，就成为《易经》的雏形。在之后的岁月里，这种占卜方式和理念也越来越普及，越来越适用于各种场合的吉凶预测。

其实，我们常说的"周易占卜"，有其一定的科学性。更确切地说，这个时候，它结合了太多的理念，比如统计学、天文学等。其中的理论包括了五行生克、冲合扶拱及其与时空的信息关系，以此来分析出所需预测事物的发展趋势。

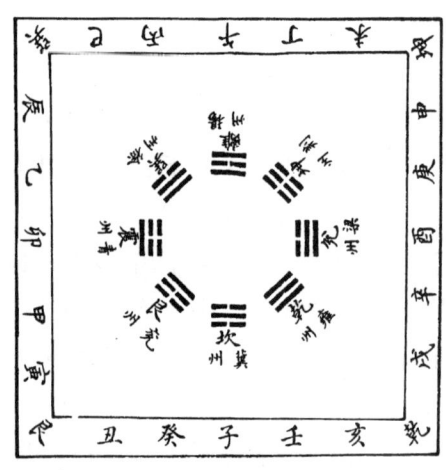

后天八卦
此图为后天八卦，并描绘出了各卦象与方位、地理、干支等的对应关系。

具体而言，易学预测是以六十四卦作为逻辑构架，同时纳入"四时""五行""五方""五音""十天干""十二地支""卦气""易数"等极为复杂、科学的参考因素，同时，紧密结合周围事物的动态变化和静态变化，如时间、地理、天时、声音等信息，根据现实的实际情况进行一种推演。其实，如果是按照这样的方法来看的话，易学对某些事情的推演是在掌握了许多信息的前提下进行的，可以根据一定的固有模式和预兆，来推测出可能到来的某些环节。这种推演不是很多迷信思想中所说的某年某月某时发生某事这么具体，易学推演出来的是一种更具有多元性和综合性总结的大趋势，是一种建立在诸多信息结合前提下的方向预测。所以说，这种推演出来的结果，在某种程度上来看，是具有一定科学性的。在这里需要注意的一点是，易学的推演不能和普通意义上的"算命"混为一谈，易学的推演具有更深厚的文化认知和理论结合。

在《荀子·大略》中有一个观点是——"善为易者不占"。意思是真正精通《易经》的人不必依赖占卦，因为一个人既然能够熟悉《易经》，能够将易学理念融会贯通到生活和生命之中，那么，他本身就能够清晰地明白整个生命的变化规则，明白德行本身的修养要比占卜后再去弥补重要得多。因为我们所占卜的吉凶，其实都是有一个起因转合的，今天发生的某些事情或者细节，可能会成为未来某些事情的转机或者危机。所以，易学本身也更加提倡，与其依赖于占卜吉凶，不如修行好当下的自己。

经 部

奇门遁甲中有哪四"盘"

中国古代民间流传着很多奇人异士的传说，这些人往往有经天纬地之才，身怀奇门遁甲之术。在这些传说中，奇门遁甲似乎是让人平地遁形、羽化成仙的神术。但真正的奇门遁甲，是怎么回事呢？

奇门遁甲其实是中国一种古老的术数，是一门珍贵的传统文化遗产。这里"奇"就是乙、丙、丁三奇；"门"就是人盘的八门；"遁"即隐藏；"甲"指六甲，即甲子、甲戌、甲申、甲午、甲辰、甲寅，它经常隐蔽在幕后，所以叫遁甲。

具体来说，"奇门遁甲"是由天、地、人、神四盘构成。奇门遁甲四盘的作用方式就是其强大的预测和决策功能的来源。

天盘是奇门遁甲盘式中象征天体行星运转产生的磁场对人世间所产生的作用。这是古人长期观察中发现的一种自然规律，当时人利用奇门天盘状态可以看出得不得天时。天盘是由天蓬、天芮、天冲、天辅、天禽、天心、天柱、天任、天英九星组成。

地盘是奇门遁甲盘式中的最底层，不管任何布局方式都以它为基础而运作。地盘代表大地，大地表示固定的、基础的元素。奇门遁甲地盘构成为"九宫八卦"，其中九宫的演化来自"河图和洛书"，采用的八卦是后天文王八卦。也就是

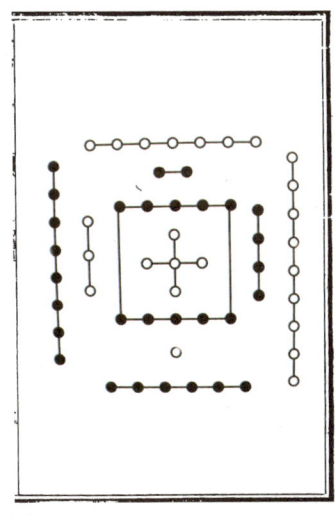

河图

河图就是十个数字的排列，其口诀为：一六共宗水，二七同道火、三八为朋木、四九为友金、五十共守土。其图左旋相生，即右金生下水，下水生左木，左木生上火，上火生中土，反映了五行之间的相生关系。

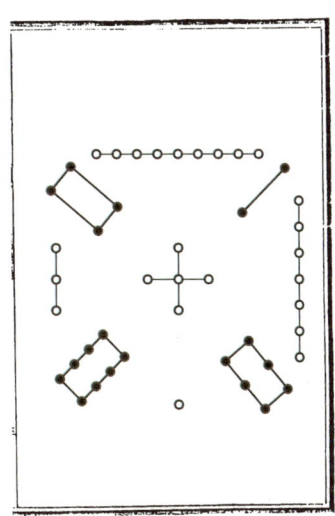

洛书

洛书的口诀为："戴九履一、左三右七、二四为肩、六八为足、五居中央。"其右旋相克，后人将其与八卦九宫对应，衍生出诸多变化。

乾、坎、艮、震、巽、离、坤、兑八个卦象。

人盘是奇门遁甲的一个重要基础,好比没有棋盘无法下棋一样。人盘是代表人世间发展的元素,在预测中主要表示人世间的事情吉凶。人盘在奇门遁甲盘式中地位为"天地间的产物",是为中间的一个盘。人盘的构成是休门、生门、伤门、杜门、景门、死门、惊门、开门八个门。

神盘为奇门遁甲盘式最顶端的一个盘面元素,它象征着宇宙间隐藏暗在的无法定义的神秘磁场力量。神盘元素组成是值符、腾蛇、太阴、六合、白虎、玄武、九地、九天。

现在,我们已经清楚了四盘的概念,而这四盘的排局布盘就是奇门遁甲的具体应用了。也就是我们可以按照不同的时间、季节等,将人盘八门、天盘九星、神盘九神在洛书九宫上进行适当的排列组合,以此来做出一种预测。而这种排列组合,摒除掉所谓的迷信部分的渲染外,存在着某种统计中的科学性。

乾坤两卦蕴含了什么文化内涵

《易经》有八卦,其中乾卦的卦辞里有这样一句话:"天行健,君子以自强不息。"意思是说,自然在不停顿地运行,人应该向天道学习,自强不息,从各个方面来丰富自己充实自己。《易经》的坤卦为"地势坤,君子以厚德载物",意思是说所有的东西都在大地上面,房屋、建筑、树木、人和其他的动物等,大地包容万物,叫厚德载物。坤是土地的意思,因为土地的特性是厚重,能养育万物,也能包容一切。

所以《易经》教导人们,我们要有天一样的自强气魄,不受其他主宰,而为自己成长于万世。同时,我们也要像承载一切的土地那样,善于容纳别人,善于倾听别人的意见,做一个宽容雅量的人。

《易经》认为人应该自强不息,面对恶劣的自然环境,应该有一种自强自立、开拓创新的品格。人为了繁衍生息、安身立命,在任何灾难面前都需要表现得无所畏惧、不屈不挠,而不是安于现状、坐以待毙。为了生存,为了更好地生活,即使遇到崇山峻岭,遇到艰难险阻又如何?只要心中的向往不变,追求的脚步不停,总会有一片新天地在不远处等着我们。

自古以来,中国就有天人合一的学术传统,认为人是天的副本,人与天具有形而上的相互感应关系,因此人的行为也要效法于天。古人看到天空昼夜不停地转动，而且日月星辰都附着在上面，就觉得天空转动的伟大力量是无穷无尽的，于是认为，天空的特性是"强健"，人也应该像永恒转动的天空那样，奋发有为，生命不息，奋斗不止。天道运行，刚健不息，人也要效法于天，努力增强自身的道德修养，从各方面不断完善自己，这是一个人获得成功的必备素质，也是《易经》智慧的体现。一个人要想取得成功，就要全面地完善自己，在激烈的竞争中，只有不断地让自己变得更强大，才能取得更大的成功。

《乾卦》卦图
后世解释乾卦时，认为其是六龙行天之卦，并配备了玄奥的卦图，图中有鹿，象征天禄；有贵人登云梯而上，象征步入蟾宫；下有匠人琢玉，去表见光，皆为吉象。

从历史来看，这也正好切合了我们祖先的一种精神——自远古以来，我们勤劳勇敢的祖先，披荆斩棘，铺路搭桥，和恶劣的环境抗争。黄帝教民养蚕，制作舟车；炎帝斫木为耒耜，课民以农桑；尧帝设官定历，率民战胜旱灾。正是这种自强不息的精神，激励了一代又一代人的拼搏奋斗、改革进取。

《象》曰："地势坤，君子以厚德载物。"坤卦是《易经》六十四卦中唯一的纯阴卦，代表大地，是"至柔""至静"之卦。大地承载万物，具有宽厚、包容、宏大、安静的特点，坤的原意是伸，也有顺的含义，为地气舒展的形象。坤卦表示纯粹的阴和最柔的顺，而这种纯粹的阴和顺恰恰也是最坚强的，就像水。水是无形的、柔顺的，但"水滴石穿"，水同时又是最坚韧的、最有力量的。老子说"人法地"。这些都是要我们效法大地。大地孕育万物，承载万物，一切生灵所用所需都仰仗大地母亲的给养。然而，大地毫无怨言，不但生生不息滋养万物，还包容着一切万物的罪过。我们人也要效法大地这种含蓄内敛、谦卑宽容的伟大胸怀，修养自己的德行，以深沉厚重的力量来承担重大的社会责任。

第二章

诗经
——中华诗歌的源头，华夏文章的根基

  北京大学中文系教授程郁缀在其《中国古代文学史漫谈》中说到，孔子对《诗经》非常推崇。他认为"不学诗，无以言"，一个人不学《诗经》是没法说话的。"诗可以兴，可以观，可以群，可以怨"，即"兴""观""群""怨"。
  《诗经》"兴""观""群""怨"的特点就展现其强大的表现性和感染力，同时，更加强了读者对当时历史文化、人物形象塑造等的再还原和再认知。而诗经在历史之中，对于各种文学形式的影响，以及各种哲学思想体系的吸取等，都起到了一定的作用，《诗经》以另一种形式在文化历史中延续着。可以这样说，《诗经》已然成为我们审美、情感、文化的一种灵魂基因。而我们如今回顾这种基因，是为了更好地成就自己对美、情、文化的认知。

《诗经》成书过程有几种说法

  关于《诗经》的成书过程，历史上众说纷纭，到今天仍旧没有统一的定论，主流的说法主要有以下几种。
  第一种说法是"献诗说"。也就是当时的天子，为了能够考察民间风俗的好恶，提出要三公九卿进献诗歌。通过一些能够反映当时社会气象的诗歌，来进行更好的文化考察，同时，也加强自己对各诸侯地俗情风尚的认知和了解，从而做出更符合国家发展和人民需要的事情。而这种情况在《国语·周语》中有所记载："天子听政，使公卿至于列士献诗，瞽献曲，史箴，瞍赋，矇诵，百工谏，庶人传语，近臣尽规，亲戚补察，瞽、史教诲。"意思就是天子闻听政事，让上至三公九卿下至各级官员等不同的人都进献诗,乐官太师要献上乐曲,史官要献上史籍,少师喻讲箴言,盲人乐官负责吟咏诗篇和诵读讽谏,主管营建制造的工官上谏,老百姓则将自己的观点和想法上报,近臣在君王有误时尽力规劝,王之宗师在君主有过失的时候弥补其过错并进行监督,乐师和史官以进献的乐、史籍对君王进行教诲。所以,献诗说的最终目的就是达到君王清明、上下一心的国家风气。

第二种说法是编订说。这种说法是朱自清先生提出的。他指出,春秋时期有乐师,等级比较高的叫作"太师"(也就是我们"献诗说"中的"瞽",所以,这个观点本身和"献诗说"也有类似之处)。各国使臣为了进行国家交流会有相互来往,这个时候就会举行宴会,而宴会上就需要奏乐唱歌。为了满足宴会的奏乐需求,乐师们就会收集本国和他国的乐歌。而除了这些民间诗歌,乐师们还会保存贵族们特定场合的一些诗乐,比如祭祀、狩猎之类。同时,还有一些上谏给君王以正视听的献诗。之后,乐师们保留的诗乐也就越来越多。当然,这里还有一个需要注意的地方,各国都会有乐师,各国的乐师也为《诗经》的积累和编订做出了贡献,但是要说到最后进行统筹编订的,那就是周王朝的乐师了。《国语·鲁语下》中就有"正考父校商之名颂十二篇于周太师"的记载,正考父是宋国的大夫,献《商颂》于周王朝的太师。同时,从《诗经》中统一的语言、韵律格式来说,《诗经》最后有非常大的可能是进行过统一编排。

第三种说法是"采诗说"。这种观点认为周朝朝廷有统一的采诗机构,其中有专门的使臣会对各国各地进行诗歌的采集,之后汇集到史官那里进行润色加工,最后才呈现给天子。如《汉书·食货志》中所提:"孟春之月,群居者将散,行人振木铎,徇于路以采诗,献之太师,比其音律,以闻于天子。故曰王者不出牖户而知天下。"此处的"行人",就是采集诗乐的官员。

相对于"献诗说"这种由下自上(由下面的各级官吏进献)的模式,"采诗说"这种由上自下(由专门的采集诗歌的机关到各处进行作品收集)具有更大的主动性和规划性。同时,

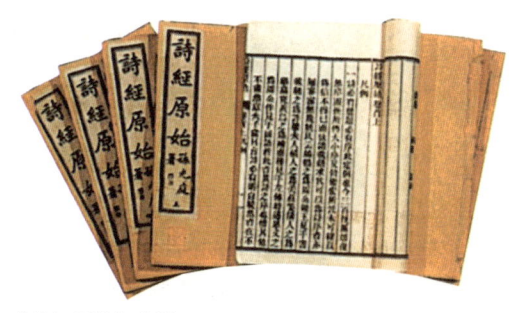

《诗经原始》书影
清方玉润著,方玉润,字石友,号鸿濛子,四川人,后居云南,屡试不第,不得已投笔从戎。本书是方玉润晚年的作品,他一反前人旧说,提出要把《诗经》作为文学作品来研究,对于一些论点,宁肯阙疑,亦不附会穿凿。

孔子杏林讲学图　明

和"编订说"相比,"采诗说"的终极目的和最终统发者是不一样的,前者的目的是宴饮乐曲,统发者是乐师;后者的最终目的是以正君王视听,统发者是周王朝朝廷。明显后者的政治性和正规性更强一些。

第四种说法是"删诗说"。"删诗"顾名思义就是对诗乐进行了删改。据说,进行《诗经》删改的人就是孔子。《史记·孔子世家》中提到:"古者诗三千余篇,及至孔子,去其重,取可施于礼义三百零五篇。"意思就是说,其实当初收集编录的诗歌有三千多首,孔子将其中重复的进行了删除,最终保留了其中可以施教于礼义的三百零五篇。但是,这个说法争议比较大。因为在《左传》有一个观点是在孔子生活的年代,《诗经》就已经定型了,但是按照具体年份来说,那个时候孔子还不满十岁。但是,《论语·子罕》中提到孔子说:"吾自卫返鲁,然后乐正,雅、颂各得其所。"从这里可以看出,孔子对《诗经》做的工作可能是"乐正",也就是梳理工作。所以,对于这个"删诗说"来说,比较合理的解释应该是孔子曾经参与到《诗经》的整理工作中,而不大可能是编写人员。

何谓"风雅颂"？分别有何特点

《诗经》根据乐调的不同分为"风""雅""颂"三类,那么《诗经》中的"风、雅、颂"各是指什么呢？

风,就是"国风",就现代意义来说,就是地方乐调,更多的是民歌。"风"这部分收录有十五个国家和地区的一百六十篇乐调,所以也有了"十五国风"的说法。这"十五国"分别是哪些国家呢？它们分别是周南、召南、邶、鄘、卫、王、郑、齐、魏、唐、秦、陈、桧、曹、豳。从时间上来说,国风部分可能是周初到春秋中叶时期的作品。从地点上来说,黄河中下游地区的比较多。

国风中的作品内容非常丰富,既有歌颂美好爱情的,也有表达对劳动和人民群众真挚情感的,还有对统治阶级不满并进行讽刺的,等等。从这些主题,我们可以看出来，国风这一部分非常具有现实意义，就好像着力打造一幅幅充满生活气息的现世画卷。这一部分以朴素简单的语言来描摹事物本身，同时，又强烈地抒发和渲染着主人公的情绪和内心波动。似乎能够通过现实的笔墨描述窥见人物本身的性格特点和情感变化，非常的生动而且富有感染力。从语言形式上来看，"国风"更多是四言一句，隔句用韵，但也不是千篇一律。它常冲破四言的规定，而杂用二言、三言、五言、七言或八言的句子。

国风部分比较典型的代表作有我们最熟悉的《国风·关雎》：

关关雎鸠，在河之洲。窈窕淑女，君子好逑。参差荇菜，左右流之。窈窕淑女，寤寐求之。求之不得，寤寐思服。悠哉悠哉，辗转反侧。参差荇菜，左右采之。窈窕淑女，琴瑟友之。参差荇菜，左右芼之。窈窕淑女，钟鼓乐之。

我们可以从中看到和分析出非常典型的"国风"特色。对事物的描摹和对人物情感变化的阐述，都十分的生动和传神。格式上也非常的朗朗上口。像荇菜在水中的流动变化，男子对心上人求而不得的心理变化，都用这种类比的语句表现得十分突出。

我们再来说说"雅"。《诗经》中的"雅"分大雅和小雅，大小雅类于后代的大小曲，大小调。雅多数是用于宫廷饮宴或者朝会的乐曲，其中大雅的"贵族"性比较明显，而小雅虽然是雅声正乐，属于比较正统和上流的作品，但是，风格上和"国风"还是有比较接近的地方。这一部分共有一百零五篇作品，其中大雅三十一篇，小雅七十四篇。其实，关于"雅"的概念，还有另外一种说法——雅乐就是夏乐。这个观点从谐音的角度来分析，"雅"音同"夏"，西周的王畿就是"夏"，所以"雅乐"应该是王畿乐调。从时间上来说，大雅应该是西周初的，小雅应该是西周末的。

从内容和文字风格来看，二雅颇有不

豳风　清　吴求
豳风图册表现的是《诗经·国风》中产生时间最早的诗的内容，一些章节与周公有关。"豳"原是周人的祖先公刘的居住地，由于周人对农业极为重视，所以豳诗多与农桑稼穑有关。本图描述农历八月，枣子已熟，农人打枣、拾枣、剥枣的情景。

同,但具体不同之处颇有争议。朱熹《诗集传》中提到,"正《小雅》燕享之乐也,正《大雅》会朝之乐"。就是说小雅是宴饮之时的乐曲,而大雅则是朝会之时的正统大乐。清方玉润则在《诗经原始》中提出"大略《小雅》多燕享赠答、感事述怀之作;《大雅》多受陈戒、天人奥蕴之旨"。

雅这一部分的经典作品,有我们耳熟能详的《鹿鸣》:

呦呦鹿鸣,食野之苹。我有嘉宾,鼓瑟吹笙。吹笙鼓簧,承筐是将。人之好我,示我周行。呦呦鹿鸣,食野之蒿。我有嘉宾,德音孔昭。视(同"示")民不恌(同"佻"),君子是则是效。我有旨酒,嘉宾式燕以敖(同"遨")。呦呦鹿鸣,食野之芩。我有嘉宾,鼓瑟鼓琴。鼓瑟鼓琴,和乐且湛(dān,同"耽")。我有旨酒,以燕乐嘉宾之心。

从这篇的表述上,我们能够很明显地看到宴饮大宾的痕迹。其中,各种乐器的鸣声表现宴饮时候的声乐热闹,如"鼓瑟吹笙";而"我有旨酒"句句排比,更是将与宾客之间的互动之境淋漓尽致地展现。

最后,我们再来看看"颂"。颂共四十篇,主要分为周颂三十一篇、鲁颂四篇、商颂五篇。颂的场合则更为正式和具有宗教意义,因为它主要是宗庙祭祀的宗教音乐和舞曲歌词,内容多是赞美神灵、歌颂祖先的功业。这一部分和风、雅部分相比,内容显得比较空泛玄妙,而没有前两者比较强烈的现实含义。所以,王国维也对这一部分的乐调特点进行了比较中肯的评价,"颂之声较风、雅为

《诗经·周颂·昊天有成命》 南宋 马和之
《诗经》自诞生之日起,便成为历代艺术家着力表现的题材。在众多的艺术作品中,以绘画为首,其中最为著名的当属南宋马和之所绘的《诗经图册》。

缓"。这里的"缓"字是说其乐调比较绵长缓慢,这也从侧面说明,颂这一部分没有过于强烈的重调和快节奏的直面现实批判性。

这一部分比较典型的作品有《烈祖》:

嗟嗟烈祖,有秩斯祜。申锡无疆,及尔斯所。既载清酤,赉我思成。亦有和羹,既戒既平。鬷假无言,时靡有争。绥我眉寿,黄耇无疆。约𫐐错衡,八鸾鸧鸧。以假以享,我受命溥将。自天降康,丰年穰穰。来假来飨,降福无疆。顾予烝尝,汤孙之将。

这篇《烈祖》是祭祀成汤的作品。我们看到通篇是比较明显的"祭词"特点,满含追思和赞颂之意。开头就以一句"嗟嗟烈祖"表现了对祖先的追思,同时也奠定了绵长的基调,中间是一系列的赞扬之音,及至最后"自天降康,丰年穰穰"的内容再一次表现希望祖先对自己有所保佑,能够风调雨顺、丰收吉祥。这种行文结构是十分典型的"颂"的特点。

何谓"赋比兴"?它们如何表现诗情

《诗经》的艺术表现手法非常丰富,它往往利用非常简约、朴素的词句和意象,就能够打造出非常丰富和立体的含义和情感倾向。其实,这些手法概括起来却比较简单——赋、比、兴,这三者就是《诗经》中最基本、独特的艺术手法。

"赋"就是陈述铺叙的意思,通俗地讲就是直白地阐述出某个物件、事物、情境、情感等,赋是最基础的技巧。同时,在使用赋的时候,还有一个特点,就是会出现铺排——将一连串内容紧密关联的事物、景观、人物、性格、行为等,按照特定的某种顺序进行比较有统一格式的句落。这种事物感情的聚集,最大的特点就是强化了感情和要表述的含义,同时,又通过反复陈述来加强情感的"爆炸式"表现。这种方法的冲击力是非常强的,简直是一气呵成、畅快淋漓。这种方法尤其是在之后汉代"赋"体的使用中非常明显,甚至有部分比较极端的作品已经变成了大量华丽辞藻的堆砌。我们可以来列举一下《诗经》中比较典型的诗句:

桑之未落,其叶沃若……桑之落矣,其黄而陨……(《卫风·氓》)
君子于役,不知其期……君子于役,不日不月……(《王风·君子于役》)

前者用桑叶的生长、陨落变化之铺叙，来表现自己命运的多变；后者则用丈夫出兵役"不知何时归来"的感慨之铺叙，来表现时间的过长还有等待丈夫兵役归来的妻子的焦急忧愁的心绪。

我们再来谈谈"比"。"比"就是类比，此手法在《诗经》中用得也很普遍。但是，这里我们要强调一个观点，就是这里的"比"是"类比"而不是"比喻"。人们常将这两者的概念弄混了，其实它们还是有明显的不同之处的。比喻是通过把一种事物看成另一种事物而认识了它。也就是说找到甲事物和乙事物的共同点，发现甲事物暗含在乙事物身上不为人所熟知的特征，而对甲事物有一个不同于往常的重新认识。类比是由两个对象的某些相同或相似的性质，推断它们在其他性质上也有可能相同或相似的一种推理形式。所以，相对于"比喻"的概念，"类比"中的"比"和"被比"事物具有更加紧密的联系，同时，所比事物之"比"能够带来更强烈、更生动的情感抒发作用，形象更为鲜明，所"比"特征也更为突出。我们来看一些比较典型的诗句：

手如柔荑，肤如凝脂，领如蝤蛴，齿如瓠犀，螓首蛾眉，巧笑倩兮，美目盼兮……（《卫风·硕人》）

硕鼠硕鼠，无食我黍……硕鼠硕鼠，无食我麦……硕鼠硕鼠，无食我苗……（《魏风·硕鼠》）

前者分别用"柔荑"（植物初生的叶芽，表示手非常柔嫩）、"凝脂"（凝冻的油脂，表示皮肤非常细滑）、"蝤蛴"（一种圆筒形的昆虫，表示脖子轮廓优美）、"瓠犀"（瓠瓜的子，表示牙齿排列整齐、色泽洁白）、"蛾眉"（蚕蛾的触须，表示眉毛细长而弯曲）来分别类比女子的双手、皮肤、脖子、牙齿、眉毛，使女子的形象似乎更加富有想象力，语言也更立体了；后者则用老鼠偷食老百姓的粮食，来表现部分上流社会对人民的压迫和残酷对待。

"兴"就是起兴。北大教授袁行霈先生在《中国文学史》一书中写道："兴则是触物兴词，客观事物触发了诗人的情感，引起诗人歌唱，所以大多在诗歌的发端。"同时，用朱熹的解释，兴是"先言他物以引起所咏之辞"，借由其他的事物来引出所要吟唱、赞颂的事物。对全诗常可以起到联想、象征和烘托气氛的作用。

起兴的这种手法正如袁行霈先生所言，是比较惯用于发端的。但是，这种发端更多是用一种无端而起、骤然而生的动作、事物、思绪、情感引发一种关注，从而营造某种特定的氛围，然后再进行飘逸式联想连接。比较典型的诗句有：

昔我往矣，杨柳依依。今我来思，雨雪霏霏。(《小雅·采薇》)

坎坎伐檀兮，置之河之干兮，河水清且涟猗。不稼不穑，胡取禾三百廛兮？(《魏风·伐檀》)

前者先用杨柳、雨雪起兴，渲染出一种依依不舍、离别有念的情绪；后者用劳动人民砍树的情境起兴，发出"为什么剥削者们不劳动也能够丰衣足食"的怨叹。

《伐檀》诗意图
《伐檀》是"魏风"中的第六首，奴隶们在砍伐檀树制造车辆时，想到自己一天劳累不堪，还吃不饱穿不暖，而奴隶主们却过着不劳而获的寄生生活，因而发出愤怒的责问。上图取材于"坎坎伐檀兮，置之河之干兮。河水清且涟猗"之意境。

我们虽然将赋、比、兴在这里单独地进行详细的介绍，但是，这三个诗歌技巧在《诗经》的诗歌里面却是交错运用、紧密结合的。正是因为有这三种典型描写和情感表述手法的存在，也正是因为这三种手法的交互，才使得《诗经》有那么丰富的意向和表达，才有了那么连贯和充满魅力的经典诗句。

后世四言诗对《诗经》有何继承

《诗经》一直被认为是我国四言诗歌的艺术顶峰，四言诗作为我国最早的一种诗歌形式，自《诗经》以来，一经出现即成为我国诗歌形式的典范，后因汉语发展与文学自觉的演变，文人逐渐开拓五言、七言等形式并为后世所传，进行四言诗创作的诗人越来越少，直到东汉曹操手中才使四言诗重焕新生，而曹后鲜有佳作，直到魏末的嵇康，西晋的陆机、陆云，东晋的陶渊明等名家才又重拾四言古雅，这些名家的四言诗继承了《诗经》的创作精神与文学理念，很好地重现了四言诗的美妙韵律。其中，以嵇康、曹操和陶渊明的作品最为出众。

嵇康是我国魏晋时期著名诗人、思想家、音乐家，他的文学创作为时之翘楚，在玄学和音乐方面也颇有建树。嵇康存诗六十余首，其中一半是四言诗，对四言诗的继承不言自明。汉代时候，四言诗就已有衰亡趋势，两汉文人早已开始创作五言诗、七言诗，而嵇康之所以选择四言，有的学者认为诗经四言被尊为经典，其体庄雅，且四言诗被认为是既古且雅的"雅体"。所以对于当时已经成为

"七贤"之首嵇康

经典的《诗经》，嵇康是抱着一种崇敬的态度，对于《诗经》中已经为四言诗乃至中国诗歌确定好的一种姿态与脉络都叹服不已，故而他常常在自己的作品中化用甚至是直接引用《诗经》中的语言，采用集句诗的形式，在加工整理的基础上将《诗经》中的意境融入自己的诗歌中。此外，嵇康的四言诗对《诗经》中的文学技巧以及常用意境也有着明显的继承与发展，既有对良好文学传统的传承，又能在原有的基础上加上自己的思想与艺术手法，使四言诗在魏晋时期重新获得新的活力，并在诗歌发展史上使四言诗上升到一个新的高度，使得四言诗重新回到文学舞台中。

曹操的四言诗作非常出色，其四言诗对《诗经》既有继承又有创新。曹操四言诗今存八首，几乎每一首都有浓重的《诗经》烙印：一是用《诗经》成句。如曹操的代表作《短歌行》，此诗有一个显著特点，即巧妙地表达自己的愿望。全诗三十二句，引用《诗经》成句就有六句，如"青青子衿，悠悠我心""呦呦鹿鸣，食野之苹"。二是继承《诗经》的诗意内容。如曹操《冬十月》《乡土不同》都是描写河北的风土人情，作品中表达了作者对土地荒芜、百姓穷困和由此引起的社会不安感到的忧虑。而这些内容用《诗经》中"风"的诗意来谱写诗篇，更加强烈和真实地表达出百姓的疾苦心声。三是继承《诗经》中的现实主义精神。《诗经》是中国现实主义文学的光辉起点，而在曹操以现实生活为基点的创作格局中，我们不难看出《诗经》"诗言志"的现实主义精神对曹操创作风格的影响。曹操的四言诗极为本色，无论从诗歌内容还是艺术形式都继承和发扬了《诗经》的优良传统，同时以其极大的创造力实现了对两汉诗歌的超越，使四言诗再一次放出光彩。

魏武帝曹操像
受《三国演义》的影响，在许多人的心目中，曹操是个反面人物。实际上，曹操是一位雄才大略的政治家和军事家，他统一北方，使混乱的社会经济得到恢复，对于结束东汉末年的战乱功不可没。同时，曹操在文学上也卓有建树。

我们再来看看陶渊明的四言诗。东晋名家陶渊明是我们耳熟能详的诗人，他的四言诗是"我手写我心"的典型，他的诗作都来自自己亲身躬耕劳作或者久居乡野的真情实感，是自己的人生经历感受与对生活的哲理

陶渊明饮酒图　元　钱选

性思考和探索，是对自然的热爱与毫无车马喧闹的田园生活的热爱和享受。陶渊明的诗作质朴自然、清新活泼没有半点儿矫揉造作和虚情假意。诗作中的景物也都是田园生活场景的再现。陶渊明的四言诗在结构上多数和《诗经》有明显的一致性，表现在两个方面：一种是重章式结构法，这种结构也是《诗经》的典型式结构之一。以《归鸟》最为典型，《归鸟》十六韵，四韵一章，共四章。每章的开头分别是"翼翼归鸟，晨去于林""翼翼归鸟，载翔载飞""翼翼归鸟，相林徘徊""翼翼归鸟，戢羽寒条"。第二种表现形式则接近《大雅》中的《大明》《生民》，议论成分增加，篇幅较长。

对比了《诗经》与陶渊明的诗歌，我们不难发现两者对现实生活的描写是如此的富有同感。但是，陶渊明扩大了四言诗的表现题材，多了友情诗，表现自身仕与隐矛盾的诗。陶渊明可以说是学习《诗经》由表及里、形神兼备的最高境界者。

《诗经》中涉及什么饮食文化

距今两千五百多年前，《诗经》就通过优雅、凝练的文学语言，表现了与人类生活关系最密切的饮食文化。《诗经》中有许多关于食物的来源、食物的种类、烹饪的手法及过程、精美的食器等内容的记载，通过这些内容我们可以大致了解当时社会的饮食习俗。而在这些饮食实践中，孕育了饮食文化、饮食礼仪与饮食思想。这时候的饮食实践早已超越了果腹的本义而上升到了品味人生的哲学层面，这时候的饮食礼仪与饮食思想也早已远远超越了原来的意义和界限，而被赋予了政治意义和社会意义，具有了深厚的文化内涵。

粮食作物在古代就有五谷之说，而这些作物，在《诗经》中多有出现。五

《诗经》耕种图

谷,我们通常是指麻、黍、稷、麦、豆五种谷物,当然,不只这些谷类,《诗经》作品中自然还有其他的谷类提及,但比较集中的就是这五种。对这些主食谷物之类最典型的介绍恐怕要数《魏风·硕鼠》,其中提到"硕鼠硕鼠,无食我黍……硕鼠硕鼠,无食我麦……硕鼠硕鼠,无食我苗……"《王风·黍离》中写道"彼黍离离,彼稷之苗……彼黍离离,彼稷之实",《唐风·鸨羽》中也提到"王事靡盬,不能艺稷黍……王事靡盬,不能蓺黍稷……王事靡盬,不能艺稻粱……"

同时,《诗经》中还有关于蔬菜果品的描写和介绍,《尔雅·释天》曰:"谷不熟曰饥,菜不熟曰馑。"可见蔬菜和谷物同样重要。从《诗经》中所反映的蔬菜种类来看,有采集的野菜,也有人工种植的蔬菜。《诗经》中重要的瓜果有梅、沙棠、栗子、棠梨、山梨、枣、桃、猕猴桃等。如《召南·甘棠》:"蔽芾甘棠,勿剪勿伐。"此处的"甘棠"就是一种猕猴桃科猕猴桃属的椭圆形浆果。而我们最熟悉的《周南·关雎》中的"参差荇菜"中的"荇菜"就是一种水生植物,可以用来做汤的柔软滑嫩的上古美食。此种范例,简直不胜枚举。

还有,《诗经》中涉及的动物有九十多种,所以可食的肉类十分丰富,从家畜到野味应有尽有,有的是狩猎得来的野兽,如《魏风·伐檀》:"不狩不猎,胡瞻尔庭有县貆兮?"这里的"貆"就是"小貉",是一种毛可用肉可食的犬科类动物。

这些食物原料印证了中国饮食文化的悠久历史,博大精深。这些诗篇,不仅记载了大量的食物原料,而且还对这些食物原料的储藏、加工与烹饪做了粗略的描绘,我们大致可以看出,当时的人们已经脱离茹毛饮血时代而逐步走向饮食文明的历程。

通过《诗经》我们可知,当时烹饪的手段还比较简单,主要有炮、燔、炙、烹、蒸等。炮是用泥裹着烧,燔是在火上烤,《都人士之什·瓠叶》中有云"有兔斯首,炮之燔之"。即把兔子用泥包裹烧熟后,再把兔子放在火上烤香烤红。炙是在火中烧,《生民之什·凫鹥》:"旨酒欣欣,燔炙芬芬。"意思是肉在不断烤烧中浓香四溢。《诗经》中"烹"写为"亨",即煮。煮是古代饮食主要的加工办法之一。煮素菜如《都人士之什·瓠叶》:"幡幡瓠叶,采之亨之。"煮荤菜如《桧风·匪风》:"谁能烹鱼?溉之釜鬵。"蒸在我国历史悠久,也是我国特有的烹饪方法,所谓黄帝"蒸谷为饭"。《诗经》中"蒸"写为"烝"。《生民之什·生民》:"释之叟叟、烝之浮浮。"

有食尚能无饮?有吃的自然还要涉及喝的。作为酒文化大国,酒这一种饮品自然不会在《诗经》中没有一席之地。而且,经中宴饮诗篇不在少数,"酒"之一物自然也就不会被少提。

酒在《诗经》中出现的场景比较丰富,多数用于祭祀、日常生活、饮宴等。

《诗经》中的"颂"部分有大量篇幅记载祭祀仪式,其中就有献给神主的清醇的美酒、香饭和黄牛。如《大雅·旱麓》歌颂周文王祭祖得福,诗中写道:"瑟

酿酒画像砖

彼玉瓒,黄流在中。"《周颂·丰年》"为酒为醴,烝畀祖妣",用粮食酿成醇美的甜酒,献给祖先等之类的祭祀诗篇,先民们通过祭祀山川、鬼神、祖先等,来祈求祖先神灵保佑,以求风调雨顺,五谷丰登,畜牧兴旺,去病保安长寿,他们用丰盛的祭品来祭祀祖先生灵,所以酒就成为《诗经》时代重要的祭品之一。比如,《诗经》中以醇酒敬神,祭祀过程最详尽的当属《小雅·楚茨》。全诗共六章,无一章不写到酒。

关于日常饮酒也在《诗经》中有大量记载,如《郑风·叔于田》写道:"叔于狩,巷无饮酒。岂无饮酒?不如叔也。"这是一首赞美猎人的诗,可以看到作为一个狩猎者生活中是少不了酒的。再有,如《邶风·泉水》:"出宿于泲,饮饯于祢。"郑《笺》:"饯,送行饮酒也。"这里指姑娘出嫁喝酒。

还有一种饮酒比较正规的场合,就是宴飨之时。北大教授褚斌杰在其著作《〈诗经〉与楚辞》中提到:燕飨诗的根本目的是巩固政权,是要通过诗歌的形式告诫人们要遵循燕飨礼仪,实现联络情谊、巩固统治的政治功利作用。故而《诗经》中有不少描绘宴会的场面,所以宴会饮酒在《诗经》中显得尤为突出,通过这些诗篇,不仅能窥见当时的酒文化,也可以就此了解当时的燕飨礼节。比如

《小雅·鹿鸣》中的"我有旨酒，嘉宾式燕以敖"，始终描写了用美酒敬宾客时，宾客喜盈盈的场面。

饮食在人类生活中占有重要地位，它是人类生存发展的首要条件，特别是中国的饮食在世界上都有相当的地位，独成体系，诸如饮食结构、原料、烹饪方法饮食用具和礼仪等。《诗经》中关于食物原料、烹饪方法及饮食习惯的丰富多彩的描述，集中展现了先秦时期饮食文化的基本风貌，表现了中国传统文化对饮食的美的追求，是了解我国饮食文化发端的宝贵资料，对饮食文化的贡献功不可没，对我们今天提高生活品位、营造艺术的人生氛围也有极大的借鉴价值。

《诗经》中经典植物有何意象

《诗经》中表现了很多古时候的地方风貌、风情，比较典型的就是对植物的描写，正如北大前校长傅斯年教授所说"《诗经》中语词最有研究之价值"。单从"植物"类的词汇中我们就可以学习到作为寄托感情和抒发意境的文字意境，因为在《诗经》中所用的植物并不单纯，而是具有更加深刻的意象、感情和含义。也正是因为如此，所以，诗篇的具象和意象就显得十分丰富、立体而富有活力。在这里，我们具体阐述三种比较经典的植物具象，分析一下这些具象所表明的对应内涵。

一、荇菜与莼菜

参差荇菜，左右流之。窈窕淑女，寤寐求之。——《周南·关雎》

参差荇菜，左右流之。窈窕淑女，寤寐求之。

荇菜是一种水生植物，诗篇中通常都用这种水生植物的形象来表现女子和其心情的飘摇。从形态来分析，荇菜和莼菜在水中都有柔嫩飘荡之姿，颇有几分袅袅而行的女子形态，仿若美丽女子在水中盥洗荇菜或莼菜的轻柔姿态。同时，从心态来分析，植物的姿态有所变化，也说明了女子的心绪有所变化。或者是羞涩，或者是欢心，或者是激动等。这就成为一种非常带有暗示性的暗喻。这种引申含义的品读，也会让这种类比和联系的文字更加富有韵味,也让阅读层次变得十分多样化。因为这种植物的民间局限性,对于后世来说,延续和继承不是很大。

二、飞蓬

自伯之东,首如飞蓬。岂无膏沐,谁适为容。——《卫风·伯兮》

蓬,即蓬蒿,亦称"飞蓬"。据《埤雅》:"其叶散生,末大于本,故遇风辄拔而旋。虽转徙无常,其相遇往往而有,故字从逢。"由于外呈圆形,似草球,花开后如絮四散飘飞,或枯后往往在近根处被风折断,卷起飞旋,所以还可叫"飘蓬""转蓬""孤蓬""征蓬"。《诗经》中蓬草这种枯后根断、随风飘飞、漂泊无依的意象,在后世古诗文中,被广泛吸取,常常象征着天涯游子。游子离开家乡,客居外地,恰似蓬草断根;游子行无定点,居无定处又如同蓬草的漂泊无依,所以,一般来说,当诗人孤身在外,或送别友人,感叹自己或友人身世飘零的时候,思乡念友的时候,便用蓬草来寄托心曲。这样的意象也影响到后来的诗歌运用,将这种意味深长的含义延续了下去。如曹植《杂诗》"转蓬离本根,飘飘随长风";唐代王维《使至塞上》"征蓬出汉塞,归雁入胡天";李白的《送友人》"此地一为别,孤蓬万里征",等等。

三、蒌蒿

翘翘错薪,言刈其蒌;之子于归,言秣其驹。——《周南·汉广》

翻译这句诗的意思就是,把高大的灌木做了柴草,把绿绿的蒌蒿割倒了聚拢起来。把马儿喂饱,以便能够有机会去接让人时刻记挂的人。这一句其实是写痴情人想要接近自己的心上人而不可得的心情。

而"蒌"就是蒌蒿,这个具象的表现则有两种。从这种植物本身的性质来看,它属于春天青黄不接时长成,有一种季节性的暗示。往往以蒌蒿的初生来表述春天的悄然来临,埋着季节变化的暗线。这一个意向在后世苏轼的《春江晚

《汉广》诗意图

景图》中有所表现,"竹外桃花三两枝,春江水暖鸭先知,蒌蒿满地芦芽短,正是河豚欲上时",是一种对大自然的亲近和暗含。而从这种植物在《汉广》中的含义借用,就延伸出一种怀念和思念之感。因为在原诗句中就是这种"我想这么做,但是现实中我却还没有表达"的含义,带有一些想象和怀恋的味道。而这种思怀之意是隐隐的、暗含表现的。比如,苏洞的《金陵杂兴二百首》:"蒌蒿登盘朝饭美,河鲀入市晚羹香。应无白传思春草,却有东坡赋海棠。"

如何品读《诗经》中的爱情诗

诗三百以一篇《周南·关雎》作为开篇,奠定了《诗经》浪漫主义的基调。

关关雎鸠,在河之洲。窈窕淑女,君子好逑。
参差荇菜,左右流之。窈窕淑女,寤寐求之。
求之不得,寤寐思服。悠哉悠哉,辗转反侧。
参差荇菜,左右采之。窈窕淑女,琴瑟友之。
参差荇菜,左右芼之。窈窕淑女,钟鼓乐之。

——《周南·关雎》

关关和鸣的水鸟相伴栖居在河中沙洲。那善良美丽的姑娘,是君子的好配偶。长短不齐的荇菜,在船左右两边捞它。那善良美丽的姑娘,醒来睡去都想追求她。思念追求却没法得到,深深长长的思念啊,教人翻来覆去难以睡下……

《诗经》中的爱情诗感情都是诚挚热烈淳朴健康的,所以,其表现的情思都颇"正"。《诗经》这种"正"的特点可以用孔子所说的"乐而不淫,哀而不伤"八个字来概括。

君子爱淑女本没有错,重要的是为什么要爱、怎样去爱。按照孔子的观点,"乐而不淫,哀而不伤"就是正确的行为方式。即使在"求之不得,寤寐思服。悠哉悠哉,辗转反侧"的时候,君子依然没一点儿怨怼、颓废之气;在"辗转反侧"之后,仍然要"琴瑟友之""钟鼓乐之",以更积极的方式

《关雎》诗意图

和态度去赢取姑娘的芳心，这正是"哀而不伤"的具体体现。这种含蓄委婉的情感表达方式，在《诗经》的爱情诗中运用得最多。而这种"乐而不淫，哀而不伤"的特点则弥漫了整个爱情的过程，无论是人物内在的情感变化，还是外在的景色描写。

"执子之手，与子偕老"诗意图

《诗经》中那么多的爱情真挚而生活化，没有呼喊着伟大与高远，但那些朴实无华的句子，让人回味无穷。《关雎》中君子对窈窕淑女的热切追求；《汉广》中男子对游女的盼望与留恋；《击鼓》里流传千载的"执子之手，与子偕老"誓言；还有《木瓜》里不分贵贱真爱的馈赠等都是平凡人真实的恋情，字里行间，朴素之美尽现。诗句里呈现的平凡让人怀恋。

不仅如此，在《诗经》的一场场美丽的爱情背后，有着最初的乡村景色作为铺垫。这些田园、山水、树林等自然美景，不仅给爱情增加了美好的意境，同时也营造出了清新自由的氛围。《关雎》中那座水鸟歌唱的河洲，《桃夭》里那片繁茂的桃树林，还有先秦时代到处可见的桑树林……通过《诗经》里优美的句子，我们似乎能够看到那一幅幅清新的画面。或是月光如水的夜晚，或是弥漫清新芳香的田园，或是那丛丛纤尘不染的植物……这些自然之美创造了原生态的《诗经》之美——清纯、简约。同时，这种内在和外在就紧密地关联起来。人物愉快之时，景色便也是澄明的；人物哀伤之时，景色就会有所颓衰。这种具象是能够表现人物感情的。但是，这种表现力又是控制在一定的度上——我愉快，但是不会疯狂；我哀伤，但是不会心死。这是一种很微妙的平衡感。

其实，孔子"乐而不淫，哀而不伤"的观点也源自他的"知节守礼"。知节就是不能过分华丽、柔曼、轻妙，这样的音调对人的感觉和情感刺激太大，容易使人沉溺放荡。守礼就是辞意不能挑动不正当的欲望。孔子斥责"郑声淫"，"恶郑声之乱雅乐"，表彰《关雎》乐而不淫，是兼音调和辞意两方面而言的。同时，孔子也是在论人生，他总是从对人的作用上来讨论诗歌和音乐。

孔子的审美观和人生理想都是中庸。中庸就是无过无不及，无偏无失，恰到好处。这也是合"礼"，孔子力图把"礼"和人性"常道"结合起来，中庸和礼紧密相关。他论诗乐和论人性，是一把两面刻度可以相互折算的标尺。

第三章

礼仪
——礼节、仪式所代表的社会规范

  我国古代社会以儒家思想治国，而儒家最主要的理念就是以礼治国。我国很早就被誉为"礼仪之邦"，若干有德行的人也被称为谦谦君子，而这都源自我们对于礼法本身的尊重和传承。北京大学法学系教授姜明安先生认为，我国自古被称为"礼仪之邦"，"礼"的概念之所以被如此重视，与无所不在无所不能的道德约束力分不开，道德作为一种约束，作用绝不亚于今天的法律。

  礼从夏朝承袭下来，历经百世依然可以为人们所知，这是何故？那是因为不管山河几番轮换，人之仁心却是千古不变。只要作为心之本性的仁未变，所立之礼虽千万变，总不出乎此生命之理。况且，如果不是因为礼和人之本心契合，在行礼的时候不就成了"违仁"之举吗？生命一旦如此，就会滞塞，人就会踟蹰不安，礼又岂能有如此长久的生命力？所以，这也就是为什么我国的"礼"会有如此强大的生命力和传承性。而作为国人，我们就更是应该知礼、识礼、懂礼、行礼。

"五礼"分别指什么

  中国古代的儒生起码要掌握六项基本技艺：礼、乐、射、御、书、数，即六艺。"礼"乃六艺之首，从这个层面可以看出"礼"在中国古人立身的过程中所占据的重要地位。纵观整个中国历史，"礼"对中华文化所产生的影响也是绵远而深刻的，以致形成一种具有广泛约束力的制度，礼对规范人们的行为具有非常重要的作用。"礼"作为一种社会交往意识观念，与之相对应的是"仪"，即"礼"的具体表现形式，"礼"与"仪"相互关联，"礼"是标准，"仪"是具象，共同组成中国传统价值观念中最重要的一部分。

而"五礼"就是"礼"中非常重要的形式之一。"五礼"出自《周礼》记载，即"吉礼、凶礼、军礼、宾礼、嘉礼"，是传统礼仪的主要构成。探究"五礼"的由来，可以追溯到原始社会。先民们已经开始了原始的祭祀活动，即最初的礼仪。夏朝建立后，礼仪被赋予政治化的意味，用于强化政权统治，因而礼仪的范围和影响力便日益扩大了。到西周时，礼仪已经发展得相当健全完善。礼仪的滥觞之作《周礼》相传是由周武王之弟周公旦所著。《周礼》所记述的虽然是周的礼仪制度，却为后代树立了一个竞相模仿和憧憬的榜样。孔子慨叹礼崩乐坏，就是指《周礼》被废弃，社会陷入混乱之中。不过，"五礼"作为礼仪的框架性结构，并没有被抛弃，而是作为约定俗成的礼仪系统在两千多年的封建社会中传承了下来。即使在当代，我们的一些礼仪方式也依然保留着"五礼"的内容。

一、吉礼

吉礼指祭祀相关的典礼，主要是祭天地、宗庙、社稷等。吉礼乃是五礼之冠，不是普通老百姓可以参加和举行的，《周礼·春官·大宗伯》云："大宗伯之职，掌建邦之天神、人鬼、地祇之礼，以佐王建保邦国，以吉礼事邦国之鬼神祇。以禋祀祀昊天上帝，以实柴祀日月星辰……以血祭祭社稷五祀五岳，以貍沉祭山林川泽……以祠春享先生，以禴夏享先王，以尝秋享先王，以烝冬享先王。"由此可见统治阶级对此极为重视。祭天地最为隆重，即为封禅，秦始皇、汉武帝等君主都曾封禅泰山。祭宗庙，即祭祀祖先，明清两代的宗庙就是如今天安门东的劳动人民文化宫，当时叫作太庙。祭社稷，即祭祀土神和谷神，明、清均在当时的社稷坛祭祀，也就是今天的中山公园。

吉礼

凶礼

二、凶礼

凶礼指有关丧葬哀悼的典礼，中国

传统理念中死者为大,因此生者要通过仪式来表达对死者的悲伤留恋之情。凶礼基本上可分为复、殓、殡、葬、服丧五个阶段。所谓"复",就是为死者招魂;"殓"分为小殓和大殓,给死者沐浴后,穿着寿衣为小殓,将死者放入棺材为大殓;继而为"殡",即停棺待葬;接着是"葬",将棺材埋入地下;送葬之后,生者为死者服丧戴孝,是最后一步的"服丧"。

三、军礼

军礼指有关军事活动的典礼,包括检阅、用兵、田猎等活动时的礼仪,《周礼》谓之:大师、大均、大田、大役、大封等。军事活动是古代政治生活的重要部分,有战事之时,君主或将领会对军队进行检阅或整顿。在此过程中,军礼通过军旗、鼓、金等器物来表现,军旗用来发号施令,是军队战术的核心,鼓和金则是进攻和撤退的信号,击鼓进军,鸣金收兵。没有战争时,君主会召集军队进行"四时畋猎",以猎练兵。平时的训练典礼称为"行军田役",通过鼓、金的信号,兵士在校场上进行基本功训练。

四、宾礼

宾礼是指诸侯朝见天子,以及各诸侯国之间相互交往时的礼节。大致包括朝、聘、盟、会、遇、觐、问、视、誓、同、锡命等一系列的礼仪制度。朝是诸侯按规定的时间拜见天子的礼节;聘是国与国之间遣使访问的礼节;盟是指诸侯之间以语言为信约提出某种

宾礼

共同遵守的原则,即"信约为誓";锡命,又作赐命,是上对下的给予,专指帝王赐予臣僚爵位、服饰、车仗等;会、同即为"会同",泛指古代诸侯朝见天子,也指诸侯会合。遇指诸侯或官吏不在规定的时间、地点突然相遇的礼节,比较简单。

五、嘉礼

嘉礼是指日常生活中一系列礼仪制度,也是最为庞杂的一种。嘉礼涉及日常生活的方方面面,从结婚到请客,从成人礼到养老礼等不一而足。《清史稿·礼志六三》:"二曰嘉礼。属于天子者,曰朝会、燕飨、册命、经筵诸典。行于庶人者,曰乡饮酒礼。而婚嫁之礼,则上与下同也。"古代男子年满二十为弱冠,即进行加冠礼,女子则在十五岁行笄礼,以示成年。射礼也是嘉礼的一部分,古代贵族在举行重大活动时,以射箭为戏,展现尚武风尚。

古人的"相见礼"如何行

在以礼为纲的中国古代社会,人与人见面相交,可不是像今天大家点个头、握个手这么简单。"五礼"当中有"宾礼"一项,为不同人之间的交往制定了基础的礼节。一个人的个人修养如何,从他是否熟知这一套礼节上就能看出来。后来,随着历史沿革,宾礼中的相见礼逐渐发展成为一套烦琐但森严的礼仪制度。《儒林外史》中写范进进学回家,向他老丈人胡屠夫作揖,胡屠夫批他不要与平头百姓"拱手作揖,平起平坐",中举之后,张乡绅来访,更是"同范进让了进来,到堂屋内平磕了头"。

士相见礼

可见,相见礼在古时生活中是比较规范化的,根据相见者身份、场景等相异有所不同。比如长幼之间、平辈之间、大小官职之间、平级之间都有不同的礼节要求。那么,古时主要的相见礼都有哪些呢?

一、趋

趋一般是后辈、地位低下者或者主人,在一些特定场合,自觉遵照约定俗成或律法规定,低头弯腰、小步快走,向尊者、贵者、前辈、宾客表示恭敬。《论语·子罕》云:"子见齐衰者、冕衣裳者与瞽者,见之,虽少,必作;过之,必趋。"大意为孔子见到穿丧服的人、穿戴礼帽礼服的人和盲人,就算对方年轻,也一定要站起来;在这些人的面前走过时,快走几步,表示敬意。趋就是低头含腰,小步快走,是古人日常生活中常用的一种传统礼节。

二、拜

拜类似于今天的跪,但并不相同。《荀子》和《世说新语》中均有记载,古人的拜,屈膝跪地,头不至地,头与腰如衡之平。拜还分男女,《礼记·内则》记载,拜,两手相交,男尚(上)左手,女尚(上)右手。因为左主阳,男属阳;右主阴,女属阴,即男左女右。不过,古代的拜还可以细分为九种,《周礼·春官·大祝》云:"辨九拜,一曰稽首,二曰顿首,三曰空首,四曰振动,五曰吉拜,六曰凶拜,七曰奇拜,八曰褒拜,九曰肃拜。"分别用在不同的场合,前四种日常生活中常用,而后面的只在特定场合使用,像吉拜、凶拜用于丧礼之上。

三、拱手

拱手礼是我们在影视作品中最常见的一种普通礼节，一般是右手抱拳，左手抱右手于胸前，立而不俯，表达敬意。但古人的拱手并不一定就是如此，《说文》徐铉注："两手大指相柱也。"《尔雅·释诂》郭璞注："两手合持为拱。"在细节上有些细微的不同。不过左手在外是一定的，因为只有在丧礼上所行的拱手礼，才是右手在外。

揖礼

四、作揖

作揖与拱手的不同之处在于，作揖之时，双手抱拳高拱，身体前倾，表达的恭敬之情要甚于拱手。陆游曾在《老学庵笔记》中说："古时作揖，但举手而已。"但后世习惯于拱手之时亦屈身，遂成作揖。拱手与作揖的区别在《颜氏家训》中也有所表现，"南人宾至不迎，相率捧手而不揖，送客下席而已；北人迎送并至门，相见则揖，皆古之道也。"

五、唱喏

唱喏明清小说中常见"唱喏"一词，这是古代男子的礼节，在作揖的同时出声致敬，《水浒传》第二回王进见高俅，"参见太尉，拜了四拜，躬身唱个喏，起来立在一边。"始于东晋时王氏一族。

六、长跪

此长跪并不同于现在"长跪不起"的含义，是表达古代晚辈面对长辈时的尊敬。席地而坐，双膝着地，臀部紧靠脚后跟。伸腰及股而两膝着地为跪。因为腰板挺直，身体似乎有所长长，故曰长跪。《史记·留侯世家》云："有一老父，衣褐，至（张）良所，直坠其履圯下，顾谓良曰：'孺子，下取履！'良愕然……下取履。父曰：'履我！'良业为取履，因长跪履之。"此乃古代见面礼中的大礼。

七、鞠躬

鞠躬是为数不多保留到如今的古代见面礼，在表达敬意或默哀的时候，两脚并拢，两手下垂于股部两侧，弯曲上身以表示敬意。《敦煌变文集·庐山远公话》载："来至山神殿前，鞠躬唱喏。"说明鞠躬一礼早已存在了上千年之久，至今仍为人所用。

八、寒暄

寒暄顾名思义，寒暄就是嘘寒问暖的意思，是见面的客套话，并不一定就是问寒暖与否。一般朋友见面时，总要拱手道"久仰""幸会"，然后问候家人健康平安。初次见面的话，则多以"请问贵姓""请教台甫""敢问贵庚"等拉近关系。

"三朝""满月""百日""周岁"分别指什么

古今中外，新生儿的诞生都是件非常隆重的大事。十月怀胎，一朝分娩，大人们对新的生命充满了爱意，对他们的未来充满了祝福，而这种祝福，就是通过新生儿的一系列出生礼来表达的。

传统的汉族出生礼一般有三朝礼、满月礼、百日礼和周岁礼，只有完整地举行完这几场礼仪，对一个新生命的迎接才算完成。

三朝礼。所谓三朝礼，是指婴儿出生三天后所举行的仪式。仪式有若干项，《礼记·射义》中有记载："故男子生，桑弧蓬矢，以射天地四方。天地四方者，男子之所有事也。故必先有志于其所有事，然后敢用谷也，饭食之谓也。"即男孩子出生三天后，为保证孩子以后有志在四方的胸怀，父母将其抱至户外，以弓箭射向天地四方。女孩子就不用行此礼。不过这一颇有气势的礼节只有贵族家的孩子享受过，缺乏群众基础，随着时代的变迁，最终消失。民间颇为流行的，是"洗三"和"开奶"。"洗三"亦称"洗儿"，据宣城《梅氏家谱》载称：梅尧臣五十八岁得幼子，三朝，欧阳修、范仲淹等皆作"洗儿诗"以贺。对于洗儿礼的具体仪式，各地不尽相同，但大同小异。20世纪40年代著名的文字训诂学家胡朴安在《中华全国风俗志》一书中说："婴儿三日后，必为之净洗，谓之洗三朝，置红鸡子与床前，使产妇焚香祷告，谓之拜床公床母，若产妇有病，令洗婆代拜。"孩子的洗澡水要用艾熬成，以求趋福。亲友前来添喜，向洗澡盆中搁置喜果、银钱之类的吉祥物，谓之"添盆"。洗婆要根据物品的不同，念叨相应的吉祥话，如有枣子、栗子，则念"早立子儿"；若有莲子，就念"连生贵子"。洗完后，还要用葱在孩子身上拍打三下，意为聪明伶俐。主人还要留亲友吃"洗三面"。"开奶"也是在这一天。开奶有讲究，不让孩子直接喝奶，而是先取"五味"，即醋、盐、黄连、勾藤和甘草勾成的汤水，抹于婴儿嘴唇，象征孩子将来能尝得了人生的酸甜苦辣，终获幸福。然后可以吃母乳，但要将母乳挤在汤匙里，这时要滴上好的陈年香墨汁，喂婴儿吃下去，寓意孩子将来文采斐然，一肚子墨水。

长命锁

满月礼。婴儿过满月在今日依然是非常流行的出生礼，即婴儿在降生满一个月的这天，家里要"过满月"，主人设宴招待，亲朋好友送礼恭贺，庆祝"足月之喜"。这天由娘家人为孩子剪胎发，谓之"铰头"，一边铰口中一边念道："一铰金，二铰银，三铰骡马一大群。"并象征性地铰耳、目、口、鼻及手脚尖，意在婴儿长大后，耳聪目明嘴不馋，手脚干净做"完人"，此后，还要给孩子铰头钱。铰完头后，要给婴儿穿红着绿，由家人抱至街上走至一圈，并持雨伞罩着过一小桥，认为这样也能使婴儿胆大。之后，众亲友向主家赠礼，随即开始满月宴。

百日礼。百日礼即婴儿满百日举行的仪式。明代沈榜《宛署杂记》中记载："一百日，曰婴儿百岁。"民间一般称为"过百日"。孩子在这一天要穿"百家衣""戴百岁锁"。百家衣是由亲戚朋友凑出的布条、布块缝制而成，五颜六色，如同僧衲。布条中一定要有紫色，因为"紫"与"子"同音。穿了百家衣，就象征百岁长寿，又象征先苦后甜。《荆楚岁时记》记载汉代端午节家家户户门悬五色绳，求福祛邪。后魏晋时多有妇女、儿童手臂、脖子上戴着这种五色绳，亦取辟邪之意，称为长命缕。长命锁即由此发展而来。百岁锁由银子制成，两面分别铸上"长命百岁""富贵平安"等吉祥语，意思是把孩子的生命给"锁"得牢牢的。

周岁礼。周岁礼是孩子在满周岁时举行的仪式，主要以"抓周"为主。所谓抓周，就是父母为孩子沐浴后，穿上新衣服鞋袜，抱到厅堂八仙桌上，桌上事先摆放书、笔、算盘、秤、尺、剪刀、玩具等，看孩子抓到什么，以此预测小孩日后的前途、性格、志向和兴趣。北齐《颜氏家训·风操》中记载："江南风俗，儿生一期（即一周岁），为制新衣，盥浴装饰，男则用弓、矢、纸、笔，女则用刀、尺、针、缕，并加饮食之物及珍宝服玩，置之儿前。观其发意所取，以验贪廉愚智，名之为试儿。亲表聚集，致宴享焉。"这一风俗时至今日依然流行。

"弱冠"和"及笄"分别是什么

中国古代对不同的年龄阶段分别有不同的专有名词指代，比如二十弱冠、三十而立、四十不惑等，这些词都是有来历的，其背后浓缩的是中国传统文化对人生责任、境界的诠释。中国社会注重群体性，人的存在通过在家族以及社会上承担的责任来体现，到了某一年龄阶段，就要自然而然地承担起相应的义务。这种义务标志着个体身份的变迁，垂髫总发的孩童开始束发学艺，斗鸡走狗的少年要学会修身齐家等。而在崇尚礼仪的中国古代，身份变迁也是要通过仪式来加以确认的。无论男女，成人无疑是人生角色最大的转折。弱冠、及笄分别代表男子和女子成人的年龄。

弱冠

《礼记·曲礼上》有言："二十曰弱，冠。"二十岁的古代男子行冠礼，表示已经成年。古代二十岁的男子体格尚未发育强壮，唐代《孔颖达·正义》中云："二十成人，初加冠，体犹未壮，故曰弱也。"《说文》云："冠，弁冕之总名也。"此处为动词，即行冠礼的意思，戴上表示成人的帽子。《孝经·开宗明义章》言称："身体发肤，受之父母，不敢毁伤，孝之始也。"古人自幼蓄发，男子到了二十岁，束起头发，戴上帽子，才算成人了。

传统文化中对冠礼非常重视，《礼记·冠义》上说："冠者，礼之始也。"意为冠礼是一切礼仪的开始；《仪礼》十七篇，《士冠礼》居首。弱冠之前的男子只有名，而无字，《礼记·曲礼上》："男子二十，冠而字。"《礼记·冠义》："已冠而字之，成人之道也。"男子二十岁行过冠礼之后，才可以给自己取"字"，正式踏入成年人的行列。

正是因为弱冠对人生的重要意义，所以冠礼的举行是非常讲究的。《仪礼·士冠礼》对冠礼有非常详细的记载，男子（一般是贵族）到二十岁，先挑选黄道吉日，通告嘉宾，准备好祭祀天地、祖先的供品，在父亲或兄长的主持下，引领行礼之人进太庙，祭告天地祖先。然后由嘉宾加冠三次，先用黑麻布材质的缁布冠，代表可以参政；接着用白鹿皮军帽，表示从此要服兵役以保卫社稷；最后用红中带黑的素冠，这是古代通行的礼帽，表示从此可以参加祭祀大典。加冠完成后，主人设酒宴招待宾赞，即"礼宾"。"礼宾"后，受冠者入内拜见母亲，由宾取"字"，代表今后自己在社会上有其尊严。接着再依次拜见兄弟，拜见赞者，并入室拜见姑姐。之后，受冠者脱下最后一次加冠时所戴的帽子和衣

冠礼

服，穿上玄色的礼帽礼服，带着礼品，根据不同的身份，或者去拜见国君或者卿大夫，或者乡先生。

从周朝到清代的历史文献记录中都可以见到冠礼的记载，但清末之后，在新思潮的冲击下，这种仪式逐渐式微最终消失。现在的弱冠一般泛指二十岁左右的男子。

及笄

及笄是女子十五岁时的成人礼。《礼记·内则》："（女子）十有五年而笄，二十而嫁。"古代的女孩子十五岁以后，就可以许嫁、行笄礼了。笄是指古代盘头发用的簪子。像到弱冠之年的男子，女子在十五岁时要将头发盘起，用簪子束好，《仪礼·士婚礼》称"女子许嫁，笄而礼之，称字"，表示女孩子可以出嫁了。

中国古代重男轻女思想严重，故及笄之礼并不像弱冠之礼那样受人重视，文献中也缺少相应的记载。唐书《通典》上寥寥数语曰："周制，女子许嫁，笄而醴之，称字……笄女礼犹冠男也，使主妇、女宾执其礼……许嫁笄，当使主妇对女宾执其礼，其仪如冠男也。又许嫁者用醴礼之，不许嫁者，当用酒醮之，敬其早得礼……燕则鬌首。既笄之后去之也，犹若女鬌也。"北宋时期，司马光的《书仪》、朱熹的《家礼》也都记载过相应的仪式。不过，笄礼一般世家大族才有，普通百姓凑不起这个热闹。《宋史》中专门有关于公主笄礼的记载，其烦琐程度令人叹为观止。

及笄之礼

传统上女子必须在十五岁行过笄礼之后才可以被夫婿家以"亲迎"之礼接走。未行笄礼的姑娘，不能嫁人。如果一个姑娘长期待字闺中，那么最迟到了二十岁，不论有没有许嫁，都要行笄礼以正式确认其成年。《礼记·内则》郑玄注："其未许嫁，二十则笄。"也就是说，及笄之礼并非死板地固定在十五岁进行。

古代婚姻仪式中的"六礼"指什么

婚姻是人生大事，在注重礼仪的中国古代，成亲的双方到洞房花烛时才第一次见面，这中间有着非常烦琐复杂的程序，从谈婚、订婚到结婚，要完成三书六礼。在某个时代或某些地方，若没有完成这一系列程序，婚姻便谈不上是明媒正娶，其合法合理性就会受到质疑。现在，我们就来具体介绍一下古代婚姻仪式中的"六礼"。

早在西周时代，婚姻六礼的习俗就已经出现了。《礼记·昏礼》中记载："昏礼者，将合二姓之好，上以事宗庙，而下以继后世也，故君子重之。是以昏礼纳采，问名，纳吉，纳征，请期，皆主人筵几于庙，而拜迎于门外，入，揖让而升，听命于庙，所以敬慎重正昏礼也。"《仪礼》中也提到："昏有六礼，纳采、问名、纳吉、纳征、请期、亲迎。"

纳采。即男方家请媒人去女方家提亲，女方家答应议婚后，男方家备礼前去求婚。纳彩是婚礼的第一步。《礼记·昏义》曰："纳采者，谓采择之礼，故昏礼下达，纳采用雁也。"清人秦蕙田注曰："将欲与彼合婚姻，必先使媒氏下通其言，女氏许之，乃后使人纳其采择之礼。"值得一提的是"纳采用雁也"，《仪礼士昏礼》也说"昏礼有六，五礼用雁，纳采、问名、纳

纳采

吉、请期、亲迎是也。""雁"为何会成为如此重要的彩礼呢？大致有两层含义。一是说大雁秋去春来，不失时节，意为守信；二是说大雁飞行时老壮者居先，幼弱者随后，不逾规矩。《白虎通·嫁娶篇》则曰："用雁者，取其随时南北，不失其节，明不夺女子之时也。又取飞成行止成列也。明嫁娶之礼，长幼有序，不逾越也。"文学史家、北京大学教授褚斌杰先生还提出一种说法，即大雁寻找配偶从一而终，寓意男女忠贞不渝。这个观点和"婚姻"的内涵更为贴切和符合。

问名。即男方家请媒人问女方的名字和出生年月日。古代女子起名有讲究，先是出生三月时起名，盖为乳名；再是及笄之后取字，即为正式的名号。男子的名字在纳采时已经由媒人通报，故问名只问女名。问名时仍然带雁为礼物，且有规定的顺序："宾执雁，请问名，主人许，宾入，授，如初礼。"

纳吉。即男方将女子的名字、八字取回后，到祖庙中进行占卜。卜得吉兆后，再准备礼物，通知女方家，决定是否缔结婚姻。郑玄注："归卜于庙，得吉兆，复使使者往告，婚姻之事于是定。"

纳征。亦称纳币。确定可以缔结姻缘后，男方家将聘礼送给女方家，同于今天的彩礼。在很多地方纳吉和纳征是一并进行的。不同地方的彩礼是不一样的，

不过一般都分别有实物和金银。送彩礼时还要附上红绿描金书帖,也叫"龙凤书帖"。帖上写的都是一些吉利话,但有一定的程式,男方写"素仰壸范,久钦四德,千金一诺,光生蓬荜";女方回帖则写"一枝幸附,三生契合,七襄愧极,九如庆祝"等话。

请期。即男方家选定了良辰吉日作为婚期,准备好礼物去告知女方家,以求其同意。"请吉日将迎亲,谓成礼也。"现在常说的"择日",就是此意。良辰吉日一般要通过卜问神灵来确定,前往女方家告知时,依然是用雁作为礼物。《礼仪·士昏礼》云:"请期用雁,主人辞,宾许告期,如纳征礼。"

亲迎。即新郎到女方家迎娶新娘。这是六礼的最后一道程序,也是最重要的一道程序。我们今天狭义上的"婚礼",就是"亲迎"这一步。从先秦至当今,从天子到庶人,亲迎都非常隆重。《诗经·大雅·大明》有句"文定厥祥,亲迎于渭",说的就是周文王亲迎太姒于渭水之滨,《大雅·韩奕》中的"韩侯迎止,于蹶之里,百辆彭彭,八鸾锵锵"说的则是诸侯亲迎的场景。"亲迎"这一仪式表达出两层含义:一是由男子亲自去女家迎亲,表示对女方的尊重;二是表示以后要从夫居。亲迎之后,夫妻关系才正式确定。古代习俗中,如果没有经历亲迎丈夫就去世,女子还可以改嫁。但亲迎之后若丈夫去世,新娘便只能从一而终了。

亲迎

六礼完成,还只是新娘完成了成妻之礼,第二天还要"谒舅姑",进行成妇之礼;如果公婆已故,则于三月后到家庙参拜公婆神位,是为"庙见"。

古代婚礼有何细节事项

"男大当婚,女大当嫁"一直以来是中国流传的一句话。婚姻作为繁衍后代的基础,历来受宗族观念强烈的封建家庭所重视。在古代,结婚仪式被规范化,还形成完整的制度。娶亲程式,周代即已确立。以后各代大多沿袭周礼,但名目和内容有所更动。古代的婚姻制度是一夫一妻多妾制。古代男女缔结婚姻称为成亲。男方是娶亲或迎亲，而女方则是出嫁。

古代的人结婚是严格按照传统结婚仪式进行。结婚前必须有说媒、提亲、下聘、定亲，最后才能迎亲。中国的传统婚俗有"三书六礼"的规定。"三书"就是分别指男女双方正式缔结婚约的聘书，男方礼物清单的礼书和迎娶新娘的迎亲书。合礼合法的婚姻，也必须通过"六礼"程序来完成。"六礼"是指延请媒人做媒的纳采、探问女方姓名及生辰以卜吉兆的问名、遣媒人致赠薄礼的纳吉、正式送聘礼的纳征、男方择日的请期、新郎赴女家迎接新娘的亲迎。

在婚礼进行时也有顺序。男方在出门迎亲前要先祭祖，再出发。迎亲途中一路燃放鞭炮庆贺，新郎到女方门口后应赏持茶盘等候新郎的男孩红包答礼，再进入女方家。新人上香祭祖，新娘应叩拜父母道别，而新郎仅鞠躬行礼。新娘由兄弟背出来送上大红花轿。在锣鼓、唢呐、舞狮的伴随下，花轿起程回男方家中。新娘坐花轿过炭火盆，然后在下轿之前，新郎还得拉弓朝轿门射出三支红箭，驱除新娘一路可能沾染的邪气。之后还要跨过马鞍，然后才由新郎用条红布包着的秤杆挑开新娘头上的喜帕。家长坐在上堂，而新郎新娘在下堂拜堂成婚，新郎新娘一拜天地，下拜高堂，然后夫妻对拜，送入洞房。拜堂后喝合卺酒，给高堂敬茶，结发是新人在洞房里相互剪些头发，作为夫妻关系的信物放在一起保存，之后双方母亲同点龙凤烛，新人交换香书美玉做信物，再请出媒人赠送蹄膀。闹洞房是婚礼的高潮。新娘拜堂后先回洞房等待新郎，而新郎就在外招待客人。酒足饭饱后，新郎在一大堆人的簇拥下来到洞房，众人就开始闹洞房了。在新房中闹得越热闹，预示着新人在婚后的生活越幸福。婚后第三天，新妇还将在夫婿的陪同下，带备烧猪及礼品回娘家祭祖，称为"三朝回门"，一般还在娘家小住一段

故宫坤宁宫洞房

日子,最后才随夫婿回家。

筹备中国传统婚礼的过程中还有大量的礼俗和禁忌。婚服是成亲的必备,新郎和新娘都是穿着红色的礼服,红色是中国传统中最为喜气的颜色,也以红色象征吉祥如意,预示男女婚后生活得红红火火。其中,女子的嫁衣是她们最为重视的,一般是自己亲手缝制,又因为在中国神话里龙和凤有着重要的地位,龙主阳,代表男子;凤主阴,表示女子。因此新娘的嫁衣便以凤为主题,在红色的礼服上绣着美丽的凤。婚礼当天,新娘穿着红色嫁衣,头戴凤冠,盖一块红色丝巾。随新娘出嫁到男方家中的嫁妆在礼俗上要求必有剪刀、痰盂、尺、片糖、银包皮带、花瓶、铜盆及鞋、龙凤被、床单及枕头一对、两双用红绳捆着的筷子及碗、七十二套衣服,还有扁柏、莲子、龙眼等物。嫁妆中的每样物品都有其不同的吉祥含义,缺一不可。

在古代的婚礼习俗中,与现代有较大差异的就是抬花轿。花轿是婚嫁文化习俗一种独特的表现形式,有着悠久的历史。在古代,由于交通不发达,以轿代步,既能显得婚礼隆重气派,也能显得热闹喜庆。花轿又叫彩轿,是以红色绸缎做成轿衣,在四周用彩线绣出"龙凤呈祥""百年好合""花好月圆"等喜庆图案。迎亲队伍还配有一对彩旗、一对唢呐、一对铜锣、一对高灯等随轿子同行。新娘上轿前,双脚不能落地,以免把娘家的财气带走。新娘上轿,迎亲乐队就开始"催轿",立于女家门外高奏乐曲,频放鞭炮。在"催轿"的过程中,丈母娘要在房里"哭嫁",表示舍不得女儿,也暗含着"越哭越发"的传统说法。抬花轿回男家途中,遇转弯等障碍时,前行的轿夫就会喊出各种"好彩头"来提示。当花轿快要接近男方家门前,轿夫采取摇、摆、抖等动作的"戏抬"方法,使花轿处于不平稳状态,用以戏逗轿内的新娘。随行人员也会喊叫、起哄,同时乐队高奏鼓乐,迎亲者也随之抛出彩礼钱,以示喜庆,使其成为迎亲途中最为热闹壮观的场面。

古人在饮食上有哪些礼仪

《管子·牧民》有言:"仓廪实则知礼节,衣食足则知荣辱。"《礼记·礼运》则记载:"夫礼之初,始诸饮食。"可见,在获得食物上的基本满足之后,中国古人便开始追求饮食上的礼仪。商周时期,我国就已经形成了一套相当完善的饮食礼仪制度。

吃饭的礼仪

传统的宴饮礼仪首先是从迎客开始的。主人折柬相邀,到期迎客于门外;客至,至致问候,延入客厅小坐,敬以茶点;导客入席,以左为上,是为首席。席中座次,以左为首座,相对者为二座,首座之下为三座,二座之下为四座。客人坐定,由主人敬酒让菜,客人以礼相谢。宴毕,导客入客厅小坐,上茶,直至辞别。

而在使用菜肴上,饮食礼仪便更为直接地体现出中国古代森严的等级差别。王公贵族讲究"牛宜稌,羊宜黍,豕宜稷,犬宜粱,雁宜麦,鱼宜苽,凡君子食恒放焉"。而普通老百姓日常饭食则以豆饭藿羹为主,"民之所食,大抵豆饭藿羹"。饭桌上讲究的不仅是饮食规格,而且连菜肴的摆设也有规则,《礼记·曲礼》说:"凡进食之礼,左肴右胾,食居人之左,羹居人之右。脍炙处外,醯酱处内,葱渫处末,酒浆处右。"意思就是古人吃饭的时候,主食谷物放在左边,羹汤一类放在右边,肉食放在外边,酱料一类放在离自己近一些内处,葱姜等作料再往右边放,酒水一类再往右排。

不仅菜肴的摆设有规定,连用饭过程也更加讲究。《礼记·曲礼》载:"共食不饱,共饭不泽手,毋抟饭,毋放饭,毋流歠,毋咤食,毋啮骨。毋反鱼肉,毋投与狗骨。毋固获,毋扬饭,饭黍毋以箸,毋嚌羹,毋絮羹,毋刺齿,毋歠醢。客絮羹,主人辞不能亨。客歠醢,主人辞以窭。濡肉齿决,干肉不齿决。毋嘬炙。卒食,客自前跪,撤饭齐以授相者,主人兴辞于客,然后客坐。"大意是说,共同吃饭时,不可只顾自己吃,还要检查手的卫生。不要用手搓饭团,不要把多余的饭放进锅中,不要喝得满嘴淋漓,不要吃得喷喷作声,不要啃骨头,不要把咬过的鱼肉又放回盘碗里,不要把肉骨头扔给狗。不要专据食物,也不要簸

宴饮图
明张岱《夜航船》载:"十月朔拜暮,有司进暖炭,民间作暖炉会。"图为众人围坐宴饮的热闹场面。

扬着热饭，吃黍蒸的饭用手而不用箸，不可以大口囫囵地喝汤，也不要当着主人的面调和菜汤。不要当众剔牙齿，也不要喝酱汁。若客人在调和菜汤，主人就要道歉，说烹调得不好；若客人吃到酱类的食品，主人也要道歉，说备办的食物不够。湿软的肉可以用牙齿咬断，干肉就得用手分食。吃炙肉要撮作一把来嚼。吃饭完毕，客人应起身向前收拾桌上盛渍物的碟子交给旁边伺候的主人，主人跟着起身，请客人不要劳动，然后，客人再坐下。

饮酒的礼仪

酒在古代是祭祀活动中的重要物品，所以饮酒的礼仪也是纷繁复杂。从西周开始，我国就已建立了一套比较规范的饮酒礼仪，成为那个礼制社会的重要礼法之一。西周饮酒礼仪可以概括为四个字：时、序、效、令。

时，指严格掌握饮酒的时间，只能在冠礼、婚礼、丧礼、祭礼或喜庆典礼的场合下进饮，违时视为违礼。序，指在饮酒时，遵循先天、地、鬼、神，后长、幼、尊、卑的顺序，违序也视为违礼。效，指在饮时不可发狂，适量而止，三爵即止，过量亦视为违礼。令，指在酒筵上要服从酒官意志，不能随心所欲，不服也视为违礼。

正式筵宴，尤其是御宴，都要设立专门监督饮酒仪节的酒官，有酒监、酒吏、酒令、明府之名。他们的职责，一般是纠察酒筵秩序，将那些违反礼仪者撵出宴会场合。不过有时他们的职责又是强劝人饮酒，反而要纠举饮而不醉或醉而不饮的人，以酒令为军令。如《说苑》云，战国时魏文侯与大夫们饮酒，命公乘不仁为"觞政"，觞政即酒令官。公乘不仁办事非常认真，与君臣相约："饮不觞者，浮以大白。"也就是说，谁要是杯中没有饮尽，就要再罚他一大杯。没想到魏文侯最先违反了这个规矩，饮而不尽，于是公乘不仁举起大杯，要罚他的君上。魏文侯看着这

饮酒祝寿图轴　明　陈洪绶
图中做寿之人居中，头裹软巾，方面大耳，神情轩昂，两侧侍女抱匹捧罐而立，身后一仆从拄杖侍立，石案对面二人或卧于芭蕉叶上，举杯对饮，或坐于石凳上以杖撑身，另一手伸入水中。

杯酒，并不理睬。侍者在一旁说："不仁还不快快退下，君上已经饮醉了。"公乘不仁不仅不退，还理直气壮地说："今天君上自己同意设了这样的酒令，有令却又不行，这能行吗？"魏文侯听了，点头称善，端起杯子便一饮而尽，饮完还说"以公乘不仁为上客"，对他称赞了一番。

这种饭桌上的礼仪随着社会进步而不断发展变迁，对中国人的生活方式产生了很重要的影响，但关于"礼"的中心思想一直未曾改变。时至今日，我们的很多饮食习惯依然展现着中华民族传统文化中的礼仪之风。

古人有什么尊称和谦称

中国素来有礼仪之邦的称号。在古代封建社会中，礼法渗透在日常的言行举止中，在称谓及称呼上也有严格的要求。与人交往，古人注重虚己以待人，必须降低身份，恭敬对待他人，做到以礼相待。所以，古人对别人往往使用尊称，而对自己则使用谦称。尊称，也叫敬称，是对对方表示尊敬的称呼，针对不同的对象，称呼可有多种。谦称则是表示谦虚的自称。

古人对别人的尊称都含有赞美之词。在古汉语中，凡是谈话对方都要用到尊称。当称对方或其有关事物时，常用"大""芳""高""贵""雅""贤""玉""华""令"等字来表敬意。敬称对方为大驾、足下或台驾；敬称年长男人为大伯，年纪相仿的男人为大哥，尊称年长者为大爷，年龄小的男子平辈为贤弟、侄子为贤侄；对方的儿子为贵子、令郎，对方的女儿为令爱、令千金；对方的学生为高足；问对方的姓氏为贵姓，对方的名字为大名，年轻女子的名字为芳名，尊长或所尊敬的人的名字叫名讳；问人的表字是台甫；问对方的年龄是贵庚，问老人的年龄用高寿，问年轻女子的年龄用芳龄；问对方的生日用华诞，老年人的寿辰为大庆；问对方的书信或言辞是玉音、华翰；对方的房屋是华堂、华厦；对方的邻居是芳邻；对方的国家为贵国；对方的作品为大作；对方的见解是高见；对方的情意为雅意；对方的成全叫玉成等。

而凡是提及和自己有关系的都要用到谦称。在与别人说话时，谦词的运用也很广泛。说自己或与自己相关的事物，往往在某些词前加上一个"鄙""敝""薄""贱""寒""拙""内""愚""小""家""舍""老"等字，来显示说话人谦虚的态度；自称自己是小人、小可、鄙人、敝人、愚、蒙、不佞、不敏、不肖、不才、在下、下走、后生、晚生等；称自己的姓是敝姓或贱姓；自己的父亲是家父、家君、家严、家尊、家翁，自己的母亲是家母、家慈，自己的妻子是拙荆、内人或贱内，自己的儿子是小儿或犬子，自己的女儿是小女，自己的哥姐是家兄家姐，自己的弟妹叫舍弟舍妹，自己的侄子叫舍侄；自己的意见是愚见、拙见、鄙意或鄙见；自己的学校是敝校；自己的家是寒舍或敝处；待客的酒是薄酒；自己的技艺是薄技；自己送的礼物是薄礼；自己的情面是薄面；自己的文章或著作是拙笔、拙著或拙作；对年纪比自己小的人自称愚兄；在朋友面前自称小弟；青年读书人自称小生；没文化自称老粗；老年人谦称老朽；老年妇女则自谦是老身等。提及自己时的谦称真是数不胜数。

当然，在人与人交往中，带有谦、敬色彩的词语经常使用于一些动作上。古人也常用"拜""奉""恭""敬""垂""俯""屈""光""惠""雅""敢""忝"等字表示对对方的敬重。阅读对方文章是拜读，访问对方是拜访、拜望、拜见或拜会，初见他人叫久仰，结识对方叫拜识，好久没见是久违，托对方办事叫拜托、奉托，别人的帮助叫鼎力，请别人给予方便叫借光，请别人做事或让路叫劳驾，感谢对方是拜谢，佩服对方是拜服、敬佩，回复对方叫奉复，告诉对方叫奉达、奉告或敬告，劝告对方则是奉劝、进言，归还物品叫作奉还或璧还，陪伴叫奉陪，自己赠送东西出去叫奉送，对方赠送东西给自己叫惠赠，祝贺叫恭贺、敬贺、拜贺或恭喜，等候叫恭候或敬候，邀请叫恭请、敬请，迎接叫奉迎、恭迎，邀请人到达是屈驾，对方对自己的爱护是垂爱，别人对自己的重视叫垂青，别人对自己的询问是垂问或垂询，别人对自己的思念称垂念，对方或上级对自己的理解叫俯察，对方或上级的体念是俯念，对方或上级的允许是俯允，顾客来到叫光顾或惠顾，客人到来叫光临或劳步，对方到达叫惠临，对方保存是惠存或笑纳，对方允许是惠允，请人委屈迁就职务为屈就，请求对方指教称为雅正、见教、赐教或指正，冒昧的询问是敢问，冒昧的请求是敢请，冒昧的麻烦叫敢烦，自己有愧被列入或处在其中辱没了他人叫忝列，有愧处在其中叫忝在，有愧的担任叫忝任，请人勿送叫止步或留步，请人原谅叫见谅、包涵或海涵，请对方看信叫台鉴，请对方接受自己的要求或赠品叫赏脸，依赖别人的福气使自己幸运叫托福。

中国人谦称自己和敬称他人，就是在追求一个"和"的境界。这不仅仅是中国人的礼仪文化，更是中国人潜藏千年的"和"的智慧。

经 部

第四章

衣饰
——服饰着装也是一种制度

随着生产力和社会分工的发展，原始社会解体，人类社会发展进程发生了一个质的变化，从无阶级社会过渡到了阶级社会。而衣冠服饰便成了统治阶级"昭名分，辨等威"的工具，把服饰制度纳入礼的主要内容，当作统治人民的重要手段，从而给中国衣俗留下了丰厚的历史内涵。曾任教于北京大学的沈从文先生，在其作品《中国古代服饰研究》中写道："古代服饰是工艺美术的主要组成部分，资料甚多，大可集中研究。于此可以考见民族文化发展的轨迹和各兄弟民族间的相互影响。历代生产方式、阶级关系、风俗习惯、文物制度等，大可一目了然，是绝好的史料。"

由此可见，服饰不仅仅是民生的一个方面，更带上了显著的民族、政治和历史的色彩，成为中国文化的一部分。

"钗"都有哪些形制特点

中国古代女子做头很复杂，需要用到头饰来做各种发型。头饰作为女子装扮的必备，历来多有讲究。从古至今，头饰随着时代的发展，也在不断增加和变化演进，显示出了古代女子的特有风貌。众多的头饰不仅为女子的容貌增色，甚至也反映了不同阶级地位的女性的身份高低贵贱。

古代发饰最初起源是来自劳动、御寒、遮羞等因素，随着时代发展渐渐变为一种装饰。发饰包含了簪、钗、梳钗、步摇、笸、钿等一系列不同形状的装饰。众多不同的发饰，共同作为中国古代束发盘髻的工具，在装饰头部时起着不同的重要作用。在古代,汉族女子有着各种结发做头的方式,或是辫发盘髻,或是束发着冠;其他各族的女子也在结发做头上十分讲究。但无论何种结发做头方式,都需要将复杂的发型约束和固定,簪、钗便在这一点上起到了重要作用。因此,古代女子做头的时候,基本上离不开簪、钗的帮助。

在古代,钗也曾叫作"笄",是女子束发盘髻的工具。就形制而言,单股笄称"簪",双股笄叫作"钗"。依据古代的礼制,女子十五岁时,许了婚就需要结发上笄来表示已经成年。其所用的笄就是钗。在古代,钗是一种用金、银、铜、玉、珠翠等珍贵物饰合制成形为花朵或其他吉祥造型的顶端有装饰雕纹、底部有两股插针的插发饰物的发钿,是我国古代妇女的一种重要首饰,形似叉,后来又变化出丰富多样的造型。钗用于固定发髻,将连缀着的双股或多股长针安插在头部的两鬓。簪钗有长短,使用时,用于发髻正面的簪钗称为"挑心",用于侧面的称为"掩鬓",用于顶部的称为"顶簪",用于发髻后部的称为"分心"。

钗饰也依质地而分,主要有金属钗与玉钗两大类。金属钗中,金钗是最为昂贵的一种,具有天然的华美之质。银钗在质量上次于金钗,但价廉物美,在普通人家最为普及,再次者就是铜钗,多为一般贫寒人家女儿饰物。除了金属钗饰,还有玉钗。玉钗是由两种材料金玉合成的钗饰。至于家境贫寒到无钱购买钗饰的女子,只能以荆枝插发,称为"荆钗"。

绒花钗簪

钗既有实用功能,又有很强的装饰效果,甚至还是一种寄情的物件。因为钗是由两股合成,也就有了两人相思和合的象征,女子由此将其作为信物,表示两人的并蒂相连。同时,当夫妻若有不得已的离别之时,钗就作为一种离别之鉴,女方将钗的两股一分为二,自己和男方分别拿一半,表示了自己对他日"两股合一"的期盼,也是间接提醒男方不要舍弃自己的另一半,以待团圆。

钗的使用源远流长,在各朝各代风气的变化中,其形制肯定会有变化和发展。在远古的商朝,多数为单股的簪,簪的端部开始出现各种雕刻装饰,甚至精妙地刻有兽首或鸟头等纹饰。到西周,骨簪上更是镶有精致美观且具珠光气质的绿松石，同时也在原来骨簪的基础上创新地发展起了玉簪。秦代之后，发钗作为发簪的变体而出现，其插戴的方法是斜侧着插入发中，通过侧面的倾斜似坠来体现柔媚的女子的美感。两汉时又开始出现了名为"花钗制"的定制。当时贵妇常掺假发于发髻里面，而浓密高耸的发髻还需要插入数根发簪方能固定。高髻一直持续风行到隋唐，大唐盛世的妇女多戴花钗，发饰品种繁多，而且插戴数目也极多。唐代的妇女都梳高髻，再配以众多金银花钗的富贵华丽的头饰，将古代的发饰推向顶峰。宋代出现造型独特的新型的钗，钗端上出现了浮雕效果的折枝花。元代时期则是在钗脚上端做出攀枝错节的花式或弯曲的双龙状。到了明代，高高的发髻不再流行，日益趋向低潮，也才兴起"堕马髻"等垂式低髻。蔓延千百年的钗的影子最终逐渐隐没在封建时代的末端。

阁楼人物金簪　明

在中国古代，妇女种类繁多且复杂多变的发式引起了簪钗在使用上的一段长久的辉煌历史，簪钗文化也成为古代文明不可或缺的一部分。古代女子华贵的发钗作为女子做头不可或缺的一部分，让人不由得感叹古代在衣装方面的繁复与奢华。当然，头饰在经济发展和时代技术不断提高的基础上经历了各种材质和加工等方面的发展变化，显示了古代在加工方面的技艺水平。所以，簪钗具有很高的历史价值、文化价值以及艺术价值。

鞋都有怎样的发展历程

古代的鞋，是履、靴、鞋、屐的统称。鞋子是人们为保护脚部免受土地硬物等的伤害，并且为了方便行走活动和起到御寒防冻作用而穿用的足装。借助古人类存留的文物文献，可以窥见一部精彩而浩大的鞋史。

古代鞋子的复杂多样性首先在于其历史的源远流长。早在旧石器时代，原始人用骨针缝制兽皮衣服，也缝制兽皮用以护脚而利于追寻猎物。新石器时代，中国的先民也用简单包扎脚的兽皮、树叶制造成了人类历史上的古鞋。远古的鞋的种类以材料来分，有草葛、麻布、皮革三种，后来发展得更是多元化。据记载，商朝宰相伊尹就"用革做履"，因此中国古代的鞋少说也得有三千多年的历史。当然，三千多年前的鞋自然与当今皮鞋的式样有天壤之别。自商代以后，历代在鞋的穿着上均有制度。同时，也因为各民族的文化融合和社会本身的进步发展，鞋的种类和样式也变得越来越丰富。

其中，最主要的"靴"的革新和变化就是比较典型的一种鞋类发展史。靴，原为中国北方游牧民族所穿，又称"马靴"和"高筒靴"。样式有旱靴、花靴、皮靴、毡靴、单靴、棉靴、云头靴、鹅顶靴等。

春秋战国时代是我国古代奴隶社会过渡到封建社会的关键历史转折期，赵国国君武灵王为适应当时群雄战争的需要，引进了西北胡人的短衣和短靴的穿戴，推动了中国服饰史上一次轰轰烈烈的"胡服骑射"革命。从此革靴就成为中华鞋史中最成功的引进变革产物。

南北朝时期，靴在北方广泛流行，且波及江南。历经魏晋南北朝的社会变革、民族交融，隋唐五代的鞋履文化表现出多元化、多轨制、多源性的繁荣景象。

直至唐代，官民都可穿靴，只是式样略有不同，女子流行软底透空锦靿靴。宋元时期基本沿用唐代的鞋，但款式品种增多。

元代则是盛行高丽式靴。虽明代朝廷下令禁止庶民百姓穿靴，但仍出现了许多似靴像履的短筒靴。明代官员足蹬朝靴，儒生多穿黑色双梁鞋，庶民百姓则穿布鞋、蒲草鞋或牛皮直缝靴。

清代男子着便服以鞋为主，穿公服才着靴。皇帝上朝时穿方头朝靴，官吏公服为黑缎靴，武弁穿快靴，高级官员多穿牙缝靴。清朝还将革靴改为丝织绸缎的靴。因此，清代的靴多以缎、绒、布皮为材料，朝靴为方头靴，民间皆为尖头靴。靴作为鞋文化的领军者，盛行了两千年，隋、唐、宋、元、明几乎代代穿用。

靴虽然最负盛名，但其他的鞋也有难以低估的文化价值。汉代就出现了世界鞋史上极为罕见的极其珍贵的玉片缀鞋。因为按照汉代的礼制，在封建帝王等显贵之人死后安葬时，要为其穿着金缕玉履，配以金缕玉衣。凉鞋最早也是由汉代的拖鞋演变而来，汉代以后，相继出现了麻凉鞋、布凉鞋、皮凉鞋。古人还在凉鞋上绣着龙凤呈祥等的喜庆图案，有的凉鞋甚至装饰珠宝，价值不菲。

从鞋的形制变化来说，其总的最典型的特征就是鞋尖上翘。鞋翘最先起始于先秦时期。在春秋时，社会就十分重视履头前翘的穿着。至汉代，出现了履头装饰有分歧的歧头履。到了唐代，妇女的履式区别主要在鞋头的形状上，但都是高翘形式。而始于五代的尖足鞋——"三寸金莲"，因为鞋形似翘首的鸟头，鞋底为木质，弯曲如弓，又称"弓鞋"。其式样有眠鞋、换脚鞋、尖口鞋、踏堂鞋、莲鞋、合脸鞋等数百种。弓鞋甚至还在鞋头、鞋底、鞋里和鞋帮上绣满了各种吉祥的图案，或加缀明珠等饰物。明代受元朝服饰的影响，其制鞋技艺水平的提高也仍以鞋翘为标志。明代鞋翘也是十分丰富多彩的。到了清代，满族贵族旗人妇女所穿旗鞋叫"花盆底鞋"，有的跟部中央高达五寸以上。此外还有室内穿的拖鞋、雨天的钉靴、冰上用的冰鞋等。

清代花盆底鞋

在古代鞋子的发展史中，隋唐开创了鞋子行业的初级阶段，制鞋开始从家庭自给自足走向商品化市场。为了使商品鞋便于流通，唐代已在鞋履业中开始应用表示脚大小的"鞋号"。唐代之前足衣（穿着于足上的装束，足之内衣为袜，足之外衣指鞋）名称混杂，唐朝还正式用"鞋"统称了足衣。

在古代，鞋、靴、屐是分得很清楚的，特别是什么场合穿靴、什么场合穿鞋或屐，都有严格的规定。鞋不仅是人类征途上的助跑物，而且也是人类智慧的结晶。正因为选择的多样化，才使得古代鞋文化精彩非凡。

戒指本义为何？为何在佩饰中略失华彩

在距今四千多年前的古中国，就已有佩戴戒指的历史记载。原始时期先民们的骨质、石质、角质等古朴材质的指环与其他众多古老的装饰物都是古人类智慧的结晶。直到今天，戒指成了男女婚恋的信物。在这中间几千年的漫长时间里，中国的戒指文化内涵又发生了怎样的变化呢？

我们先来看一下"戒指"的命名含义。中国人对于物品的命名向来是极为讲究的。戴于指上的环状物为什么叫作"戒指"？"戒指"，文字表面的意思为戒于指上。"戒"字含有禁戒之意，也就是说，戒指可能是用以起警诫、禁戒作用的标志物。因此，在古代最先起源的戒指，作为炫耀富贵美好装饰品的可能不是很大，而对于现代这种男女情爱的纪念意义来说可能性也不大。

其实，戒指在中国古代的宫廷，的确是一种禁戒或戒止的标志。戒指用于当时皇帝三宫六院、七十二嫔妃佩戴，用以记事。那么所记何事呢？

当后宫女子被皇上选中侍寝，宦官就记下其被君王临幸的日期，并在其右手上戴一枚银戒指作为记号。当后妃有了身孕或其他情况不能接近君王时，宦官就为其戴一枚金戒指于左手上,以禁戒帝王的"御幸"。如此,戒指成为宫廷中后妃群妾用以避忌的特殊标记。后妃将金指环套在左手,以示戒身;平时则用银指环套在右手。

戒指传到民间,去其在皇宫之中的本义,而利于其美观的特点,作为配饰,久之便成了一种独特的风气。当然,与今天众人熟知的一样,在中国古代,戒指也有作为古代婚礼的聘礼习俗。当今的婚配婚礼习俗就有很多沿袭古代旧制的地方,戒指作为聘礼以表示缔结良缘就是其中的一点。但是,当代中国在婚宴喜礼之上,新郎新娘互相为对方戴上一枚作为结婚信物的戒指的这种做法,则与传统习俗无关。交换戒指的做法其实是来源于西方国家的传统。

戒指作为一种主要配饰,却并没有像发饰、腰饰一类有过多繁复的变化和突出。它的形制并没有因为时代变化而产生大的不同,带上特定的时代特征。同时,它也并未像其他配饰被突出应用。这是为什么呢?这可能和戒指本身所装饰的部位有关。

戒指戴于手指上,在古代长袍长袖的衣服掩盖下,手指多数会被遮挡住。古代更多的配饰或是处在最明显的头上,或是处在前襟周围,这种饰物的展示性非常的强。男子腰间的佩饰,也让其举手投足间显现出华贵。相比于手指,其他的佩戴位置都比较明显。作为装饰作用的配饰主要目的就在于可视性、可观赏性。因此,中国服饰史上颇显华彩的部分普遍就是发饰、耳饰、颈饰、腰饰等外在性、开放性比较明显的饰物,而不是隐藏性比较强的首饰。这也就是为什么女子的头部装饰越来越被重视,越来越高贵典雅。将贵重的黄金、翡翠等流金溢彩的珠宝做成凤凰、孔雀等各种式样繁多的花样饰品,大量装饰在高大的头顶假髻上,而男子宽衣博带之上更是被精心设计了各式带钩、佩玉。

近代以来,自由恋爱的观念和西方的婚姻形式文化冲击着中国人。戒指真正成了中国人光明正大的婚恋信物。当然,时至今日,戒指也早已经失去了其在宫廷中的原始含义,而是成为一种时尚的饰物,代表着幸福美满的婚恋关系。

金质嵌珊瑚、珍珠戒指　清

经 部

皇帝的龙袍都有什么讲究

借助古装宫廷影视剧，众人不难发现，作为古代最高统治者的皇帝的行宫里到处都是龙形的图案。而绣着龙形图纹的袍服，也被视为帝王的礼服，是古代皇帝的专用服装。因袍上绣龙形图案，所以又将其称为龙袍或龙衮。

为什么作为天下至尊的帝王会对"龙"如此钟爱呢？"龙"这个形象本身又有什么深刻的文化内涵呢？

在中国古代传说中，龙是十分灵异的神异动物，成为万兽之首。传说中的龙是由许多不同的图腾糅合成的一种综合体，体现着华夏民族优于其他民族的精神，也体现了华夏儿女不屈不挠、顽强拼搏、团结一致的精神风貌。因

清太宗皇太极像

为龙是蛇图腾兼并和同化了其他动物图腾的结果，所以龙也是从蛇演变过来的。传说中龙的形象是，身长若蛇，以蛇身为主体，又兼并了兽类四脚，具有虎须、鹿角、马鬃、鱼鳞、龙鹰爪和鬣尾。神化的龙也具有非凡的能力，能爬走，能飞翔，能变化大小，能随隐随现，能钻土入泥，能入水游泳、翻江倒海，能兴云降雨、闪电鸣雷、吞云吐雾。龙简直是无所不能。

在中国古代社会，龙最初起源于新石器时代早期，距今至少八千年。原始时代的人们把龙视为自己的祖先或保护神。相信龙自身具有一种超自然力量来保护族群的安全，并且族人也能获得龙的力量。实际上，龙由图腾演变为超部落、越民族的神，是一个被人格化的崇拜对象，是一种超自然力量的体现者，逐渐成为民族的崇拜物和民族标志，对整个民族的文化和心理产生巨大的影响。悠久的历史让龙显得更为珍奇和玄妙。龙与凤凰、麒麟、神龟作为古代神兽，四者并称"四瑞兽"。青龙又与白虎、朱雀、玄武合称为中国天文四象。由此也可以看出，龙成了中华民族的象征，在中国古代显示着极其重要的地位。

龙成为中华民族的象征，是一种力量和智慧的体现，也正因为如此，每一个炎黄子孙对于中国龙始终保持最高的尊崇和喜爱。龙的形象不仅是一种尊崇的符号，更蕴涵着人们的一种血肉相连的归属情感。龙作为无所不能的神兽，是天

53

地的使者，而作为天之骄子的皇帝也是上天派来的主宰者。又由于龙至高无上的地位，便顺理成章地成为中国封建时代帝王的象征，皇帝也被称为真龙天子。因此，中国历代君王的皇袍上也就都以龙作为帝王皇权至上的标志。

皇帝的各种龙袍是皇帝的工作服，它不仅是皇权的象征，也是对皇帝行为的一种隐形约束。皇帝的龙袍有很多种款式，一年四季的衣服都处在不同的变化当中。皇帝必须按照礼制来穿着。而将龙袍按照礼制来分，可以分四种：第一种是最为高贵的"礼服"，适用于登基、大寿等最重大的庆典场合；第二种就是象征吉祥喜庆的"吉服"，适用在一般吉庆的日子；第三种是皇帝打猎外出时穿着的便于活动的"行服"；第四种是最为普通的一种常服，被称为"燕服"，是皇帝平时在行宫内穿的便服。

而按材质来分，龙袍又有皮、棉、夹、单、纱等。皇帝的龙袍还分冬夏两式样：春夏用缎起到清爽的作用，秋冬则用珍贵动物的皮毛起到保暖作用。皇帝虽然贵为一国之君，但因为有礼制管束着，所以龙袍的形制上必须单调统一，只是使用的材料不同。龙袍所形成的复杂定式规定，一件龙袍上有九条龙。前后身各有三条活灵活现的巨龙，左右肩上也各有一条团住的龙，还在衣襟里深藏着一条小的正龙。

在直观的视觉上，龙袍的正面和背面都能显示出五条神龙。用九的至阳之数和五的吉数来暗含着帝位是"九五之尊"之意。虽然行制单一，但在实际上，清代皇帝使用的龙袍也不算单一，因为龙袍的颜色也是复杂多样的。清代的龙袍有黄、白、红、蓝四种，即明黄色、月白色、大红色和石青色。而这四种颜色的选择是对应着满族"八旗"的正黄镶黄、正白镶白、正红镶红以及正蓝镶蓝的四个颜色。

皇帝作为最高的统治者，龙袍上的龙也相应具有最为独有的特征。清代的时候，在衣饰的制度上也明确规定了龙袍上的龙纹和颜色。只有皇帝的龙袍是五爪龙，余者的衣袍上都是描绘着四爪龙的蟒袍。颜色的规定上，皇帝的龙袍颜色是明黄色，皇太子是杏黄色，其余皇子则是金黄色。在衣服的区别上，古代的衣饰在制度上真是"用心良苦"。

康熙帝大阅兵之盔甲

尽管皇帝作为古代封建的一种标志已经陨落，但这种衣饰文化却依旧灿烂辉煌，龙袍作为文化的载体给予后代研究历史的有力途径，是中华文化史上不可或缺的一笔。

凤冠霞帔本是贵族妇女的礼服吗

中国古代女子出嫁，基本都要备上一套凤冠霞帔，一则端庄好看，二则寓意将来能富贵腾达。其实，这凤冠霞帔原本并不是专为新娘子准备的，而是贵族妇女的礼服。

古代龙、凤为皇家专用词汇，龙指皇帝，凤指后妃。所谓凤冠，就是指皇帝后妃的冠饰，其上饰有凤凰样式珠宝。明朝凤冠是皇后受册、谒庙、朝会时戴用的礼冠，其形制承宋之制而又加以发展和完善，因之更显雍容华贵之美。凤冠以金属丝网为胎，上面缀点翠凤凰，并挂有珠宝流苏。从先秦时期，凤冠就已成为皇太后、皇后的规定服饰。但凤冠上出现凤凰，是从汉代才开始的。到唐朝的时候，

明仁孝文皇后像
明朝凤冠是皇后受册、谒庙、朝会时戴用的礼冠。

皇后见宾客时穿的礼服上出现了后世凤冠上的大小花和博鬓等装饰物。宋朝，凤冠已经在贵族妇女中比较多地出现了。宋朝的凤冠一般以银为质，外饰龙凤珠花，并镶嵌各种宝石。据《宋史·舆服志》记载，皇后的朝冠为特大的龙凤花钗冠，上面缀满珠宝，并用金银丝盘成龙凤及大小花二十四株。皇太子妃的花钗冠，有大小花十八株，无龙凤。命妇的凤冠则按不同的品级有不同的形制。明代建朝以后，随即制定了严格的服饰制度，凤冠成为贵族妇女参加大典礼时必须戴的饰物。但贵妇的凤冠上没有凤凰，而是有不同数量的雉。明代定陵中出土过四顶凤冠，三龙二凤冠、九龙九凤冠、十二龙九凤冠和六龙三凤冠各一顶，分别属于孝端和孝靖两位皇后，无不镶金缀玉，极尽奢华。

霞帔大约起源于晋代，《事林广记·服饰类》记载："晋永嘉中，制绛晕帔子，令王妃以下通服之。"隋唐以后，妇女们在各种场合，如劳动、娱乐或出行，都喜欢用披帛作为装饰，到宋代被列入礼服行列之中。《宋史·舆服志》所记："常服，后妃：大袖生色领，长裙，霞帔，玉坠子。"明代帔被规定为贵妇常服，并

凤冠 清

对形制进行了统一规定，其状如一条长长的彩色挂带，每条霞帔宽三寸二分，长五尺七寸，服用时绕过脖颈，披挂在胸前，下端垂有金或玉石的坠子。因其美如彩霞，故称"霞帔"。根据命妇丈夫、儿子级别的不同，霞帔的颜色、图案也有所不同。一、二品命妇霞帔为蹙金绣云霞翟纹（翟即长尾山雉）；三、四品为金绣云霞孔雀纹；五品绣云霞鸳鸯纹；六、七品绣云霞练鹊纹；八、九品绣缠枝花纹。霞帔的样式也随时代变迁而改变。福建南宋黄升墓中出土有宋代霞帔的实物，其形制是两条绣满花卉纹的细长带，长带尖角一端相连，形成"V"字形。而明代的霞帔狭窄如巾带，清代的霞帔则阔如背心，中间缀的补子纹样也是视丈夫或儿子的品级而定。

那凤冠霞帔是如何由贵族命妇的服饰而延伸到民间的呢？这其中有个传说。相传北宋末年金兵入侵，帝王贵族被大量掳走，徽宗之子康王赵构仓皇南逃，直奔宁海。路过西店境内的前金村，见庙前晒场的谷箩上坐一位姑娘。为躲追兵，康王躲进姑娘的谷箩中。待金兵追到，姑娘手指南方，说来人向南逃去了。金人信以为真，向南追去。康王就此躲过一劫，无以为谢，便向姑娘许诺，将来若登皇位，她可以"娘娘"的名义，在出嫁时享受坐花轿、戴凤冠、着霞帔的殊荣。果然康王重登金殿，是为高宗。他没忘记当时的许诺，于是下旨赐封这位村姑为"娘娘"，在出嫁时可以真正享受凤冠霞帔的特殊荣誉。同时还重修了那座破庙，并亲笔题写为"皇封庙"。后来当地的姑娘在出嫁时也都纷纷效仿，穿戴起凤冠霞帔。这种风俗遍及浙江各地，民间也便有了"浙江女子尽封王"的说法。

凤冠霞帔历经千年，从统治阶层的狭窄范围最终走向民间，在短暂消失之后重又受到关注，正是因为这种美丽的服饰中蕴含着中华民族传统的审美价值观。

旗袍有何变化历程

在三百余年的清朝历史中，女装以旗服为社会的主流。而民国时期丰姿百态的旗袍就是从这种满族服装逐渐演变而来的。沈从文先生在《中国古代服饰研究》中总结清代的女子服饰为：梳旗髻，穿旗袍，外着琵琶襟马甲，足穿花盆底旗鞋,"后随汉满两族长期接触,满汉服饰逐渐融合"。到了20世纪三四十年代,女子的服饰为:"烫发,穿改良旗袍,戴耳环、手镯、戒指等。"旗袍和女子妆容的流变历史可见一斑。

旗服在满族语中称为"衣介",在古时泛指满洲、蒙古、汉军的八旗男女所穿的衣袍。裁剪比较简单,衣服的形制是圆领、窄袖子、长衣衩、呈宽大状的前后襟、四片裁制。这种衣服的特点是由满族人民的生活习惯决定的。为了方便上、下马和射箭等活动的进行,衣服便采用了这样的形制。值得一提的是,一种称为"马蹄袖"的特殊装饰。由于袖子口附带有马蹄状而得名。在满族人逐渐脱离骑射生涯后,满族人将放下马蹄袖的动作用以表示一种其对于长者、尊者致敬的礼仪。

同时,满族妇女为了满足服饰的审美性,会在领子、前襟和袖口绣上不同颜色的花边绣花装饰。服饰中,有一种叫"大挽袖"的女式服饰。该种服饰是把花纹绣在袖里,翻过衣袖来就可以显现美观的纹饰。在服饰领口、衣襟、袖边等处镶嵌几道花条或彩牙儿。

"五四"运动以后,在当时全国最大的经济中心上海,人们抛下了旧时种种的束缚,在服装上也充满了革新精神,不断改良衣服,新式服装纷现迭出。其中最有代表性的就是新式旗袍。

新式旗袍以满足女性服装为基础,但大胆剥脱了旧式服装的桎梏,以西洋女装为模仿式样,加以改进,造就了在服装的样式和色彩风格上的新奇。服饰具体的变化是,开褉的样式从四面改成了两面;下摆也由宽大改为收敛的形状;袖口更是发生了由肥变瘦的变化。服饰在发展变化中越来越合体,女性穿起来匀称苗条,婀娜多姿。

由于城市妇女职业社会化程度较高,生活节奏较快,对于服装,喜欢线条简洁、式样明快、实用性强的款式。事实上,旗袍正是迎合了妇女的实际需要,所以才在旧式

孝成皇后便装像　清

旗装的长度、腰身、开衩、色调等各方面进行综合改革。而这种款式的变化，如领子的高低、袖子的短长、开衩的高矮，使旗袍彻底摆脱了老式样，改变了中国妇女长期以来束胸和裹臂的习惯，让女性体态和曲线美充分显示出来。旗袍样式繁多，有如意襟、琵琶襟、斜襟、双襟的差别，有高领、低领、无领的区分，有长袖、短袖、无袖的区别，有高开衩、低开衩的不同，还有长旗袍、短旗袍、夹旗袍、单旗袍等的差异。整体的衣饰风格表现了女性曲线体态。与同一时期其他服饰相比，旗袍有面料较轻薄、印花织物多、装饰较简约的特点。

上海女性渐渐钟情于这种改造后的旗袍。在县城中，部分引领时代风气的女子和学生教师，在受到大城市的影响后，也是旧装换新装，大胆地穿起了新式旗袍。旗袍从20世纪20年代的上海开始流行，后来渐渐流入内地，到了三四十年代已经成为中国妇女一致接受的正式外出的服装。

旗袍被当时的中国女性采用，在于旗袍包含了时代所赋予的许多优点，也具有时尚思想的人的新的审美理念，最终变成时尚流行服。服装的变化和社会生活的变化紧密地联系在一起，旗袍的历史演变体现着社会风尚的变化，旗袍的变化也是女子思想的变化过程。从当年风行旗袍到今日，有着近百年历史的旗袍依旧保持着强大的生命力。的确，服装只有适合新的社会生活，才有无穷的魅力。

唐装是唐代服装吗？它有何历史变化

"唐装"从字面意思理解，很容易误认为是"唐代的服装"，实际上现在的唐装却是满族马褂在吸收西式裁剪后形成的服装，并非唐朝服装。

唐代的服装是以汉服为主，特征是交领、右衽、系带、无扣。唐代的服装男女各有不同。"圆领袍衫"是唐代男子最主要的服饰，袍服的用途非常广泛，礼见宴会均可穿着。袍服的款式，各个时期不尽相同。而唐代女服同样变化万千，沿袭了自东汉以来华夏妇女传统的"上衣下裳制"。妇女服装主要上着窄袖衫襦、下围颜色绚丽，争艳斗妍的传统裙装。上衣基本上是右衽交领或对襟系上带结。裙子围起来系上长长的裙带，高腰束胸，宽摆拖地的样式，宽松随体肥大，柔和自然，袒胸露臂。女装整体华丽大气，有层次感。既能显露人体结构的曲线美，又能表现一种富丽潇洒的优美风度。

由此可见，唐代服装和现代"唐装"关系并不大。之所以将这种满族马褂称为"唐装",是因为唐代盛期,声誉远及海外,此后,海外各国因此称中国人为"唐人",称华人居住区为"唐人街"。而"唐装"名字的得来,是由于唐人街的唐人穿的清朝、民国典型服装。

现代的唐装吸收了一些西式裁剪的方法。其款式结构有立领,上衣前中心开口,连袖,袖子和衣服整体连于一体而没有接缝,以平面裁剪为主,对襟,也可以是斜襟,直角扣、盘扣,扣子由纽结和纽袢两部分组成。男女唐装的外套都是葡萄纽扣,左右摆缝处开摆衩,在领口与门襟口处也用镶色料绲边;男女唐装的衬衫则是蜻蜓纽扣,立领、对襟及手工制作的布纽扣。最大的特点是立领、对襟、盘扣。现在不仅把裙摆做大,以便于活动,而且还都改成收腰的款式,以体现出女士的身材曲线美。

舞伎图　唐
图中舞伎着一件黄蓝色卷草纹白袄,红裙曳地,脚蹬高头青绚鞋。

不仅款式,唐装的面料也逐渐推陈出新,造就了传统和现代的结合品。从面料来说,主要使用织锦缎面料。当然,唐装的面料也已不再局限于织锦缎面料。真皮与唐装结合的新产品同样也保留了唐装原有的雍容华贵、富态休闲的韵味,皮质面料和制作工艺也使唐装显得挺括。

唐装既融合了传统服装和传统文化的元素,也能紧紧抓住并充分反映出传统服装的普遍特征,使古老的衣装重新焕发生机和活力。不仅如此,其设计也准确地借鉴了现代服装的造型,把美观为主的理念融入其中,还注意强调服装造型与人体体形的完美结合,特别是在肩袖部位更是现代造型对传统造型的一种创新设计。因此,这种把现代肩袖造型合理组合到传统服装上的完美的中西艺术品当之无愧值得世人肯定。

唐装不仅是传统与现代的融合,而且是流行规律的必然,更是中国在国际大家庭中地位与风度的体现。穿着时,里面衬高领衫,外面穿唐装上衣,再配以西裤、皮鞋,外面还能罩风衣。中式的唐装被赋予了西式特征,使唐装普及日常生活以及工作中。

唐女穿着真的都十分暴露吗

唐代社会经济高度繁荣，对外开放逐步深入，中原文化积极吸收外族地区的优秀成果，达到互利、互补、互惠的目的，大大增强了盛唐社会的开放性和无穷的时代魅力。唐代妇女的服装正是随着社会风气的开放而拘束越来越少。

唐代女装的特点是裙、衫、帔的合理统一。在妇女中，还出现了衣衫半遮半露、袒胸露臂的现象。考古发现，唐代懿德太子石椁上正常生活中的女士有着"胸前瑞雪灯斜照"的形象，而《簪花仕女图》中的女子"薄罗衫子透肌肤"的形象同样如此。这些穿着多彩而袒露服装的女子图像，无不显示着大唐的开放气息。那么，我们是否可以由此推测盛唐女装都暴露而无限制呢？

其实，我们在一些艺术作品中看到的现象是有特定环境的，也就是说，哪怕唐女得到了一定的个性解放，但是，这种解放在服饰上还是有限制的。

首先，开放是以身份作为前提限制。在唐代，只有身份特殊的人才能穿慢束罗裙半露胸的胸衫。高贵的公主才有资格穿半裸胸；而歌女为了取悦于统治阶级也可以穿半裸胸的服装。但是平民百姓家的女子是不穿半裸胸的，妇女的短襦都用小袖，下着紧身长裙，裙腰高系，一般都在腰部以上，有的甚至系在腋下，并以丝带系扎，给人一种俏丽修长的感觉。历史还记载，开成四年（839年），咸泰殿举行盛大的灯会，延安公主特别请人设计了漂亮的衣服穿着去赏灯。可是为她设计的衣着过于夸张裸露，文宗皇帝一见就大怒，把公主喝退下去，并扣驸马俸钱两月以示惩罚。由此可见，在外在场合或是庄严场合，公主的穿着也必须符合礼规，不可过于暴露无礼。

其次，是有穿着制度要求作为开放的限制。唐代女子服装，分衣裙、冠帽、鞋履几类。唐制规定，女服分四种，朝服、公服、祭服、常服。前三种是皇宫内

簪花仕女图　唐　周昉

的后妃、命妇、女官等人于朝会、祭祀等正式场合穿着的大、小礼服。唐代女子常服，基本上是上身是衫、襦，下身束裙，肩加披帛。衫为单衣，襦夹有絮，仅短至腰部。而且唐朝半露胸的裙装还不准露出肩膀和后背。早在初唐即已出现襦裙半臂穿戴服饰，一般都用对襟，穿在胸前结带，半臂的下摆可以显现在外，也可以像短襦那样束在裙腰的里面。但是，穿着这种服装的时候，不仅要绕过颈部，披挂在胸前，而且在衣服里面一定要衬内衣短襦，不能单独穿着。

再者，是有衣服穿着场合作为限制。开放的衣服不可能随随便便穿于大街上，毕竟唐朝人也会按场合穿衣服。然而，在唐代大量壁画上通常会显示手捧各种物品着装暴露的女侍，陶俑上也会展示众多唐代女性开放的形象。如此多的实物记载难道不是表示社会都是普遍如此穿着？其实，这些侍者都是身处于内室。试想一下，上层阶级的私人空间的壁画和陶俑肯定是根据其生活内部的所见来制作。这些侍女也只可能出现在深居的内室，而非抛头露面地游晃在大街上。更何况延安公主因不注意场合穿着不当而遭到皇帝严厉训斥的事件也有力地说明这一点。

最后一点，唐女暴露的着装也受到不同人不同个性等因素的限制。在永泰公主墓中，其前室东西壁的仕女图显示着这样的场面：为首宫女梳高髻、双手贴腹前，其后的诸位仕女分别执盘、烛台、方盒、如意、包裹等物悠然随往。在那画面中的女子，并非个个穿着暴露。人与人之间存在着个性差异。露胸、不露胸作为个人行为，会受到个人的个性影响。每个人追求毕竟不同，不会完全受时代风气的影响。另外，身材体形的不同也会限制唐代女子追求风尚的欲望，因此，雍容华贵、袒胸露乳的开放女子形象也是较多出现在美女的身上。

唐代社会稳定，经济高度繁荣，拥有雄厚的物质基础。一方面对内引入域外文明，另一方面也对外弘扬分享着盛唐的文化和文明成果。因此，在社会生产、生活等的各个方面都呈现出了变革和创新的气息，孕育了更加高度发展的唐代文明。唐代服装富丽堂皇，其妇女服饰作为历史上最辉煌的一部分让后人赞叹不已。所以，盛唐女装合理的适当的裸露，反而可以看作一种大胆的时代创新，值得后世的肯定。

第五章

舞乐
——歌舞乐律背后的文化启示

  音乐是我们表达各种情感、用来交际的方式。按照中庸之道的解释："乐而不淫，哀而不伤，怨而不怒。"古老的祭祀乐曲，悠扬低沉、神秘意远，给人的精神以不断沉淀，此后的乐曲也以这种极为平和的方式传承。北京大学中文系教授袁行霈，在其文化随笔中写到色感和乐感的美，他如是说，色有色调，音有音调。一幅图画往往用各种色相组成，色与色之间的整体关系，构成色彩的调子，成为色调。一首乐曲由各种声音组成，声音之间的整体关系，构成不同风格的音调。而正是因为这不同风格的音调构成了我们一系列的审美形式，所以音乐本身传达出来的韵意就非常丰富了。

  乐曲所追求的是社会、人、宇宙万物之间和谐地存在，彼此都适度地均衡。儒家把"乐"定为学者必修的基础课程，正是因为音乐本身具有这种平缓而不急躁的特点，才能培养国人乐天知命、自得其乐的良好心态。所以，懂音乐、识音乐，才能认识音乐中的文化，品味乐曲带来的精神和谐。

音律学在中国历史上是怎样发展的

  音乐在中国历史上具有非常特殊且重要的地位。音乐要繁荣发展，必须有坚实的音律学知识作为基础。在古代，礼乐并重，班固《汉书·艺文志》用孔子话说："安上治民，莫善于礼；移风易俗，莫善于乐。二者相与并行。"北京大学李零教授曾就孔子上课"弦歌之声不绝于耳"，指出其中一个很重要的原因便是当时社会的诗不是说的，而是用来唱的，而且还作为外交辞令使用。音乐在古代社会中的地位，由此可见。古人对音乐的重视，也就促进了相应音律知识的进一步发展，促成了音律类著作的不断涌现。

先秦时期，古人已经积累了相当丰富的音律学知识，但这些知识大都散布在有关书籍当中，没有专门论述音律的著作。例如，影响古代音律达两千年之久的三分损益法，具体内容最先出现在《管子·地员》篇；传统十二律的名称，最早则是在《国语·周语》一书中得到阐述的。对音律与节令、气候的关系，在《吕氏春秋》《礼记》等书中，都有所论述。这构成了中国古代音律学说与天文密切相关的重要特点。

进入汉朝以后，音律知识仍然广泛散布在各类书籍当中，并没有发生太大的变化。实际上，在整个中国历史上，这种情况一直都是存在的。例如，七声音阶就是在《淮南子·天文训》中第一次被提及的，这本书是一篇天文学著作，却花了相当大篇幅讨论音律的理论。汉代时期等到司马迁撰写《史记》，开辟了中国音律学著作的新纪元。《史记》首开以专章讨论音律的先例，在音律类著作中，有着独特的地位。《史记》中"乐""律"占了八书中两书，可见对乐律学知识的重视。尤其是在"律书"部分，除了介绍有关音律计算的具体内容外，司马迁还对五声、十二律以及和历法相关的十干、十二支、十二月和二十八宿在"风和气"的基础上进行介绍，从而加强了古人把历法和音律相对应的思想倾向。后来，班固在《汉书》中继承这套理论，使其变得更加系统化，编撰为《律历志》。自此，音律学说在正史中奠定了不可动摇的坚固地位。

《汉书·律历志》的作用不只在于首先开辟了在正史中"律""历"合一论述的例子，而且还在于它记载的内容的权威性。在这篇"志"中，班固记载了王莽时由刘歆主持的"征天下通知钟律者百余人"所进行的考订音律和度量衡的工作。刘歆在这一工作完成之时，有一份《典领条奏》，详细论述了他们所认为的度量衡和音律的基本原理。刘歆的理论被后来的人们所接受，这使得《汉

孔子闻《韶》图

书·律历志》成为中国历史上最权威的音律著作之一。

到了唐代，政治稳定，经济兴旺，统治者奉行开放政策，勇于吸收外域文化，加上魏晋以来已经孕育的各族音乐文化融合打基础，终于萌发了以歌舞音乐为主要标志的音乐艺术的全面发展的高峰。唐代出现

清人编的器乐合奏曲谱

了八十四调，燕乐二十八调的乐学理论。唐代曹柔还创立了减字谱的古琴记谱法，一直沿用至近代。

到了清代，涌现出更多的音律学著作。其中影响最大的当属康熙皇帝"御撰"《律历渊源》的第三部《律历正义》一书。康熙皇帝嗣后，乾隆皇帝又步其祖之后尘，"御制"《律吕正义后编》一百二十卷。这两部皇帝"钦定"的音律学著作，定下了整个清代音律学知识的发展基调。

什么是"宫、商、角、徵、羽"

"宫、商、角、徵、羽"是中国古乐中一般使用的五个基本音阶，类似于西乐的 Do（宫）、Re（商）、Mi（角）、Sol（徵）、La（羽）（没有 Fa 和 Xi）。最早的"宫、商、角、徵、羽"名称出现于《管子·地员篇》，起源于距今两千六百余年的春秋时期。不是说中国古代没有七声音节，而是这跟中国人阴阳五行的宇宙观有很大的关系。就像"宫商角徵羽"对应于"土金木水火"五行，同时对应于"东西南北中"方位。这个规则也正是符合了中国文化所崇尚的万物化一，天地有合的精神境界。

曾任北京大学教授的吴梅先生认为五音为宫、商、角、徵、羽，分属人口为喉、颚、舌、齿、唇。这样从音阶出声部位的不同阐释了五音从浊到清递升的音阶规律。正是因为只以五个音阶为主，中国传统乐器演奏的音乐显得沉稳典雅，缺乏跌宕起伏的戏剧性。下面就来介绍这五个基本音阶。

"宫"音作为五音之主、五音之君，统帅众音。通常相当于现代首调唱名中的 Do 音。《国语·周语下》说："夫宫，音之主也，第以及羽。"宋张炎《词

源·五音相生》也说:"宫属土,君之象……宫,中也,居中央,畅四方,唱施始生,为四声之纲。"

宫调式音乐,五行属土,对应的季节是夏。所以,比较适合用"土"属性乐器埙之类来吹奏平和、详静的乐曲,整个音乐颇有一种典雅柔和之感,也微微带着充满生命力的朝气,显得宁静祥和而不失孕育天地万物的辽阔之意。从人体的五脏对应来说,正宫调式能促进全身气机的稳定,调节脾胃,兼有保肺气利肾水的作用。

"商"为五音的第二级,居"宫"之次。通常相当于现代首调唱名中的 Re 音。《词源·五音相生》说:"商属金,臣之象。"

商调式音乐,五行属金,对应的季节是秋。所以,比较适合"金"属性乐器锣、钟之类相和,而成明达之合,有一种丰收的鼓舞和悦动,是一种成熟的韵味,又带着生命走向最为鼎盛的极致。但是,在这种极致之后,却又是冬季肃杀的忧虑。所以,商调式音乐中又带着一些演绎巅峰走向衰败的凄美怅然,但是,却并不显得凄凉。从人体的五脏对应来说,正商调式能促进气机的内收,调范肺气的宣发和肃降,兼有保肾抑肝的作用。

"角"为五音的第三级,居"商"之次。通常相当于现代首调唱名中的 Mi 音。《词源·五音相生》说:"角属木,民之象。"

角调式音乐,五行属木,对应的季节是春季。所以,比较适合"木"属性的笛子之类的管乐器,乐声坚实而明朗,整个音乐就带有一种初春欣欣向荣、活泼可爱的生命性的萌发。有一种清心、悸动的乐感,乐曲显得流畅、响亮、清脆,就如同明媚的春光,让人心生爽朗。从人体的五脏对应来说,正角调式能促进全

歌乐图　宋

身气机的展放,调节肝胆的疏泻,兼有助心、疏脾、和胃的作用。

"徵"为五音的第四级,居"角"之次。通常相当于现代首调唱名中的Sol音。《词源·五音相生》说:"徵属火,事之象。"

徵调式音乐,五行属火,对应的季节也是夏,比较适合热情高亢如同"火"一般的唢呐和管弦乐之类,充分传递激昂、欢乐的气氛。接着由轻快流泻的乐曲逐渐扬升,乐曲的气氛欢快活络却不过分激昂,充分地表现了徵乐的属性。从人体的五脏对应来说,能调节心脏功能,有助脾胃、利肺气的作用,并且可以达到振作精神的良好效用。

"羽"为五音的第五级,居"徵"之次。通常相当于现代首调唱名中的La音。《词源·五音相生》说:"羽属水,物之象。"

羽调式音乐,五行属水,对应的季节是冬。比较适合有如流水一般清冽畅婉的琴之类乐器,琴声如水一般冷冽,就像从山泉中汩汩而出的灵动,既温婉又空灵,让人听来舒畅,多出一分安详宁静。就像是冬季万物萧索却又蕴含着明年可能萌发的生命力。从人体的五脏对应来说,正羽调式能促进全身气机的下降,并且带有调节肾与膀胱的功能,兼带助肝阴制心火的功效。

"八音"分别指的是什么

八音是我国古代最早的乐器分类法。据《周礼·春官·乐师篇》记载,根据乐器的不同制作材料进行分类的方法,中国古代乐器分为八音,即金、石、土、革、丝、木、匏和竹。

从周末至清初的三千多年,我国一直沿用"八音"分类法。

金,是指金属乐器,大多是由铜或铜锡混合制成。在古代的金属乐器中,种类繁多,其中钟类乐器便是最主要的。钟不仅是以乐器的形式出现在中国,还是一种地位和权力象征的礼器。钹、锣等也是金属乐器。它们的共同特性就是声音洪亮、音质清脆、音色柔和,足以代表中国乐器的金石之声。被

八音指用金、石、土、革、丝、木、匏、竹八种材料制作的乐器。

彩绘陶乐舞杂技俑　汉

誉为"两千年前的地下音乐厅"的济南洛庄汉墓乐器坑中出土的一套编钟，其工艺考究、保存完好，是西汉的第一编钟。这也从另一个侧面说明了，金属乐器作为"八音"之首，确实有其意想不到的优势。

石，指的是石类乐器，主要是磬，质料主要是石灰石，其次是青石和玉石。石质越是坚硬，声音就越是铿锵洪亮。"磬"也和钟一样，有"特"字号的和"编"字号的，可以分为特磬、编磬等。特磬整套十二枚，以对应十二律，做到一磬一音。编磬则是由十六枚大小不同或厚薄不同的石块编恩而成。单体特磬具有铜钟似的清亮音色，编磬则已经是带有旋律性的乐器。

土，八音中的土类乐器，是指陶制乐器，主要的只有两种，一个是埙，另一个是缶。埙的历史悠久，目前发现最为古老的埙距今已有七千余年，最初只有一个吹口，有音孔，而后慢慢增加演变为八孔埙、十孔埙和半音埙。埙的音色柔美，音质圆润，颇有高处不胜寒的凄凉美感。缶的形状很像一个小缸或火钵，是很少见的乐器。缶本是用来装酒的瓦器，敲打起来就算是音乐了。

革，是指用野兽皮革制成的乐器，鼓就是其中十分具有典型性的乐器，古代人民也多用鼓来表达一种强烈激昂的节奏和运动感。上古时代的战鼓，皆由鳄鱼皮制成，而鼓皮选用鳄鱼皮，是取鳄鱼的凶猛习性以壮鼓声。鼓在很多场合都可以用，比如祭祀的时候或者行军打仗的时候。

丝，指的是用蚕丝制成弦，再制作成的丝弦乐器。商周以前，丝弦乐器就只有琴和瑟两种，秦汉以后才有了筝、箜篌、阮咸、秦琴、三弦、琵琶、胡琴等。

"伯牙子期"的故事，讲的就是古琴。筝这种丝弦乐器也极具抒情性，轻柔而婉转、端庄而雅正，其中又分有大筝和小筝。

木，是指木类乐器。这算是一种打击乐器，最初有柷、敔、拍板等，后来有木鱼、梆子等。柷是古代打击乐器，方形，以木棒击奏，用于宫廷雅乐，表示乐曲开始，后来作为一种祭祀用的启奏乐器。而敔也是一种打击乐器，用于宫廷雅乐，表示乐曲结束。拍板就是两片竹板制成，相互敲击可以发出声响。

匏，是指匏类乐器。有一种葫芦叫作匏瓜，古人会用老的匏瓜制成乐器，就是匏类乐器。匏类乐器包括笙和竽等簧片乐器。笙是和声乐器，而竽形状很像笙，比笙大一点，管也比笙多，战国以前在民间极为盛行。常说的"滥竽充数"这个成语故事，其实就是关于竽的一个趣闻。可见笙和竽早在数千年前就已经在民间普遍流行。

竹，是指竹类制成的乐器，主要有箫、笛和管。其实比较简单的区分方法是直吹为箫，横吹为笛。这二者虽都是竹子制作而成的乐器，但乐器的性质和音色各有巧妙的不同。进一步辨别箫和笛的不同，则在笛有膜，出音特别的嘹亮，而箫没有膜孔，音色柔和许多。在竹制的古乐器中，最重要的是排箫，因为其有发标准音的功能。

中国古代的乐器除了主要作为演奏音乐的用途外，其实还有各种其他的功能。不但是各个时期的娱乐用器和装饰摆设，更是重要的礼仪以及传讯的用器。各种乐器有着不同的使用场合和不同的功能效果，有的可以独奏，有的可以用于合奏，有的却属于色彩性乐器。

八音这种乐器分类法，标志着古代乐器制作技术、演奏艺术都发展到了一个比较成熟的阶段，这种分类法的产生对之后乐器的发展有着极其重要的意义。

学"三分损益法"有什么用

三分损益法是中国古代用来制定音律的生律法，是中国古代最早确定乐音数学规律的方法，为全世界所独有。古代定音是用黄钟等十二律管。律管分别有一定的尺寸，能发出一定频率的音高。三分损益就是把这些律管减短（损）或增长（益），三分损一就是把律管分为三节，减去一节，剩下三分之二的律管长度发出的音高就作为另一律管的音；三分益一就是把律管分为三节，再加长一节，律管总长度发出的音高就作为另一律管的音。

根据某一标准音的管长或弦长，要推算其余一系列音律的管长或弦长时，必须依照一定的长度比例，三分损益法就提供了这样一个长度比例的准则。

春秋时期《管子·地员篇》是最早记载这个方法的，将其与宫、徵、商、羽、角五音的记载联系在一起。据司马迁在《史记·律书》中写道："……九九八十一以为宫。三分去一，五十四以为徵。三分益一，七十二以为商。三分去一，四十八以为羽。三分益一，六十四以为角。"意思是取一根长为八十一单位的竹管，将其发出来的声音定为"宫音"的音高。然后，我们将其长去掉三分之一（三分损），就得到五十四单位，定为"徵音"。将徵音的竹管长度增加原来的三分之一（三分益），得到七十二单位，定为"商音"。再去掉三分之一（三分损），得四十八单位，为"羽音"。再增加三分之一（三分益），得六十四单位，为"角音"。而这宫、商、角、徵、羽五种音高，就称为中国的五音。

如果上面的表述过于抽象的话，那么从具体的数字计算的角度来看，我们可以这样表述：黄钟：81；林钟（由黄钟三分损而来）：81×2/3=54；太簇（由林钟三分益而来）：54×4/3=72；南吕（由太簇三分损而来）：72×2/3=48；姑洗（由南吕三分益而来）：48×4/3=64；应钟（由姑洗三分损而来）：64×2/3=42.667；蕤宾（由应钟三分益而来）：42.667×4/3=56.889；大吕（由蕤宾三分益而来）：56.889×4/3=75.852；夷则（由大吕三分损而来）：75.852×2/3=50.568；夹钟（由夷则三分益而来）：50.568×4/3=67.424；无射（由夹钟三分损而来）：67.424×2/3=44.949；仲吕（由无射三分益而来）：44.949×4/3=59.932；清黄钟（黄钟的高八度音，由仲吕三分损而来）：59.932×2/3=39.955。

上述用"三分损益法"得到最后一个"清黄钟"的长度为39.955，与直接取与其互为"八度音"（在声学中，物体振动的频率决定声音的高低。频率与定音器的长度是成反比的。如果定音器材质固定，长度愈长，声音则愈低。当长度增加为原先的两倍时，频率成为原先的一半；当长度减为一半时，频率将变为原先的两倍。这种互为二倍数的比例，叫作彼此互为"八度音"）的"黄钟"长度的一半40.5，仍有一段小小的差距，这是"黄钟不能

散乐图　五代

图中伎乐服饰华丽，体态丰腴，高盘发髻，各种乐器握于手中，神态各不相同，为研究当时音乐、服饰文化的实物资料。

还原"的问题。史书中的解释是"极不生",就是"钟律不能复相生"的意思。我们从上面的数学公式中可以知道,这种三分损益的操作,终究会出现一些小数,然后就有了循环往复的误差性。为什么现在的十二音阶会成为音乐中的主流音阶方式呢?就是因为它除了明确的音调音高等外,还能够有一种循环往复的变化。

中国音乐的乐律体系以自然音律为标准,配以人工律制而形成自己特有的音律体系。三分损益法的记载显示在两千六百年前中国人已经完成对自然律体系的认知和复制,通过乐器的结构达到自然律和人工律的统一。

"剑器舞"就是"舞剑"吗

剑器舞,中国民间舞蹈,因执剑器而舞,所以得到了这个名字,又称剑舞,亦称"黄倡郎舞"。这是一种手持短剑表演的舞蹈,这种表演形式历史悠久,流行于汉唐时代。

这种舞蹈,由于短剑的剑柄与剑体之间有活动装置,表演者可以自由甩动、旋转短剑,使其发出有规律的声音,并与优美的舞姿相辅相成,营造成一种战斗气氛。舞蹈节奏为"打令"。其实,剑舞的舞者一开始是男性,有刚健有力的风味。据《孔子家语》记载,子路戎装见孔丘时,曾拔剑起舞;《史记·项羽本纪》中也记载了在鸿门宴上,项伯与项庄对舞长剑的故事。但是,经过长期流传,剑舞逐渐演变成为一种女性舞蹈,风格上比较庄正典雅而动作缓慢,种类较多,一般为四人舞。舞时由四人头戴战笠身穿战服,腰缠剑带对舞,剑置于舞台上。每两人东西相对,先跳序舞,后弯腰拾剑,右手先握,后转至左手,徐徐站起,挥剑起舞,还步推向高潮。整个舞蹈在"燕风台舞"(往前后弯腰并飞速转动身体的动作)的旋转中结束。舞者那端庄、悠然的表演给人以美的享受。

由此可知,剑舞是古代和乐而演绎的剑术与舞蹈的精美结合,是一种乐舞,它以剑作为舞蹈道具,用剑来赋予舞蹈内涵和生命。所以,剑舞重点是舞,它最终还是一种舞蹈。只不过,相对于其他的舞蹈来说,动作更加迅疾多变,利用突起突落的舞姿创造刚柔并济的意境。

而舞剑则是用剑来耍武术招式,是按照剑术的套路进行的一种武术表演。重点在剑,舞的概念只是为了加强韵味,整体的动作流畅英武,但是韵律感、节奏感却不是很强。所以这里的舞只是形容剑术招式有舞蹈的,实际上还是剑术。

在中国历史上，观赏性强的剑舞表演者，当属唐朝时的公孙大娘。这位当时著名的舞蹈演员，舞艺与武艺并重，集美貌与气质于一身，继承并发扬了我国古老的剑器舞技艺，凭借自己高深的舞蹈基础及艺术造诣，给有幸观赏过她剑器舞的观众留下了不可磨灭的印象。其中就有著名的唐代诗人杜甫，他做了一首名为《观公孙大娘弟子舞剑器行》的诗，千百年来，更是脍炙人口。诗中这么描绘："燿如羿射九日落，矫如群帝骖龙翔。来如雷霆收震怒，罢如江海凝清光。"从这首诗中还能窥见公孙大娘剑舞的神采和气派："来如雷霆收震怒，罢如江海凝清光。"读着诗句，仿佛能看到公孙大娘在台上正为人们翩翩起舞，行云流水，出神入化。另外，公孙大娘成就了草圣张旭的书法艺术，在"诗圣"杜甫的《观公孙大娘弟子舞剑器行》一诗序文记有："往者吴人张旭，善草书帖，数常于邺县见公孙大娘舞西河剑器，自此草书长进，豪荡感激，即公孙可知矣。"这极好地佐证了舞蹈与书法在艺术上确有互通之处，它们都兼有优美的空间造型和赖以展示的时间顺序这两大长处。

公孙大娘舞剑器图

古人有"舞以达欢""舞以尽意"之说，又有"诗书画剑琴棋"之谈，剑已成为人们有文化素养的标志之一。剑舞由多代的舞蹈艺术家传承与发展，舞姿潇洒英武，形式绚丽多彩。可惜如今在舞台上以舞蹈形式出现的剑舞相对比较少，武术表演中剑术表演倒是不少。

古代都有哪些乐器

先秦时期的乐器，见于文献记载的有近七十种。仅在《诗经》一书中提及的就有二十九种，打击乐器有鼓、钟、钲、磬、缶、铃等二十一种，吹奏乐器有箫、管、埙、笙等六种，弹拨乐器有琴、瑟两种。而到唐代（618—907年）又出现了以竹片轧之的"轧筝"和"奚琴"（在宋时作"嵇琴"）的拉弦乐器，大大晚

鸣凤琴（正面） 北宋

于打击乐器、吹奏乐器和弹拨乐器，可见我国乐器种类的丰富。而著名的儒家创始人孔子就是一个音乐家。在他的理论体系中，礼乐并重，弹奏乐器是培养高贵品德的重要途径。那么，我们来看看，我国古代都有哪些比较著名的乐器。

古琴，我国最古老的弹拨乐器，三千多年前已经盛行。琴面装有七根弦，由粗而细，自外向内按五声音阶排列。琴面还嵌有十三个琴徽，用以标识弦上音位。演奏时右手拨弦有散、泛，按三种音色变化。散声是以空弦来发音，其声刚劲浑厚。泛音则是以左手轻触徽位，从而发出轻盈虚飘的乐音。按声是用左手按弦发音，移动按指则可以改变音高，并且能奏出滑音、颤音或其他装饰音。此外古琴还能演奏同度、八度、五度等音程。有关古琴的文献记载及传谱浩如烟海，这些都是我国古代音乐记录的珍品。古琴被赋予了高于乐器本身的意义，它的身影一直萦绕在中国古人的音乐生活中。

埙，古代吹奏乐器，最初埙大多是用石头和骨头制作，后来发展成为陶制，形状也有多种，如扁圆形、椭圆形、球形、鱼形和梨形等，其中以梨形最为普遍。相传埙起源于一种叫作"石流星"的狩猎工具。古时候，人们常常用绳子系上一个石球或者泥球，投出去击打鸟兽。有的球体中间是空的，抡起来一兜风能发出声音。后来人们觉得挺好玩，就拿来吹，于是这种石流星就慢慢演变成了埙。而埙就时间来说，最早出现在约七千年前，大部分是二音孔和三音孔，到殷商时期的五音孔陶埙已经能吹奏七声音阶和部分半音，发音古朴醇厚而悲壮。

筚篥，亦称"芦管""茄管"，古代吹奏乐器。已有两千年左右的历史，是由古代龟兹（今新疆库车县）的劳动人民发明创造的一种簧管乐器，后来传入中原。管身多为木制，上面开有八孔，管口插一苇制的哨子而发音。南北朝时有大小筚篥，桃皮筚篥及双筚篥等多种形式。隋唐到宋元时盛行全国。宋代教坊十三部中就专门有筚篥部。筚篥的音色或高亢清脆，或哀婉悲凉，质感鲜明，杜甫、白居易等诗人在诗文中都有细致的描述。

古琵琶，琵和琶是古代两种不同演奏手法的称谓，琵是右手向前弹，琶是右手向后弹。因此远在秦汉时期，对类似演奏手法的乐器，一般把它们概称琵琶。以后经过漫长的发展，逐步定形成为一种半梨音箱，曲项四弦，放置胸前演奏的琵琶。琵琶是中国弹拨乐器中最富有表现力的乐器，既能表现出气势磅礴的古战场气势，又能表现花前月下缠绵的思念之情。唐代著名诗人白居易在千古名篇《琵琶行》中，曾对琵琶演奏做了无比生动和形象的描述："大弦嘈嘈如急语，小弦切切如私语。嘈嘈切切错杂弹，大珠小珠落玉盘。"

古筝，古代弹拨乐器，春秋战国时代流行于秦地，所以史称秦筝。汉晋以前是十二弦，唐宋以后增为十三弦。明清以来逐渐增加到十五或十六弦。按五声音阶定弦。传统演奏技法：用右手大、食、中三指弹奏。用左手食指、中指或无名指、中指按弦，以取得"按、颤、揉、推"等变化音。

洞箫，单管竖吹，汉代开始盛行。古代箫多为竹制，但也有玉制或瓷制的。上端利用竹节封口，

吹箫图轴　明　唐寅

在封口的地方开半椭圆形吹孔，音量比较小，音色委婉清雅，在夜阑更深之际，乐声幽美悦耳著称。

编铓，又称铓锣，是一种古老而极富有特色的民族定音打击乐器，由响铜铸成，锣脐是乳突状结构，锣面呈现拱形。编铓由三十二面铓组成，音色浑厚洪亮，富有魅力。

篟，古代音区较低的笛类乐器。我国最早的辞书《尔雅·释乐第七》中记载："大管谓之簥，其中谓之篟，小者谓之箹。"音色低沉，悲切动人。

箜篌产自何处

箜篌，是一种十分古老的弹拨乐器，最初称"坎侯"或"空侯"，《风俗通》《通典》说是汉武帝时乐人侯调所作，因为制器的人姓侯，而其声坎坎，所以叫"坎侯"。箜篌高三尺多，形状像半边木梳，弦数因乐器大小而不同，最少的五根弦，最多的二十五根弦。箜篌多用于宫廷雅乐，但是在民间也有很广泛的群众基础，受到欢迎和流传。而到了汉唐时期，更是出现了三种形制的箜篌，它们分别为卧箜篌、竖箜篌、凤首箜篌。但是，从14世纪后期，箜篌就不再流行，以致慢慢消失，只能在以前的壁画和浮雕上看到一些箜篌的图样。

卧箜篌平放横弹像琴瑟，又称箜篌瑟，是前111年产于汉代的中国汉民族

传统乐器,盛行于汉至隋唐代,宋代后失传。箜篌在古代皇室乐器演奏中,是不可或缺的主要乐器之一。由于它有数组弦,不仅能演奏旋律,也能奏出和弦,在独奏或伴奏方面,都较其他乐器理想。汉代卧箜篌被列入《清商乐》中,以其形制优美、乐声雅正,而被称为"华夏正声"的代表乐器,当时的箜篌有五弦十余柱,以竹为槽,用水拔弹奏,刚开始流行于中原和南方一带,之后还逐渐流传到东北和朝鲜。卧箜篌在朝鲜却得以传承,经过历代的流传和改进成为今日的玄琴。而之后又由朝鲜传入日本,因为当时的朝鲜名为"百济国",所以传入日本的箜篌又称为"百济琴"。汉代诗词常可见"箜篌"这种乐器,其流行程度可见一斑。如汉乐府《孔雀东南飞》中有"十三能织素,十四学裁衣,十五弹箜篌,十六诵诗书"。

竖箜篌又名胡箜篌,是东汉之时由波斯(今伊朗)传入我国的一种角形竖琴,形状如半截弓背,曲形共鸣槽(音箱)设在向上弯曲的曲木上,并带有脚柱和肋木,张着二十多条弦。弹奏的时候,将其竖抱在怀中,从两面用双手的拇指和食指同时演绎。明代燕乐制度中的箜篌直长四尺八寸,并柄上雕龙头,二十弦。日本奈良正仓院保存有唐代漆竖箜篌残件,有槽、颈、脚柱、响板、梁等部分,从这些残件和有关图像来看,音箱在向上弯曲的曲木上,下方横木供系弦之用。唐代以后的箜篌就专指竖箜篌。琴弦一般系在敞开的框架上,用手指拨弹。箜篌与琵琶、五弦、筝一起合称隋唐俗乐中的丝弦。而这种乐器组合也经常出现在佛说法图、涅槃图、因缘故事和伎乐天人的供养图中。

有人推测,竖箜篌可能源自于古代的亚述、巴比伦以及埃及、希腊等地,当地十分流行的一种乐器可能是竖箜篌的雏形,那就是"竖琴"。如今,古代的箜篌实物虽已不存,但汉魏壁画上多见到弹奏箜篌的人像,如敦煌莫高窟431窟弹奏的就是竖箜篌,它们完全与亚述浮雕上所见的竖琴相同。另外,新疆已经出土近十件箜篌,从造型上看,也与亚述浮雕中的乐器非

箜篌图

常相似。

凤首箜篌，在东晋时自印度传入中原，晋曹毗《箜篌赋》描绘这种凤首箜篌为，"龙身凤形，连翻窈窕，缨以金彩，络以翠藻"。可知其是以凤首为饰而得名。但是，这种箜篌却在明代后失传了。凤首箜篌形制与竖箜篌相近，音箱设在下方横木的部位，像一艘船的形状，向上的曲木则设有轸或起轸的作用，是用来拨紧琴弦的。曲颈项端雕有凤头，正如《乐唐书》所载："凤首箜篌，有项如轸。"杜佑《通典》："凤首箜篌，头有轸。"

宫中乐舞俑 唐
这组乐舞俑均跪坐或盘坐，手中分别持箜篌、拍板、横笛、排笙、琵琶、箫等乐器，作演奏状。唐代宫廷的表演艺术融会了中外许多民族的乐舞，新编乐舞极为活跃。

据考证，为了让箜篌这种具有悠久历史性的绝美乐器重新站在舞台上，20世纪50年代以来，若干音乐工作者和乐器制作师们为了能够还原这种乐器，做了大量的研究工作。他们翻阅古籍文献，对照现有壁画，以此对箜篌的形制、演奏技法做出相关研究和信息提取。其实，中国已经尝试制作出了几个类型的箜篌，但是因为数量有限，并没有得到推广。到了20世纪80年代初，一种结构比较完善的箜篌被制作出来了，并进行进一步的推广箜篌乐器。这种箜篌是一种新型箜篌——雁柱箜篌。随后，在雁柱箜篌的基础上，又设计制作转调机械结构，研制出结构完善、造型优美、表现力强的乐器——转调箜篌。这种改革的箜篌是结合竖琴古筝并加以发展的新型乐器，擅长演奏划音、吟音、揉弦等手法，表现力极为丰富。转调箜篌音域宽广，和声色彩丰富，音色纤细柔美，既有竖琴的音响效果，又有古琴、古筝的韵味，更加完美地表现了我国民族音乐的特点和风格。

为什么把知心朋友称"知音"

俗话说"千金易得，知音难觅"。"知音"常用来形容彼此了解，情投意合的人。那么，"知音"这个词是怎么来的呢？

古有诗云："摔碎瑶琴凤尾寒，子期不在对谁弹！春风满面皆朋友，欲觅知音难上难。"该诗说的便是"知音"一词的由来。

俞伯牙是春秋战国时期有名的音乐家。他不仅精通音律，更弹得一手好琴。然而纵使他琴艺高超，却始终曲高和寡，没有几个人能够听懂他的琴曲。

有一次，俞伯牙因公务来到汉阳江口。黄昏时分，俞伯牙命船夫停船靠岸，调琴弹奏起来。伴着朦胧夜色，草场间传出悠扬曲调。弹琴间隙，俞伯牙听见草丛中有声响，便命书童前去查探。待书童回来，身边又跟了一个人。俞伯牙询问方知，此人名叫钟子期，是附近古娄子村的樵夫。砍柴回家途中，他听到有人弹琴，便隐匿在草丛中欣赏起来。

俞伯牙觉得此人是在说大话，一个樵夫，怎能懂得他琴中表达的情感。便想试探试探他。于是，俞伯牙转弦弹奏了一支表达泰山雄险的曲子。站在一旁的钟子期屏息凝神，表情随着俞伯牙的琴曲不断变幻。一曲弹罢，钟子期叹道："妙曲，高山巍峨，雄险非常。"俞伯牙听后，不禁对钟子期刮目相看。随即调整琴弦又弹一曲，钟子期面容平静，如沐春风，悠然说道："潺潺溪流，东流到海。由微波荡漾，到波涛澎湃。"俞伯牙听罢激动不已，终于找到了能听懂自己琴曲的人了。于是，他邀请钟子期来到自己船中。两人把酒言欢，畅谈琴曲，并结为兄弟，相约来年此时此地再相聚。

第二年，俞伯牙守信而来，却不见钟子期的身影。经过打听才知道，早在几个月前，钟子期就去世了。当地人说，他为了遵守和俞伯牙的约定，特意告诉家人将他葬在江边。俞伯牙听后，心痛不已。他来到钟子期坟前，弹奏起《高山流水》。弹罢摔琴长叹："知音不在，还有谁能懂我琴音。"

战国时的《列子·汤问》，详细记载了这段佳话。后人在俞伯牙和钟子期相遇的地方筑起了伯牙台，以纪念他们"以琴觅知音，摔琴祭友人"的感人故事。"知音"也成了知心朋友的代名词。

伯牙鼓琴图卷　元　王振朋
伯牙袒胸坐石上，子期侧身叠腿坐石上，双手合掌，一足微翘，似随琴声打着节拍。

史部

第六章

历史

——以人为鉴可以知得失，以史为鉴可以知兴替

历史对于我们来说究竟意味着什么？曾任职于北京大学的钱穆先生的回答是，历史就是我们的生命。他在《中国历史精神》一文中写道："历史是一种经验，是一个生命。更透彻一点讲，历史就是我们的生命。"将历史与生命画上了一个约等号。

既然是一个生命，那么属于这个生命的任何一段都具有同等重要的意义。如同一个人的少年、中年、老年时期，在他的人生中没有轻重之分一样，少年的苦闷会带来中年的思索，中年的思索会带来日后的反省、总结……人生就是这样"反思—行动—反思"这一螺旋或反省中上升，每一个环节之间都有承上的果和启下的因。我们不能因为一个人晚年优秀，就忽略了他年少时的无知；同样，也不能因为一个人最后的结局普通，而否定他人生中的奋斗。

我们的历史就是这样一个记录着一代代人的一个有生命的车轮。这个生命过程中有汉唐盛世那样的辉煌，让今天的我们有理由回顾过去，去倾听历史的声音。割裂历史，抛弃以往的经验，这样的举动无异于买椟还珠，既缺少理性，更是对生命的妄自菲薄。

为什么有些朝代会被分为"前后南北"

中国历史源远流长，经历了很多朝代。但是现在很多人记不清朝代表，这是因为史书中的朝代有很多明明是同一朝，却在朝代的前面加上"东南西北"或者"前后"等形容词。例如周朝分东周、西周，汉朝分东汉、西汉，晋朝分东晋、西晋；十六国中有后秦、后汉；五代十国有后周、后唐；宋朝又有北宋、南宋，如此看来，确实繁复难辨。那为什么会有如此复杂的称呼呢？

其实在当时，汉朝和宋朝都是称汉和宋，所谓的西、东、北、南是后来为了能够区分不同的历史时期，史学家们加上去的。

汉朝之所以有西汉、东汉之别，而西汉又前于东汉，经考究，原因是前207年，汉高祖刘邦建立汉朝，把都城选在长安，后来，刘邦建立的这个汉朝在25年被王莽灭亡了。几年动乱之后，刘邦的后裔刘秀推翻王莽"新朝"，重新建立了国家，国号也是"汉"，这是有意为之的，刘秀自认为是西汉成帝的继承人，沿用"汉"的国号正是为了体现他的正统身份。但是，长期的战乱中，故都长安遭到了严重破坏，新朝定都只好选在

汉殿论功图轴　明　刘俊　绢本
此画取材于"汉殿论功"的典故。汉室江山新立，众功臣于殿上争功邀赏，以致拔剑砍殿柱。儒士叔孙通遂劝刘邦召集鲁地儒生，规定朝仪，进退有节，高祖方知皇帝于众人之上的尊贵。

洛阳。东汉之于西汉，有事而无政，意即有形势推迁，而无制度建立。因此，后世史学家在研究时为了能够区分这两个汉朝，就根据两个王朝都城的不同位置，加上"东""西"这样的方位词来区分。长安在洛阳的西面，故刘邦建立的汉朝就叫西汉；洛阳在长安的东面，就把刘秀建立的汉朝叫作东汉。根据时间的先后，也称"西汉"为"前汉"，"东汉"为"后汉"。

宋朝也是分为两个阶段，就是我们常说的"北宋"和"南宋"。从960年宋太祖赵匡胤登位起，到1127年，宋朝都没有丢失北方国土，那时定都在北方的东京，就是现在的河南开封。1127年，金人南下侵宋，宋高宗赵构仓皇南渡，北方大片土地拱手让与金人。到1279年正月元军攻占崖山，这个时期的宋朝定都在南方的临安，就是现在的浙江杭州。史学家为了区别同一朝代的不同时期，就根据两个都城位置的不同来加上能够区别的字。由于东京城（开封）在临安城（杭州）的北部，就加个"北"字，将宋太祖建的宋朝称为"北宋"，而丢掉北方

宋太祖赵匡胤像

国土后的宋朝就称"南宋"了。

同样的例子还有许多，比如，五代十国就有许多国家都带有个"后"字，如后赵、后燕、后蜀，"后"字是史学家为了将这个时期与战国时期的赵、燕等国区别开来而加的。不然，只说燕国，就很难搞清楚究竟指的是哪个时期的燕国。还有清朝，开国时的国号称"后金"，这是因为清朝时占统治地位的女真族，跟北宋时的金国是同族，所以当时也定国号为金，只是后人为了区分两个金国，就在后来建立的金国前加个"后"字，变为"后金"。

从以上的分析中，我们对"东""西""南""北""前""后"放在朝代名词前面的原因有了一定的了解，但是，史学家并不是任意放置，而是根据一定的原则选用不同的称呼的。

如果两个王朝有继承关系，就以首都相对方位来称呼。比如西周、东周，西汉、东汉，南宋、北宋。如果两个王朝有继承关系，但其中一个存在时间过短，这时时间就成为一个凸显的区别因素，那么就只对时间过短的加方位来称呼，如南明。如果两个王朝继承关系过于严格，就不改变称呼，如明朝。对于那些没有继承关系的两个王朝，则一般用"前后"来称呼，不过这里也有特殊情况，与主要王朝同名时，主要王朝并不改变称呼，比如前唐和后唐，李氏唐朝为前唐，但是主要王朝，所以不改名。如果是两个以上没有继承关系的王朝，就有前有后，如前秦、后秦，同时，作为主要王朝的嬴秦不改名。如果同时具有上述关系，比如曹魏、北魏、西魏、东魏，因为北、西、东魏间有继承关系，所以以方位来称呼，而他们与曹魏没有继承关系，所以曹魏不改名，以其作为主要王朝。特别是三国时期，与魏同时的汉和吴，因魏是主要王朝，所以这两个王朝的定名有些不同，一个以地名称谓，称蜀汉；一个以方位定名，为东吴。

"三皇五帝"到底是指哪些人

在远古神话传说中，盘古开天辟地之后，其后裔诸神，即最初的三皇及后来的五氏纷纷完成了创世需要的任务后，归回神籍，人类从此进入了新的时代。因为五氏是最晚在创世中出现的神祇，人们为了铭记他们的无量功德，就把许多在原始社会中后期出现的，为人类做出卓越贡献的部落或首领称为"三皇五帝"。"三皇五帝"里的"皇""帝"，指的是皇天上帝。后来，秦始皇一统天下，认为自己"功过三皇，德兼五帝"，为了表现地位的崇高显赫，他就采用三皇之"皇"、五帝之"帝"构成"皇帝"的称号，叫自己"秦始皇帝"，自此，"皇帝"便是人间之王的称谓。

"三皇五帝"都是出现在夏朝以前传说中的"帝王"。用现在的眼光看，他们大都是部落首领，因为功绩出名而成为部落联盟的领导者，从而被众人当成神来敬仰。关于"三皇五帝"的最早文献记载见于《吕氏春秋·用众篇》："夫取于众，此三皇、五帝之所以大立功名也。"《吕氏春秋·贵公篇》："天地大矣，生而弗子，成而弗有，万物皆被其泽、得其利，而莫知其所由始，此三皇、五帝之德也。"

三皇：伏羲、黄帝、神农
此为河南焦作影视城中的三皇雕像，从左至右依次是伏羲（教人畜牧）、黄帝（管理军政）、神农（教人稼穑）。

后来的典籍《孟子》《荀子》里也提过"三皇五帝"，但并没有明确告诉后人，具体三皇是谁、五帝又有哪些人。于是，就衍生了多种说法，三皇有八说，五帝有六说。虽然关于"三皇五帝"的说法有多种，但基本上，不管是史书的记载，还是流传下来的神话传说，都认为三皇所处的年代要比五帝的年代早。三皇时代离现在比较久远，可能在四五千年至七八千年以前，甚至更为久远，时间跨度相对较大；而五帝时代就距夏朝不远，大约在四千年前。

关于"三皇"具体指的是谁，至今史学界仍未达成共识，目前的八种说法分别是：

1. 伏羲、燧人、神农（《尚书大传》）；

2. 伏羲、女娲、神农（《风俗通义》）；

3. 伏羲、祝融、神农（《风俗通义》）；

4. 伏羲、共工、神农（《风俗通义》）；

5. 伏羲、黄帝、神农（《古微书》）；

6. 自羲农，至黄帝。号三皇，居上世（《三字经》）；

7. 天皇、地皇、泰皇（《史记》）；

尧舜禅位图

8. 天皇、地皇、人皇(《民间传说》)。

至于"五帝"有哪些人,当前大多数人认同《史记·五帝本纪》中指的:黄帝、颛顼、帝喾、尧、舜。但除此之外,关于"五帝"还是有如下五种说法:

1. 庖牺(伏羲)、神农、黄帝、尧、舜(《战国策》);

2. 太昊(伏羲)、炎帝、黄帝、少昊、颛顼(《礼记·月令》《吕氏春秋》);

3. 黄帝、少昊、颛顼、帝喾、尧(《资治通鉴外纪》);

4. 少昊、颛顼、帝喾、尧、舜(伪《尚书序》);

5. 黄帝(轩辕)、青帝(伏羲)、赤帝又叫炎帝(神农)、白帝(少昊)、黑帝(颛顼)(五方上帝)。

那么,"三皇五帝"是否确有其人呢?多数人持否定看法,认为他们只是神话故事里的人物,北京大学考古学教授刘绪先生就认为,所谓"三皇""五帝"目前看来还都只是传说,都很"玄";不过,也有历史学家认为"三皇五帝"可能真有其人,并不是百分之百的神话传说而已。

"二十四史"指的是哪二十四部史书

"二十四史"是中国古代不同历史时期,由不同的历史学家撰写的,又被封建朝廷列入正史的二十四部史书的总称。

"二十四史"以本纪、列传、表、志等形式,纵横交错、脉络贯通地记载了各个朝代的历史概貌;同时又以中国历代王朝的兴亡更替为框架,反映了中国错综复杂的历史进程,规模巨大、卷帙浩繁。正是有"二十四史"的存在,使得我们中华民族成为世界上唯一一个拥有近四千年连贯、完整历史记载的国家,是中华民族引以为荣并值得进一步发扬光大的宝贵历史文化遗产。

那么,"二十四史"具体指哪二十四部史书呢?

三国时期,"三史"就已经出现。当时的三史通常指《史记》(西汉·司马迁)、《汉书》(东汉·班固)和东汉刘珍等编撰的《东观汉记》。后来,南朝宋·范晔的《后汉书》出现,取代《东观汉记》,成为三史之一。三史加上西晋·陈寿的《三国志》,就有了"前四史"的说法。

到了唐朝,官修南北朝八史:《宋书》(南朝梁·沈约)、《南齐书》(南朝梁·萧子显)、《梁书》(唐·姚思廉)、《陈书》(唐·姚思廉)、《魏书》(北齐·魏收)、《北齐书》(唐·李百药)、《周书》(唐·令狐德棻等)、《隋书》(唐·魏徵等)和《晋书》(唐·房玄龄等),再加上之前的"前四史",就出现了"十三代史"的说法。

时间过渡到宋代,在"十三代史"的基础上,加入《南史》(唐·李延寿)、《北史》(唐·李延寿)、《新唐书》(宋·欧阳修、宋祁)、《新五代史》(宋·欧阳修),共十七部,形成了"十七史"的说法。

明代又增加四史:《宋史》(元·脱脱等)、《辽史》(元·脱脱等)、《金史》(元·脱脱等)、《元史》(明·宋濂等),合称"二十一史"。

清朝乾隆初年,刊行了《明史》(清·张廷玉等),加上先前的"二十一史",总名为"二十二史"。后来又加了《旧唐书》(后晋·刘昫等),成为"二十三史"。而在编撰《四库全书》的过程中,学者又从《永乐大典》中辑录出《旧五代史》(宋·薛居正等),经乾隆皇帝钦定,也列入正史,合称"钦定二十四史"。

序号	书名	作者	卷数
1	史记	西汉·司马迁	130
2	汉书	东汉·班固	100
3	后汉书	南朝宋·范晔	120
4	三国志	西晋·陈寿	65
5	晋书	唐·房玄龄等	130
6	宋书	南朝梁·沈约	100
7	南齐书	南朝梁·萧子显	59
8	梁书	唐·姚思廉	56
9	陈书	唐·姚思廉	36
10	魏书	北齐·魏收	114
11	北齐书	唐·李百药	50
12	周书	唐·令狐德棻等	50
13	隋书	唐·魏徵等	85
14	南史	唐·李延寿	80
15	北史	唐·李延寿	100
16	旧唐书	后晋·刘昫等	200
17	新唐书	宋·欧阳修、宋祁	225
18	旧五代史	宋·薛居正等	150
19	新五代史	宋·欧阳修	74
20	宋史	元·脱脱等	496
21	辽史	元·脱脱等	116
22	金史	元·脱脱等	135
23	元史	明·宋濂等	210
24	明史	清·张廷玉等	332
相关	新元史	民国·柯劭忞等	257
相关	清史稿	民国·赵尔巽等	529

二十四史

至此,"二十四史"正式"出炉",共三千二百四十九卷,约有四千万字。"二十四史"记事从第一部《史记》记叙传说中的黄帝起,到最后一部《明史》记叙到明崇祯十七年(1644年)止,前后历时四千多年,涵盖我国古代政治、经济、军事、思想、文化、天文、地理等各方面的内容,而且还曲折地反映了社会的阶级斗争和人民的一部分真实生活情况,可以说是中国的一部比较完整、系统的"编年大史"。

"三通四史"从何而来

"三通""四史"都是重要的史书总称。"三通"是指唐朝杜佑的《通典》、宋朝郑樵的《通志》和元朝马端临的《文献通考》。"四史"是指汉朝司马迁的《史记》、东汉班固的《汉书》、南朝宋范晔的《后汉书》及晋朝陈寿的《三国志》,即俗称的"前四史",是"二十四史"中的代表作。下面分别对它们进行大概的介绍。

《通典》共二百卷,是中国的第一部政书,由唐朝杜佑撰写而成。《通典》的时间起止是从上古到唐代宗李豫时期,主要记述历代典制的沿革。全文分为"食货""选举""职官""礼""乐""兵刑""州郡""边防"八门。在写作过程中,杜佑将经史及历代奏议、文集等综合起来,并进行分类编纂,内容涵盖丰富,特别是非常详尽地叙述了唐代制度,为后世学者研究唐代制度沿革提供了重要的资料。

《通志》也是二百卷,作者是南宋时期的郑樵。《通志》是上古到隋唐时期的纪传体通史,里边包括了"帝纪""后妃传""年谱""略""列传"五部分。《通志》的原创度有限,大多是从前史或者《通典》中抄录的,只首创了"氏族""六书""七音""都邑""昆虫草本"这五略。但是,《通志》中的纪、传所依据的旧史书,很多已经失传,我们反而可以根据《通志》中抄录的内容来校勘现在所流行的本子内容,具有极高的文化价值。

《文献通考》共三百四十八卷,由宋末元初的马端临撰写而成。《文献通考》记载了自上古至宋宁宗赵扩时期的历代典制沿革。全书分"田赋""钱币""户口""职役""征榷""市籴""土贡""国用""选举""学校""职官""经籍""郊社""宗庙""王礼""乐""兵""刑""舆地""四裔""帝系""封建""象纬""物异"二十四门,分类清晰,记述详尽。《文献通考》简称《通考》,除了

史 部

司马迁祠

沿袭《通典》外，还综合了经史、会要、传记、奏疏、当时人的论议和其他文献等资料，内容比《通典》更加丰富宏阔，其中宋朝制度记录非常详备，是研究宋史的学者必须熟读的历史典籍之一。

　　《史记》是我国历史上最著名的文史典籍之一，全书共一百三十篇，是西汉时期的司马迁花十三年时间撰写而成。《史记》分为"本纪""书""表""世家""列传"五种形式，记载了从上古黄帝到汉武帝时期近三千年的历史，包罗万象、融会贯通。《史记》还是中国历史上第一部纪传体通史。《史记》最初是没有固定书名的，一般称为《太史公书》或《太史公记》，也简称《太史公》。本来，"史记"一词，通称古代史书，但从三国开始，"史记"就逐渐由通称变成为"太史公书"的专名。近人梁启超在《论中国学术思想变迁之大势》中称赞《史记》是"千古之绝作"。鲁迅在《汉文学史纲》中把《史记》誉为"史家之绝唱，无韵之《离骚》"，可见《史记》的重要地位。

　　《汉书》，又称《前汉书》，共一百篇，后人划分为一百二十卷，共八十万字，是由东汉时期的历史学家班固编撰的。《汉书》分为"纪""表""志""传"

班固像

85

四种形式，主要记述了上起西汉汉高祖元年（前206年），下至新朝的王莽地皇四年（23年），共二百三十年的史事。《汉书》是中国第一部纪传体断代史，是继《史记》之后我国古代又一部重要史书。《汉书》语言庄严工整，多用排偶，遣词造句典雅远奥，与《史记》平畅的口语化文字形成鲜明对照。

《后汉书》共一百二十篇，南朝宋范晔撰写而成。全书分"纪""列传""志"三种形式，记载了从王莽起到汉献帝的一百九十五年的历史。《后汉书》是一部记载了东汉历史的纪传体史书。

《三国志》共六十五篇，是西晋陈寿编写的。《三国志》详细记载了从魏文帝黄初元年（220年）到晋武帝太康元年（280年）六十年的历史，是一部主要记载了魏、蜀、吴三国鼎立时期的纪传体国别史，受到后人的极力推崇。

何谓编年体史书？有何代表作

"编年体"是史书编著的一种体裁，指以时间为本位，依照年月顺序记载历史的一种体裁。编年体起源于远古人类的结绳记事，是中国历史编纂中最早采用的体裁之一。早在黄帝时代就有左仓颉、右史诵的传说，他们都是当时最早的史官。在当时的历史背景下，这些史官编纂史书最关键的线索之一就是时间。《隋志》上称编年体为"古史"，也就是说，它是历史体裁的本源。

编年体史书是按在世皇帝的年号（按年代顺序）来记载历史事件的，以时间为中心，以年、月、日为顺序，也就是以年代为线索编排有关历史事件。编年体以时间为经，以史事为纬的特点，比较容易反映出同一时期各个历史事件的联系。这种体裁的优点是用特定的方式将史事和时间紧密结合，能够给阅读者明确的时间观念，使其容易明白史事发生、发展的时代背景以及因果关系，不会出现重复记载的现象。其缺点是难以集中反映同一历史事件前后的联系，如果同一事件发生和延续的时间过长，记载时就难免犯前后割裂的毛病；而且，编年体史书在记载人物事迹时，往往偏重记载贤士贞女、高才俊德等事关国家大政的人物，而对那些虽然贤惠但与国家大政不相关涉的人物，往往不予记载；还有，编年体史书难以记载不能按年月编排的事件，往往详细叙写政治事件，却忽略了经济文化事件。

所以，著名学者刘知几这么评价编年体史书："故论其细也，则纤芥无遗；语其粗也，则丘山是弃：此其所以为短也。"

从历史发展上看，以编年体记录历史的方式最早起源于春秋时期。编年体史书数量极多，代表著作也是数不胜数，其中比较重要的有：

《春秋》，我国现存最早的一部编年体史书，相传是孔子依据鲁国史官所编的《春秋》加以整理修订而成。《左传》，"春秋三传"之一，另外两部分别是《春秋公羊传》《春秋谷梁传》。《左传》是我国第一部较为完备的编年体史书，原名《春秋左氏传》，相传是春秋末年的鲁国史官左丘明为了解释孔子的《春秋》而

左丘明像

写的，简称《左传》。《资治通鉴》，我国第一部编年体通史，也是我国现存编年体史书中影响最大的一部。北宋司马光主编，花了十九年，记载上起周威烈王二十三年（前403年），下至五代周世宗显德六年（959年）共一千三百六十二年的历史。

这里就重点介绍一下《资治通鉴》。《资治通鉴》是我国编年体通史的杰作，它和我国第一部纪传体通史汉朝司马迁撰写的《史记》，一同被视为最为辉煌的古代史学巨著，有"史学双璧"之称。

司马光（1019—1086年），北宋大臣，字君实，陕州夏县（今山西夏县）人。司马光认为，以前的史书"文字繁多"，如果将《史记》到《五代史》总共一千五百卷的内容读完，需要花费大量的时间和精力，而且，其中有些内容也没有深入阅读的必要，无法给现实人生提供指导。因此，他立志要编写一部简明扼要的通史，攫取跟"国家盛衰、民生休戚，善可为法、恶可为戒"有关的史事，为北宋统治者提供政治活动方面的借鉴。

1066年，司马光将自己编写的八卷记载从战国到秦二世的《通志》，呈献给宋英宗。宋英宗极为赞许，并下令设置书局继续编写。宋神宗继位后，又给该书

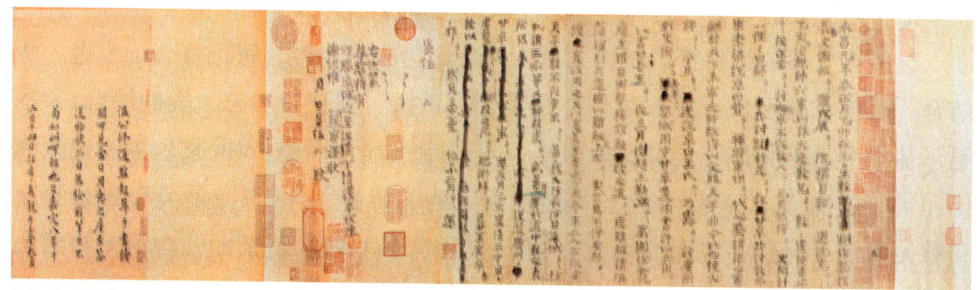

《资治通鉴》残稿

《资治通鉴》书影

赐名为《资治通鉴》,意思是这本书可以作为君王治理天下的一面历史镜子。

撰书工作得到了皇帝的支持后,《资治通鉴》的编写者能够充分利用朝廷的藏书,又借阅到大量的私家藏书,一件事往往可以利用三四处材料综合来写,充分做到了"博而得其要,简而周于事",保存了古代政治、军事、经济、礼乐、历数、天文、地理、刑法等方面,丰富而珍贵的历史资料。

从内容上看,《资治通鉴》真实可信,还有不少值得肯定的思想,比如在选贤任能、虚心纳谏、赏善罚恶、反对阴阳术数及迷信鬼神等方面。《资治通鉴》还是一部杰出的文学著作,记事条理有序,"叙之井井,不漏不烦",写人状物具体生动、形象活泼,既有精彩描绘,又带充分说明。

总之,《资治通鉴》融古贯今,博采各家学说,采录多种史料,首尾一贯,浑然一体,创立了编年体通史的典范,对我国的史学和文化事业产生了重大影响。

不过,《资治通鉴》中也有一些不能忽视的缺陷。为统治者提供历史经验教训所服务的出发点使得全书贯穿着浓浓的封建道德观念和封建正统思想,还宣扬了英雄创造历史的唯心主义观点,这些我们在阅读时,都要带着辩证的眼光来看待。

何谓纪传体史书?有何代表作

"纪传体"也是史书的一种形式,是一种通过替人物立传记的方式记叙史实,以本纪、列传人物为纲、时间为纬,反映历史事件的史书编纂体例。

纪传体史书的突出特点是以大量人物传记为中心内容,将记言、记事进一步结合。从体裁的形式上看,纪传体是本纪、世家、列传、书志、表的综合。"本纪"基本上是编年体,记载国家大事,兼述帝王本人事迹。"世家"主要记载诸侯和贵族的历史。"列传"是各方面代表人物的传记。"书志"是关于典章制度和有关自然、社会各方面的历史。"表"是用来表示错综复杂的社会情况和无法一一写入列传的众多人物。这种编写体制使得大事、小事都没有遗漏。一般优秀的纪传体史书都能做到使这些体裁完美配合,形成一个相辅相成的整体。

但是纪传体也有着自身的弊端,就是"一事而复见数篇,宾主莫辨",因为分头叙述人物,而历史事件就被分记到人物传之中,造成事情叙述整体性被打乱,造成前后不连贯和不需要的重复。

西汉司马迁编纂的《史记》是我国最早的纪传体史书,也是一部优秀的史书,直接开辟了纪传体史书的先河。中国古代的官方正史及其他史书,大都依照《史记》的体例,以纪传体编纂而成。

司马迁像

《史记》共计一百三十篇,分别为本纪、表、书、世家、列传五部分。本纪以历代帝王为中心,表为大事年表,书记礼制、官制及经济制度等,世家、列传记各诸侯国以及武帝以前的各类重要历史人物、少数民族、邻近国家的史实。《史记》记载的是从传说中的黄帝到司马迁所生活的汉武帝太初年间结束,上下历经三千年。

司马迁费时二十余年,倾尽毕生心血,终于写完这一历史巨著。《史记》的古史资料的历史价值特别高,里边有许多的记载成了后人研究古史的珍贵的文献资料。

《史记》中对史实的分析和评价也是比较客观的,人民性和科学性相对较高。司马迁继承前朝史官的优良传统,在记事上力求"不虚美不隐恶"。例如,在写人物传记时,司马迁总是饱蘸感情,表现出鲜明的倾向:总是可以通过一定的方式,对最高统治者残忍、欺诈、虚伪等丑恶的本质加以揭露;对于英雄进行热情的讴歌;对于农民起义所带来的进步作用加以肯定等。在描写人物时,司马迁总是先将人物放置于矛盾冲突的旋涡中,然后通过他们各自的行动来显示其性格特征。司马迁在写《史记》中的人物传记时,为了避免纪传体史书"重复"的缺陷,还首创了"互见法",也就是同一件事涉及好几个人物时,只在一处详叙,在别处就简略描述或者干脆不叙述,然后用"语在××事中"标出。

《史记》书影

可惜《史记》只写到汉武帝就停止，所以汉代续写《史记》的人才辈出，其中最为后世推崇的是班固撰写的《汉书》，这是一部叙述了西汉二百二十九年史事的纪传体断代史。中国官方纪史的方式自《汉书》著成以后，历代纷纷效仿其以纪、表、志、传为主要形式，以断代为史的史书体例。

何谓国别体史书？有何代表作

"国别体"是以国（诸侯国）为主体来记载史事，即是以国家为单位，分别记叙各国历史事件的一种史书编著体制。国别体史书的代表作主要有三部：最早的一部是战国初期晋国史官编纂的《国语》；较好的一部是汉代刘向编订的《战国策》；有"前四史"称号的一部是晋陈寿编撰的《三国志》。

战国初期的《国语》是中国第一部国别体史书。因内容可与《左传》相参证，有《春秋外传》之称。《国语》全书二十一卷，因是以记言为主，所以名为《国语》，分《周语》《鲁语》《齐语》《晋语》《郑语》《楚语》《吴语》《越语》八个部分，是一部分国记事的历史散文。全书记载时期自西周穆王时开始，到战国初年的鲁悼公时截止，通过分国编次，再在一国之内按年代叙述的方式来记载各国历史。

关于《国语》的作者，有学者认为是春秋战国之际晋国的史官。这是因为《国语》所记的内容大多与出自左丘明之手的《左传》重复或抵触，详略也互不相同，体例和文笔的差异也很大，所记的事也远比《左传》《春秋》还早。另外，全书有重点地记述了从周穆王（约前967年）到周鲁悼公（前440年）止共五百多年内八国的重要史事，其中晋国最详细。《晋语》总共九卷，占了全书近半的篇幅。《周语》记载西周穆王到东周敬王的史实也较为完整。《鲁语》和《楚语》次之，最简略的是《郑语》，只写到西周末。《齐语》仅仅记载管仲相桓公的政绩，《吴语》和《越语》也只记了两国争霸的经过。《国语》全书结构不够完整严密，但仍不影响其较高的史料价值。

《国语》重在纪实，表现出来的思想也会随着所记的人及所记的言语的不同而存在差异，因此全文思想显

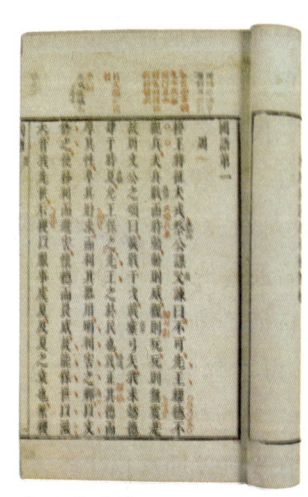

《国语》书影

得比较驳杂。比如《鲁语》记孔子语,就含有儒家思想;《齐语》记管仲语,就谈霸术;《越语》写范蠡阴柔、持盈定倾、功成身退,带有道家色彩。与《左传》《史记》不同的是,《国语》作者不加"君子曰"或"太史公曰"一类的评语,纯粹是记述西周末年到春秋时期各国贵族言论,所以作者的主张并不明显,显得比较客观。虽然书中的进步思想和文学成就均不如《左传》,但不少地方批判了统治者的残暴,透露了一些下层社会的呼声和民间的疾苦,仍然带有一定的积极意义。

国别体史书中比较有名的代表作还有《战国策》,西汉后期的刘向校理群书,加以整理,去其重复,编写而成。《战国策》按东周、西周、秦、齐、楚、赵、魏、韩、燕、宋、卫、中山依次分国编写,分为十二策,三十三卷,共四百九十七篇,约十二万三千四百字。《战国策》主要记载了上起前490年智伯灭范氏,下至前221年高渐离以筑击秦始皇的历史,是先秦历史散文中成就最高,影响最大的著作之一。

穆王骏骑图轴　明　张龙章
《国语》记载了周穆王等十王的大事,为后代保留了研究周王室的宝贵资料。

在《战国策》中,战国时期大放奇彩的纵横家(策士)的政治主张和外交策略得到了详尽的描述,展示了战国时代的社会风貌和历史特点,是研究战国历史的重要典籍,具有较高的史料价值。除了纵横家,《战国策》还记了一些其他人物,如鲁仲连、唐雎、颜之推之类的义士;如荆轲、聂政等不怕死的勇士等。这些人物都写得形象逼真,栩栩如生。

《战国策》还是我国一部优秀的散文集,文辞优美,语言生动,富于雄辩与运筹的机智,描写人物绘声绘色,还善于运用寓言故事和新奇的比喻来阐述抽象的道理,具有独特的艺术魅力和浓厚的文学趣味,对我国两汉以来史传文、政论文的发展都产生过积极影响。其中著名的寓言有"画蛇添足""亡羊

士的崛起
战国时期，养士之风盛行，著名的"战国四公子"都养士千人。

补牢""狡兔三窟""狐假虎威""南辕北辙"等。

《三国志》也是我国古代国别体史书代表作，由西晋的陈寿根据史料汇编而成，记载的是魏、蜀、吴三国的历史，属于断代史。

《三国志》全书一共六十五卷，其中《魏书》三十卷，《蜀书》十五卷，《吴书》二十卷。《三国志》虽然名为志其实无志。魏志有本纪、列传，蜀、吴二志只有列传。这是因为陈寿是晋朝朝臣，晋承魏而得天下，所以《三国志》尊魏为正统。《三国志》为曹操、曹丕、曹叡分别写了武帝纪、文帝纪、明帝纪；而《蜀书》则记刘备、刘禅为先主传、后主传；记孙权称吴主传，记孙亮、孙休、孙皓为三嗣主传。均只有传，没有纪。

《三国志》是二十四史中评价最高的"前四史"之一。《三国志》主要善于叙事，作者在尊重史实的基础上，用简洁的文笔，优美的语言，将史料剪裁得当，绘制了一幅幅三国人物肖像图，达到了内容与文字表述的统一，可读性极高。

何谓"正史"与"野史"

"正史"之名，始见于《隋书·经籍志》："世有著述，皆拟班、马，以为正史。"自从清代乾隆皇帝钦定"二十四史"，"正史"一称即专指"二十四史"。按《四库全书》的规定，正史类应该是"凡未经宸断者，则悉不滥登。盖正史体尊，义与经配，非悬诸令典，莫敢私增"，即未经皇帝批准，不得列入正史。

正史是在唐代编撰《隋书·经籍志》时才正式设立的，成为历朝历代为维护统治者的利益，巩固封建政权，依规定而著的史书。正史是史书的一类，以帝王传记为纲领并且由宫廷史官记录的朝廷钦定的标准史书。

正史中最著名也最具代表性的，当首推"二十四史"，而发展至今，更专业的说法应该有"二十六史"。这是在原有的"二十四史"的基础上，1919年，北洋军阀政府以柯劭忞的《新元史》列入正史，称为"二十五史"。《清史稿》虽然不是正式史书，其体例和旧史书完全相同，所以近来多有人合称之为"二十六史"。

这些官定的"正史"，除《史记》为通史外，大都是断代史，以朝代为断限，采用纪传体的形式，就是以帝王世系为经，以后妃外戚、文臣武将以及各类人物为纬，加上记载各种制度的志，全方位多角度地反映一代史实。因以帝王为中心的书写，正史曾被近代学者梁启超讥讽为"帝王家谱"。但无论古今，写当朝史，不仅需要远见卓识，更需要勇气，有胆有识。一般而言，"正史"都是后朝写前朝，除非涉及改朝换代的敏感话题，其他方面，史家不必忌讳，更不必刻意歪曲历史篡改历史，因而能在相当程度上保存一代"信史"。

"野史"不是古典目录学中的史书类名，而是一种习惯的说法，一般指民间流行的通俗历史小说和文人撰写的笔记小说等。野史是介绍风流而不为人知的事的，由民间文人收集历史资料。"野"有两层含义：第一，与在朝人士编著不同，野史为在野人士所作，未经官方审定，非钦定，甚为官禁，不能藏于庙堂官厅，只能传于野。第二，雅与俗、文与野相对立：语言未经人工过分雕饰的，是原始的史料，有原始性、真实性。

最早以"野史"作为书名的，是唐昭宗时的沙仲穆所著《太和野史》，共十卷。从那之后，作者渐渐增多，以宋、明两代为最。史书中，除了二十六史外，其他的一般来说都是野史，其内容大多为奇闻逸事、闾巷风俗，甚至是统治者的秘事。由于是私人撰写的，相对来说野史的随意性比较大，但野史往往能写出正史中不便写出的一些历史资料，反而比正史更能揭示历史的真相。如宋郑樵《通志》所载的龙衮的《江南野史》，《唐·艺文志》所载的《太和野史》等。

"野史"之名，显然含有贬义，在正统史家眼中，多是不登大雅之堂的"小说家言"，茶余饭后的谈资。正史是由官方撰写，所有的材料都来自官方，具有权威性。到了明清年代，由于正史的缺失使得野史可以作为一定的补充。但是野史中大部分史料不是官方记载而是道听途说，真实性大打折扣。但现代史家却认为，"正史"与"野史"互相参证、互相发现，才能了解很多历史细节的真相。

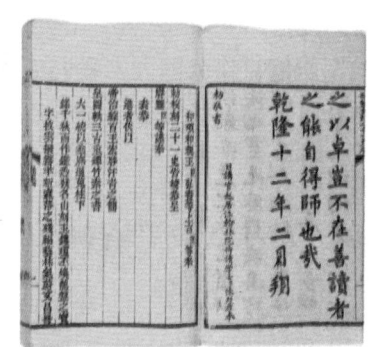

清道光重修《二十四史》书影
中国历代重视修史，到清朝，选取正史二十四部，合称"二十四史"，并集中刊刻，图为清代道光年间的刊刻版本。

第七章

节日

——节日蕴含着天地人之道

中国的节日,是一种符号代表,是一种文化载体,它表现了在岁月长河中所沉积下来的历史烙印和时代属性。

北京大学社会学人类学所教授高丙中,在一次采访中谈到关于民族传统节日文化的传承问题,他说到,文化有认同文化和消费文化之分。前者如除夕守岁、合家团聚,这种文化被我们的内心认同,成为内心的表达;后者如时尚,尤其是好莱坞大片,往往要花钱享受,但用完了,就过去了……民族传统节日是中国极其多样的习俗的代表,凝聚着中华文明的思想精华。它们的设置表达了阴阳平衡、天人合一、顺其自然的哲学思想,欣赏柔美的美学取向和追求团圆的伦理观念。这种美好的情感不仅生长在每个人的内心深处,也是一个国家凝聚力和自信心的体现。

所以,作为国人,我们应该珍惜自己的节日,更加需要读懂"节日"背后隐藏的哲思和文化。

元宵节有何来历?有何风俗

农历正月十五,是我国传统的元宵节,这个节日距今已有两千多年的历史,又称为"上元节"(北魏时期,道教笃信"三元神",其中包括"上元天官""中元地官"及"下元水官"三位神灵,他们的生日,分别为正月十五、七月十五及十月十五,所以正月十五又称为"上元节")、"灯节"(元宵是一个以灯为俗、借灯兴舞的狂欢之节,所以又称"灯节")。正月是农历的元月,古人将夜称为

"宵",十五日又是一年中第一个月圆之夜,所以称正月十五为元宵节。

每一个节日都有自己的来历和典故,这些流传说法背后蕴含着深刻的历史性。关于元宵节有两种流传较广的说法。

北京大学中文系文学博士陈连山先生认为,元宵节起源于汉武帝创立的泰一(太一)祭祀,本身是皇家祭祀。这类祭祀,是要在新年的第一个满月之夜燃火直到通宵,表示一种天人都能够求得平安康泰之意,作为"守岁"的延续。宋洪迈在《上元张灯》

卖元宵　清

一文引用了这个说法,云:"汉家常以正月上辛祠太一甘泉,以昏时夜祠到明,今人正月望日夜游观灯是其遗事。"这种说法和"节庆"的概念更加贴近。

还有一种说法则比较有宗教意味,认为元宵节初衷是弘扬佛法,汉明帝下令正月十五日的满月之夜要在宫廷、寺院"燃灯表佛",在佛教中,灯为法,指能够引领凡夫走出无明世界,通向极乐光明。而到了唐代,元宵灯节发展到盛况空前的规模,并同时出现了赏灯和其他一系列民间狂欢活动。唐睿宗时期,正月十五的"春灯节"正式确立。南宋时,人们为了增添乐趣,就将谜条系在五彩缤纷的花灯上,既能够赏灯,又能够猜谜,不仅有了审美性还出现了娱乐性。

元宵节在汉代出现后,到东汉末年,才开始成为节日。直到隋代初期,元宵节才完全成熟。明清以来,元宵节通常被百姓当作春节的结束,因而极其热闹。中国幅员辽阔,历史悠久,所以关于元宵节的习俗在全国各地也不尽相同,其中最主要的几项就是吃元宵、赏花灯、猜灯谜、娱乐游行等。

众所周知,上元节总是要吃上一碗寓意团圆幸福的元宵,这个习俗可能是从宋代开始的,不过当时还不是叫"元宵",而是称作"浮元(圆)子",为什么要叫这个名字呢?因为这种用糯米做成的球形甜点,煮在锅里的时候,上下漂动,熟了之后就浮了起来。到了明朝"浮元(圆)子"才改叫"元宵"。据说元宵象征合家团圆,吃元宵意味新的一年合家幸福、万事如意。

赏花灯是元宵节的中心活动。花灯通常分为吊灯、座灯、壁灯、提灯几大类,它是用竹木、绫绢、明球、玉佩、丝穗、羽毛、贝壳等材料,经彩扎、裱

猜灯谜
猜灯谜是元宵节的传统节目。各式各样的灯谜，造型精美，内容包含我们生活的各个方面，在享受中展示出你的智慧与博识。

糊、编结、刺绣、雕刻，再配以剪纸、书画、诗词等装饰的一种工艺品。种类十分之多，有儿童的鼓仔灯、店铺的走马灯以及寺庙的彩灯等。

游花灯的同时猜灯谜，这也是元宵节的重要活动。由于寺庙是民众闲暇时聚集的场所，所以以往灯谜都是在寺庙里举行，同时伴有花灯展示和竞赛。古时猜灯谜，由庙里相关人员主持，在花灯下绑上一个谜面，猜中了可以得个奖品回家，场面热闹而温馨。

元宵节的娱乐游行活动中还有高跷、旱船、舞龙、舞狮、秧歌、抬阁等传统艺术表演。其中当属舞龙舞狮最为热闹，锣鼓喧天，鞭炮声不绝，将元宵节的气氛推向高潮。

早期的龙灯，长七八丈，在竹鼓上贴纱，作为龙形的灯笼，"弄龙"就是十几个人将点了蜡烛并绑在木棒上的龙头和龙身抬着走，看着龙头追逐龙珠而起舞，优美的姿势让人目不转睛。"舞狮子"则是由表演者在锣鼓音乐下，装扮成狮子的样子，做出狮子的各种形态动作，象征着吉祥如意，寄托了民众希望消除灾难、安康吉祥的美好意愿。

尽管各地过元宵节的风俗不尽相同，但都体现了人们期盼新的一年里幸福安康的心愿。

压岁钱是何时出现的

关于"压岁钱"的由来，其主流说法是，每年农历三十晚上，一个叫"祟"的妖魔就会出来害人，专门摸熟睡孩子的脑门，被摸的孩子会立即发烧患病，退烧后就变成痴呆疯癫的傻子。大人们怕"祟"来伤害孩子，常常在除夕整夜亮灯不睡，叫作"守祟"。有对夫妻老年得子，为了防止孩子被"祟"摸头，吃过年夜饭就用红纸包了八枚铜钱放在儿子枕边。果然，夜深人静时，"祟"出现在熟睡的孩子面前，正要伸爪摸孩子脑门时，枕边的铜钱发出了一道金光，"祟"就被吓跑了。这件事传开后,大家纷纷效仿,在大年夜用红纸包钱给自己孩子"驱邪"和"压祟"。

北京大学社会学系教授夏学銮先生认为,压岁钱,顾名思义,就是压住邪祟的钱,因为"岁"与"祟"谐音。长辈给予晚辈压岁钱的目的就是希望晚辈能够祛灾除难,可以平平安安再过一年,这是一种包含了祝福的期望。以前的人为了图个好兆头,还会在红包钱数的数量上弄些名堂。比如,红纸包里放一百文铜钱,寓意"长命百岁";放一枚银圆,寓意"一本万利"。

至于钱为什么能够担当避邪驱魔的重任,这跟中国古代的货币一出现就有一种神秘色彩有关。秦始皇铸造的铜钱,因其跟"天圆地方"的造型有很大关系,而天圆地方则是从《易经》里"太极生两仪,两仪生四象"来的。所以,铜钱本身也有了一种"神魅"色彩和"神奇"力量。从而,老百姓用这个物品"避邪祛病驱魔"就是情理中的事了。

关于压岁钱自然有很多有趣的传说,但是正统的历史记载,压岁钱最早出现在汉代,也叫厌胜钱,或叫大压胜钱。那时的压岁钱只是为了赏玩,而不是用来流通交易的。其正反面铸有一些吉祥话和吉祥图案。

到了汉代,压岁钱以专门用于佩戴玩赏的钱币状避邪物的形式出现。到了唐代,春日里给压岁钱的风气在宫廷里盛行,当时民间还没有这一习俗。只是宫廷贵卿之间的"洗儿钱",除了贺喜外,更重要的意义是长辈给新生儿的避邪驱魔的护身符。等到宋元以后,民间也开始流行起过年给孩子压岁钱,这已经形成了一种习俗。明清时,压岁钱大多数是以红绳穿着赐给孩子的。而清以后,就开始使用红包包钱了。而后,压岁钱就慢慢变成现在逢年过节的一种习俗。

给压岁钱,是中国民间普遍盛行的礼俗现象。现如今,大都是家长用红纸包裹纸币,在晚辈拜年后当众赏给,或者是在除夕夜孩子睡着时,偷偷地放在孩子的枕头底下。在新年第一天让孩子有个惊喜,开心一年。无论怎样,给压岁钱只是长辈们希望能给孩子带来一份如意健康。

正月初九是什么日子

每年农历的正月初九,俗称"上九日",因为"九"是数字之极,正月初九是新的一年第一个"九",古时拜年在"上九日"之前,都认为是亲厚,过了"上九日"再去拜年就会觉得是拜迟年。有许多老人或者是生意人都会把正月初九当作"办事日",因为"七不出,八不归,上九办事一大堆"。"七不出",是说初七不要出门做生意和办事情,做不好,也办不成。"八不归",是说出门在外的人,不要在这天回家,"归"有完成之意,"八"寓意"发",应该"发"的就不应该有"完成"的意思。"上九办事一大堆",是说上九日这天办事,会受到神仙的福泽庇佑,事情可以又快又好地办成。我国劳动人民过了"上九日",就要下地干些如修沟渠、补堰塘等农闲事。

正月初九,一般都是在立春的节气刚过,恰是"一阳初始"大自然开始"万象回春"的时刻。明代王逵《蠡海集》记载:"神明降诞,以义起者也。玉帝生于正月初九日者,阳数始于一,而极于九,原始要终也。"明代黄道周的《月令明义》云:"正月初一日,天神地只朝三清玉帝;初九日,玉皇大帝圣诞。"《月令注解》也有类似记载。

也就是说,正月初九是天界最高神祇玉皇大帝的诞辰,俗称"天公生"。"天公"就是"玉皇大帝",道教称为"元始天尊",是主宰宇宙最高的神。每逢"天公生",人们都会举行祭典以表庆贺,自午夜子时起一直到当天凌晨五时,是祭祀天公的最佳时间,可以听到不停的鞭炮声。这一天道观要举行玉皇大帝盛大的祝寿仪式,诵经礼拜。家家户户也会在这一天望空叩拜,举行最隆重的祭拜天公的仪式。

在祭拜天公之前,全家大小都得斋戒沐浴。初九当天,为了表示对玉皇大帝的尊敬,更是禁止家人晒衣服(尤其是女裤、内衣),或倒垃圾;祭品如果要用鸡,一定要用公鸡,不能用母鸡。若是要还"天公愿",必须用全猪或全羊。

古人认为"九"在数目中表示多数、最多、最大,因此为上。"九"与"酒"谐音,九不能离酒,各家各户都准备丰盛的酒宴,尽兴喝个痛快,给玉皇大帝祝寿。

在我国有些地区,比如闽南粤东地区,"拜天公"不仅只在正月初九。从年头到年尾,都有拜天公的活动。每年正月初一零时开始敬天公;正月初九是"天公生日";正月十五祈福"许天神",即在天神前许愿,祈求老少平安;正月二十日是"天穿日",各地都要"补天穿",以求不破财;十月十五日"下元节"还要"还天神",即还愿,感谢天神一年来对老少平安的庇佑。

无论怎样,人们都希望在正月初九这一日开始,在新的一年里顺心如意、事事办成。

清明节有什么典故、风俗

清明节是重要的"八节"（上元、清明、立夏、端午、中元、中秋、冬至、除夕）之一，一般是在公历4月5日前后，节期很长。"清明节"这个名字源于中国农历二十四节气中的清明节气。作为节气的"清明"，乃是寒冬已去，春回大地的时候，天地景色十分清爽明静。用"清明"称这个时期，是再恰当不过的一个词。

清明节又称为寒食节。这个节日的背后有一个典故。传说晋文公流亡期间，介子推曾经割了自己身上的肉为晋文公充饥。但是，晋文公为君之后却未分封当日的老臣介子推。但是，介子推并不介意，之后便带着老母亲隐居到了深山之中。晋文公之后想要请介子推出山为官，但是介子推拒绝了，而是带着母亲走到了山林的更深处。晋文公为了把介子推逼出来山，竟然放火烧山，哪里知道介子推竟抱着母亲被烧死了。为了纪念这位义士，这一日被规定禁火，不能生火做饭，只能吃冷食，所以，这一日也被称为"寒食节"。

寒食节的典故是表示对义士的敬佩崇敬之思，而清明扫墓这个行为，却是对祖先的"思时之敬"，这个习俗由来已久。明代《帝京景物略》记载：清明节这一天，男女都要扫墓，一般在轿子或者马车的后面都会挂着一些纸钱纸元宝，到了那天，到处都能够看到纸钱纸挂之类。到了墓地之后，也有许多人，有跪拜祖先的，有哭思先人的，有为墓除草的，大家都在坟头焚烧纸钱。如果坟前是空着的，那么就是孤坟了。哭拜完了之后，也不直接回去，而是找一处青园，几人相聚而坐小酌几杯。

其实，扫墓这种行为在秦朝以前就有了，但不一定是在清明的节期，清明扫墓是到了秦以后的事，直到唐朝才开始盛行。《清通礼》云："岁，寒食及霜降节，拜扫圹茔，届期素服诣墓，具酒馔及芟剪草木之器，周胝封树，剪除荆草，

祭扫
清明祭祀根据所在的现场不同可以分为两种，即墓祭、祠堂祭。富贵大户人家多修祠堂为堂祭，皇家则建立自己的祖祠，比如明朝、清朝的祖祠称太庙，就是现在天安门东面的劳动人民文化宫。民间多以墓祭为主，清明墓祭常常被称为扫墓。

故称扫墓。"自此,当今社会人们在清明节前后仍有上坟扫墓祭祖的习俗:铲除杂草,放上供品,于坟前上香祷祝,燃纸钱金锭,或简单地献上一束鲜花,以寄托对先人的怀念。

清明节的习俗是丰富有趣的,除了讲究禁火、扫墓,还有踏青、荡秋千、蹴鞠、打马球、插柳等一系列风俗体育活动。这个节日中既有祭扫新坟生别死离的悲酸泪,又有踏青游玩的欢笑声,是一个富有特色的节日。这个时候,古人踏青时顺手折下几枝柳条,可拿在手中把玩,也可编成帽子戴在头上,也可带回家插在门楣、屋檐上。

清明节扫墓、踏青、插柳等风俗,既是表达人们对先人的缅怀,也体现人们对春回大地的喜悦之情。

荡秋千
秋千是中国古代北方少数民族创造的一种运动,后逐渐成为清明、端午等节日的民间体育活动,并流传至今。

端午节一开始是为了祛毒吗

在中国,很多节日的形成都有其特定因素,比如天文、农时、季节、生命延续需要、农作需要而得以逐渐形成。这样的日子,带着很特殊的全民性,又必定附着了许多礼俗作为基本构成内容,也必然有许多关于这些礼俗的传说在民众口头上广泛流传。但是,因为时间的流逝和社会的变迁,我们对很多传统习俗中一些当时的约定俗成的问题就有可能产生误解。因为我们的生活习惯已经不同,社会背景也不一样,所以习俗经历也是在变化着。端午节就是一例。

现在比较普遍的端午节的活动,就是赛龙舟和吃粽子,与最开始的端午相比,已经发生了巨大的变异,如其厌胜禳灾(五月为毒月)、辟毒逐疫的本意,大体上已在漫长的发展进程中湮没无闻了。我们现在再来回溯一下这个已经被掩埋的端午节内涵。关于这一说法来源还有颇多争议。

先秦时代,古人普遍认为五月五日不是个吉祥的日子,五月是毒月,五日是恶日。相传这一时期正值仲夏，毒蛇、蚊虫等有害动物开始繁衍滋生，瘟疫也开始流行。五是阳数，重五有"极阳"之意，阴阳不谐，于是形成"躲午"习俗，后来以讹传讹，就成了"端午"。

从饮食上来说。端午节流传的吃粽子，其实早在春秋时期就出现了。到了晋代，粽子这种端午节特有的节日食物已经确定。同时，在粽子里面也开始添加一些对身体有益的材料。除糯米外，还添加中药益智仁，煮熟的粽子称"益智粽"。米中掺杂珍禽兽肉、板栗等，品种逐渐增多。

从生活习惯上来说，端午节那天有药浴的风俗。如《吕氏春秋》中就规定了人们在这个月要禁欲、斋戒。《大戴礼记》记载："五月五日蓄兰为沐浴。"这表明周代就已经有为了避害而蓄兰沐浴的习俗。当时洗澡用的水里添加了许多的药物，以此来祛毒气、避毒虫。

同时，民间还有挂艾一说。民谚说："清明插柳，端午插艾。"在端午节，人们把插艾和菖蒲作为重要内容之一。《本草纲目》载："艾叶能灸百病。"可见其效。古人会在家里插具有提神通窍、健骨消滞、杀虫灭菌功效的植物——艾条和菖蒲，同样是有一定防病作用。另外，还会将具有吸汗、驱邪、辟虫、防疫功能的香囊佩在胸前，成为端午节特有的民间艺品。端午节也是古代的"卫生节"，人们在这一天一大早就要起来洒扫庭院，悬挂艾枝、菖蒲，洒雄黄水，薰苍术、白芷，喝雄黄酒等。从这些应对自然的措施看出，端午节俨然就是一个不折不扣的中药的节日。

关于端午节的渊源，比较具有传奇色彩的说法就是纪念屈原、纪念曹娥或者纪念伍子胥。事实上，这些解释都不如"恶（音'悟'）日"之说确凿有据，归根到底，端午节的礼俗，是为了逐疫，为了保证生命的安全，可以说是一种驱祸免灾的意象。

端阳故事图册　悬艾人

七夕到底是什么节日

中国早在古代就已经有传承了数千年的女性节日。这个节日的由来,虽然带有很大的神话成分,但它主要是以生产劳动、恋爱和婚姻问题为内容的。这个节日就是中国农历的七月初七——"七夕"。

黄河流域是中国历史发祥地,这里的民众把七夕称为"女节",例如,河南省《宜阳县志》载:"七月七夕为女节,陈瓜果,祀天孙以乞巧。"陕西省《蒲城县志》载:"七月七日,迎新嫁女避节。"为什么遇到女节又要避它呢?司马迁在《史记·天官书》中说:"织女,天女孙也。"《汉书·天文志》也说:"织女,天帝孙也。"传说中,天帝对于织女与牛郎的爱情,竭力阻止破坏,长年把他们分隔在天河南北,不让他们相会,仅在每年的七夕才允许他们见面。鉴于织女的不幸遭遇,民间父母到七夕就要把新出嫁的闺女接回家,意思是为了保护女儿和女婿的幸福生活,以免天帝发觉他们长年同居,在七夕后强迫他们分开。

七夕的传说早在汉代以前就很流行了,到了汉代写成诗歌,比如汉代流行的《古诗十九首》之一里云:"迢迢牵牛星,皎皎河汉女。纤纤擢素手,札札弄机杼;终日不成章,涕泣零如雨。河汉清且浅,相去复几许?盈盈一水间,脉脉不得语。"

传说中织女这个典型的女性形象,不仅容貌美丽,更是令人尊敬的劳动巧手。历代妇女都要在"七夕"这一天,摆香案、设瓜果、穿针引线向织女乞巧,希望

乞巧图卷　清　丁观鹏
每年阴历七月七晚上,妇女们在院子里陈设瓜果,向织女星祈祷,请求帮助她们提高刺绣缝纫的技巧。

她能把纺织技巧传授给家中的女孩。七夕也叫作七巧，这里的"巧"既是指劳动技巧，也包括婚姻匹配的巧。在传统社会，古人更注重女人操持家庭生活的能力，乞求她们能被赋予聪慧的心灵和灵巧的双手，让自己的针织女红技法娴熟。

同时，到了"七夕"这一天，女性可以大方地走出家门，或走进大自然，展示自己的美丽与才智。尤其是唐代时候的女性，在这一天，连闺阁小姐也是可以出门踏青的。她们可以穿着美丽的服饰，装点着靓丽的妆容。明代《帝京午目》中认为，七夕女儿节这一天，女孩儿可以打扮得十分漂亮，穿着艳丽的石榴裙，还可以佩戴一些桑葚、角黍的佩饰。《帝京物略》中也说到，七夕这一天，家中的父母，要把自己家的女孩儿请回来，吃一种花糕。而这种风俗逐渐发展到了最后，女性还可以"游艺""聚餐""休假"，回到娘家看看久未见面的父母。因为，在古代，女孩儿出嫁之后，除非是特殊情况（比如男方入赘、三朝回门），否则是不能轻易地回娘家的。不得不说，七夕这天的女儿节，给了女性一个很好的休憩和享受平时想都不敢想的特权的时候。

立秋都有哪些历史风俗

立秋是传统的二十四节气之一，也是一个重要的民俗节日。人们把立秋当作秋天的开始，划分出酷热与凉爽两种天气。相比其他节气，立秋的日期相对规律，每年立秋，不是8月7日就是8月8日，只是具体的小时、分钟不同。和闰年一样，一般每四年会出现一次在8月8日立秋，其他都为8月7日。

我国古代将立秋分为三候："一候凉风至；二候白露生；三候寒蝉鸣。"意思是说立秋过后，刮的风已不是暑天中的热风，人们会感觉到凉爽，早晨的时候，大地上会有雾气产生，并且秋天感阴而鸣的寒蝉也开始鸣叫。

立秋的风俗有很多种，而且历史久远。早在周代，每逢立秋，天子会率领三公九卿诸侯大夫到西郊迎秋，举行祭祀、蓐收等仪式。

汉代时，仍然继承着这个习俗。《后汉书·祭祀志》中记载，立秋这一天要去西郊祭祀秋神，那一天无论是穿的衣服还是乘的车子，还是所有的仪仗，都要是白色的（白色，对应五行金，金对应秋）。还要唱着《西皓》，跳着《育命》舞。然后就是天子围猎，猎到的猎物就用来祭祀，表示秋天丰收一般的飞扬勇武的意味。

唐代立秋的风俗其实也是祭祀，不过，这个时候祭祀的是五帝。《新唐书·礼

秋社
立秋过后，大家为了感谢上天的恩赐，带来了一年好收成，在一起举行祭祀仪式，祈求来年的风调雨顺。并且在家中准备美食，款待宾客。

乐志》载："立秋立冬祀五帝于四郊。"从唐时起，还有用秋水食用小赤豆的风俗。取七粒至十四粒小赤豆，面朝西并以井水吞服，据说这样可以防止在接下来的秋天里犯痢疾。《武林旧事》中载有："立秋日，都人戴楸叶，饮秋水、赤小豆。"至今，四川东、西部还沿用唐宋的风俗，流行在立秋正刻，全家老小各饮一杯"立秋水"，据说可以消除积暑，秋来不闹肚子。

宋朝时，宫廷内中殿还要种一棵梧桐树，立秋时太史官启奏"秋来"，同时想办法让一两片梧桐叶落下，表示报秋。民间则流行戴秋叶，或者用石楠的红叶剪成花瓣，插在鬓边。

清朝时，立秋有了吃南瓜的风俗。清朝张焘的《津门杂记·岁时风俗》中记载："立秋之时食瓜，曰咬秋，可免腹泻。"《帝京岁时纪胜》上说："立秋前一天，要陈冰瓜，蒸茄脯，煎香薷饮，到立秋日合家饮之，谓秋后无余暑疟痢之疾"。这里的香薷饮是中医的一个古方，由香薷、白扁豆和厚朴三味药组成，具有消除暑湿、预防感冒的作用。所以人们在立秋前一天便到药铺买好这些药，煎好后露宿一夜，放凉后次日立秋之时饮用。

到了现代，立秋当天的传统有"啃秋""贴秋膘"等习俗，"啃秋"指的是啃食西瓜，"贴秋膘"则是指在立秋这天吃肉进补。杭州一带则流行食秋桃。立秋时大人孩子都要吃秋桃，每人一个，吃完把桃核留起来，等到除夕时把桃核丢进火炉中烧成灰烬，认为这样可以一年不生瘟疫。山东莱西地区则流行立秋吃"渣"，就是一种用豆末和青菜做成的小豆腐，并有"吃了立秋的渣，大人孩子不呕也不拉"的俗语。

重阳节有什么旧风俗

每年农历九月初九被称为"重阳节"，古时人们在重阳节又有些什么样的风俗？

首先，重阳节有佩茱萸的风俗，茱萸是重阳节的重要标志，因此又被称为"茱萸节"。古人认为佩戴茱萸，可以辟邪祛灾。茱萸是一种常绿小乔木，树几乎可以长到一丈多高,叶为羽状复叶,初夏开绿白色的小花,结实似椒子,嫩时呈黄色,秋后成熟变成紫红色,可以入药,有温中、止痛、理气等功效。茱萸叶可以治霍乱,根可以杀虫。《本草纲目》说它气味辛辣芳香,性温热,可以治寒祛毒。

重阳节佩戴茱萸的习俗在唐代很盛行,大多是妇女、儿童佩戴,或佩戴于臂,或把茱萸放在香袋里面做成茱萸囊佩戴,或是直接插在头上。有些地方,男子也会佩戴茱萸。唐代大诗人王维在他的名作《九月九日忆山东兄弟》中就写有"遥知兄弟登高处,遍插茱萸少一人"。重阳节的茱萸其实和端午节的雄黄和菖蒲的作用差不多,目的在于除虫防蛀。因为过了重阳节,就是十月小阳春,天气有一段时间回暖;而在重阳以前的一段时间内,秋雨潮湿,秋热也尚未退尽,衣物容易霉变。这段时间又被民间称为"桂花蒸",即桂花盛开时节,必须防虫。茱萸有小毒,能除虫,制茱萸囊的风俗正是从这里来的。

重阳节时人们还喜欢佩戴菊花。唐代时除了佩戴雅号为"辟邪翁"的茱萸,人们也开始头戴菊花,历代盛行。宋元之后,佩茱萸的习俗逐渐少见了。这个变化的因由大概要从重阳节习俗重心的潜移中理清。在早期民众的生活中,过重阳节强调的是辟邪祛灾,随着生活状态的改善,人们不仅关注目前的现实生活,而且对未来生活给予了更多的期盼,祈求长生与延寿。因此,人们头上簪起了称为"延寿客"的菊花。到了清代,人们把菊花枝叶贴在门窗上,寓意"解除凶秽,以招吉祥"。

重阳节最重要的节日风俗之一,便是登高,所以重阳节又叫"登高节"。重阳登高就是如此,一来是亲近自然,二来也有养生的作用,和人的身体健康有关。对于登高要求到什么样的地方,没有统一的硬性规定,一般是登高山、登高塔。

早在西汉,《长安志》中就有记载汉代京城九月九日时人们游玩观景。当然人们登高也不单是攀登而已,还要观赏山上的红叶野花,并饮酒吃肉,享受一番,使登高与野宴结合起来,更有吸引力。如隋时孙思邈《千金方·月令》中提到,重阳节就一定要把酒登高望远,那个时候就要去赏玩一番,才能一表秋高气爽到来的快乐。那个时候要戴着茱萸、菊花,酒醉之后就回去。

重阳
浙江一带在重阳节做粉糕,又名栗糕。

明清时,登高习俗比较流行,《燕京岁时记》云:"京师谓重阳为九月九。每届九月九日则都人提壶携榼,出都登高。南则天宁寺、陶然亭、龙爪槐等处,北则蓟门烟树、清净化域等处,远则西山八处。赋诗饮酒,烤肉分糕,询一时之快乐也。"登高后在山上野餐、烤肉食用,一时间成为文人百姓的心头好。如清末慈禧太后,每年重阳都会在北海东的桃花山登高、野餐、烤肉,并架蓝布围障,防止闲人偷看。

关于登高习俗的起源,有两种不同的说法:

一种说法是说登高可能源于古代对山神的崇拜,人们认为山神能使人免除灾害。所以,在"阳极必变"的重阳日子里,前往山上游玩,可以避灾祸。最初的时候可能还要祭拜山神以求吉祥,后来逐渐转化成为一种娱乐活动。明代谢肇制《五杂咀》中提到九月九日,月、日均为老阳之数,不吉利,并非如魏文帝曹丕所称九为"宜于长久"之数。

另一种说法则是认为重阳时节,秋收已经完毕,农事相对比较空闲。这时山野里的野果、药材之类又正是成熟的季节,农民纷纷上山采集野果、药材和供副业用的植物原料。登高的风俗最初可能就是从此演变而来的。

腊八节有何民间故事和食俗

腊八节,又称"腊八",是指农历腊月(十二月)初八。在古代,春节是从这天算起的。直到现代,还有一些老北京人把"腊八"看成拉开春节序幕的信号。从这一天开始,店铺开始备上年货,家里也动手制作各类过年的吃食,民间花会也开始操办演练,到处洋溢着要过大年的气息。

在古代,"腊"是重要的祭祀活动。汉朝的蔡邕在《独断》中说:"腊者,岁终大祭。"《礼记》中云:"腊者,接也,新故交接,故大祭以报功也。"意思就是,腊月是辞旧迎新的日子,需要举行盛大的庆典向祖先回报一年的收获。所以,"腊八节"应该是起源于"腊祭",举行重大祭祀祖先和神灵的活动,以祈求五谷丰

敬神供佛
在腊八节,民间有祭祀神佛的传统。相传释迦牟尼成佛之前,绝欲苦行,饿昏倒地。一牧羊女以杂粮掺以野果,用清泉煮粥将其救醒。释迦牟尼在菩提树下苦思,终在腊月八日得道成佛,从此佛门定此日为佛成道日,诵经纪念,相沿成节。

登、吉祥平安和避邪逐疫。因为腊祭是在十二月（丑月）举行，这样沿袭下来就把处在冬末春初、新旧之际的农历十二月称为"腊月"。

除了祭祀的旧礼，腊八节还有喝腊八粥的习俗。关于腊八粥的由来，民间流传着许多传说故事。

有人认为，腊八粥是由印度传来的。相传，释迦牟尼见众生受生老病死等痛苦折磨，又不满当时的神权统治，出家修道。后

喝腊八粥

腊八节有喝腊八粥的民俗。腊八粥做好之后，要先敬神祭祖，之后要赠送亲友，一定要在中午之前送出去，最后才是全家人食用。吃剩的腊八粥保存着，吃了几天还有剩下来的，却是好兆头，取其"年年有余"的寓意。如果把粥送给穷苦的人吃，那更是为自己积德。

经六年苦行，于腊月八日，在佛陀耶菩提树下悟道成佛。后人为了不忘他所受的苦难，就在每年腊月初八吃粥做纪念。现代的各寺院也会在这一天念经、煮腊八粥敬佛。北京大学社会学系教授高丙中先生说，腊八节被赋予的这层佛教含义，有助于公众关爱弱势群体，具有一定的公益性质。

也有人认为，腊八节来自"赤豆打鬼"的风俗。上古五帝之一的颛顼氏，三个儿子死后变成专门出来惊吓孩子的恶鬼。古人普遍迷信，害怕鬼神，认为大人小孩中风得病、身体不好都是因为腊八节疫鬼作祟。而这些恶鬼天不怕地不怕，就只怕赤（红）豆，所以就有了"赤豆打鬼"的说法。人们就会在腊月初八这一天用红小豆、赤小豆熬成粥，用以祛疫迎祥。

第三个故事是跟帝王有关的，据说当年朱元璋落难，受苦于牢监时，正值寒冷天气，又冷又饿的朱元璋竟然从监牢的老鼠洞刨出七八种五谷杂粮，他就把这些东西熬成了粥来吃，保住了性命。后来朱元璋平定天下，做了皇帝，为了纪念在监牢中的日子，刚好煮粥的那天是腊月初八，朱元璋便把这一天定为腊八节，把自己吃的杂粮粥正式命名为腊八粥。

故事固然美好，但始终离不了古人们祈求平安、辟邪逐疫的初衷。那么，"腊八粥"究竟是什么粥呢？它包含了哪些食材呢？

现代中国各地腊八粥的花样，争奇竞巧，品种繁多。其中以北京的最为讲究。北京腊八节时喝的腊八粥的食材绝对不仅仅只有八种，而是不下二十种，通

常掺在白米里的有红枣、莲子、核桃、栗子、杏仁、松仁、桂圆、葡萄、白果、青丝、玫瑰、红豆、花生等，品种齐全。古时皇宫里腊八粥包含了上等奶油、羊肉丁、五谷杂粮、干果红枣、桂圆、栗子、花生、菱角、核桃仁、葡萄干、瓜子仁、金糕、青红丝等食材。而民间相对朴素，食材就包含杂米、豆、核桃、榛子、松子、枣、栗之类，盛起后，再在碗里铺干果色糖。

腊八节除了喝腊八粥的习俗外，各地还有什么样的食俗呢？

泡腊八蒜是北方，尤其是华北地区的一个习俗。腊八蒜也叫腊八醋，制作时把剥了皮的蒜瓣儿放到一个密封的罐子里，往里面倒入适量的米醋，腊八这天封上，浸泡二十几天后，在新年除夕夜吃饺子的时候拿出来享用。由于醋的浸泡，蒜瓣最后变得像翡翠一样通体碧绿，非常好看，而醋也具有了蒜的辣味。

在陕西有些不产或者少产大米的地方，人们不吃腊八粥，而是吃腊八面。用各种果品、蔬菜做成臊子，把面条擀好，到腊八早上全家人一起吃。在宁夏，这腊八粥也变身成了腊八饭，一般是用各种豆类加大米、土豆煮粥，再加上用麦面或荞麦面切成菱形柳叶片的"麦穗子"，出锅之前再放入葱花、油，这天全家人只吃腊八饭，不吃菜。

别以为只有西北用腊八面代替腊八粥是新奇，在安徽黔县盛产着一种"腊八豆腐"的风味小吃。每年的腊八节前后，黔县家家户户都要通过自然的方法晒制"腊八豆腐"。"腊八豆腐"平时用草绳悬挂在通风处晾着，吃时摘取，不仅仅是腊八的美味，也是黔县人们招待贵宾的美味佳肴。

冬至有何由来和传说

在中国的传统节日中，最受重视的节日可能是中秋、春节，但在广东人的眼里，冬至也是一样不容忽视的节日，广东人有句话叫"冬大过年"，可见冬至在广东人心目中的重要地位。

冬至，俗称"冬节""长至节""亚岁"等，是我国二十四节气中非常重要的节气之一。冬至是二十四节气中最早定出来的，时间在每年阳历12月22日或者23日之间。早在二千五百多年前的春秋时代，我国就已经用土圭观测太阳将冬至测定出来了。

冬至也是一个传统节日，很早就有过节的习俗。冬至过节源于汉代，盛于唐宋，相沿至今。人们认为冬至是阴阳二气的自然转化，是上天赐予的福气。民间有"冬至而葭灰飞"的说法，指的是把葭灰（就是竹膜烧成的灰）放在无风的地上，一到"冬至"那一刻，葭灰就飘飞起来了。其实是因为冬至时，阳气上升吹动导致的。

《汉书》中说："冬至阳气起，君道长，故贺。"意思是说，过了冬至，白昼一天比一天长，阳气回升，是一个节气循环的开始，也是一个吉日，应该庆贺。汉朝

吃冬节汤圆
闽南人在冬至节的这一天，都有吃汤圆和祭墓的习惯。

将冬至称为"冬节"，官府要举行"贺冬"的祝贺仪式，例行放假。唐、宋时期，冬至是祭天祭祖的日子，皇帝在这天要到郊外举行祭天大典，老百姓在这天要向父母尊长祭拜。《晋书》上记载："魏晋冬至日受万国及百僚称贺……其仪亚于正旦。"这些都足以说明古代对冬至日的重视。

关于冬至食俗，这里介绍几个传说。

江南水乡的人家，在冬至夜的时候会欢聚一堂，一起吃赤豆糯米饭。相传，有一位叫共工氏的人，他的儿子作恶多端，在冬至这一天死去，死后还变成残害百姓的疫鬼。但是，由于这个疫鬼最怕的就是赤豆，于是，人们就在冬至的时候煮吃赤豆饭，用来驱避疫鬼、防灾祛病。

过去老北京有"冬至馄饨夏至面"的说法。相传汉朝时，北方匈奴经常骚扰边疆，惹得百姓苦不堪言。当时百姓对匈奴部落中十分凶残的浑氏和屯氏两个首领恨之入骨，于是用肉馅包成角儿，取"浑"与"屯"之音，叫作"馄饨"。因为最初制成馄饨是在冬至这一天，所以从那以后，家家户户就会在这一天吃馄饨。

冬至食俗还有"冬至北吃饺子南喜汤圆"一说。冬至吃汤圆的传统习俗在江南尤为盛行。"汤圆"是一种用糯米粉制成的圆形甜品，"圆"意味着"团圆""圆满"，冬至吃汤圆又叫"冬至团"。民间有"吃了汤圆大一岁"之说，俗称"添岁"。

109

第八章

职官
——朝堂为官的等级典制

职官作为一种制度，必定有其产生的源头和发展的影响因素，它并不是某一个朝代可以直接确立并永远不变的。这就意味着，职官作为一种制度，也受到了政治、经济、历史发展本身的影响。在北京大学中古史中心工作的罗新在其《中古北族名号研究》一书的前言中提到，官号与官称都源自于早期政治组织（较低级政治体）的名号，这种名号是真正表述和标志个人"行能"的称号，"或以形体，或以老少，或以颜色、须发，或以酒肉，或以兽名"，完全依据个人的人格特征、形貌特征或功德经历，只与个人相关。原始政治体的政治性称号是繁杂丰富的，每一个政治人物都有专属于他个人的称号。随着政治体的发育（主要体现为规模的扩大和层级管理的复杂），其中一些称号会流传下来成为制度化的官称，而配合官称使用却仍然保持早先"专属"性质的，则是官号。

由此，我们可知，职官制度的文化传承性。虽然现在很多职官的内容已经因为时代而有所变化、隐身甚至消亡，但是这其中的影响却保留了下来。所以，如果我们想要了解这方面的文化内容，就必须追根溯源，了解这种文化本身的历史。

"储君皇太子"在帝王制度下是怎样的角色

储君，亦称"储元""储副""储后""储嗣""储两""储贰"，均为太子别称，也就是皇帝确定的未来皇位继承人。其拥有的权力等同于副帝，也就是在特定的时候能够行使皇帝的部分职权。《公羊传·僖公五年》何林注："储君，副主"

(君主之副职)。

除个别储君是皇帝的弟弟、叔叔或直接是皇帝的孙子,称作皇太弟、皇太叔、皇太孙以外,一般情况下都是册立皇帝的儿子。就储君继承人选这个问题,北京大学教授张荫麟在描写商代文化时写道:商朝王位的继承,自第二传以下,以兄终弟及为原则。王子无嫡庶之分,皆有继位的资格。至无弟可传,然后传子。但传末弟之子抑传其先兄之子,似无定制;多数是传末弟之子,但有不少例外。每因堂兄弟争位酿成王室的大乱。最后的嗣传皆是以子继父,似乎已鉴于旧制的不善而有意把它改革了。诸侯的继承法是否也以兄终弟及为原则,无从知道,但至少有例外,如"周侯"的继承,始终是以子继父的。

汉朝的时候,不仅是皇帝的正式继承人,连诸侯继承人也称为太子,汉代以后,或许是为了对此做出区分,以维护皇室嫡亲正统,诸侯"太子"改称为"世子"。无论是太子还是世子,在皇帝或者诸侯王过世以后,都可以直接继承其统,使用其权力。这是一种非常未雨绸缪的权力继承预备方式。所以,一般情况下,尤其是天下至尊的皇帝,对于太子的人选就尤为重视。有时候,是在皇子很小的时候(多个嫡子),如果确定资质不错,那么,就可能直接立为太子,并对此人进行正式的帝皇教育;而有时候,皇帝资质不错的皇子比较多,那么,也有可能会进行一段长时间的选择。储君的选择也会根据皇子的情况有很复杂的不同。

储君往往被称作"国之根本"。因为,储君是皇帝直接订立的第一继承人,凡是皇帝驾崩,尤其是有可能会出现皇帝忽然去世的问题,那么,这个时候,"国不可一日无君",为了避免朝堂内外出现混乱的现象,储君的存在就成了稳定人心和大局的重要角色。所以,储君的订立无论是对朝廷的安稳、政治的明确走向,还是对皇子们的权力斗争,都起到了很好的稳定作用。关于储君的立法,自从我国周代确立"嫡长子继承制"以来,后世帝王一般都以此为基本原则,立嫡长子,即皇后所生的长子为太子。一旦皇后无子,则立庶子中的长子。不过,除了"立嫡立长"的原则外,还有"立子以贤",就是说,要看诸位庶子的德行而定;"立储以爱"就是皇帝最喜欢哪个儿子,就立哪个儿子(这种方式很容易发生权力斗争)。

储君的权力虽然不比皇帝,但是,也非常具有威慑力。比如,为了培养储君对皇帝工作的熟悉,储君拥有自己的"朝廷",其中官员一并仿照朝廷制度,也就是我们常说的"东宫",这就是"东宫太子"的由来。皇权之外还有军权,储君拥有一支私人护卫队伍,这就好比皇帝的禁军。

正因为储君这个等同于君王副手的微妙身份,他与皇帝之间的关系也是十分复杂。对下,必须建立自己的威严,表现自己作为皇位继承人的正统,同时,也需要适当行使某些皇帝赋予的权力,比如,很多时候,皇帝外巡,一般都是太子监国。故而太子权力非常重要。但是,对上来说,储君又必须保持一定的度,因为储君只是储君,不是皇帝,在皇帝在位的时候,他没有权力过多地逾越君王。而皇帝对储君的态度也是如此,他必须保证储君的权力和义务,但是又必须时刻控制这种权力的膨胀。同时,皇帝也面临着这样一个矛盾:如果过早立储,那么,就有可能存在一些威胁性的情况,比如,权臣、外戚对储君的觊觎,可能会过早地出现党权之争;还有储君本身对皇帝构成的威胁,因为只要皇帝一过世,储君就可以名正言顺地继位,这个时候,也往往容易出现皇帝和储君之间的争斗。例如汉景帝废太子刘荣、汉武帝与太子刘据之前关系都非常微妙。正是因为储君力量过于强大,而皇帝又是能够约束其力量的存在,所以,叛逆弑君的可能不是没有。比如,戾太子不满汉武帝宠幸佞臣江充、发东宫兵欲诛之;宋文帝刘义隆为太子刘劭所杀。但是,如果皇帝一直不立储君的话,就有可能出现皇子们相互倾轧,甚至兵戎相见,这样的例子就更加平常了。

由于储君与皇帝关系的特殊和敏感,所以,大臣们在办理有关事项时,就不得不多注意自己的言行,他们既不能得罪储君,更不能开罪于皇帝。《清史稿列传七》记录了这样一件事情。康熙三十三年(1694年),礼部向康熙帝上奏祭祀奉先殿时的仪注,要将皇太子胤礽的拜褥置于槛内。皇帝下令尚书沙穆哈将太子的拜褥设于槛外。沙穆哈请求康熙帝下旨在档案中记录此事,康熙帝却下令夺了沙穆哈的官职。由此可知,在储君与皇帝之间,大臣需要找到一个属于两方权力的平衡点。

正是因为皇帝对储君权力的关注与控制,所以在宋代以后,皇权不断加强,使得太子的权力不断变小。而到了清雍正发生了"九王夺嫡",其成功登基后,鉴于

雍正帝像

自己父亲立储的失败带来的灾难性后果，建立了秘密建储制度，干脆不再公开立储。也就是说皇帝生前不公开宣布储君人选，而是悄悄定下储君，在皇帝死后才公之于众。而雍正正是用这种方式传位给了乾隆。之后乾隆、嘉庆、道光均以此法传位。到咸丰时，因只有载淳（同治皇帝）一子，无须秘密建储，这种方法就没有再用。清末，同治、光绪、宣统三帝接连无子，密储制度名存实亡。光绪帝主持"戊戌变法"失败后，慈禧太后与荣禄商议废黜光绪，立载漪的十五岁儿子溥儁为皇帝。光绪二十五年（1899年）十二月二十四日，溥儁受诏入宫，封为大阿哥，但外国公使均不承认，慈禧太后被迫停止废立计划。

因此，由于以上种种原因，皇太子顺利册立、顺利继承皇位的并不多见。随着皇帝权力的不断加强，皇太子的权力越来越被削弱。后来，随着皇太子的权力不再对皇帝构成威胁，皇帝有足够的权力来约束他的其他儿子，所以后期的皇太子顺利继位的反而比较多，这一点在明朝的历史上比较多见。

"三公九卿"是怎样一种官制

三公九卿是一种官制制度，它建立起了一套与封建社会相适应的中央权力机构。

"三公"是中国古代最尊贵的三个官职的合称。"三公"一词，据考证，周代已经出现，西汉今文经学家据《尚书大传》《礼记》等书认为"三公"是指司马、司徒、司空，古文经学家则根据《周礼》上的记载以为太傅、太师、太保为三公。秦朝没有设置三公的官职，而西汉初期秉承秦朝制度，辅佐皇帝治国者主要是丞相和御史大夫。从武帝时起，因受经学影响，丞相、御史大夫和太尉也被称为三公。

"三公"的存在本身就是为了臣子权力的相互制衡，也就是为了控制和瓜分丞相的权力。为了确保"三公"不会把自身的权力做大，从而威胁到皇权，从西汉时起，对丞相权力的控制和削弱就开始了。汉武帝刘彻对丞相的权力进行了控制。而到了汉昭帝的时候，更是启用权臣之间的力量，设定新职务进行臣下的相互制约，比如"大司马大将军"一职务的设立，而重臣霍光、张安世、史高、王凤等人都曾经担任此职务。而"大司马大将军"这一职务很好地制约了丞相，甚至有越级而上的存在意义。而到了汉成帝年间，"三公"权力再次被调整，丞相权力再次被削弱。大司空替代了御史大夫，同时，大司马、大司空的俸禄提高到与丞相相等，确立起大司马、大司空和丞相鼎足而立的"三公"制。

帝王在逐渐弱化集权人物权力的同时，也需要加强自己手中的权力，也就是权力的最高统治者不能归属于某个大臣，这样，皇帝很容易在某些权力上被架空。这时，就需要皇帝进行自身的帝王集权。到了汉光武帝刘秀时，"三公"就只是一种比较显贵的官职称号，而没有实际的权力掌控，这个权力逐渐归属于尚书台，而"三公"本身也变得越来越有名无实。

太师　　　　太傅　　　　太保

少师　　少傅　　少保　　冢宰

司徒　　宗伯　　司马　　司寇　　司空

如同三公一样，九卿的发展也经历了一系列的变化，都是由一开始的手掌权力，逐渐被皇帝弱化，以至于变成了之后有名无实的官职。同时，九卿本身的官职名称也因时代而不同。

据《通典卷第二十五·职官七·诸卿上》记载，"三公九卿"制夏朝就已经开始设置："夏制九卿，记曰：'夏后氏官百，天子有三公、九卿也。'亦有六卿，殷周皆然。殷亦九卿。伊尹曰：'三公调阴阳，九卿通寒暑。'周之九卿，即少师、少傅、少保、冢宰、司徒、宗伯、司马、司寇、司空。"《礼记·王制第五》在谈到夏制时也说："天子三公、九卿、二十七大夫、八十一元士。"也就是说，周制下的九卿是"少师、少傅、少保、冢宰、司徒、宗伯、司马、司寇、司空"这些官职。而到了西汉，九卿是列卿或众卿之意。汉武帝以后由于儒家复古思想的影响，人们就以秩为中二千石一类的高官附会成古代九卿。

正式将"九卿"定为官职，开始于新朝，其制中以中二千石为卿。即以大司马司允、大司徒司直、大司空司若、羲和、作士、秩宗、典乐、共工、予虞为九卿，分属于三公。而到了东汉，朝廷照样设立九卿。到了魏晋南北朝之时，基本保持东汉的九卿官职设定，只是名称时有变化。以到了隋唐时期，九卿官职就改为了太常、光禄、卫尉、宗正、太仆、大理、鸿胪、司农、太府，但是，这个时候的九卿已然和三公一样，已经没有什么行政权力了。比如，太常就是管理一些礼仪以及文物等，而鸿胪就是专管朝廷庆贺吊丧赞导之礼等。而之后的朝代，九卿官职多有省减合并，更是成了三省六部制度的改制基础。比如，我们所说的太常和鸿胪的职务之后就统归于后世的"礼部"。

"卿大夫"这个官职经历了怎样的变化

西周的世袭制度严格地遵从宗法制度和嫡长子继承制，建立了周天子—卿士—诸侯—卿大夫—士—国人的统治阶级序列。从官制上讲，大体上有卿士—诸侯—卿大夫三个级别。卿士辅佐周天子执政，诸侯世守其国，卿大夫则是辅佐诸侯治理国家，并且从诸侯手里领受世袭爵位。《史记·汲郑列传》写道："至黯七世，世为卿大夫。"

卿为中国官制之一。商朝、周朝时称为卿士，执掌国政，西周、春秋时国王及诸侯所分封的臣属。规定要服从君命，担任重要官职，辅助国君进行统治，并对国君有纳贡赋予服役的义务。但在其"家"内，为一"家"之主，世代掌握所属都邑的军政大权。《国语·鲁语下》："卿大夫朝考其职，昼讲其庶政，夕序其业，夜庀其家事而后即安。"唐代韩愈《唐故相权公墓碑》上写："公既以能为文辞，擅声于朝，多铭卿大夫功德。"

卿大夫最初是西周时期分封制度下的一个分封级别。北大教授张传玺先生有考证记载：西周的地方行政制度是"分土封侯"制，或谓之"封诸侯，建藩卫"，简称"分封制"。诸侯在封国内是君主，初封时就是半独立状态，在封国内亦实行分封制。国内土地的一部分归诸侯直辖，大部分土地作为采邑分封给他的卿大夫，卿大夫又以同样情况分土地给士，士直接统治、剥削庶民。封国内的层层分封制也是与宗法制相结合的，就是嫡长子世袭制。这样的层层分封，形成一座政治宝塔，压在广大劳动人民头上。自天子至士，为各级贵族，庶民主要是农业劳动者。

东周时期，在诸侯王脱离周天子控制之后崛起的同时，卿大夫阶层也开始纷纷崛起，许多诸侯国也出现卿大夫控制诸侯国政治的现象。比如孔子时期的鲁国朝政便是在季氏三家卿大夫的扶持之下延续的，甚至一些卿大夫干脆弑君夺位，自立为王。秦统一六国之后，由于分封制已经被郡县制所取代，卿大夫这个封建领主也便不再存在。

春秋时期的卿大夫不仅参与朝政，还直接参与春秋文化的创作活动，而且他们饱含文化内容的实践活动为春秋文化的创制提供了丰富的素材。例如，数千年流传不衰的《左传》《国语》《诗经》等历史文献，很大程度上得益于春秋卿大夫那些饱含哲理的言论对话和充满智慧的实践活动。

春秋时期的卿大夫对《易》《诗》《书》的熟识与深刻理解以及他们的文化创作活动，显示出很高的文化素养。然而，文化素质所指的不仅仅是简单的知识堆积，而是各种文化知识的多元组合。他们的作品突出人文知识，疏忽自然科学，是他们文化素质结构的基本特征。《诗》不乏鸟兽草虫，《春秋》记载了日食、月食、风、雨、雷、电、霜、雪、丰、歉，但都是一些直接的描述或记载，而没有深入的理论探讨与理性思考。春秋卿大夫重人文、轻自然的文化结构特征影响了春秋卿大夫的思维方式，形成重形象、善比喻、轻抽象、弱推理的思维特色。卿大夫是一个精神世界丰富的社会阶层。打破天、神束缚，以人为中心的世俗意识具有时代意义的亮点。

"卿大夫"这个词后来分裂为"卿"和"大夫"，均是官职名称。秦汉之际"卿"与"大夫"最初时也有一些区别，卿一般是在中央任职的官员，大夫则指地方大员，但后来这些区分也逐渐不那么明显了。一般情况下，卿的地位较大夫为高，卿的田邑较大夫为多，并掌握国政和统兵之权。西周时期，位列第三的贵族，其非嫡长子是士大夫，为西周最低的贵族。

"卿"是仅次于"公"的官职级别，秦朝、汉朝，"三公"之下设"九卿"，相当于部长一级的官员称之为卿，如大理寺卿、太常寺少卿等。自隋朝、唐朝一直到明朝、清朝，"三公九卿制"逐渐发展成了"六部制"，六部尚书成了主要部门的负责人，九寺主要有光禄寺、太仆寺等，辅助部门的从官则被称为卿。而在其之上有兼管寺务的王公大臣，辖下有少卿、主簿等官职。清常以三品至五品卿作为官爵虚衔。另外，"卿"还被皇帝用作对于大臣的爱称，乃至皇帝直接称大臣为"爱卿"。

而"大夫"也是古代高级官员的称呼，我国在战国时期即有大夫之名，作为君主的顾问，没有固定人数，也没有固定职务，按照诏命行事。《史记·廉颇蔺相如列传》："拜相如为上大夫。"屈原曾经久任楚国三闾大夫，三闾之职，掌王族三姓，曰昭、屈、景。赵国宰相林皋九子皆有大夫官职，赵国人称之为"九龙"。秦统一六国后，秦有中大夫，为郎中令属官。汉代初分为中大夫、太中大夫、谏大夫。汉武帝时，改中大夫为光禄大夫，为掌议论之官。

"三省六部制"的具体内涵是什么

三省六部制是我国古代的中央官制。从其组成来说，三省是中书省、门下省、尚书省，六部指尚书省下属的吏部、户部、礼部、兵部、刑部、工部。每部各辖四司，共有二十四司。这个制度是为了方便皇帝的中央集权所制定，它并不是在某一个朝代突兀地建立，而是在长期的皇权维护和中央掌控的基础上逐渐确立以臻完善。

六部隶属于尚书省，可见三省之中，尚书省的权力和重要性都比

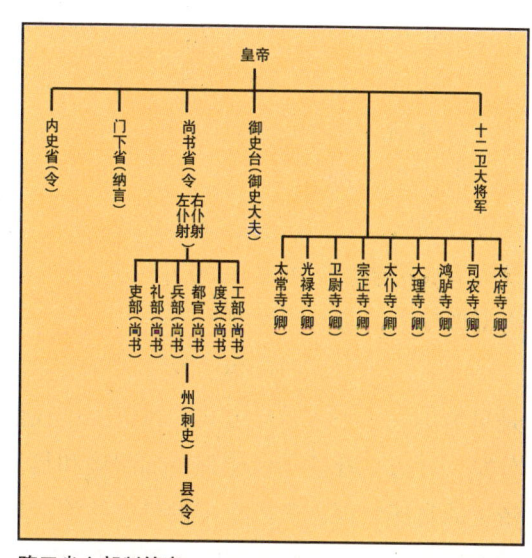

隋三省六部制简表

较大。从历史来看，尚书省远在东汉就已经略有所成，只不过那个时候，被称为"尚书台"。而中书省和门下省则形成于三国时期。而这个制度的初步确立则是在隋唐时期。北京大学历史系教授吴宗国编写的《中国古代官僚政治制度研究》记载：秦汉时的"三府九寺"行政架构，到魏晋南北朝时已名存实亡，官员多是"闲职"，实际权力转移到了尚书省、中书省、门下省三大机构，隋唐"三省六部"雏形于此时出现。

而综合前朝三省六部雏形因素的人，正是隋文帝，此举的目的旨在扶持中央政令和进行政策的制定、审核与贯彻执行。隋文帝杨坚在中央设立三师、三公、五省，其中的五省分别是尚书、门下、内史、秘书和内侍。相对于实权比较集中的五省来说，三师、三公只能算是一种看似显贵的虚衔。同时，在五省之中，也有权力虚实的分别，其中尚书、门下、内史才是真正的中枢权力机构，这三个机构各有职责、分工明确，同时也是最高权力机构的流程贯穿。内史省负责决策，制定策略和统治方向；门下省负责审议，它们对内史省的决议有审查、再判断的权力，通过可行的下发，否则可以驳回；尚书省负责执行，也就是涉及非常具体的工作制定和展开。

唐代的时候，这种三省模式基本被保持了下来，并且根据实际情况有了进一步的补充和发展，不仅丰富了部门本身的职权，同时，也逐渐加强了彼此之间的权力制衡。其中，内史省更名为中书省，尚书省具体设置有吏、民、礼、兵、刑、工六部。但是，民部因为要避讳李世民的名讳，所以改为了"户部"。但是，从唐中叶开始，三省分别被其他权职所替代和分割，比如，中书省主要职官的中书舍人的职务逐渐被翰林学士所取代，而尚书省各部门的权职也在安史之乱以后被逐渐分割。这时的三省六部其实已经有些形同虚设。宋朝仍然秉承前朝唐制，但三省六部的主要职权却已转移到其他机构，三省六部有名无实也有权无实。辽代建设的官制秉承宋制。而金、元、明只设一省六部，金仅仅有尚书省；元、明仅仅有中书省。明朝在1380年取消中书省，把中书省的权力归六部管辖。自此，六部取代了三省六部之制。

三省六部制度的产生、发展、演变、确立，其实就是皇权与相权的博弈，更是皇帝集权的一种运作方式。从历史中我们可以看到，相权的权力被不断地加以分割、分散，管理和职能都更加明确和具体。这种细化对上的好处就是能够加强帝王的直接管理，巩固皇帝的最高统治者地位；对下则是能够限制地方割据势力的产生和发展，又推动部门牵制与机构运转，加强了皇权。

我们具体分析了"三省六部"制度的发展历程和权力变化，而三省六部制度最终被六部制所替代。那么，六部的具体职能又是什么呢？

吏部主要是负责管理全国官吏的任免升迁以及调动等事务。其中还有下属部门，也是分工明确，又相互方便相互合作。比

文官图　唐

如，文选清吏司负责文职官员的品级与其选补升调之事，以及月选之政令；同时，还有验封司，负责文职官员之封爵、议恤、褒赠、土官（少数民族聚居地区的本地官）世职及任用吏员等事；还有，稽勋司负责文职官员的勋级、名籍、守制、终养等事；以及考功司负责文职官员的处分及议叙，即官员的绩效考核。

户部负责掌管全国土地、赋税、户籍、军需、俸禄、粮饷、财政收支的大臣，明代为正二品，清代为从一品，相当于现在的国务院副总理，可以说是整个国家的财经掌控部门。比如，其中的度支，负责掌管全国财赋的统计与支调。而仓部则是负责全国仓储出纳之政令。

礼部负责全国学校事务及科举考试及藩属和外国之往来事。具体部门有仪制清吏司，祠祭清吏司，主客清吏司，精膳清吏司。针对不同人和不同场合，也有功能区分，比如，仪制清吏司掌朝廷诸礼仪式、清宗室封赠、贡举、学校等事；祠祭清吏司负责祭祀、丧葬，仪式性的阴阳占卜等；主客清吏司则是负责宾礼及接待外宾的事务。

兵部负责选用武官及兵籍、军械、军令等。其中设有司戎、司城、司舆、司库部门。这些部门的分工也十分具体，比如，管理车马主要由司舆负责，而司戎顾名思义就是兵器、军械之类。

刑部负责刑部掌法律刑狱，与最高法院性质的大理寺并列。刑部内部也分司，清代刑部各司除分核本省刑名外，也负责他省及衙门的部分文书收发和某些日常政务。比如，有名为督捕司的部门负责抓捕逃亡人员；同时刑部还负责减等处，掌汇核各省及现审各案之遇赦减等事。

工部负责营造工程事项的机关。这些职务包括室官衙营造修缮、制造、收发各种官用器物等，比如，营缮清吏司、虞衡清吏司。

俸禄制度有何演变

我们常听到这样一句话，"食君之禄，担君之忧"，此处的"禄"指的就是官员们从朝廷获得的和自己的品级相应的俸禄，俸禄也就是朝廷给官员们发的"工资"。现代人的劳动报酬主要是钱币，但是就古人来说，形式却比较多，除了钱币，还有土地、实物等。

先秦时期，官员俸禄主要是土地和实物。因为周天子给诸侯、卿、士等分封田邑，也就是历史上有名的"分封制"，因为这种制度所以就产生了"分田制禄"。同时，因为这种分封是世袭的，所以属于终身化。每个人根据自己袭得等级的不同，彼此的田邑范围也不同。而在春秋之后逐渐实行了谷禄制，到了战国更是普及，这时，官禄也以"担"或"石"来衡量。但是，随着世袭制的逐渐取消，以军功贡献大小来定俸的俸制逐渐建立，也就出现了军功爵制。同时，封地上的农民，因土地日渐私有，除交纳官府赋税，余则为自己所有。因此也逐渐出现了雇佣制。但是，无论是前者和后者，我们都要清楚，除了封地里的官员外，中央和地方官员的俸禄一律由国家发放，这一点不变。这种官吏以秩石分等次的俸禄定制，我们将之称为秩石制。所以，这个时候不像后世以"品"来定官员等级，而是以粮食的"石"来定，比如"百石之官""千石之吏"等。

到了汉代，官禄制度逐渐完善和正规。这个时期，多以实物和钱币居多，同时，也逐渐出现了秩石制和另一种俸制的相和，这就是至南朝梁时出现的官品制，因为官吏制定了级别，实行了九品制，俸禄亦依此而推。其实，这段时间，俸禄发放的情况也是比较复杂，比如汉朝国情相对稳定，赋税等也就比较稳定，这样就能够确保比较实际的俸禄来源，此时倾向于钱物参半的形式，而且，除了本身俸禄之外，甚至还会有一些逢年过节或者恩赐的礼品等。比如，《汉官仪》中记载仅"腊赐"一项为：大将军、三公各钱二十万、牛肉二百斤、粳米二百斛，特进、侯十五万，卿十万，校尉五万，尚书三万，侍中、将、大夫各两万，千石、六百石各七千，虎贲郎、羽林郎三千。而到了魏晋南北朝时期，因为战乱关系，国家和人民都处于不稳定的状态，这个时候就多以实际的物体，如粮食、布帛等作为俸禄。

而到了唐朝就主要以禄米、土地、俸料三项为主。禄米和土地我们都知道，这个俸料又是什么呢？所谓俸料，包括月俸、食料、杂用等。《新唐书·食货志五》说："开元二十四年（736年），令百官防合、庶仆俸食杂用以月给之，总称月俸。"但是，这个时期的官员仍然是以俸米为主，因为俸米的发放并不可观，只能算作一些日常杂用。比如，根据开元二十四年定的标准，一品大员一个月的俸料钱才三十一贯。这样的标准与其品级来说，并不见高。同时，还有一个奇怪的现象，就是品级相同但一个是京官一个是外官，他们的俸禄竟是不同的。而且，俸料似乎只有京官才有，外官是没有的。

到了宋代，俸禄的名目就更多了。包括正俸（钱）、禄粟（米）、职钱、公用钱、职田、茶汤钱、给卷（差旅费）、厨料、薪炭等，这些差不多都是用实打实的钱来给予。同时，还有仆役、衣料一类。除了这些，还有各种赏赐、补贴、招待费、家属赡养费等。可见，宋代官员的福利待遇十分之高。比如，《宋史·职官志》中就提到，仁宗嘉祐年间正式制定"禄令"，如规定宰相、枢密使月俸料三百贯，春、冬衣服各赐绫二十匹、绢三十匹、冬棉一百两，每月禄粟各一百石，谦人衣粮各七十人，每月薪（柴草）一千二百束，每年炭一千六百秤，盐七石等。

明代俸禄类别繁多，但大体分为本色和折色两大类。但是，因为"大明宝钞"的通货膨胀、一条鞭法的改革、货币税等原因，出现了折支（米折钞、米折物、米折银）现象，也正是因为上面的原因，这种折支就成了一种变相的俸禄打折。

北京大学教授俞可平在《官本主义引论》中讲解，清朝将所有官员分为九品十八级，这些等级不仅用以区分官职高低，也用以划定社会各个阶层人员的等级地位。清朝官员无论满汉、文武，其俸禄一律按品级定高低，以俸银和禄米发给。在外做官的官员不支禄米，折合薪银发给。官员们除了正俸外，还有皇帝赏赐的"恩俸"以及养廉银等。

《大清会典》卷二一"文职官之俸"中记载："一品岁支银一百八十两，二品一百五十两，三品一百三十两，四品一百零五两，五品八十两，六品六十两，七品四十五两，八品四十两，正九品三十三两有奇，从九品、未入流三十一两有奇。"知县"每月支俸三两，一家一日粗食安

彩绘文官俑　唐

饱兼喂马匹,须银五六钱,一月俸不足五六日之费"。幕友师爷、门房仆役,都需要官员自己出钱聘请,一般的县衙要用二三百人,大县达千余人至数千人。

俸禄是古代官员最基本、最重要的权利。这项权利对于古代社会的政治生活有着举足轻重的影响。综观我国古代的俸禄制度,不难看出其形式虽然非常繁杂,但所存在的缺陷却是致命的,例如正俸不到位,正俸与偏俸严重倒挂;京官与外官的俸禄严重失衡;由领俸人直接向百姓征收俸禄银钱等,这些给吏治带来了许多消极影响。

谏官有何职责

谏官在汉代属九卿中的光禄勋,隶属于宰相。到唐代,谏官属于门下省,和给事中同属一机关,如谏议大夫、拾遗、补阙之类都是,大诗人杜甫就做过拾遗。这些官,位不高权不大,但很受政府尊重。大多数都是年轻后进,有学问、有气节,政治资历又不深的人。他们可与皇帝直接对话。从"拾遗""补阙""司谏""正言"这些官名便可以看出他们的职责所在。

历史上有名的谏官诤臣,首推贞观之初的魏徵。"以铜为镜,可以正衣冠;以史为镜,可以知兴替;以人为镜,可以明得失。"魏徵成就了一代明君唐太宗,但是魏徵死后,先是他推荐的人受到处罚,后来甚至被砸墓。种种境遇,又让人不得不感叹做谏官,是一种政治技术。

唐朝时候,皇帝朝见文武百官散朝后,门下省的谏官们便要参与皇帝和宰相的讨论。这是因为宰相有时候有不便同皇帝直接讲的话,可让这些官职不大的谏官讲出来。谏官讲得对固然好,讲错了也无妨大体。万一皇帝有雷霆之怒,也不会直接朝着宰相来。人微言轻,阶位不高,顾虑也就少一些。有他们随从在宰相身旁,宰相可免同皇帝直接冲突,这是政治上的一种技术问题。

皇帝用宰相,宰相用谏官,谏官的职责是专门谏诤皇帝的过失,不同于御史大夫监察政府百官,谏官只盯着皇帝就行了。若把谏官也看作监察官,则中国历史上的监察官可分为台、谏两种。

台指的是御史台,是天子的耳目,谏官则是宰相的唇舌。唐代的宰相手里已经没有御史监察权了,但谏诤权仍在宰相手上。到宋代这一制度又变了,谏官不直接属于宰相,也不准由宰相任用,于是台官谏官都成了皇帝的亲信。

本来谏官是设来约束天子的,之后谏官脱离了门下省,不隶属于宰相,又是

十八学士图　唐　佚名

由皇帝所亲擢，于是谏官遂转为并不紧盯着天子，反过来束缚宰相。谏垣这种官署就成了与政府对立的势力。

谏官本是以言为职，讲错话不要紧，但是不讲话就是失职。这些谏官官位低，权柄小，只是些清望之官。他们讲错话免了职，声望反而更高，更有升迁的机会。所以有时候便会出现一些比较极端的情况，比如，他们便和宰相唱反调，宰相说东，他们便说西，总爱对政府表示异见，以示自己尽职。这一来，谏垣就成了一个只发空论不负实责的反对机关。他们尽爱发表反对政府的言论，又没有章法约束。从宋代始，便有了这种风气。

谏官台官渐渐不分彼此。台官监察的对象是政府，谏官诤议的对象还是政府，而把皇帝放在一旁，变成没人管。做宰相的既要应对皇帝，又要应对台谏，可以说是难以施展拳脚的。到后来，甚至有一些谏官锋芒太凶，闹得太意气，成了无聊的攻讦，社会和政府中人都讨厌谏垣，不予理会。这种情况之下，谏官就会失势，但是缺乏了这个约束力，往往也容易出现权相奸臣。

何谓"花翎"？它和官秩有何关系

花翎是清代官员帽子上的冠饰，用孔雀翎毛装饰于冠帽后，翎眼越多，越显尊贵。翎管，就是用来插孔雀翎子并与冠帽连接的附属饰件。要了解花翎的价值，就有必要先了解清代的花翎制度。

按照清朝礼仪，顶珠的品质，象征着品级的高低。一品顶珠使用红宝石，二品顶珠为珊瑚，三品顶珠使用蓝宝石，四品顶珠使用青金石，五品顶珠使用水晶，六品顶珠使用砗磲，七品顶珠使用素金，八品顶珠使用阴纹镂花金，九品顶珠使用阳纹镂花金，无顶珠者无官品。另外有凉帽，没有边檐，呈现上小下大的喇叭式。而这种凉帽也经历了初期扁而大，后期小而高的变化，凉帽外多用绫罗覆裹，色彩有白色、湖色、黄色。

顶珠连着翎管，翎管的质地也有所不同，有的是玉质，有的是翡翠。翎管其实是用来安插翎枝的，清代的翎枝分两种：蓝翎和花翎。蓝翎是鹖羽所做，花翎是孔雀羽所做。花翎在清朝有着等级分明的性质，它有自己的品级秩序，一般情况下，能够被帝皇赐予花翎的，都是有着卓越的军功。

正因为这种森严的等级要求，所以，翎本身的佩戴就需要按例应随官秩，也就是官职的高低、功劳的大小等来定。所以，顶戴花翎是不能随便戴的，既不能僭越等级妄戴，又不能随意不戴，如有违反则严刑处罚。所以，帝王如果对一个官员只是降职或者革职查看，那么，说明情况还不是很严重，因为这个时候，这些官员仍然可以按其本任品级穿朝服，但是，如果是被罚拔去花翎，那么，在清朝则是非常严重的处罚。

清代有品级的官员功勋卓著或恩宠有加者，能得到皇上赏赐的花翎。其实，花翎本是分单眼、双眼、三眼，其中三眼最尊贵，而这里所说的"眼"，其实就是指孔雀花翎上的圆形眼状图案。那么，什么样的人才能够被赐予花翎呢？内廷王、御前大臣、领侍卫内大臣、直省将军、内大臣等以及领侍卫府官、满族官员五品以上皆需要冠戴孔雀花翎，这是他们的身份地位已经到了官秩要求里，而六品以下者就只能戴褐羽蓝翎，也就是俗称的"野鸡翎子"了。没有花翎的人，就是那些外任的文官。除了官员，皇室宗亲中也需戴花翎。在这其中被赐予镇国将军者可佩戴单眼花翎，镇国公可赐双眼花翎，而再往上一级则是贝子，贝子是可以被赐三眼花翎。而比贝子再尊贵的亲王、郡王，因其地位已经超品，所以只能皇帝钦赐，才能受花翎而戴之。若本身是皇子而又贵为亲王、郡王，就更不用戴翎子。花翎本身就是确定品级，也属于"下臣"所戴，但是亲王、郡王、皇子一类因为其皇室身份，显贵特殊，他们虽然也是需要忠于皇帝的臣子，但他们是"贵臣"，身份自然不同，所以不算在"下臣"之列，故而也不需要戴翎。

清代官员像

第九章

科举
——传统文化中的教育体制

从历史来看，科举制度在实施方面，的确是有种种缺点、流弊，但是，其存在却一定有其合理之处，尤其是这种通过考试来选拔人才的制度，从体制上来说，更是一种进步和发展。甚至八股，可以说是科举制当中变通之后的极端，虽然有些内容不可取，但是也应该得到一个公允的评价。北京大学历史系教授吴宗国在其著作《唐代科举制度研究》中认为，科举作为唐宋以后选拔官吏的一种考试制度，是从两汉至南北朝时期的察举制度发展而来的。它不仅确定要以才学举人，而且对才学的内容做了进一步阐述，就是要"明知今古，通识治乱，究政教之本，达礼乐之源"。既要熟悉历史和现状，还要精通统治理论和统治方法。这就有别于传统的经术和章句之学，而要求学者在经世致用上下功夫。这从某种程度上肯定了科举制度某些时代的适应性。

历史上的任何制度，都有一套思想做支撑，有无数人的心血在其中，科举仅是其中之一。所以，正确地了解科举制度、对待科举制度，就是在正确地对待我们的历史。

科举制度是怎么演变的

《儒林外史》中最著名的一章当属"范进中举"，吴敬梓入木三分地刻画出科举考试对文人的重大影响，也表现出部分文人对科举考试的疯狂姿态。科举制度对整个中国封建社会的影响，从中可见一斑。

科举制度是指封建王朝通过定期举行的科目考试来选拔官吏的一种制度，对

举孝廉图 西汉
汉代选官以察举和考试为主体,察举是经过考察后进行荐举的选官制度,盛行于西汉。孝廉、茂才等常科和特科成为察举制度实践的具体途径。图为内蒙古和林格尔墓壁画举孝廉图。

我国封建时代的文化教育、官僚政治和社会发展进程的影响极为深远。但这种制度并不是一开始就有的,而是经历了多年的发展演变。为稳固统治,统治者需要从民间选拔有才学之人为官,不同的朝代,选拔机制不同。早在汉代已有考试取士之法,但系临时措施,并未形成定制。魏晋南北朝时期采用九品中正制,形成了"上品无寒门,下品无士族"的状况,严重阻碍了人才乃至社会的发展。隋代废除了为世族垄断的九品中正制,炀帝创置进士科,标志着我国科举制度的正式产生。而科举制度之所以会在隋代产生,北京大学历史系王小甫教授分析认为,中国古代科举制度最早起源于隋代,隋朝统一全国后,为了适应封建经济和政治关系的发展变化,为了扩大封建统治阶级参与政权的要求,加强中央集权,于是把选拔官吏的权力收归中央,用科举制代替九品中正制。

到了唐代的时候,科举制度被沿用了下来,并且得到了更好的改善和进步。为了完善这一制度,唐代时候的考试就分为了两类:一类是常科,一类是制科。每年分期举行的称常科,由皇帝下诏临时举行的考试称制科。常科有秀才、明经、进士、俊士、明法、明字、明算等五十多种。其中明法、明算、明字等科,不为人重视。俊士等科不经常举行,秀才一科,在唐初要求很高,后来渐废。所以,明经、进士两科便成为唐代常科的主要科目(进士考时务策和诗赋、文章,明经考时务策与经义;前者难,后者易)。制科的具体科目和举罢时间均不固定,屡有变动。一开始应试人的资格是没有限制的,只要是一般的士人和在任官员就可以参加。但是到了后来,要求也逐渐受到了限制。从一开始的允许自荐,变成了需要公卿推荐。而普通布衣的审核则更加严格,从地方到中央都需要一系列的审查和考试。常科和制科,性质不同,因而在考生的来源、考试的内容和方法等方面有很大的区别。

常科一般有两个取员渠道——生徒和乡贡。生徒是由京师及州县学馆出身，而直接送往尚书省受试的人；乡贡则是指不由学馆而先经州县考试，及第后再送尚书省的应试者。无论是生徒还是乡贡，这两者登科了，都不是能够直接给予官位的，还需要再进行吏部的考试，合格者才能够授以相应的官职。可见，当时的取员从一开始的应试到最终的授以官职，需要经过一系列复杂的流程和严格的考试，这样做的目的，也是为了确保人才的合格性。

同时，唐代的时候，不仅有文职官员的取用，还产生了武官的取用途径，就是武举。武举开始于武则天长安二年，即702年。应武举的考生来源于乡贡，由兵部主考。考试科目有马射、步射、平射、马枪、负重摔跤等。"高第者授以官，其次以类升。"武则天载初元年（690年）二月，女皇亲自"策问贡人于洛成殿"，这是我国科举制度中殿试的开始，但在唐代并没有形成制度。

到了宋元时期，科举制度又有了更为完善的制度改革。科举放宽了录取和作用的范围。宋太祖时正式建立殿试制度，即礼部考试后由皇帝在殿廷主持最高一

殿试图
此图描绘学子们正在完成皇宫中皇帝举行的殿试。明朝科举考试内容为八股文，也称制艺、制义、时艺、时文、八比文；因题目取于四书，又称四书文。八股文是封建统治者扼杀人才、钳制思想的工具。

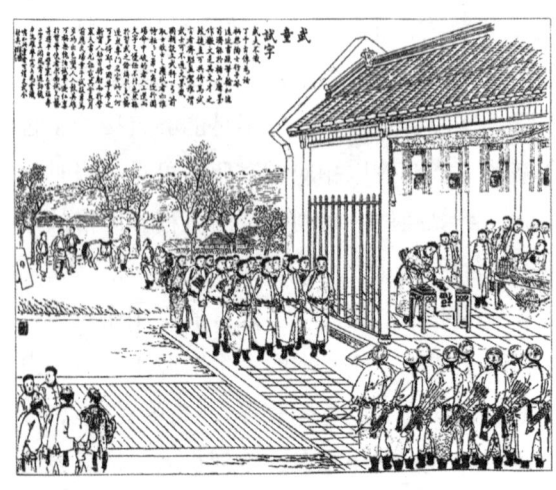

武童试字　清　吴友如

文科举考八股文，而武科举则比试武艺，同时为了防止武官不识字，考武举时还要测试文字。此图就是清朝末年一次武举考试中比试文字的场景。

级考试，这样宋代的常科就分为州府试、礼部试、殿试三级。这种由下到上的一系列审查和考试，就相应有效地控制了徇私舞弊的行为。而在宋代也有直接科举考试的时间，就是三年一次。同时，为了确保科举考试的公平性和公正性，从宋代开始，还实行了糊名和誊录，糊名就是把名字封起来，不让考官看见，这样就不至于徇私作弊。而誊录就是找专人把考员的卷子誊抄一份，这样就可以避免在试卷上做标记等现象。而到了元代，科举制度的内容有了截然不同的定义，之前的常科多是以诗赋为主，而元代则多是以经义为主。经义的考查主要从《大学》《中庸》《论语》《孟子》四书中选取命题，答案以朱熹的《四书集注》为准。

到了明朝，科举制逐渐发展到了鼎盛。明代统治者对科举高度重视，表现在对科考方法的严厉上，极力做到避免一切不正当的作弊行为。为了确保科考人员的正统性，这一时期科举制度的一个重要特点，就是学校与科举紧密结合，进学校成为参加科举考试的必由之路。这个时候的国子监，作为最高学府，就展示出了其优越性。明代入国子监学习的，通称监生。监生大体有四类：生员入监读书的称贡监，官僚子弟入监的称荫监，举人入监的称举监，捐资入监的称例监。监生可以直接做官。特别是明初，以监生而出任中央和地方大员的多不胜举。明成祖以后，监生直接做官的机会越来越少，却可以直接参加乡试，通过科举做官。

明清之际，科举考试分为乡试、会试、殿试三级。乡试是由南、北直隶和各布政使司举行的地方考试，每三年一次，在各省城举行，考中者称举人。会试是由礼部主持的全国考试，又称礼闱，即举行乡试的次年，举人在京参加礼部举行的会试，及格者再于当年参加由皇帝主持的殿试，中选者为进士，分一、二、三甲。这种考试分等级的方法，还是沿用了宋元的制度，但是有所发展和完善。同时，考试的内容也更加正统化，直接从四书五经中选取命题，然后文章论据要从程朱注释中而来，并对八股文的格式进行确立。

史 部

科举考试制度一度为封建社会选拔人才提供了积极有力的帮助，但随着封建社会的没落，科举制度本身的消极因素进一步发展，特别是明代八股取士之后，科举制度逐渐成为禁锢思想、摧残人才的工具。参加考试者为考试而考试，严重脱离了现实生活。光绪三十一年（1905年）慈禧太后下诏书，宣布自光绪三十二年（1906年）开始废除科举。

"正科""恩科"都是怎么进行的

封建社会拔擢人才，采用了不同的选拔制度，其中最具生命力的是科举考试制度。一般来说，科举考试进行的都是"正科"，但宋代以来却还有"恩科"一说。两者有什么区别呢？

隋唐到清代一直通过科举考试分科考选文武官吏及后备人员。正式科举考试分乡试、会试、殿试三级。乡试三年一科，于子、午、卯、酉年举行，称为"正科"。而在参加乡试以前，则需通过县考、府考和院考以取得秀才资格。秀才考试，称为童试。正式的科举考试前，都必须先通过童试，而这些参加童试的读书人称为儒童或童生（参加县试、府试却没有通过院试的人称为童生）。童试分县试、府试、院试三阶段。童试每三年举行两次，大县录取三四十名，中县二三十名，小县十余名。

县试多在每年二月举行，要先到本县礼房报到，填写自己各项相关信息，比如姓名、籍贯、年岁、三代履历，并且需要有本县廪生的保结，以确保不是冒名顶替，同时遇到父母有丧的时候，为了守孝，二十七个月之内是不能参加考试的。县试进行的时候，要由知县担任主考官，共考五场。第一场为"正场"，第二场为"初复"，第三场为"再复"，第四、五场为"连复"，考八股文、诗赋、经论、骈文，不拘定格。五场考试结束后，取中考生再应府试，第一名称为"县案首"。这种考试等级十分森严，只有参加完一项合格之

科举考棚

后，才能进入下一轮的考试。

县试之后就是府试。府试多在四月举行，参加府试的时候，报名、保结、考试的场次内容同县试差不多，但保结的廪生要多一名。府试由知府担任主考官，分帖经、杂文、策论三场，分别考记诵、辞章和政见时务，共录五十人，分甲、乙两等，前十名为甲等。第一名称为"府案首"。

府试之后就是院试，报到方式和相关手续与之前的县试、府试差不多。院试由各省学政担任主考官，正场一场，复试一场。揭晓称"出案"。第一名称为"院案首"。院试是为了取得参加正式科举考试的资格先要参加的一种考试，也叫"章试"。各地考生在县或府里参加考试，由省里的提督学政主持。考取者称生员，俗称秀才（茂才）或相公。

经过县试、府试、院试合格者，在进入官办的府学、州学或县学读书之后，谓之"身入黉门"，这些士子称为"生员"。生员身份虽有别于庶民，但不能为官，仅能设馆教育童生。生员须经岁考、科考，合格者才能参加乡试。这个时候的"秀才"算是获得了正式科考的通行证，之后如果他们想要得到进一步的仕途发展，就需要再次参加一系列的考试，也就是乡试、会试、殿试。

乡试每三年举办一次，逢子、卯、午、酉年的八月举行，因时逢秋季，故称"秋闱"。乡试的考试时间每个朝代略有不同，明朝考三场，考一天休息一天，而到了清朝则是三天考一场。

一般第一场的内容是考《四书》义三道，每道二百字以上，这是必答题；《诗》《易》《书》《春秋》《礼记》，应试者应在这五经中选择一经作为本经，完成经义四道，每道三百字以上。所以，第一场的时候，就需要做出七篇八股文，这一场是考查考生对于四书五经是否有充分的理解认知，同时对其文字水平也能够有所认识。第一场是这三场考试的重中之重。

第二场的考试内容主要是三百字以上的一道试论题目，判语五条；诏、诰、表内科一道（在诏、诰、表这三种文体中选择一种）。这一场基本要完成七篇政务应用文，目的在于考查考生的政务能力和想法，以及公文的写作水平。

第三场的考试内容是五道试策题。目的在于考查考生对现实时务的理解和处理水平。

乡试完后，录取者被称为"举人"。而在举人中，第一名称解元，第二名叫亚元，第三名至第五名称经魁，第六名叫亚魁，第七名以下，均称文魁。

乡试通过者要参加之后的会试。会试照例在乡试举行过后的第二年三月举行，由礼部主持，因为季节是春季，所以也称为"春闱"。会试也是分三场举行，三天一场，第一场的时间定在初九日，第二场的时间定在十二日，第三场的时间定在十五日，要早一天入场，后一日出场。三场所试项目，和乡试差不多，都是从四书五经、五言八韵诗等经典中出题。

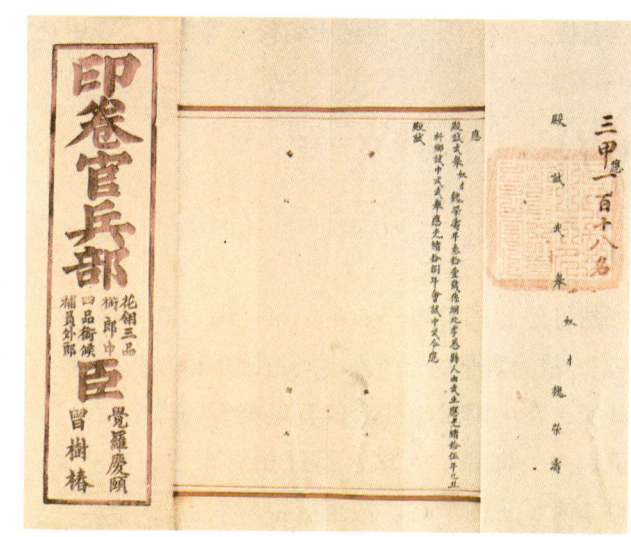

清代殿试卷子

会试录取的称"贡士"，第一名称"会元"。有了贡士资格，就能参加最后一关考试——殿试。

殿试即指皇帝亲自出题考试。殿试只考策问，应试者自黎明入，历经点名、散卷、赞拜、行礼等礼节，然后颁发策题。应试的策文字数一般在两千字左右，在书写格式、字体上需要遵守一定的规则，字体必须方正、体大，也就是所谓的"院体"。殿试只有一天，当天日落之时交卷，经受卷、掌卷、弥封等官收存。

殿试开榜以后，分一甲、二甲和三甲。除一甲三名外，二甲和三甲的人数各科不一，大体二甲约一百名，三甲约二百名。一甲第一名称状元，赐进士及第。第二名叫榜眼，第三名叫探花，均称赐进士及第。二甲进士称赐进士出身，第一名叫传胪，三甲进士称同进士出身。

除了三年一考的正科，清朝科举还沿用了宋明以来的所谓"恩科"。"恩科"就是如果逢国家有重大庆典，如皇太后、皇帝万寿，皇帝登极、大婚、大规模凯旋，有恩诏颁布的年份，加考一科，就是恩科。恩科如逢正科之年，则以正科为恩科，正科或于先一年举行，或于第二年补行。但也有正科与恩科合并举行者，谓之恩正并科，简称并科。

科举考试除文科外，还有武科、制科等。武科考试基本程序和文科类似，不过内容有所不同，也分童试、乡试、会试、复试、殿试，童试分内外场，第一、二场为外场，考马射、步射、开硬弓等；第三场为内场，考《孙子》《吴子》《尉缭子》《李靖问对》《黄石公三略》等。乡试和会试都有三场，也分内外场，外场考武艺，内场考武略。殿试后成绩分三甲，一甲第一名授一等侍卫，第二名和第三名授二等侍卫；二甲选十名授三等侍卫，三甲选十六名授蓝翎侍卫。

科举是否具有公务员性质

如今一年一度的公务员考试成为现象级的话题，越来越多人加入这一行列，俨然已经超越了当年的中国第一考"高考"，成为真正的"千军万马过独木桥"。其实，在中国封建社会就有过类似的考试制度，即科举考试，不过相对来说，科举考试更为严苛，甚至有很多人为此付出一生。清代著名小说家、《聊斋志异》的作者蒲松龄就考到七十一岁时才成为贡生。

很多人将高考比为古代的"科举"，民间乃至媒体也将各地各中学高考的第一名誉为"文科状元""理科状元"。但

科举考试图

是，古代的科举不是考学，而是考官，是古代国家的文官考试，更类似今天的公务员考试，而不是高考。所以，我们可以说科举制度是现今公务员考试的历史渊源。

自隋唐以来，科举考试的科目、内容、形式等，历代有所不同，所同者，考试面前人人平等。此前朝廷选官，实行"九品中正制"，各地负责考察发现人才的"中正官"，将本地人才分为九个品级，向朝廷推荐，朝廷量才录用。这种选官制度，貌似很全面很客观，只要是地方推荐，就会逐渐演变为家族势力的较量，形成"上品无寒门，下品无世族"的格局。两汉的察举制、魏晋南北朝的九品中正制及隋唐至明清的科举制度都可以说是中国历史上的选士制度。而从察举到荐举，再到参加考试直至完全通过科举考试录用官员，这个过程用了七百五十多年的变化和改革，所以，这种制度本身的逐步改善和严谨就可想而知了。科举制度的出现，打破了平民子弟无法进入上流社会的格局，给予了平民一个可以"高官厚禄、光宗耀祖"的机会，所以，科举的为人所重视可见一斑。

我们都知道，科举是国家大典，以明清两朝为例，三年一考，考试分三级：

第一级,省级,分省考试,叫"乡试",录取的叫"举人",第一名叫"解元";第二级,部级,全国统考,叫"会试",录取的叫"贡士",第一名叫"会元";第三级,国家级,皇帝亲自主考,叫"殿试",录取的叫"进士",第一名叫"状元"。麻将游戏中的"三元会",牌中极品,可遇而不可求,就来自科举考试的名目:解元、会元、状元,"三连冠"。科举考试连中"三元",更是珍稀动物,明朝仅两人,清朝仅三人。这一系列的流程,正是为选取素质过硬的合格官员做好了准备。能够通过科举考试的人,不能直接说明以后是否能成为一个优秀的官员,但是,这类人起码具备了一定的官员素质。而其中所考的内容就包括了文化素养、政务、时务,这和现在的公务员考试具有共同性,都是一种综合才能的考定。

但是,这种考试制度很容易出现一个问题,即"高分低能",就是容易出现所谓的"纸上谈兵",这类人只会说,而到了实际运用的时候就没办法做。所以,朱元璋和康熙曾经一度想要找另外一种方法来替代科举制度,也曾经一度停止科考,但是最后没办法就又恢复了,因为实在是找不出其他的方法能够比科举制度更好。这种以考试为基础的选举制,它的客观性和标准性的建立都是经过长期的实践所产生的,这种强化了的对选人过程的控制,是当时的社会环境中绝无仅有的。

举人和进士是不直接授予官职的,所以,古人所谓的"功名",和今人的"文凭"相类似,有一种学位的意义。虽然不能直接做官,但是"功名"是做官的资格。自宋太祖开始,形成"宰相"须用读书人的传统,即使通过特权荫补官员也需要考试。明代即有"非进士莫入翰林,非翰林莫入内阁"之说,内阁宰相基本上为进士出身。如果没有这种资格的话,就会被人质疑入朝的身份,就会为人所不齿。

科举制形成了社会精英的再生机制。千余年科举制为国家择优选出的一千多万名各类官员,其中的十一万名进士是中国封建政治体系中文化素质最高的群体,这批人中不乏杰出英才,如白居易、柳宗元、欧阳修、苏轼、辛弃疾等文学家,

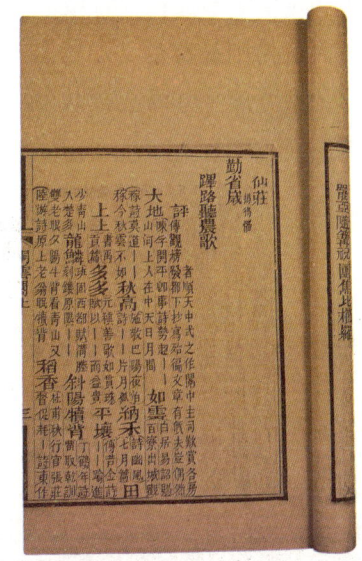

桐云阁试帖诗
古代科举考试中的一种诗体。因试帖诗题目前常冠以"赋得"二字,故也叫作"赋得体"。

周敦颐、张载、程颐、程颢等思想家，范仲淹、王安石、司马光等政治家，林则徐等民族英雄，包拯、海瑞等清官，沈括、宋应星、徐光启等科学家，朱熹、蔡元培、黄炎培等教育家，不一而足。科举考试在中国古代文人的生命中是第一大事，因为通过科举考试才能实现"兼济天下"的抱负，否则，只能一生"独善其身"了。

科举制为绝大多数下层知识分子提供了入仕的机会，与察举制、九品中正制相比，可以说是一种质的飞跃。在科举制度刚刚确立的唐代，诸朝宰相也绝大多数是科举出身，各政府衙门中的官吏大部分也是通过科举考试录取的士子。

何谓"两榜"？何谓"放榜"

在一些文学或影视作品中，我们经常会看到对某古代的官员或文人做介绍时会说道：某某乃是"两榜进士"出身。又有"放榜"一说，一人呼"放榜了"，众书生争先恐后奔向街头。那究竟什么是"两榜"，什么又是"放榜"呢？

我们都知道，参加县试、府试、院试三个阶段的考试，合格者称为秀才，又叫生员。秀才才有资格参加乡试、会试和殿试的三级考试。每个省的生员、监生、贡生等参加在各省城举行的三年一次的乡试，合格的称为举人。而这个考试举人的榜则被称为"乙榜"，又叫乙科、一榜。而举人在乡试后的第二年在京城参加由礼部主办的会试。会试后再举行皇帝亲考的殿试，考中了称为进士。而这个进士榜则被称为"甲榜"，或称为甲科、金榜。

这样看来，"两榜进士"出身，其实就是针对甲榜和乙榜所说的，即考中举人，中间中了贡士，再接着考中进士，就是"两榜进士"。当然，也有另外一种说法，这是相对于考中"举人"的"一榜"而言，那么考中进士的则为"两榜"。

不过，还有一种说法就

江南贡院

是元朝举行的为数不多的科举考试是分为左、右两榜的。因为当时天下人被分了等级，依次为：蒙古人、色目人（西部各少数民族）、汉人（北方汉族）及南人（南方汉族及其他族人）。为了区分这种等级，一般蒙古人、色目人列一榜，称为"右榜"；汉人、南人则另列一榜，称为"左榜"。

两榜出来了，就需要放榜让天下人知道这些有才能的人，于是就需要"放榜"天下知。那么什么是"放榜"呢？如何"放榜"呢？

放榜也作"放牓"，即科举考试后公布被录取者名单。乡试结果为桂榜，会试结果为杏榜，殿试结果为金榜。唐杜牧《及第后寄长安故人》诗："东都放榜未花开，三十三人走马回。"宋钱易《南部新书》丙卷："新进士放榜后，翌日排光范门，候过宰相。"这些诗句都表现了放榜之后中榜之人的人物风流，以及沸腾盈门的气象。所以，这就直接说明了放榜的目的。放榜就是为了让天下人都能够看到朝廷所录取的有识之士，同时，也用这种一名天下知的方式，厚慰士子们的十年寒窗苦。

"曲江宴会""雁塔题名"是怎么回事

隋代开始实行科举考试制度，至唐代，科举已经成为普通文人一举成名飞黄腾达的主要进身途径。时年二十七岁的白居易在考中进士后，写下了"慈恩塔下题名处，十七人中最少年"的诗句。这里的慈恩塔，就是人慈恩寺塔，又名大雁塔。白居易在大雁塔下留名，并不是兴之所至的随意涂抹，而是因为在唐朝，雁塔题名乃是进士及第的荣誉代表。

雁塔，即今天陕西西安慈恩寺内的大雁塔。在大雁塔内题名，寓意指参加科举考试考中了进士。唐朝新中进士，均在大雁塔内题名，故以"雁塔题名"代称进士及第。雁塔题名是唐代中叶的风俗，当时凡新科进士及第，先要一起在曲江、杏园游宴，然后登临大雁塔，并题名塔壁留念，象征从此步步高升。

我们先从曲江宴、杏园宴说起。曲江宴是科举时代帝王恩赐新科进士的宴会。皇帝、王宫贵卿之类都会出现在这次的宴会上，宴者都是皇帝钦点。宴会的地点一般都设在杏园曲江岸边的亭子中，所以也叫"杏园宴"。同时，因为宴会往往是在关试后才举行，所以又叫"关宴"。"关试"是指中了进士之后，是不会直接授予官职的，还需要通过吏部的一个考试，叫作"选试"或者"释褐试"，意思就是说从此以后就可以褪去平民的服饰，正式步入仕途了。

鹿鸣盛宴　清　吴友如
此为湖北巡抚谭继洵（谭嗣同之父）为湖北的辛卯（1891年）科举人举行的鹿鸣宴场景。

参加完曲江宴，继而题名于雁塔。唐韦绚《刘宾客嘉话录》："慈恩题名，起自张莒，本于寺中闲游而题同年，人因为故事。"意为这种风俗起初出现于唐中宗神龙年间，进士张莒游慈恩寺，一时兴之所至，将名字题在大雁塔壁。其他进士纷纷仿效，进而被皇家推崇，演绎为"雁塔题名"。五代王定保《唐摭言·慈恩寺题名游赏赋咏杂纪》："神龙以来，杏园宴后，皆于慈恩寺塔下题名，同年中推一善书者纪之。"后来这种习俗就传承了下来。

那么，雁塔题名都题些什么呢？进士们会推选书法好的人，将他们的姓名、籍贯和及第的时间用墨笔题在墙壁上。如果这些人中，后来又有升至卿相的，还要将姓名改为朱笔书写。进士们将雁塔题名视为一种无上的荣耀，但是，后来很多却无法保留。追溯其原因，也有一些非常有趣的传闻。据说，唐武宗时宰相李德裕并不是进士出身，所以提到"进士"的时候就有一些嫉妒，之后他下令取消曲江宴饮，并让人将新科进士的题名也全数除去。还有一种说法是，据说北宋神宗年间，大雁塔发生了一场火灾，大雁塔内的唐代进士题壁也因之消失。

曲江宴、雁塔题名终究是学子们梦寐以求的荣誉的象征，代表自己有了功名之后的马蹄风流，仕途的大门已经向自己敞开，所以这种活动后代仍然沿袭不改。宋朝的士大夫对雁塔题名的先朝旧事仍旧津津乐道："唐人登科，燕集曲江，题名雁塔，一代之荣。观当时士风，以不得与为深恨。"明代时，陕西的乡试举人追慕唐代进士们"雁塔题名"之韵事，也相携到塔下题诗留名。这些字迹至今仍保留在塔门门楣和石框上，给古城西安留下历史的余晖。雁塔题名在当时被誉为"天地间第一流人第一等事也"。至清朝的文康，在《儿女英雄传》第十二回中仍有"第一件事是劝你女婿读书上进，早早得雁塔题名"的记载，流风波及朝野，影响既深且广。

其实，历代题名的地点并不止大雁塔这一处。同时，题名的载体也有所变化。如唐昭宗天复四年（904年），因昭宗当时车驾驻跸于陕州，故而新科进士就跟着在陕州的开元寺题名。南宋时期，进士题名在礼部贡院或临安的寺观。元、明、清三朝，大都在国学之内立进士题名碑。还有，唐朝题名一般都是在塔内用墨水书写，但是两宋之后，有了刻石立碑的传统。如高似孙《纬略》卷五记载："本朝进士题名，皆刻名于相国、兴国两寺，盖效慈恩也。"

如何理解科举制中的"科名"

封建社会，科举考试是文人进身的主要途径，通过科举考试能获得的不仅仅是官职，还有"衣锦还乡"的荣誉。一千多年的科举制度，产生了不计其数的秀才、举人、进士，形成了一个庞大的科名阶层，社会上更形成了一种强烈的科名崇拜。

科名，顾名思义就是科举考中取得的功名。科名分为生员（俗称秀才）、举人与进士三级，分别是通过童试、乡试、会试三级科举考试而取得的。

先说秀才。许多人习惯于将如今考大学与考秀才进行比附，事实上，过去考秀才比如今考大学难多了。秀才又有廪生、增生、附生、贡生等多种名目，享受不同的待遇。廪生，也叫作廪膳生员，可以说是成绩名列一等的秀才。府、州、县学生员最初每月都给廪膳，补助生活。名额有定数，明初府学四十人，州学三十人，县学二十人，每人每月给廪米六斗。

同时，中了秀才后还有很多优待。比如，可以增高自家的屋门，平常人家就只有七尺高，而秀才家则可以七尺三高；秀才的帽子上有个顶子，所以见到县官是可以不用下跪的，如果犯了什么罪，只有先申请革去了秀才功名才可以动刑。同时，比较有趣的是，清朝时候的汉人秀才，考中秀才后是要祭祖的，

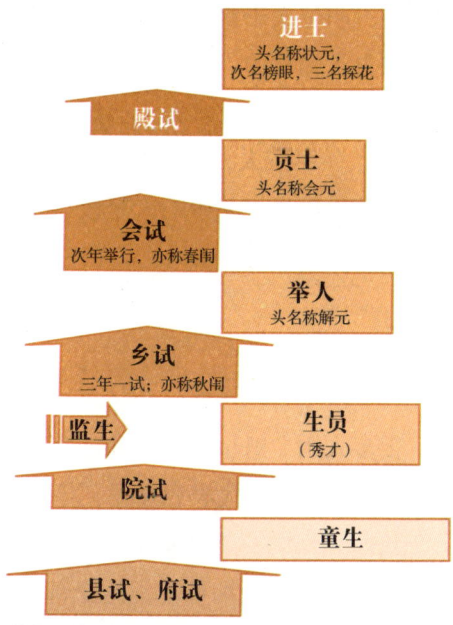

科举之路

古代士子从童生到进士，需要经历童生试、乡试、会试、殿试，分别取得秀才、举人、贡士、进士之名号。

而这时他们也有一项特权，就是穿着前明朝的服饰进行参拜，据说是因为怕祖先没见过清朝的袍褂。

再说举人。举人是谓被荐举之人。汉代取士，无考试之法，朝廷令郡国守相荐举贤才，因以"举人"称所举之人。唐、宋时有进士科，凡应科目经由司贡举者，通谓之举人。至明、清时，则称乡试中试的人为举人，亦称为大会状、大春元。中了举人简称"发"，所以有了"发解""发达"的说法。举人习惯上俗称为"老爷"，雅称为孝廉。《论语》中孔子所谓举贤才，正是此义。古者诸侯岁贡士于天子，又有乡举里选之制，后世取士之法，将贡与举合在一起，混称为贡举。

到了明清的时候，正式科举的第一轮乡试就显得十分重要了，中了乡试之后就是举人。而举人这个功名，则成了做官"正途出身"的标识。只有有了举人功名，才能参加会试，进而中进士。所以说，秀才是一种身份，举人就有了当官的资格，但不一定能当官。

最后，我们再来说说进士。举人需经殿试取录后方称进士，否则只能称会试中式举人。进士多入为翰林官。一般情况下，一甲第一名为状元，授修撰，修撰就是官掌修实录。明清之际，第二、三名分别为榜眼、探花，授编修，明、清属翰林院，职位次于修撰。有一种说法是"非翰林不入内阁"，所以要入内阁为相，是必须先入翰林的，否则就是名不正言不顺。二、三甲可考庶吉士、给事中、主事、中书、行人、太常博士、国子博士，或授地方府推官、州、县。而在三甲榜单之中，一甲三人，可以授予"进士及第"的称号；二甲的人，可以授予"进士出身"的称号；三甲的人可以授予"同进士出身"的称号。而三甲中的"同进士"其实是进士的后备人选，在古代科举等级上，比进士低但又高于举人。

"魁星点斗，独占鳌头"有何典故

很多人用"魁星点斗，独占鳌头"来形容占首位或第一名。那么，为什么这八个字会有这样的代表意义呢？什么又是"魁星"？什么又是"鳌头"呢？

我们先来说一下"魁星"。据说，在东海之滨天台山有一个天文知识非常丰富的部落，叫作羲和部落，这个部落里的人最早识别到一颗星星为"魁"，此乃北斗星中第一星。之后，就有人将"魁"星尊称为文运功名禄位之神，并在天台山鳌头石后修建魁仙阁（遗址尚存）。此后各地考生、达官贵人到魁仙阁上香，因为"魁星"既是文章功名之神的传说人物，又含有"第一"的意义。所以，在科举考试中,及第又被称作"魁"。比如,明朝的时候,科举要实行"五经取士",就是《诗》《书》《礼》《易》《春秋》这五部儒家崇奉的经书。每经所考取的头一名称之为"经魁"。此外,乡试的时候,举人第一名称解元,也称作"魁解",会试的时候,第一名为我们熟知的状元,也称作"魁甲"。均有"第一"之含义。

我们再来看一下"鳌头"。"独占鳌头"语出元无名氏《陈州粜米》楔子:"殿前曾献升平策,独占鳌头第一名。"亦作"独占鼇头"。但在中国古代,这个词可不是一般人能用的。因为,"独占鳌头"是状元的专利。科举时代,经殿试由皇帝钦点为进士中一甲第一名的状元,谓之"独占鳌头"。那是因为据说皇宫殿前石阶上刻有巨鳌,只有状元及第才可以踏上迎

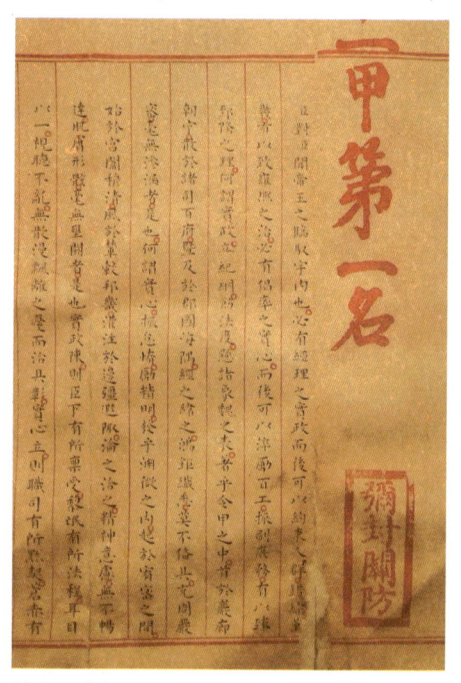

状元殿试卷

榜。这就涉及一个"金殿传胪"的仪式——殿试两天后,皇帝召见新考中的进士。考取的进士身着公服,头戴三枝九叶冠,恭立天安门前听候传呼,然后与王公大臣一起进太和殿分列左右,肃立恭听宣读考取进士的姓名、名次。新科进士听到传唱,走到中间的御道上站定,向皇帝叩拜谢恩,成了天子门生。传唱完毕,传胪官引导一甲三名的状元、榜眼、探花,走到天子座前的阶下迎接殿试榜。其中的状元位置居中,且稍前于榜眼、探花,如三角形的顶角位置,正好站在第一块御道石正中镌刻的巨鳌头部,独个踏占在鳌头之上,这就是"独占鳌头"的由来。

同时,"鳌"这种生物本身也有考试及第的象征意义。"鳌"也称鼇龙,是一种龙头鱼身的"鱼龙"生物。汉书中还有这么一段记载:鱼龙是一种神奇的动物,起初嬉戏于皇宫庭院的一边;后来进入宫殿前,喷激出一些水来,变化成了比目鱼,跳跃着激扬起了水波,形成了云雾,遮蔽了阳光。最后,竟然化成了身长八丈的黄龙,离开水面,在庭院里遨游嬉戏,身上鳞片被日光照得炫耀亮丽。而这种含义也正符合平民从"鱼"化为"龙"的历程。所以,平民发迹又被称为鱼龙变化。

为何对官宦子弟有科举限制

由于官员的特殊地位,从隋唐创设科举制度,至清末光绪三十一年(1905年)废除,在一千三百多年的科举历史中,关于官员子弟的应试问题一直是社会舆论的焦点。

官宦子弟在成长中更接近政治环境,故而有一部分人的政治敏锐性要比一般人高,而且,他们都是朝中有人的状态,所以,优势更大。但是,这也有了另一个矛盾,就是很多人可能真才实学没多少,但他们的"后台"又足以支撑他们进入朝堂,食君王俸禄。这种与生俱来的优势,实际上是对寒门子弟"十年寒窗苦"的打击,更是对他们政治权利的一种剥夺——凭什么我们要辛苦几十年才能够得到功名、官位,而对方只因为生在贵卿之家,仰仗祖上蒙荫就可以平步青云?所以,不少人有意识地将抑制官员子弟应试作为奖掖寒士、体现公平的一种手段。如唐代王起主持考试时,明确提出科举选拔人才的时候,应该考虑让寒门之士来参与,而凡是官宦人家的子弟,就最好不予选拔。这在一定程度上改变了贵卿子弟终为贵卿,寒门之士终身无为的情况。

所以,北宋雍熙二年(985年),宰相李昉之子、吕蒙正之弟本已取得殿试资格,但宋太宗却提出,这都是豪门世家出来的人,要和寒门子弟一起竞争,哪怕是因为自己才能颇高而胜了,世人也会认为是我偏私。最终,竟不许二人参加殿试。

明嘉靖二十三年(1544年)的时候,当时内阁首辅翟銮的两个儿子同登进士,时人讥之"一鸾(借指翟銮)当道,双凤齐鸣",翟銮也因此被弹劾"有弊"。嘉靖皇帝震怒之下,将翟銮父子罢黜为民。明万历八年(1580年),内阁首辅张居正的第三子张懋修考中状元,而他的大儿子竟然也同时考中进士。一时之间,朝堂哗然,人们议论纷纷,不仅是因为这一科诡异的首辅二子及第,更是因为张居正的二儿子张嗣修在三年前已考中了榜眼。所以有人作了一首诗来讽刺这种现象:"状元榜眼姓俱张,未必文星照楚邦。若是相公坚不去,六郎还做探花郎!"不管最终的真相到底是怎样,就当时人们对这种情况的非议,可想而知,人们对于官宦子弟获取功名的质疑。这并不是说官宦子弟就没有有才能的人,而是因为平民阶层可能对这种现象高度敏感。

纵观科举史,官员徇私、子弟舞弊的现象从未断绝。宋代有一种原为约束官员子弟应试的"牒试"制度,但在最后竟然逐渐演变为对官员子弟的特殊照顾。

子部

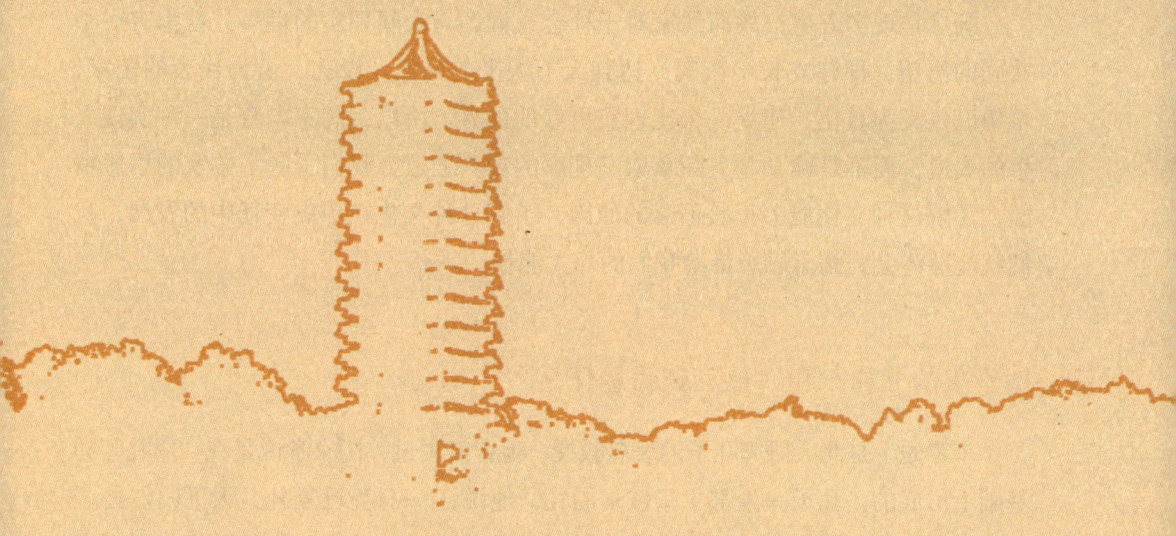

第十章

儒家

——入世的思想，实用主义的哲学

儒家思想是中国影响最大的流派，也是中国古代的主流意识。曾任北京大学副校长的季羡林先生说，儒家集中在现实人生，而宇宙之外的东西就暂且不论了。

既然是现实人生，故而儒家对于社会人群，与人间现实的世事，就都有一个共同的愿望，即建立长治久安，达到天下太平的局面。以孔、孟为代表的儒家，希望以仁义为教化，建立一个比现实更好的世界。所以，儒家本身是一种实现人生的大道，而不是被某些人断章取义理解的功利之道。我们了解了儒家的思想精髓，了解这种文化能够长盛不衰的原因，了解这种文化在历史变迁中的发展，我们就能够体会到儒家思想带给我们的伟大能量。

儒学里的"礼"和"仁"到底是什么

李零先生是北大研究孔子的著名教授，他曾经说过，儒家学说是在"周礼"的基础上形成的。孔子一生都主张恢复周礼，他说："一日克己复礼，天下归仁矣。"

"周礼"就是周公所制定的礼乐制度，儒学的核心是礼和仁的思想。那到底什么是"礼"，什么又是"仁"呢？

所谓礼，就是"君君、臣臣、父子、子子"的等级。《礼记·坊记》曰："子云：夫礼者，所以章疑别微，以为民坊者也。故贵贱有等，衣服有别，朝廷有位，则民有所让。子云：天无二日，士无二王，家无二主，尊无二上，示民有君臣之别也。"儒家所说的礼，与周礼中的宗法制度一样，也是一种标志尊卑贵贱身份等级的制度。

随着时代的发展，礼的外在表现如礼节、礼仪等在不断发生变化，那礼的核心意义究竟是什么呢？一般说来，礼的核心意义并不会随着时代的发展而过时，永远是我们现代人所应当继承的传统价值观念。

如果说"礼"是行动的准则的话，那么"仁"的概念就是人的德行标准。"仁"在中国古代是一种含义极广的道德范畴。本意指的是人与人之间相亲相爱。"仁"作为最高的道德原则、道德标准和道德境界，孔子一直以来都是如此认为，他第一个把整体的道德规范集于一身，形成了以"仁"为核心的伦理思想结构，孔子提出的仁学思想是仁学思想体系的基本支柱之一。他提出要为"仁"的实现而献身，即"杀身以成仁"的观点对后世产生了极大的影响。

在儒学里，儒学是德行之学，仁就是其核心。仁是人类最真实的情感，又有理性的普遍形式，我们称之为情感理性。在人与自然界的关系上，仁的体现是"爱物""万物一体"，这是中国古代的深层生态学。就

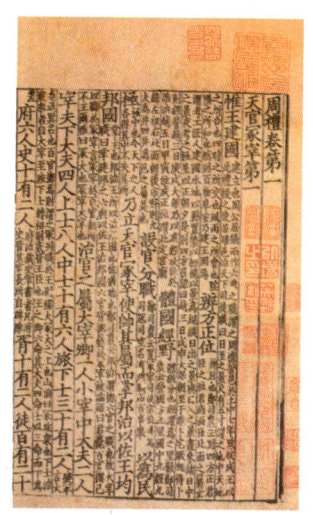

《周礼》书影

所谓周礼有两层意思：一是周代的礼法、政法制度，其中包括分封制、宗法制及与其相对应的政法、礼法制度，它们有力地维护了周的统治；另一层意思是礼俗，包括周代的各种文化制度、风俗，后代各种礼法制度的制定多参照周礼。

人与自然的关系而言，一切取决于人类的活动，提高人的德行，转变人类的生存方式，培养仁德，提高心灵境界，是实现人与自然和谐统一、可持续发展的内在根据和根本保证。

在社会政治层面，仁主要体现在对人的尊重和关怀，形成以"仁民"为核心的社会政治伦理，其深层意蕴是以人为目的，而不是将人视为实现其他目的的工具。仁是人的理性自觉。仁表现在家庭关系中，就是亲情。家庭亲情不仅使人的情感得到安慰，而且是人类幸福的源泉。

故而儒学的核心是仁，内涵是仁，以礼而达仁，礼是体现仁的法则。

所以，孔子才说"仁者人也，亲亲为大"，固然不同的弟子问仁，孔子各有所答，但其中贯穿的核心原则即是亲亲，唯亲亲，方能"由近及远""由己及人""己达而达人"，礼所体现的法则即是亲亲，从而亲疏别、差等序，即仁的法则。同时，"人而不仁，如礼何"也说明"仁"和"礼"的关系，若无仁心，礼也只是形式而已。所以，大学的次序，在格物致知后，必定首先强调诚意、正心。这是一种由内而养外，由外而体内的行为与思维模式。

其实，我们可以简单地说，"仁"就是做正确的事。《论语》第四章中，"子曰：人之过也，各于其党。观过，斯知仁矣！"（孔子说："人的过错，各有其原因。审视自己的过错，就知道什么是仁了！"）为什么审视自己的过错就了解仁了呢？过错是人所做的错误的事，了解这些错误的缘由，就知道如何做正确的事，也就是知道仁了。

"温、良、恭、俭、让"是怎样的修养

《论语·学而第一》中有一段经典的对话——子禽问于子贡曰："夫子至于是邦也，必闻其政，求之与？抑与之与？"子贡曰："夫子温、良、恭、俭、让以得之。夫子之求之也，其诸异乎人之求之与！""温、良、恭、俭、让"就是从这段话而来的。

我们先来了解一下历史背景。我们都知道，孔子的一生都在讲学，尤其是周游列国回来，就专心培养后一代，教育后一代，学生都是年轻人中的佼佼者。子禽便是其中杰出的一位。子禽是春秋时期人，姓陈名亢，字子禽。郑玄所注《论语》说他是孔子的学生。他十八岁入孔门，后随孔子到卫国。是孔门七十二贤之一，孔门十哲之一。他口才特别好，善于雄辩，而且才情也非常通达。孔子曾称其为"瑚琏之器"。

那么，话说回来，这段话主要是讲什么内容呢？其实，这是说有一天子禽问子贡的话。好像是子禽避开了孔子的视线，然后压低嗓门轻轻地问道："子贡！我问你，我们这位老师，到了每一个国家，都要打听人家的政治，他是想官做，还是想提供人家一点什么意见，使这些国家富强起来？"然后子贡的回答很妙，他说："我们的老师是温、良、恭、俭、让以得之的。夫子不是像你们这一般思想，对于一件事情总把人家推开，自己抢过来干。他是谦让给人家，实在推不开了，

才勉强出来自己做。假如你认为老师是为了求官做,也恐怕与一般人的求官、求职、求功名的路线两样吧?"

所以,子贡所讲孔子的温、良、恭、俭、让,是讲孔子的修养,是集中国古代传统文化之大成,具有救世救人的思想。千秋大业就是学问思想。那么,这五个字分开来看又有什么具体的含义呢?

上面这五个字,也可以说是五个条件,描写了孔子的风度、性格及他的修养。

"温"是绝对温和的,用现代的语汇来讲就是平和的。"温"也代表温厚,对谁都很和气,很温文的,没有傲慢的行为。这是一个非常良好的个人品质。

"良"是善良的、道德的。同样也可以说是良善,也可以说是优良,他有他的优点,有他好的一面。人性本善,善良是作为人的最基本品质。

"恭"是恭敬的,也就是严肃的。人应该对任何人都要恭敬,没有一点骄傲的行为。

"俭"是不浪费的。很节约,什么东西都不能浪费,学会俭,俭是做人最好的一个方法。就是现代社会,俭也是每个人应该学的道德品质。比如,很多人提倡的"光盘行动"就是典型的要大家学会节俭。

"让"是一切都是谦让友好的、理性的、把自己放在最后的。无论什么事情,他都不和人夺权,不和人争,不和人吵,总是不争,你喜欢,他就让给你。

其实,讲到温、良、恭、俭、让这五个字,牵涉到的是中国文化的全体根源。而这五个字也成为衡量一个人道德品质的重要标准。应该说,温、良、恭、俭、让不仅是个人立身处世的必修课,也是人生取得成功的重要法宝和有效经验。

"三纲""五常"
此长卷形象地展示了"三纲""五常"的内涵。①君为臣纲。②夫为妻纲。③父为子纲。④仁,仁者爱人,取材自谢安劝哥哥谢奕善待老翁的故事。⑤礼,取材自景公尊让的故事。⑥义、礼、信,取材自孔子化行中都的故事。当时,孔子制定制度:尊老爱幼、各行其道、路不拾遗、等价交换、童叟无欺等,反映了儒家重义、明礼、诚信的伦理观。

何谓"中庸之道"

中庸,儒家指待人接物不过分也无不及。道,即道理,指处世哲学。后用"中庸之道"指不偏不倚的处世态度。"中庸"既是一种伦理学说,同时也代表了一种思想方法,强调内心之"中"与外在之"节"的准确契合,以达到"和"的大功用;而"中"的基本原则是适度、无过不及、恰到好处。

中庸之道是由孔子最早提出来的。《论语》所载虽然不多,却是儒家学说中最基本的内容。如《论语·庸也》所载:中庸之为德也,其至矣乎!民鲜久矣。这句话把中庸之道的重要意义说得非常明白,达到至高无上、无以复加的地步。《论语·先进》中说:子贡问:师与商也孰贤?子曰:师也过,商也不及。曰:然则师愈欤?子曰:过犹不及。"过犹不及"是中庸之道的基本原则。

但是,对孔夫子提出的中庸之道,人们曾认为是"和稀泥"、折中主义,这是一种误解。

孔子的中庸之道则与此不同,"中庸"即中和的作用,孔子是说两方面有不同的意见,应该使这两方面能够中和,各保留其对的一面,舍弃其不对的一面,这才是正确的中庸之道。一般人很少能够善于运用中庸之道,大家走的多半都是偏锋。另外,用这种中庸之道处理各种问题,必须遵守"过犹不及"这个原则,这一点是中庸之道与折中主义相区别的根本点。

中庸之道是一种处世原则,也是一种生活智慧。曾在北京大学任教过的林语堂先生在《谁最会享受人生》一文中深刻地剖析了中国人的生活模式,认为在与人类生活问题有关的古今哲学中,至今还未发现一种比中庸学说更深奥的真理。这种学说,就是指介于两个极端之间的那一种有条不紊的生活。这种中庸精神,在动作与静止之间找到了一种完全的均衡。林语堂先生说:"我相信主张无忧无虑和心地坦白的人生哲学,一定要叫我们摆脱过于烦恼的生活和太重大的责任。一个彻底的道家主义者理应隐居到山中,去竭力模仿樵夫和渔父的生活,无忧无虑,简单朴实如樵夫一般去做青山之王,如渔

孔府内景

父一般去做绿水之王。不过要叫我们完全逃避人类社会的那种哲学，终究是拙劣的。此外还有一种比自然主义更伟大的哲学，就是人性主义的哲学。所以，中国文人最崇高的理想，就是做一个不必逃避人类社会和人生，而本性仍能保持原有快乐的人。"

"中庸之道"这一儒学思想早已渗入中国人的生活、文化领域中，影响了几千年的中华历史文明。孔子文化于16世纪末17世纪初传到欧洲，造成很大影响，影响了世界上其他地区的一大部分人。这种中庸精神，在动与静之间找到了一种完全的平衡。所以理想人物，应属一半有名，一半无名；懒惰中带用功，在用功中偷懒；穷不至于穷到付不起房租，富也不

孔庙杏坛

位于孔庙大成门与大成殿之间甬道正中，原为孔子旧宅教授堂遗址，宋时将此堂旧址"除地为坛，环植以杏，名曰杏坛"。整个建筑玲珑典雅，为孔子从事教育活动的重要标志。

至于富到完全不做工，或是可以称心如意地资助朋友；钢琴也会弹，可是不十分高明，只可弹给知己和朋友听听，而更多的时候还是给自己消遣；古玩也收藏一点，可是只够摆满屋子的壁炉；书也读读，可是不能用功；学识颇广博，可是不成为任何专家……总而言之，这种生活当为中国人所发现的最健全的理想生活。

中庸思想，一直是中国人的一大性格特征。有人说，西方人性格像酒，火热、兴奋，但也容易偏执、暴躁、走极端，动辄决斗，很容易形成对立局面；中国人性格像茶，总是清醒、理智、不卑不亢、执着持久，强调人与人相助相依，在友好、和睦的气氛中共同进步。

追求中庸之道，内外协调，保持平衡，不走极端，这样一种思维方式使中华民族形成了一种稳健笃实的民族性格。中庸之道已经渗透进中国人的灵魂中，它提倡"和"的精神，讲究平衡，讲究"度"，这些都使得中国人的精神具有内在的稳定性，这种稳定性使得中国人在面临一次次改朝换代、一次次灾难时，依然忍辱负重而不是与自己的对立面一起毁灭。

与无边宇宙和大千世界相比，人类生存的空间是那样狭小，人与自然、人与人之间难免产生矛盾和冲突。若想解决这些矛盾，在西方人看来，就是要直线运

动,不是你死,便是我活,水火不相容,但中国人不这么看。在社会生活中,中国人主张有秩序,相携相依,多些友谊与理解。在与自然界的关系上,主张天人合一,五行协调,向大自然索取,但不过度,不破坏平衡。这种中庸平和的处世之道,正是传统儒家思想最完美的体现。

"格物致知"如何理解

"格物致知"是一个中国哲学特有的名词,同时也是儒家思想的精华。"格物致知"语出《大学》,为《大学》所言"八条目"之"首二目"。"格物致知"究竟是什么意思呢?实际上简单地说,它讲的就是如何认识事物,得到有关事物的知识。"格物致知",语义甚丰,宋明理学于此有很多解释。不同解释表现出思想倾向的不同,这种不同直接关乎宋明理学不同学派之学术品格与精神的不同。

程颐认为,致知在格物。格,至也。如祖考来格之格。凡一物上有一理,须是穷致其理,穷理亦多端,或读书讲明义理,或论古今人物别其是非,或应事接物而处其当,皆穷理也。

他说的格物致知通俗些就是不断学习,不断获得新知。深层内涵就是穷究天下之事物,而尽悉天下之事理。这一解释被以后的众多儒家所继承,成为正统的解说。那么,我们又要回过头来看了,孔子的本意是怎样的呢?后世的人也不断提出质疑,以朱熹为代表的儒家曲解了孔子的真实含义,因为朱熹的看法是很不现实的。人生如此短暂,事物如此纷繁,如何能一一去研究?通过穷索天下事物之理而获得知,即智慧,似乎是很有限的。所以后来佛家有高僧对格物致知进行了全新的诠释,认为格是消除的意思,把这个物给消除掉。那么这个物又是指什么呢?这个物并非身外之物,并非外力强加之物,其实它代表内心的妄念邪念,如果消除了内心的妄念邪念,心就自然清静无为了,无为而无不为,反而能洞察一切,处理一切事物。致知,这个知就是人的自然本性与清净本性,如果人与大道合一,以性为体,遇物起用,发挥出人的巨大潜能,就不会有办不好的事情。这种理解是很合理的,是契合孔子本怀的。

天下之物太多,不要以为格了一物就能够通达明理,这其实需要人不断地"格";另外,即使不断地"格",人的生命太短暂,也不能够穷尽天下间所有的事物,因此在一物上获得事理,其他就可以举一反三了。程颐将"格物致知"解释成"格物穷理",将其当成一种修身的理论,而非一种获得知识的理论,一种如西方哲学所谓的认识论，可以说抓住了儒家思想的根本。

另外，朱熹认为"格物""致知"不能完全分隔开来看，"格物"是就物而言，"致知"是对自我之人而言。通过格物而致知，致知须是格物；不格物，则无以致知。"格物致知"是一体贯通的。宋明理学对"格物致知"有非常详尽的解说与发挥。

程颢

然而，以王阳明为代表的心学派，对程朱理学的"格物穷理"之说表示反对。"格物致知"，在朱熹看来，即是格物穷理。王阳明对此明确表示反对。

在王阳明看来，理本应该在心上，如果离了心，就没有所谓的理。"格物"也不是非要与事物相接触，而是正其不正以归其正；"致知"并非一定要明白所有的道理来扩充自己，而是致良知。

程颢

王阳明强调，"物"，并不是外在的事物，而是人所要做的事；"格"，也不是至，而是正；"致知"不是扩充知识，而是致良知。正因为此，在王阳明看来，"格物致知"应该是"致知格物"。这和朱熹的观点截然相反。

在程朱看来，人身修养的过程就是一个"格物致知"的过程，"格物致知"的重心是"格物"，其路径是由"格物"而"致知"，是通过"格物"而"致知"；而在王阳明看来，修身的过程就是修心，去反思，去恢复本心，"格物致知"的重心是"致知"而非"格物"，其路径是由"致知"而"格物"，是通过"致知"而"格物"。

所以说，朱熹的格物致知体现了天人合一的特色，是一种体验论。而且，这天理往往是一种道德天理，故而又带有伦理特色。这也是中国人认识论的特征。而王阳明在《大学问》中，探讨《大学》的基本观点。他的策略是把八目中的前三项"格物、致知、诚意"合在一起。他说："格者，正也，正其不正以归于正之谓也。"亦即"去恶为善"。"物者，事也。凡意之所发，必有其事，意所在之事，谓之物。"王阳明将"格物致知"解释为"致知格物"，又将"致知格物"解释为"致吾心良知于事事物物"。这种观点焕然一新，给人以无穷无尽的启发。

然而，所谓"格物致知"，远远不是几千字就能说完的，还有待于后人去理解和感受。

何谓"天人感应"之说

天人感应的理论基础是"天人合一"。古代认为"天道"和"人道","自然"和"人为"是合一的。战国时子思、孟子就提出了这一理论。后来中国汉朝的思想家董仲舒提出"天人之际,合而为一"的天人感应学说,成为当时君主获得统治合法性的一个依据,同时也是儒生集团制衡君主的一个思想工具。

什么是"天人感应"?明宋濂《序》:"凡存心养性之理,穷神知化之方,天人感应之机,治忽存亡之候,莫不毕书之。"这其实是中国哲学中关于天人关系的一种唯心主义学说,指天意与人事的交感相应。认为天能干预人事,预示灾祥,人的行为也能感应上天。也就是说,如果天子违背了天意,不仁不义,天就会出现灾异进行谴责和警告;如果政通人和,天就会降下祥瑞以鼓励。北京大学哲学系教授、博士生导师张世英曾撰文讨论中国古代的"天人合一"思想,其中引用董仲舒的想法:天与人交相感应,所以人的道德或不道德都会从天那里得到赏或罚。

关于对"天人感应"的解释,主要学派有孔子学说、墨子学说和董氏学说等。

儒家学派认为,天人感应思想起源首先见于先秦古籍之中。《洪范》说:"肃,时寒若。""乂,时旸若。"认为君主施政态度能影响天气的变化。这是天人感应思想的萌芽。春秋时盛行的占星术,依据天体的运行推测人事的吉凶祸福,后来由汉代董仲舒继承和发挥了阴阳家的思想,使天人感应说臻于成熟。战国后期,阴阳家邹衍"深观阴阳消息而作怪迂之变",使天人感应思想趋于系统化。

到了墨子这里,他认为:"爱人利人者,天必福之,恶人贼人者,天必祸之。"而之后董仲舒理论的形成也是吸收了墨子的天罚理念。《春秋繁露·郊语》里面也认为,我们要敬奉天,就好像我们要谨慎地侍奉自己的君主。不谨慎地侍奉君主,祸患就会从最明显的地方发生,而不敬奉天的话,那么祸患就会从最无形的地方到来。天祸的发生是没有缘由的,就这样默默地发生。这样看来,人君的处

帛画 西汉
该帛画体现了较为浓厚的天人合一观念。

罚和天的祸患就是这种显性与隐性的区别。

在《墨子·天志上》中，墨子认为人只是知道不应得罪父母、君王，却不知不应得罪于天，是只知小道理而不知大道理。墨子认为"天欲义而恶不义"、赏善罚恶，人不得不遵从天的意志。《墨子·天志中》一书中，墨子举出论证，论证遵从天的意志带来的国富民强的理想形象，以及不遵从天志带来的弊端，譬如以古代的暴君为例，进一步深化其论证。墨子把兼爱的思想联结到天志

墨子像

的思想，指天的意志是兼爱天下人，并呼吁君王遵从天的意志，兼爱天下人，方符合真正的仁义。胡适也认为天人感应此套理论是源自墨家中的"天志论"。墨家天道观得到了董仲舒的借鉴吸收，在其儒学体系的建构过程中发挥了重要的理论贡献作用。

董仲舒在这个前人的理论基础上提出了"天人感应"之说。董仲舒把"天"人格化，认为天是有意志的，能够支配一切的最高主宰，为"百神之大君"。自然界的一切规律，以及人类的人事变化都是由"天"决定的。而人的生理构造，思想、感情、道德品质也是"天"按照自己的特点塑造的，人是为了体现天意被创造出来的。

因此，董仲舒认为君主则是天的代表，受命于天。天现祥瑞是在表彰帝王功绩显赫；而灾异则是谴责帝王昏庸。所以，人君为政应"法天"行"德政"，"为政而宜于民"；否则，"天"就会降下种种"灾异"以"谴告"人君。如果这时人君仍不知悔改，"天"就会使人君失去天下。

正因为这种"政治上的过失是灾异产生的根本原因"的观点，在古时，一旦出现灾情，如地震或久旱不雨，皇帝必须发表"罪己诏"，自称无才无德，要避殿、减膳、罪己、求言，或赦免罪犯，诏求直言无隐，以补过失。天人感应思想在中国古代君主施政方面发挥了积极作用。中国学者萧瀚曾经统计，汉朝十五位皇帝下过罪己诏：其中汉宣帝下罪己诏八次，汉元帝十三次，汉成帝十二次。

在董仲舒的思想中，天人感应是其神学目的论体系的核心。天人感应主要有两个方面的内容：1."灾异谴告"说，认为自然灾害是由于统治者的执政错误而产生。"凡灾异之本，尽生于国家之失。"如果天子违背了天意，不施仁政，天

就出现灾异，进行天谴。若"谴之而不知，乃畏之以威"。2."天人同类"说，认为"天有阴阳，人也有阴阳，天地之阴气起，是由于人的阴气而发起；人之阴气起，而天之阴气亦宜应之而起。其道一也"。这种说法，以气为人与天的中介，认为气具有刑德的作用，"阳为德，阴为刑"。同时，人的道德行为也可以引起气的变化而相互感应，"世治而民和，志平而气正，则天地之化精而万物之美起；世乱而民乖，志癖而气逆，则天地之化伤，气生灾害起"。董仲舒把"天"塑造成至高无上的神，以"天人感应"说来限制无限的君权，同时也给君父的尊位及其统治找到了理论根据。在董仲舒著作中，上述两种说法是相互结合交替发生的。

董仲舒"天人感应"的思想限制了皇帝的私欲和权力，为整个封建社会的长治久安做出了重要的贡献，其意义是深远的。

"刑不上大夫"如何解读

《周礼》中有这样一句众所周知的话："刑不上大夫，礼不下庶人。"后来司马迁在《报任安书》中，也引用了这一句——"传曰：'刑不上大夫。'此言士节不可不勉励也"。

很多人在看到这句话的时候，往往望文生义地认为是刑罚不能施加到当官的身上，因为其比较尊贵。这个解释其实颇有误读。如果我们认为"刑不上大夫"，就是指士大夫即使犯法也享有免受法律追究的特权，那么，为何还有那么多高官被砍头、抄家、流放处罚呢？

《礼记》对此的解释是，国君在车上看到了大夫，也就是手底下当官的，要手扶车子前面的横竿，表示敬意和行礼，大夫则马上下车还礼。大夫看到士要抚式行礼，士也要下车还礼。这就叫作礼貌。但庶人不用这样，为什么呢？因为人太多了，忙不过来。刑罚不用对大夫施加，为什么呢？因为大夫很有气节，也很爱面子，刑罚出来之前就下课或者自裁了。受刑罚的人是不应该待在君王身边的。

《礼记》书影

对于"刑不上大夫",《中华大词典》的解释是:"我国古代大夫以上的贵族享受的特权之一。"具体地说,对大夫以上的贵族罪犯,"不执缚系引,不使人颈盭,不捶抑",处死刑不"于市",而"于朝"。大意是说,对大夫以上的贵族罪犯,不予以捆绑牵系,不戴枷锁,不加以拳脚、扭打按压;对其死刑犯的处决,不公之于市,而在朝廷内进行。其目的是让有贵族身份的犯人免受人格的污辱,保留适当的尊严、体面。但这样的解释未必完全正确。

由此可知,对于犯罪的大夫以上的贵族不是不上刑,而是不上某些特定的刑法。

那么,我们为什么会出现误读呢?很大程度上是因为我们错解了这个"刑"字,古人用字是极为精审的,"刑",肉刑之谓也,它具有特定的内涵,其外延比"法"要小得多,只不过是主张即使士大夫犯法,也不要轻易对他们用肉刑而已。

从字面来看"刑不上大夫"的意思就像"大夫犯罪不可以加刑",然其事实却是大夫犯罪落得个自裁或被戮杀的下场。以其事情的因果来说,乃是大夫有了犯罪之因,得了身死之果。从文化意味来讲,大夫之死虽因犯罪但非"罪有应得",而是"礼应如此"。

西汉司马迁《报任少卿书》:"传曰刑不上大夫,此言士节不可不勉励也……且西伯伯也,拘于羑里;李斯相也,具于五刑;淮阴王也,受械于陈;彭越、张敖南面称孤,系狱抵罪;绛侯诛诸吕,权倾五伯,囚于请室;魏其大将也,衣赭衣,关三木;季布为朱家钳奴;灌夫受辱于居室!此人皆身至王侯将相,声闻邻国,及罪至罔加,不能引决自裁。"

"士节不可不勉励",换而言之,就是士可杀而不可辱。以之解释"刑不上大夫",其实,它真正的意思是,大夫更会因为自己的高级别官位而更为讲究道德和礼节,在情理和感情上都更加不能接受刑罚的屈辱。

在《孔子家语·五刑解》中,孔子对此又进行了更为深刻的解释。

学生冉有觉得"刑不上于大夫,礼不下于庶人"听着不顺耳,他问孔子,大夫犯罪,就不可以加刑?庶人行事,就不可以治礼吗?孔子回答冉有说,不是这样的。礼教本身并不是作为一种束缚,而是为了让人们能够拥有更加正直善良的心,让我们能够心生仁爱,奉公奉法,不做违背律法和道德的事情,以此保持住自己的节操。朝廷给予大夫相应的礼遇,那么大夫就应该做出与礼遇相符合的行为风范。如果出现了违背礼法的事情,那么,大夫就必须接收处罚,但是,因为其身份和曾有的正规操行，可以有所避讳。他们可以不必通过一般的审判裁决，而直接由君主处置，也不是按照普通的刑法来，而是直接予以自裁。其实，它的本质是一种贵族意义和荣誉感，及由此产生的更高的道德要求。

所以，孔子认为，大夫有罪，当然不是不可以加刑。孔子也明确提出"道之以德，齐之以礼"。但作为治理国家的"君子"，他们是国家栋梁，自然应该明于礼义，承载是非。如果他们犯罪，就应该让大夫"自请罪""跪而自裁"，以让更多的人引以为鉴。士大夫与一般的民众不同，他们应自觉按照礼的要求严格约束自己，礼应该内化为自觉的道德观念。所以，所谓"刑不上大夫"还是大夫不失其罪。而且，这不仅不与后世"王子犯法与庶民同罪"及近现代的"法律面前人人平等"的观念一样，甚至隐含了对大夫品质的更高要求。

"存天理，灭人欲"应该如何理解

朱熹被认为是中国历史上公认的理学集大成者，他的学说在当时的南宋虽然被认为是"伪学"，并且一再受到打压，却在元明清三朝被立为正宗儒学。康熙作为杰出的政治家，看了朱熹注释的《性理精义》后，在序中说，他读了这本书，"玩味愈深，体之身心，验之政事，而确然，知其不可易"。并且敬佩之情溢于言表，因此说"康乾盛世"的出现在某种程度上是朱熹治国思想的产物，丝毫也不为过。

朱熹的格物致知以"理一分殊"为基础。"总天地万物之理"的"太极"高于万物，分殊就是天地万物各自本于"理"且互不相同的理，也就是说花鸟鱼虫皆有"理"且各不相同。人想要通达最高的理，就应当先从万物身上去"格"，格就是推究理。今日格一物，明日格一物，联系起来反复思考，不知不觉就达到了一定境界，在某一天豁然开朗。

人作为万物之一，也有

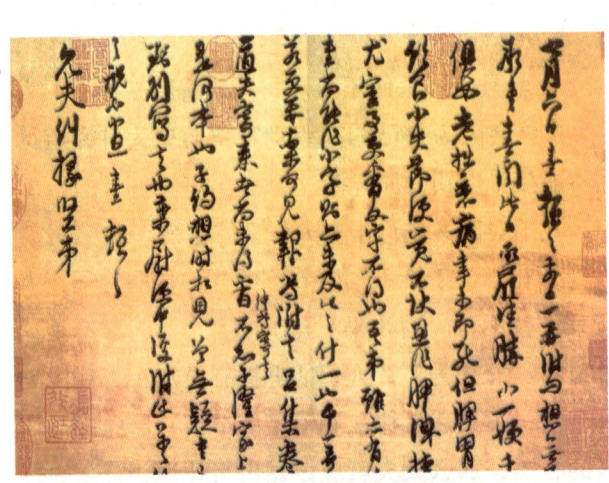

朱熹行书墨迹

自己的理，于是就有了一直为后世所诟病的话："存天理，去人欲。"从字面上看，仿佛天理和人性是对立的，要求人绝情寡欲，也因此被后世所诟病。其实这是一种误解，朱熹所说的"天理"指的正是人正常的要求，而"人欲"则指的是"私欲"，是指那些超出了正当要求以及违反了社会规范的欲望。所以，朱熹说："人欲便也是天理里面出来。随时人欲，人欲中自有天理。"他也并不是一概反对人的欲望："如'口之于味，目之于色，耳之于声，鼻之于臭，四肢之于安逸'，圣人与常人皆如此，是同行也。"可见他和孔子一样，是承认"食色，性也"的，他知道人的合理欲求。但圣人之所以是圣人在于："圣人之情不溺于此，所以与常人异耳。"也就是说圣人能够做到文质彬彬，达中庸之道，这就是"天理"，而常人沉溺于"欲"中，就堕入了恶。

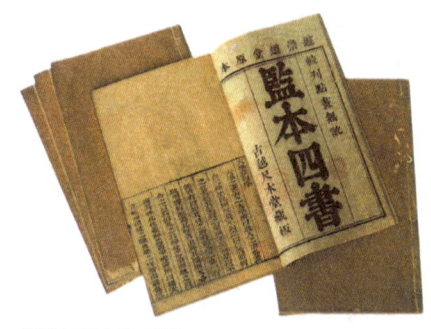

《监本四书》书影
朱熹为四书所作之注是封建社会对四书经义最权威的解释，科举考试都以朱熹的《四书集注》为准。

为了让人能够不为欲念所吞噬，所以要"明天理""存天理"，"格物致知"正是朱熹提出的方法。康熙皇帝曾如此评论："朱夫子集大成，而系千百年绝传之学，开愚蒙而立亿万世一定之规……虽圣人复起，必不能逾也。"此后的圣人无出朱熹之右者。康熙皇帝本人爱好数学，而格物致知带有科学研究的学术精神，因此他交口称赞本不足为怪，但是推崇如此之高，必然还有其他的原因，那就是朱熹的学问中藏着有助于社会统治和江山社稷的道理。

朱熹说"天理"存在于外，而不在人内，客观上把天理和人欲对立了起来，所谓"天理存则人欲亡，人欲胜则天理灭"。他所指出的道路是让人们从外去寻求"理"来约束自己的"欲"，正是这一点为统治者找到了驭民之术。在社会还没有制定出合法的程序来确立"天理"的内容时，统治者可以任意赋予天下各种规定，可以打着"天理"的幌子来给人民戴上各种镣铐，所以清代学者戴震说："人死于法，犹有怜之者；死于理，其谁怜之"。他的批判相当之尖锐。"以理杀人"与西方的宗教审判都是从精神上来否定一个人。这应该不是朱熹创立学说时想要看到的。

朱熹为后人所诟病的另一个原因与八股文有关。八股文的形式僵化，要求士人阐述圣人之道，很难发表自己的见解，造成了士大夫阶层思想的僵化。而且考试题目主要摘自四书五经。四书五经内容有限，所以士人要应举，主要就是根据朱熹所注《四书章句集注》。但是，这仍然无法掩盖朱熹为思想领域带来的贡献。

孔子对"礼治""法治"有何态度

春秋时期，是我国古代一个政治大变革的时期，其中一个值得引起注意的政治取向，是南北各国探索"以法治国"即"法治"的新路子。这体现了时代的一种进步。然而，孔子却提出所谓"齐之以礼"，坚持主张所谓"礼治"。为什么孔子会主张礼治而不是法治呢？孔子说的"礼治"又包含了什么内容呢？

"礼"的内容，基本上囊括了对专制统治者有利的种种社会措施，同时也囊括了所有对平民大众不利的种种社会措施。所谓"子云：'夫礼者，所以章疑别微，以为民坊（防）者也。故贵贱有等，衣服有别，朝廷有位，则民有所让'"（《礼记·坊记》）。所谓"夫礼，所以整民也"（《左传·庄公二十三年》）。由此可见，"礼"的性质，既不是一种国家政令，又不是一种国家法律，而是王者自行设立的一种王治规则，即由王说了算。"礼"的基本特点，是一种单向制约，也即损下益上，害民利官。而所谓"齐之以礼"，不仅是孔子所主张和鼓吹的这样的一种"礼治"，而且是反对"以法治国"即"法治"。

《论语》为政第二章中提到：子曰："道之以政，齐之以刑，民免而无耻。道之以德，齐之以礼，有耻且格"。这句话的意思是：大到治理一个国家、一个社会，小到治理一个企业、一个组织，如果以行政命令来领导，再用法制禁令来管理，使大家不犯法，谁犯法就惩罚谁，这种强制性的措施只会让人民隐忍克制，规避犯罪行为，但是却不知道犯罪其实是可耻的行为，而且用法制禁令来管理人

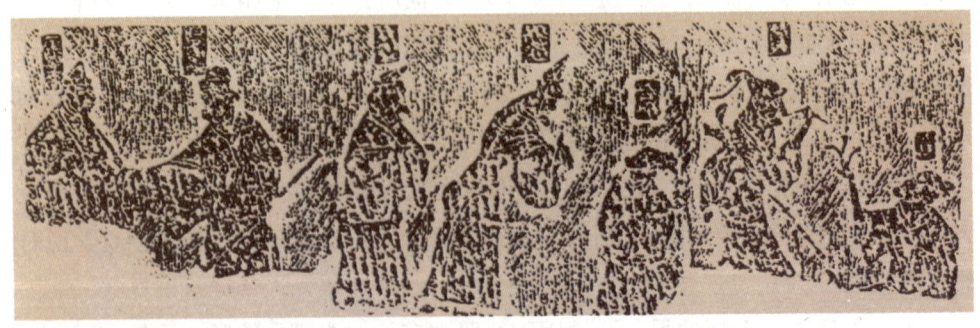

新津崖墓汉画像石《孔子问礼》
此画像石绘孔子向老子问礼的情景，这一事件被绘于墓室画像石上，足见此事对国人影响之深。

民，一部分人会遵守，而另一部分人却会选择逃避，钻法律的漏洞。他们不但逃避了责任、法律和处罚，还会因此而扬扬自得，认为法律和政府都奈何他不得，因此变本加厉。

其实，从孔子对礼治的态度来说，他一生也是对此不断完善和发展的，但是，他想要改良，却无法形成一种合理的革命。其实，这也

孔子讲学图

涉及整个时代和历史的宏观发展和个人局限性的问题。虽然礼治确定的条件尚未成熟，王室、周礼等还有相当的号召力和不可低估的作用，诸侯争霸都还打着周天子的旗号，要循"礼"而动，变法维新，其实也是对"礼"的一种"损益"。

而孔子对法治的态度，其实是一种恪守"以伦理为业"的结果，这才是孔子的原意。孔子提倡的礼治其实是一种更加类似于真正的政治家对于政治的信心，更多是建立在一种伦理人性的角度之上。礼治是旨在调动其人性中本来的德行感、耻辱感，从个人来说，更有自我管理的意味。但是，这里的礼治从某种程度来说，有一些形而上了。而法治则是建立在礼崩乐坏的现实之上，无可奈何之下，只好把建立政治秩序的希望寄托在超越于贵族与民众之上的法律。这就是双方各自的长处与局限。

同时，前536年，发生了一个重大事件，就是郑国贵族子产提出了"铸刑书""铸刑鼎"，也就是将对犯罪行为的处罚条律铸在鼎上进行公开。对于这个公开法律文本的问题，孔子不倡导。从本质来说，这是一个理想主义和现实主义的对峙，也是思想家与政治家的差异。如果说子产的选择，反映了现实主义的、政治家伦理的思维方式，那么孔子的态度，则体现了理想主义的、思想家伦理的思维方式。

显然，尽管法治过程还存在着诸如立法、执法等是否公正的问题，但它比起单向制约的所谓"礼治"来，要进步得多。

何谓"心之四端"与"人性本善论"

"四端"说是孟子思想的一个重要内容，也是他对先秦儒学理论的一个重要贡献。孟子的性善论、仁义论、仁政论等都与"四端"说有关，是围绕"四端"说展开的。那么，究竟何为"四端"说？

孟子说，"恻隐之心，仁之端也；羞恶之心，义之端也；辞让之心，礼之端也；是非之心，智之端也"（《孟子·公孙丑上》）。意思就是说对别人的不幸产生由衷的同情，就是仁爱之心的发端；对恶行感到羞耻愧疚，就是义理的发端；能够谦逊推让，就是礼行的发端；能够有正确错误的判断，就是智慧的发端。

孟子像

孟子认为"四端"是人与生俱来的内在的自觉的"本质"，这是人区别于动物的根本。而人性本善——人生来就具有"善端"，有向善的倾向。他举了生活中的例子来说明，"所以谓人皆有不忍人之心者，今人乍见孺子将入于井，皆有怵惕恻隐之心；非所以内交于孺子之父母也，非所以要誉于乡党朋友也，非恶其声而然也"。如果看见小孩在井边爬行，眼看就要掉入井中，这时候，人们就会因为自己心中的善念，自然流露出恐慌害怕或者其他情绪，想要去实施施救行为，这种救人的行为与声誉、钱财等都是毫无关联的。

孟子觉得仁爱、义理、礼行、智慧本来就存在于人心之中。所以，他主张性善论。他认为人天生就是具有德行和善义的，只不过很多时候由于外在条件的限制，我们无法将其释放出来而已。这就有点类似于佛教中的人人皆有佛性，人人皆可成佛，但是，成佛的这个过程却是需要修行的。

孔子认为人的教养和德行是可以通过后天的培养锻炼出来的，也就是他所说的"性相近也，习相远也"。意思是说，人性本来是差不多的，没有过多的优劣之分，只因为教养的不同，便相差很远了。可是这个"性相近"到底"相近"在哪儿？是

《孟子》书影

恶还是善，孔子就没有明说了，他主要强调的是后天教养的一方面。而孟子就不同了，他不仅展开了论述，指出了那相近的人性就是发端仁义礼智的"心"，而且还举出了生动的例证论证这种"心"是人这种生物生来就有的。从这个角度来说，孟子的人性理论的确是"先验论"的，是主观唯心主义的，因为他把"仁义礼智"这些社会性质的道德观念说成是人的天性里所固有的，与生俱来的，甚至带有生理性的色彩。

不过从另一方面来说，孟子也不是完全否认后天培养的作用。因为"恻隐，羞恶，辞让，是非"这种心最终会体现在行为上，而这种行为和观点却需要不断地提高和发扬，而这种过程是在后天才能逐渐形成的。

所以，从理论基础来说，孟子的确是从"四端"推导出天赋性善论。但从实践来说，他还是重视后天努力（"扩而充之"）的作用。而且，撇开关于先验还是后天，唯心还是唯物的抽象讨论，联系到孟子所处的战国时代社会状况来历史地看问题，所以，孟子主张人性本善，推行仁政，是有着非常巨大的现实意义的。不管到了哪个时代，强调人性本善总比鼓吹人性本恶，做出伤天害理的事要好得多。

后世为纪念孟子所建的亚圣庙

"天人相分"有何思想进步性

北大哲学系教授冯友兰先生曾说,孔子在中国历史中之地位,如苏格拉底之在西洋历史,孟子在中国历史中之地位,如柏拉图之在西洋历史,其气象之高明亢爽亦似之;荀子在中国历史之地位如亚里士多德之在西洋历史,其气象之笃实沈博亦似之。那么,能和孔孟齐名的荀子到底是何人呢?他有何经典思想可供我们学习呢?

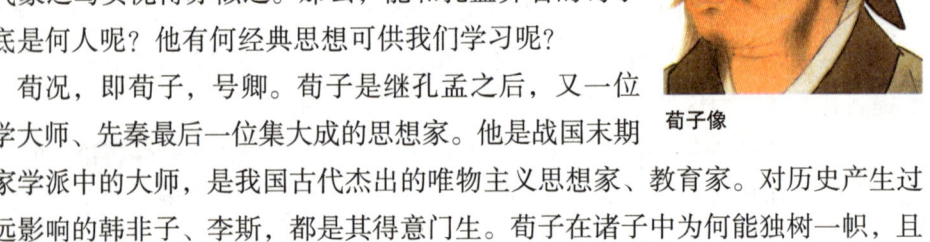

荀子像

荀况,即荀子,号卿。荀子是继孔孟之后,又一位儒学大师、先秦最后一位集大成的思想家。他是战国末期儒家学派中的大师,是我国古代杰出的唯物主义思想家、教育家。对历史产生过深远影响的韩非子、李斯,都是其得意门生。荀子在诸子中为何能独树一帜,且成为思想史上的一座丰碑呢?

荀子的学问十分渊博,他在继承前期儒家学说的基础上,吸收了各家的长处加以综合、改造,建立起自己的思想体系,发展了古代唯物主义传统。现存的《荀子》三十二篇,大部分是荀子自己的著作,涉及哲学、逻辑、政治、道德许多方面的内容。荀子的儒学思想对于商周时代以来关于天人关系、形神关系等的问题进行了深入思考,提出了很有价值的命题。其中,最为学者们称道的是他的"天人相分"之说。

什么是"天人相分"呢?"天人相分"说,只是人们对荀子思想的一种理解,荀子自己并没有说过"天人相分"之语,而只说过"天人之分"。荀子思想中的"天人之分"指的是天与人各自的职分、名分,并不含有"天人相分"之义。在荀子的理论体系中,天虽然并没有绝对摒弃自然属性,但是这种自然属性却淹没在它的神的属性之中。

荀子所说的"天",是指由"气"构成的自然界。他说:"水火有气而无生,草木有生而无知,禽兽有知而无义,人有气、有生、有知,亦且有义,故最为天下贵也。"(《荀子·王制》)荀子以"义"来界定人,把"义"作为人的本质规定,是继承了儒家的传统思想。关于天、人关系的问题,荀子还说:"明于天人之分,则谓至人矣。"(《荀子·天论》)荀子所强调的是要弄明白天和人各自的名分。荀子所认为的"天"不仅是有目的、有意志的神,而且还有自己的道德属性,"诚心守仁则形,形则神,神则能化矣;诚心行义则理,理则明,明则能变矣。变化代兴,谓之天德"。"天"的道德属性里面,荀子认为最重要的是

"诚","天地为大矣,不诚则不能化万物",天的笃实不欺的品格,是它造就万物的保证。

荀子关于天人关系的思路是,天有常规,人有等级,高明的人便会"自知者不怨人,知命者不怨天,怨人者穷,怨天者无志",荀子所提倡的"明于天人之分",其目的就在于此。荀子所说的"不怨天"的"知命者"就是"明于天人之分"的"至人",亦即"顺命以慎其独"的君子。所谓"明于天人之分",意即明白天、人两者的名分、职分而不可僭越。

由天人关系引发的关于人如何对待自然的问题,荀子也自有其独特的一番见解。他的天人观强调"天人相分"。他肯定自然界有其不以人的意志为转移的客观规律:"天行有常,不为尧存,不为桀亡。"同时肯定人在自然界中具有独立自主性:"循道而不贰,则天不能祸。故水旱不能使之饥,寒暑不能使之疾,妖怪不能使之凶。"意思就是,只要人遵循天道之理而不违背,那么,老天就不会给他带来灾祸。出现洪涝水旱导致粮食歉收,只要粮食少了节俭有储备,不行奢侈,那么就不会让他饥饿;外界冷热,只要依循其道,天气冷就暖养,天气热就护寒,就不会让自己生病;妖异怪象,只要其心正不行恶行,也就不会近身伤害他。这全都是依循天理的。

由此,荀子提出"制天命而用之"的光辉思想,显然这是与其"天人之分"的思想相关。

而且,荀子还强调了人在认识自然、利用自然中的主观能动作用。这正是"制天命而用之"光辉思想的进步性,他指出人如果掌握自然规律,就能够使天地万物为人服务。他认为人力能够征服自然,制服"天命",应该利用自然为人类服务。荀子的这种唯物主义思想,在当时是非常进步的,对后来的唯物主义思想家也有重大的影响。荀子这种驾驭自然为人类造福的思想,充分体现了上升时期的地主阶级在利用自然、发展生产方面的朝气和信心。

荀子是一位能融通百家的哲人。他那理性的天人观、辩证的整体思维、善假于物的认知方法、大无畏的批判精神,使他直到今天仍然是集光辉思想于一身的哲人。

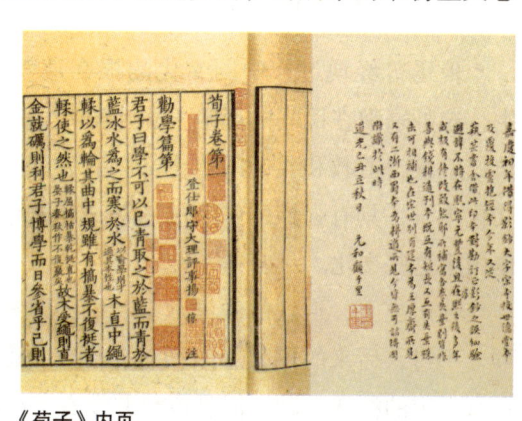

《荀子》内页

第十一章

道家
——"天人合一"的大气象

  道家思想在中国古代思想的发展中扮演着重要角色,同时,也具有符合时代属性的鲜活生命力。北京大学教授陈鼓应在一次讲座中提到,在中国文化史上,儒释道三教长期进行着思想交流,但是到了近现代,道家思想则更能够成为一个思想文化载体。比如,他说到严复在引进自由、民主思想观念的时候,就是利用老、庄来作为结合口;而章太炎则运用平等意识来解释《齐物论》。可见道家思想的兼容并蓄。
  也正是因为道家这种立体多元的文化格局,所以,我们能够从中挖掘到许多彰显现代意义的思想闪光点。如果我们能够将道家思想融会贯通,对于我们解决现世问题也会有很好的指导意义。

道教有何文化内涵及思想渊源

  鲁迅曾经说过,中国文化的根在道教。和佛教相比,道教更倾向于本土而生,这种宗教在民间的影响力也十分广大,有各种分支和思想演绎。作为土生土长的宗教,道教和我们的本土文化有十分紧密的联系,可以说是深深扎根于中华文化本身,具有强烈的鲜明的中华文化特色,它从这些文化中吸取营养,同时也作用于这些文化。
  在历史上,道教的教派众多,因为道教沿袭了中国古代的自然崇拜跟祖先崇拜。不过,后来的道教却渐渐演变成全真道和正一道两大派系,并且在汉族中还具有一定的群众基础。但是道教并没有严格的入教仪式和制度。

而关于道教的名称起源，有以下两种说法，一种说法是起于古代之神道；另一种则是起于《老子》的道论。那关于道家的最高起源又是什么呢？其实，道家的最早起源可追溯到老、庄，故道教奉老子为教主。不过，学术界的研究者们一致认为，道教约形成于东汉时期，盛行于南北朝。道教定型化始于东汉张道陵创立的"五斗米道"，因张道陵被称作天师，所以又被叫作"天师道"。之后又分化成为很多派别。南北朝的时候，道教的宗教形式才逐渐齐备。它们以老子为教祖，尊称"太上老君"。以《道德经》《正一经》和《太平洞经》为主要经典典籍。道教的第一所国家级道观位于洛阳上清宫。隋唐时期，道教又得到

道教天尊坐像　唐

了进一步发展，产生了很多其他的小派，修炼方式也由修炼外丹的方式转向了修炼内丹。金元时期，道教又产生了一个较大教派——全真教。在此之后，各派别之间又逐步融会贯通，发展至明清的时候，正一道成为符箓派的代表，全真道成为丹鼎派的代表。后来，道教由于连年战火受到了冲击，宫观又都被摧毁，颓势就慢慢显现出来。

关于道教具体的内涵，究竟是代表了什么呢？简单来看，道教以"道"为教，也就是老子所谓的"一生二，二生三，三生万物"，这是一种认为"道"是一切发源的观点。道家教义就是"道"衍生出万物，同时它也是一种可以让我们依循的天地常理，只要我们依循这个常理来做事，就没有什么与自然相违背的，当然，我们最后也能够回归于这个最自然的"道"。"道"后来逐渐有了很多种不同的表现形式，比如，方术、老庄学说、修炼等。

道教提倡无极、元极、太极，中庸即为"道"的教理，即中庸之道。最重要的是，道教不仅在中国传统文化中占有重要地位，而且对现代世界也有着一定影响。

何谓"黄老之学"

"黄老之学"是战国时期兴起的哲学政治思想流派。黄指黄帝，老指老子。战国时期，五行学说流行，象征五行之主的土德是华夏始祖的黄帝，他成为兵家、法家、阴阳家、神仙家乃至儒家崇拜和依托的对象。战国末年，楚文化的老

学与北方中原的黄帝崇拜相结合而形成黄老之学，它标志着道家思潮发展到一个新的阶段。

从广义上讲，凡秦汉时期的道家思潮，皆可称为黄老之学；从狭义上讲，只有正式托名于黄帝、老子的学说，才是黄老之学。司马迁认为，狭义上的黄老之学的传授世系确实存在。他在《史记·乐毅列传》中说："乐臣公学黄帝、老子，其本师号曰河上丈人不知其所出。河上丈人教安期生，安期生教毛翕公，毛翕公教乐瑕公，乐瑕公教乐臣公，乐臣公教盖公，盖公教于齐高密、胶西，为曹相国师。"

关于黄老之学的形成和发展的问题，学术界还有争论。但是，主流说法都认为黄老之学形成于齐国的稷下学宫。什么是"稷下学宫"？前3世纪~前2世纪，在齐威王、齐宣王时期，齐国国都临淄城的稷门之下有个学宫，这里云集了一批代表不同思潮的著名学者。其中最有名望的邹衍、田骈、接舆、慎到、环渊诸学士都是道家中人。

稷下黄老道家的学说，是以道家自然哲学为根底的政治哲学或经世之学，其宗旨在"清静无为"，其实际政治意义在于政尚简易，与民休息。稷下黄老道家的思想实际上是一种帝王的统治术。本来，"术"（或曰政治权谋）的观点在老子的思想中已有相当的流露，而到了稷下之时，"术"的思想更是进一步得到丰富和完善。这些思想迎合了统治阶级的需要，受到他们的重视和采纳。

例如，邹衍从"五行"相生相克的道理中，衍生出历史发展兴衰是有一定的规律的政治学说。用以说明历史上的王朝更替和人事变迁。他指出朝代变迁之间要遵守"五德"，即金德、木德、金德、水德、火德。比如，黄帝时代为土德，夏为木德，商为金德，周为火德，秦为水德。而从五行观点来说，水克火，所以秦代统一天下取代大周；火克金，所以武王伐纣灭商；金克木，所以大商灭夏；木克土，所以夏朝替黄帝时代而治。五德相克，改朝换代是大

郭店楚简
郭店楚简于1993年在湖北省出土，共保存了先秦时期的儒家和道家典籍18篇。其中《老子》3篇，与今本《老子》存在一定差异。

势所趋，不可逆转。邹衍的学说在当时迅速地成了"显学"，因为他提出的这种理论十分为现世所运用，实用价值很高。因为当时天下群雄战乱，"王天下"的有野心的诸侯王不在少数，多数人对周王室虎视眈眈。但是，无论何时，想要称霸的人自然更希望自己的野心被赋予一种"天赋"的权旨，让自己的"王天下"变得更加的理所应当和符合天道规律。"五德"的说法正好提供给当时的诸侯王们一个合理的依据——我们发起战乱是为了称王天下，但这是势在必行的规律，这是天命所归！

到了西汉，黄老之学成为占统治地位的思潮。针对秦朝的严刑峻法，汉初从最高统治者到大臣都推崇无为而治，与民休息，达到"君子之为治也，块然若无事，寂然若无声，官府若无吏，亭落若无民，间里不讼于巷，老幼不愁于亭……老者息于堂，丁壮者耕耘于田，在朝者忠于君，在家者孝于亲"的理想境地。因此，在吸收了先秦各家思想的基础之上，汉初黄老之学更加丰富了老子思想，并且对其做出了更符合社会现实的思想完善。比如，"无为"，在重点倡导顺应天道自然的情况下，同时也注重发展人本身的能动性，让人们在"无为"的思想境界中变得"无不为"。所以，汉初的"无为而治"则吸取了《老子》中的"清静""无为""崇俭禁奢""以百姓心为心"等思想，也就逐渐主张在赋税、徭役方面做出适当的调整，主张与民休息，尤其文景之治的时代缓冲期，更是为汉武帝的大汉盛世做了很好的积淀。

紫气东来
图中老子身着赤衣，须眉皆白、高额、凸颧、阔耳、长颔、笑意盈盈、童颜鹤发。

道教教理教义为什么是"自然无为"

北京大学哲学系、宗教学系主任王博教授在主讲道家的生存智慧时提到，我们说老庄是道家最有代表性的人物，老子和孔子差不多同时，说到庄子中国人会给他一个形象。你要对比来看，比如说一提起孔子、一提起孟子，就会想到仁者的形象。一个所谓道德君子,当然君子已经不够为圣人或者贤人的形象,每天忧国忧民,没有快乐的时候,以忧为乐,就像范仲淹在《岳阳楼记》里面写的,先天下之忧而忧,后天下之乐而乐也,这么有境界,但是一提起道家,老庄那个形象是什么呢?就是智者,一定不是仁者,所谓智者就是有智慧的人。儒家是一个标签,儒家是以道德取胜的,那么道家是什么呢?道家是以智慧取得人心的。

道以自然为法则,以无为处世应物,成就了万物,也成就了自我。其义理可谓简易却又是那么深刻。

自然和无为是两个既不同又有着密切联系的教义名词。《道德经》中说:"人法地,地法天,天法道,道法自然。""自然"就是从这里而来。河上真人注曰:"道性自然,无所法也。"说明"道"的本性其实就是自然,道之自然的法则既是天所效法的,也是地所效法的。自然这个概念说起来很简单,但是也非常的玄妙。它没有一个固定的框架和模式,它化生万物,又是万物萌发、生长、发展、灭亡整个过程中的一种自然规律或者天性。这就好比大海,它宽阔无垠,有着潮涨潮落的规律,有着自己内含的生命力,有着百川纳入其中的魄力。海中生存着万物,万物在海洋之中也经历着生灭的过程,生命也依靠海洋的特性来进行存活。比如,藻类有自己的生存方式,深海鱼有自己的生存方式。同时,也好比季节,四季就这么出现,我们无法知道它是怎么来的,又将在何时消失。但是,我们知道,春季萌发生命、夏季旺盛生命、秋季丰收生命、冬季蕴藏生命,这都是一个无形的规律。而人在这种规律中,也必须依循这种规律生活,最简单的就是冬季添衣、夏季减裳,只有顺应自然才是自然的生命形式。所以,这个无形的自

自然界的一切运动变化都与人有关系

然是万物皆按其各自的本性自然生长，无持无待，不存在强加的任何因素，从而保证了自然界的和谐。

所以，人对自然的道就要保持自然的态度——心平气静，知足顺应，尊重已有的存在的一切。

这种自然的规律和准则，我们再将之化为我们本身的行为标准，也就是"自然无为"。

老庄图　清　任颐

何谓"无为"？老子"无为而无不为"的表述已明确告诉我们"无为"的反面是"无不为"，"无为"即"不为"，别无他意，更无特别的深意。这种"无为"不是真的什么都不做，就在那里发呆，而是不刻意、不欲求、不异变。通过这种遵循自然的方式，来表达自己"无不为"的态度。

《道德经》中说："圣人处无为之事，行不言之教。"要真正进入或达到"自然"的境界，就要践行"无为"的处世方法。又说："道常无为而无不为。"告诉人们，"道"就是践行无为的，并通过无为的作用成就万物，体现"道"之伟大的体性。王景阳曾在《明道篇》中有诗说："自然之道本无为，若执无为便有为。"告诫修道之人，体行自然无为之真道，不要有任何执着。所以，所谓"无为"，并不是消极不为，而是要反对"有为"，要遵循自然之规律，不要强求或对事物的自然发生和发展强行进行干预，自自然然才是完美的。

老子说"道生之，德畜之，长之育之，亭之毒之，养之覆之"，"夫物芸芸，各复归其根"，这就是一种天地万物和人类都有道而循的生长发育形式，以这种形式生长下来，人就是顺应天意而生的，就是没有什么痛苦的。故而道之于天地万物和人类是无所不为也即"无不为"的。因为这就好像天地万物依循道命一样，道本身对我们其实是没有强制作用的，它本身也是"自然无为"的。它并没有强求我们一定要顺应它，而自己也只是自然地依循它的道的原则而发展着。但是，道对于天地万物和人类的"无不为"，在天地万物和人类看来则是"无为"。因为道物（天地万物和人类）一致，道之"为"并不是对天地万物和人类的本性的改变或摧残，它本身就是一种符合天地万物和人类的生存发展的内在要求，天地万物和人类因此并不把道看作外在于己的主宰者，并没有感受到道的"压迫"和"强制"，甚至也没有感受到道的存在，反而"自得其乐"，觉得自己是自主自由的。于是，老子说"道常无为而无不为"，赋予道以"无为"与"无不为"两种看似矛盾的特征，但是，其实它们是有机融合着的概念。

"无为而治"有哪些代表人物

老子生活的春秋末期，各个诸侯国之间纷争不断，战火遍野，社会混乱。统治者骄奢淫逸，平民老百姓的生活却是苦不堪言。在这种社会背景下，老子形成了"无为而治"的主张，即"处无为之事，行不教之言"、"我无事民自富"、"为无为，则无不治"、"我无为而民自化"、"圣人处无为之事"。这种政治观点重在主张统治者对老百姓的管理要符合天时规律，不要对老百姓过于进行强制性和压迫性的统治，不能过于按照统治者自身的喜好来进行国家的管理，而是应该从天命规律的角度出发。这种思想对我国古代统治者的施政方针产

老子帛书

生了巨大而深远的影响，而且特别耐人寻味的是，中国历史上最强盛的汉唐两朝的统治者都善于吸取"无为而治"思想的积极因素，这显然不是一种巧合。

在汉代，特别是汉初，统治者推崇黄老之学，主张与民休息，这可以从汉代两位能臣的施政方略上得到生动的佐证。

西汉曹参是历史上有名的无为贤相。在人事选用上，重用有实际治理地方的行政经验，而且木讷又拙于文辞、处世待人厚重的人，而那些有野心或企图大干一番的绝不任用。在公务处理上，曹参总是抱持着大事化小、小事化了的态度，他在公务上也并没有多用心，没有刻意地苛责某些犯错的人，也没有刻意表彰某些做得非常好的人。他把自己的时间多数都花在自己的个人生活上，很多时候，他总是饮酒，让自己喝得醉醺醺的，以避免处理过多的政事。不但自己这么做，当其他官员找他有事处理的时候，他竟然拉着别人一起喝酒，然后大家都喝得醉

醺醺的，谁都处理不了自己手头上的事务。而最后，那些官员要找他商量的事情也都不了了之。总的来说，曹参在任相国的短短三年中，全面推行黄老政治，它既不像法家严刑酷罚，也不赞成儒家的繁文缛礼，它的原则是"无为而治""与民休息"，从而为文景盛世打下了基础。

曹参死后，老百姓为了怀念他而唱诵道："萧何制定的律法和整个朝堂的局面，是十分清楚明白而又整齐划一的。所以，曹参替代了他的位置之后，只是好好地维持守护而并不让其功效多有遗失。承蒙曹相无为清静的辅佐治国，我们老百姓才能够安居乐业，享受太平之世。"司马迁在《史记·曹相国世家》的结尾处评述说：曹参作为汉朝相国，主张清静之法，合乎道家学说。天下百姓在摆脱了秦朝的苛政之后，享受到了由曹参带来的休养生息的无为之治，于是天下人交口称赞。苏东坡赞曰："夫曹参为汉宗臣，而盖公为之师，可谓国盛矣。"

除了汉初的曹参，汉朝还有另外一位大臣也主张实行"无为而治"，他就是汲黯。汲黯是汉武帝时期的名臣，汲黯是黄老政治的实践者，这与汉武帝独尊儒术、大作大为的思想完全相反。正是因为君臣之间这种治国理念的不同，汲黯多次上谏汉武帝刘彻，希望对方继续实行汉初的无为之治，但是都不怎么被重视。所以，汲黯嘲笑说："像陛下现在这样，内心有过多的野心和欲求，而在外又想要实行仁义之政，又怎么能够真的做到像古代圣贤那样的圣明治理呢？"武帝怒而罢朝。

因为汲黯说话过于直接，不考虑皇帝的心情，所以，汉武帝就命他担任东海郡（郡治今山东郯县）太守。汲黯到任之后，因为喜好清净不喜热闹，也因为身体不是很好，所以，总是闭门谢客，自己则就在家中，不怎么出门。他把事情都交付给下属处理，为政只督查下属按大原则办事，不苛求小节。在这样的治理之下，一年多后东海郡便一片清平，百姓拥戴。汉武帝知道后，召汲黯回京任主爵都尉。几年后，汲黯又惹怒了汉武帝，汉武帝又派他到淮阳任太守，整个淮阳郡在他的治理下，政通人和，一片兴旺。汲黯在淮阳待了七年，最后病死在淮阳太守任上。

汉代之后，社会长时间处于分裂状态，经历三国两晋、五胡十六国、南北朝以及短暂的隋之后，终于在唐朝实现了又一次大一统的盛世。而此次盛世的开创者又一次从道家"无为而治"的思想中汲取了丰富的智慧。

据说因为唐朝皇帝姓李，而老子也姓李，与皇帝是本家，唐朝李渊得天下之前，

李老君
李老君就是老子，道家的创始人，道教则奉其为太上老君，为"三清"之一。实际上，老子的道家学说与道教的主张并不一致。

曾经得到道教信徒的帮助，道教徒为他大做舆论说"老子度世，李氏将王"以俘获人心，而且提供经济援助，甚至直接参与李渊起义队伍。李渊称帝后，奉道教的教主老子为自己的祖先加以祠祀。

唐太宗李世民也信奉道教，推行老子的政治主张，"以道治国"，并且将之发展为更加积极生动的"垂拱而治"。垂拱而治是指垂衣拱手，什么都不做就天下大治。魏徵在《谏太宗十思疏》中说："文武并用，垂拱而治。何必劳神苦思，代百司之职役哉？"

"垂拱而治"作为一种政治理想，比道家无为而治更加积极生动形象，它要求唐太宗"居安思危，戒奢以俭"，是积极的求治，不是消极的顺势而治。垂拱而治与无为而治的内涵也不完全相同，还含有"四两拨千斤"之意。但垂拱而治的本质与黄老政治是一样的，都提倡"君无为而臣有为"。

唐太宗曾谈其治国体会："夫安人宁国，唯在于君。君无为则人乐，君多欲则人苦。""天下大定，亦赖无为之功，宜有改张，阐兹玄化"，百官"各当其任，则无为而治矣"。唐玄宗也受太宗影响，竭力推崇道家思想，亲撰《御注道德真经》和《御注道德真经疏》。他写道："圣人之无为也，因循任下，责成不劳，谋无失策，举无遗事，言为文章，举为表则，进退应时，动静循理……顺天之时，顺地之性，因人之心。是则群臣辐辏，贤与不肖各尽其用，君得所以制臣，臣得所以事君，此理国无为之道也。"可见，有唐一代都深受道家思想的影响。

何谓"三玄"

"三玄"是魏晋时期人们对先秦典籍《老子》《庄子》《周易》三部书的总称。"三玄"一词始见于北齐颜之推的《颜氏家训·勉学篇》："洎于梁世，兹风复阐，《庄》《老》《周易》，总谓三玄。"兹风指玄学清谈之风。梁代清谈复盛，《老子》《庄子》《周易》之学从而再兴。

"玄"这一概念源于《老子》"玄之又玄,众妙之门",是奥妙莫测之意。扬雄也讲玄,他在《太玄·玄摛》中说:"玄者,幽摛万类,不见形者也。"王弼《老子指略》说:"玄,谓之深者也。"称《老子》《庄子》《周易》为"三玄",是因它们含有非常深奥的学问。魏晋玄学研究这种学问,所以有玄学之名。当时的玄学家无一不从事三玄之学的研究。例如,何晏作《道德论》;王弼注《老子》《周易》,著《老子指略》与《周易略例》;阮籍尤好《庄》《老》与《周易》,作《通老论》《达庄论》和《通易论》;嵇康自称"老子庄周,吾之师也";向秀、郭象则注《庄子》。

　　魏晋三玄之学已与先秦的《老子》《庄子》《周易》不同,主要表现在:

　　首先,先秦的《易》学属于儒家系统,魏晋玄学则以老庄解《易》,是儒道结合的产物。王弼的《周易注》和《周易略例》就是以老庄解《易》的典型代表作。其次,先秦的《老子》《庄子》是反对儒家礼教的,而魏晋玄学家所解释的《老子》《庄子》,除嵇康、阮籍之外,一般是调和儒道,或主张儒道合一的。例如,王弼用老子的思想解释《论语》,认为名教(儒家礼教)是自然的表现,郭象则认为名教即是自然,在他的学说中,儒家与道家是合二而一的。

　　如果追溯这两种差别出现的原因,我们就必须回顾当时的历史环境。魏晋玄学是在汉代儒学衰落的基础上,为了弥补儒学不足而产生的。从汉武帝时期的董仲舒提出"罢黜百家、独尊儒术"到东汉汉章帝《白虎通》将其无限神化,儒家思想一直是汉代占统治地位的官方哲学,由皇帝钦定并颁布天下,有着至高无上的权威。东汉末年,社会矛盾激化,黄巾起义爆发,东汉王朝覆灭,儒学也受到沉重的打击,"旧居之庙(指孔庙),毁而不修,褒成之后,绝而莫继,阙里不闻讲颂之声,四时不睹蒸尝之位"(《三国志·魏书·文帝纪》)。两汉经学随之衰落。汉代经学,经注烦琐,人不得其要领,神学粗糙,易被识破。到魏晋时期,统治阶级无法再沿用前代的官方哲学,不得不建立新的理论来克服这些毛病。此时,玄学兴起,哲学思辨精

文王演易

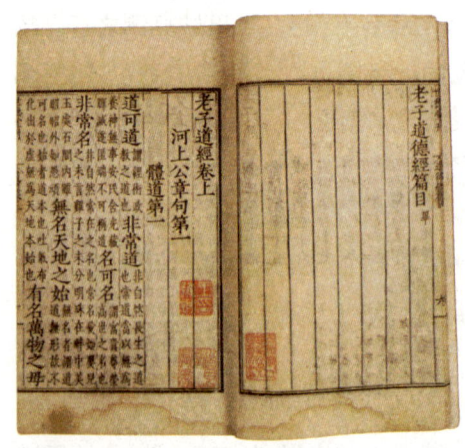

《老子》书影

致简约,在政治上继承了汉儒尊崇孔子的思想,同时在哲学上抛弃了汉代天人感应的神学目的论说教,将老庄哲学进行改造以对儒家名教作新的理论上的论证,从而调和了儒道两者的思想,弥补了汉代儒学的不足,一跃成为显学高论,风行于世。

关于这一点,北大哲学教授、著名国学大师汤用彤先生做过精辟的论述。他认为魏晋的思想体现为"本体之学,为本末有无之辨",它贵尚玄远,其特点是稍略于具体事项,而究心于抽象的原理。与先秦诸子的百花齐放对比,玄学的重点,则在于融会贯通儒道两家,刑名之论,阴阳家之说,则被尽可能忽略掉;同汉代学术的质实相比,魏晋玄学则把形而上的哲理放在高位,论事辩理,不带俗气,别有风骨;它承袭儒道两家的精华,又接引外来的佛教,使得《般若经》与《老》《庄》在一个自由的氛围里对话,奠定了佛学在下一个世代里声势显赫的基础:天台华严,双峰竞秀,是中国古典哲学的巅峰。

最后,《老子》《庄子》,在哲学上原皆主张"有生于无"之说;魏晋玄学所解释的《老子》《庄子》,讲"以无为本、以有为末"或万物的自生独化。

老子认为,"有"为看得见的具体事物,"无"即是看不见的"道",为万物的本源。"有"由"无"产生。《老子·四十章》:"天下万物生于有,有生于无。"到了魏晋玄学这里,"有无"问题已经成为中心。以何晏、王弼为代表的玄学贵无派把"无"当作世界的根本和世界统一性的基础,提出了"以无为体"的本体论思想。他们认为,在形形色色的多样性的现象背后,必有一个同一的本体,否则多样性的现象就杂乱无章无以统一,并认为这个本体即是无。在他们看来,"有"不能作为自身存在的根据,"有"只能依赖于本体"无"才能存在。崇有论者则反对贵无思想,否认无能生有,认为有是自生的,自生之物以有为体。郭象既反对"无中生有"说,亦反对有必"以无为体"说,主张有之自生说,并认为"有"是各个独自存在的,不需要一个"无"作为自己的本体。把万物都看作是自生独化的,一切都独化于玄冥之境,表现出神秘主义思想倾向。

庄子学说有何哲理之美

庄子在出世与入世之间，他选择了出世、无为。这种安贫乐道的精神给了中国文人一片可以休息的土壤和桃花源。相对于儒家的入世、法家的功利，道家的思想是那么崇尚"无为"。而道的根本又是什么？

庄子名周，字子休。后人称之为"南华真人"。他继承了老子的道家学说并加以发扬，是战国时期著名的思想家、文学家、哲学家。他的学说涵盖了当时社会生活的方方面面，但根本精神还是归依于老子的哲学。后世将他与老子并称为"老庄"，他们的哲学为"老庄哲学"。他的哲学继承了老子的"道"的学说，崇尚"无为而治"。所谓"道"，就是一种无形无声、无色无味的抽象的道理。它存在于世间万物，是一切的根本。所谓"无为"就是顺应天命，顺应时节，而不刻意追求。"人皆知有用之用，而莫知无用之用也。"

作为宇宙之本体，"道"虽悠然寂静，不见形象，不可感知，不可言说，但它却有情有信，具有实在性，在天地产生以前就真实地存在着，并成为天地万物的本根和存在的根源。相对于天地万物而言，"道"作为本体具有超越和永恒的意义。在肯定"道"的超越性意义和本根性地位的同时，庄子也将其内化而成为其人生哲学理论赖以立论的根据和基础。

在庄子看来，作为本体的"道"虽然表现为对现象世界的超越，但它并不是一个脱离现象世界的抽象的独立存在，而是内在地显现于万事万物之中，是万物

庄周梦蝶图　元　刘贯道

《庄子·齐物论》曰："昔者庄周梦为胡蝶，栩栩然胡蝶也，自喻适志与！不知周也。俄然觉，则蘧蘧然周也。不知周之梦为胡蝶与，胡蝶之梦为周与？周与胡蝶，则必有分矣。此之谓'物化'。""庄周梦蝶"在后世成为文人士大夫热衷表现的题材，上图人物线条高古，构图严谨，刻画了庄周闲适的性情。

之所以成为其自身的内在因素。宇宙万物的生成变化体现着"道"的品性,"道"也通过宇宙万物展现着自身的存在与特性。"道"与万物即内在即超越,超越性与内在性在终极意义的"道"上体现出了统一,追求超越的依据不在外而在于内。内在性即蕴含了超越性,超越是"内在超越",反身内观,即可明见大道。在庄子那里,个体存在与永恒的宇宙自然现实在互相交融,道与人生、宇宙本体与人生追求紧密相连,道的本体论意义正是为人的个体存在提供了一个终极性的价值理想和价值目标,为人的精神追求提供了一种本原性的依托和保证。可见,庄子的本体论为其人生论提供了前提基础,由本体论出发,庄子悟出了他的人生理论。

"大知闲闲,小知间间;大言炎炎,小言詹詹。其寐也魂交,其觉也形开。与接为构,日以心斗。缦者、窖者、密者。小恐惴惴,大恐缦缦。"(《齐物论》)

在庄子看来,现实的人生总是被外物所累。世俗之事即为人之樊笼,驱使人们为私己之利钩心斗角,束缚着人的心灵,人在世俗的桎梏中永远不可能有心灵的宁静和幸福。正因如此,庄子主张超脱于世俗名利是非,摆脱现实中的种种苦闷,追求一种理想的"逍遥游"式的自由境界。逍遥游是庄子的精神追求和生活理想,是他极力推崇的自由观,也是其人生论的核心内容。只有游于无穷,超脱有限的世俗世界,不受各种条件的限制,达到"无待"之境界,才能得到真正的自由。在纷纭的现实之中,如何才能达到"逍遥"之境,游"心"于无穷呢?庄子认为,要得到真正的自由,达到理想的"逍遥"之境,最根本的是要做到"无己",即泯灭物我的对立,忘却社会、他人及自身的存在,从精神上超越一切自然和社会的限制。"至人无己,神人无功,圣人无名。"

庄子的人生理想与艺术追求都是超脱现实的,是靠许许多多的幻想、虚构的文学形象及荒诞离奇的行为方式来体现。他那多种多样的人物塑造方法,为我们呈现出一个异彩缤纷、谲怪奇异的人物画廊与浪漫世界,令人目不暇接、美不胜收。这在中国文学史上极具开创意义,也是《庄子》哲学的重要美学价值之一。

道家养生为什么讲究"天人合一"

"追求道,体悟真"是道家养生思想的最高境界。道家养生是道家文化的重要组成部分。老子一生重视养生,是位大寿星。据司马迁《史记》载:"老子百六十岁,以其修道而养寿也。"他主张"深根固蒂,长生久视"之道、"顺应自然"之说,提倡"甘其食,美其眠,安其居,乐其俗",即以修道而养生。

"天人合一"就是"道"的核心因素，千百年来都为人所尊崇。北大教授季羡林老先生曾经对"天人合一"做过这样的定义：天就是大自然，人就是人类，合一就是人类去感应大自然的每一处微妙变化，然后与之息息相关起来，顺应它的运行规律。道家注意力主要着眼于人本身，而养生以自然天道为主，强调的是对自我生命活动的切身体验。最重要的是，道家追求生命本质的解脱和精神的安宁，尤其强调精神的超然与人格的独立。道家养生术礼法众多，特色鲜明而自成体系，真可谓礼法完备、万类俱全。其理彻上贯下，上及自然之道，下至人体经脉气穴。其法更是门派众多、形式万千，有直承老、庄的自然法门、清静法门、虚无法门，也有从有为法术入手的导引法、呼吸吐纳法、气功法、内外丹法、房室养生法、饮食起居法，等等。

　道，是宇宙的根本。而道家养生，道即是规律，规律又有大小之分。一定时空下的规律不是永恒不变的。而道家养生最关键的就是天人合一。那么如何做到"天人合一"？老子讲"人法地，地法天，天法自然"。例如南北的天气，总是大相径庭。橘子在不同的地方生长，样子跟味道却有不同之处。道法自然中的"自然"是指宇宙中的这个大规律，这种大规律是无始无终，小至精微，大到无穷。你看不见它，但是你又无时无刻不在体验着它。一年四季，春夏秋冬，风霜雨

寿星仙人
道教养生追求无为、飞升、得道成仙。图中所表达的正是这种思想。

雪，寒来暑往……

人体的小宇宙和自然的小宇宙到了最为吻合的时候，即是天人合一的最高境界。为什么这么说呢？每个人都是一个小宇宙，各有自身的独到之处。而每个人又都或多或少地接受来自自然和大宇宙的信息和灵感。养生的意义在此时此刻就不单单是健康的生活，而是以超越一般常人的寿命，健康地生活在这个世界上。因为人的生命是有一定限度的。

我们看《动物世界》，春天的时候，大地回暖，动物开始觅食。夏季，所有生灵最活跃。秋季，各种生物包括人都忙着储存食物，但是动物比人更懂得顺应自然的生活。它们其实是天生的养生家。所以，我们应该向动物学习，要想顺应自然，我们首先要认识自然。所以说，古人从自然界出发，一直在和动物学习养生。比如，一些模仿动物的"五禽戏""八段锦"之类武术。所以说，其实顺应自然的养生很简单。比如日出而作，日落而息。因为万物都是顺乎太阳的。太阳就是万物的阳气。只有我们顺从太阳的时间，人体的阳气才能充盈。人体的阳气充盈了，也就自然健康长寿了，所以我们千万要少熬夜，尽量早睡早起，养成良好的作息时间和习惯。因为，顺则昌，逆则亡。我们每日早睡早起，就是顺。我们每日夜里不睡，早晨不起，就是逆。天人合一，最根本的就是在时间和规律上，做到与自然完美的结合。

人应该早点认识到天人合一的观点，并积极地配合实施。因为，人在最年轻、精力最旺盛的时候，也就是走向衰老的时候，这时就应该养生了。我们应该让人们了解自己的身体，了解道家养生的观念并学习其他养生技能。这样才能做到防微杜渐未雨绸缪，做到"壮则知养，老则久长"。

其实，在中国传统哲学里的"天人"关系实际上是指人和自然的关系。中国传统文化特别强调人与自然的亲和与协调，追求"天人合一"，人只有遵循自然的法则，合乎自然的要求，才能为自然界所接纳。而"道"的意义也不仅在于自然生态和谐统一，更在于人与宇宙的和谐统一，在于生命的主体和自然的客体在生态学和美学基础之上，实现"天人合一"的生态美的合理结合。在天之道与人之道的对比中，舍弃"人之道"而崇尚"天之道"，保持天地自然的均衡与和谐，以获得"天人"之亲和。而人也必须遵循自然的法则才能发展。

道家养生之心在于无为自然。"无为""自然"是道家基本思想，它在养生上的要求是"清心寡欲""恬淡虚无"，为什么呢？因为"人神好清而欲牵之"，这句话的意思其实是说，人的欲望就像防不胜防的贼，时时伺机偷盗人的精神。

《黄帝内经》说："精神内守，病安从来；精神离决，精气乃绝。"简而言之，就是精神是生命的根本。

道教都有哪些修炼法门

道家修炼法非常注重个人的实践，数千年来，为了寻找行之有效的功法，无以计数的道士付出了毕生的精力。

虽然很多情况下，有些道家修炼的最终目的是为了长生不老或者得道成仙，我们对这种非常玄妙的目的，可以当作一种道教文化来看，而不必将其作为一种必然的运作存在。正如北大著名学者冯友兰先生所说："道教是世界上唯一基本上不反对科学的神秘主义体系。虽然道教中也有迷信的思想，但是道教在追求长生不死的道路上，是支持自我修炼的，道教对个体生命价值的重视，我们可以用一种积极的态度来看待。"

从科学的角度来说，这些修炼方式还是能够提供我们一种健身健心的技巧。我们可以取其中对身体颇有好处的理念进行学习，而不必抱持过于玄幻的目的。这些道家修炼法具体有：守一、吐纳、导引、行气、存神、坐忘、心斋、还精、辟谷、踵息、胎息、内丹、太极拳、八卦掌等，其中守一、导引、胎息、存神、内丹最有代表性。

守一

所谓守一，即指意守一处，是一种通过反观内省达到调和形神的内修功夫。《太平经》明确指出："守一之法，为万神根本。"在身心安静的状态中，将意念集中于对"一"（"道"）的信仰。守一法虽然简单，却是道家意守功最基本的方法，后世一切以意守为主的功法，或多或少都包含"守一"的内容。魏晋以后，此法逐渐同吐纳、导引等方法融合在一起，成为后来内丹修炼的一个重要环节。

食气养生图　清　黄慎

导引

这是一类以健身强体为目的的动功功法,包括导引术、按摩术、点穴术、叩齿法、鼓漱咽津法、鸣天鼓、干浴法等。多以动摇肢体为门径,并与气息调节相配合,求得血脉畅通、延年益寿和祛除百病。

胎息

胎息即闭息,是在呼吸调节达到一定程度时,神气相结,鼻息若有似无,呼吸似在脐部进行,如同胎儿在母腹中一样。胎息属道家密宗,是种极缓慢而深沉的呼吸,故也称潜呼吸。由于此功技术性很强,只有由师父传授才能修炼。

吐纳行气

这是一类以调练呼吸为门径的修炼方法,是在呼吸调节中,吐出胸中的浊气,吸进新鲜空气,以求达到精满、气足、神旺的延年益寿效果,并能发放内气利他济人。主要包括采气、食气、闭气、炼气、布气(发气)、胎息、调息、六字诀等。大体可归为服食外气、吞咽元气、存思服气、调动内气四种。大约秦汉时已在流行。后来的内丹功夫也十分重视气息,强调在呼吸中获得先天之气以补后天之气。

外丹

就是用炉鼎烧炼铅、汞等矿石,炼制不死丹药,以实现肉体的不死和飞升。但历史实际和现代科学研究都表明,此种方法对于养生延寿没有任何有益的帮助,甚至还有很大的危害。但是它在道教养生术的发展史上却是一项有影响的客观存在,并在客观上对于中国古化学史和古医药史产生过相当大的影响。外丹术大约形成于西汉时,到唐代达到鼎盛。唐代以后,外丹衰落,内丹兴起。

内丹

这是一种相对于外丹而言的修炼方法,是道家功中最高级、最严谨的功法,是把人体比作炉鼎,把人的精、气、神作为对象,

清宫彩绘内经图
又名内景图,形象地表现了内功修炼以及内景概念的图像,是道教对人体脏腑组织结构的认识。道教气功以意念内观脏腑组织,并以此作为内功修炼参考图。

运用意念，经过一定步骤，使精、气、神在体内凝聚成"丹"，以求长生的一种修炼方法。内丹术融会贯通了古代的守一、存思、导引、吐纳和胎息等各种方法，并且形成了南宗、北宗、中派、东派和西派等派系，各派功法也各有侧重。道教还认为，男女生理不同，故炼丹的方法应有所区别。宋元以来，出现了不少"女丹"的修炼方法，一般都从意守膻中"炼体"入手。

服食

服食又称"服饵"，这是一种通过服用特定的食物或药物来求得长生成仙的修炼方法。所服之物可分为草木金石类药物。外丹术的失败已经证明以服用金石等炼成的丹药来养生是错误的，但草木药却多有滋补作用，如果服食得当，就可起到补养元气、调理五脏、滋养精血、治疗疾病的作用。

房中养生法

中国医学把男女的性生活称为房室生活，也叫房事、行房或入房。凡有关医学性保健的方法，中国古代称之为"房中术"。强调男女性生活的节制和谐，以养精、固精、保精为根本，具体方法有多种，但不管是补救伤损、攻治诸病，还是采阴补阳、还精补脑，最终都是为了增寿延年、长生不老。

香汤沐浴法

就是用调进各种芬芳药料的温热水洗澡的一种修炼方法。常用的香汤有五种，即白芷、桃皮、柏叶、零陵、青木香。此法的作用不仅在于洗净身体，除污去垢，还有更重要的意义，即借助洗涤身垢来洁净内心。人的神气自然清朗，有利于养生修炼。

起居

道家养生修炼之术，除以上介绍的几种外，还涉及了衣食住行、语言、情绪等方面的杂修之法，提倡健康的生活方式和习惯，要求取法自然，适应变化，顺乎天时地利，以求健康长生。

葛洪到底是什么人

葛洪是道教的传人，他一生笃信道教理论，不遗余力地宣传道教学说。他认为道教和儒教比较起来，道教是本源，儒教是末流。道家和儒家的主要区别在于，儒家喜爱的社会现实性更强一些；道家追求的是一种无欲无求的境界，因此主张"抱一而独善"，通过自身修炼而达到养生延年的目的。欲达到这一目的，必须无欲无求，去除无穷的妄念，节制妄动的情思，淡泊恬愉，以养其心，以颐其神，存心济人，端正己行，这样就能不请福而福来，不禳祸而祸去，使人得以尽其天年而终。这是一种典型的清静无为的道家思想，在当今纷纭繁杂、竞争激烈的现代社会中，对于我们的修身养性也有一定的借鉴意义。

葛稚川移居图　元　王蒙
此图描绘的即是葛洪携众家眷移居罗浮山的情景。

葛洪是重生主义者，认为人的生命无比宝贵，死而不能复生。但应如何对待短暂的人生呢？葛洪既反对消极无为、生死齐一的生命观，也反对"死生有命，富贵在天"的天命观及传统的鬼神迷信思想。他大胆提出了"我命在我不在天"的观点，这在当时来说是非常先进的思想论断，从此也成为道教的重要教义之一，是道教徒向死亡宣战的口号，意为个人的生命同天地一样，都是由自然之气所化生，人如果凭借智慧通过造化之理，盗取阴阳之机，修道守气，返本归根，就可以与道同在，寿与天齐。认为人的寿命长短取决于自己，而不是由天地掌握。这是一种以人生为本，肯定人生价值的积极态度。

对于"房中术"，葛洪认为非常重要。"房中术"就是指男女交合的方法，它是中国古代一门口口相传的奇特秘术，具有某种神秘色彩，更由于世俗伦理道德及出家人清规戒律的束缚，使"房中"这个在古代本来十分常用的字眼，变得讳莫如深。实际上，房中术最初乃神仙家创造的一种方术，它以讲求房中节欲、还精补脑及男女卫生指要等为主旨，本是战国神仙术三流派之一，张陵创立的五斗米教承袭了此术。在长期流行过程中，房中术有其不断发展壮大的高峰时期，产生过许多房中家和房中医学专著，并形成一套极为隐秘、系统、完善的男女双修术。它不仅能满足性的需要，还能延年益寿，祛病强身。后来，葛洪也以此作为道教最重要的三方术之一，并鼓励人们配合金丹术而修炼房中术。

葛洪的房中术是依靠口诀承传的，非常隐秘和难以掌握，只有掌握此术者才能达到益寿延年的目的。这正如他自己所说："玄素渝之水火，水火煞人，而又生人，在于能用与不能耳。"葛洪记载了两首阴丹术口诀，其内容继承了《周易参同契》及五行之道。葛洪将阴丹术与服日月精术、守真一术、守玄一术、存神术等一起修炼。葛洪还通晓十余家房中之法，或以补救伤损为目的，或以疗治疾病为目的，或以采阴益阳，或以延年益寿，他总结其共同的要诀，即"还精补脑"，就是在将要射精时忍精不泄，认为这样做有益髓补脑的作用。在古代房中术中，忍精不泄被看成是男性是否能从房事中获得养生之益的关键因素，并认为男子在性生活中"多交少泄"甚至不泄，不仅可以强身祛病，更能延年益寿。这种说法显然与现代医学知识相悖。现代医学认为，如果过分追求忍精不射，反而可能引起男性性交后尿道和膀胱充血、尿频等症，还容易造成男性精神负担，影响其正常的性欲。所以，为了自身健康，"还精补脑"的做法还是要适度进行。

葛洪一生中著作较多，其中《抱朴子》是一部综合性的著作，分内篇二十卷，外篇五十卷。内篇说的是神仙方药、鬼怪变化、养生延年、禳邪祛病等事，属于道教的著作。其中《金丹》《仙药》《黄白》等部分是总结我国古代炼丹术的名篇。外篇说的是人间得失、世道好坏等事。其中《钧世》《尚博》《辞义》等篇，是著名的文论著作。《肘后救卒方》简称《肘后方》，是他在广东编著的一部简便实用的方书。收录的方药大部分行之有效，采药容易，价格便宜。而且，篇帙不大，可挂在肘后随行（今天所说的袖珍本），即使在缺医少药的山村，以及旅途中，也可随时用来救急。所以，受到历代群众的欢迎。葛洪的医学著作，据史籍记载，尚有《金匮药方》一百卷、《神仙服食方》十卷、《服食方》四卷、《玉函煎方》五卷。葛洪以"我命在我不在天"为养生精神，以"不伤不损"为养生根本，以"保精""辟谷""导引""行气"为养生方法，将道教养生的精妙展现于世。

第十二章

法家
——以法为教的法家思想

法家诞生于一个礼崩乐坏的时代,这也就决定了其崭新的革命性。与西方明确条文的律法不同的是,法家本身的思想蕴含了太多的中国特色的文化内涵。

在北大法律信息网的一篇文章——《中国法律思想史》中,不仅对法家与西方律法做出了区别,同时也点明法家"中华法系"本身的中华文化内涵。法家的所有思想均是"中华法系"所特有的理论基础,而非与当今的法律思想一一对应。如果纯粹以西方的"公法""私法"之分来清理法家的思想,则会只剩下干巴巴的几条,显得十分苍白无力,有"削足适履"之感。完全成为西方法律思想的影子,与它指导了两千多年的"中华法系"的灵魂地位难以相称。

"法系"就意味着这是一个十分复杂的系统,两千多年的历史也注定了这个系统深厚的文化性和历史性。所以,要了解法家,并不是单纯看几本法家的书籍和其中的条例,而是应该溯源千年历史,来挖掘这份厚重的文化积淀。

秦是否亡于法家

秦朝是中国历史上第一个大统一的王朝,这个统治了短短十五年的朝代给后代留下了无数思考,秦朝的灭亡起于微末,但终于导致崩盘,短短数年就葬送了一个伟大的帝国。有一种观点认为,导致秦朝灭亡的缘由是法家思想。

我们都知道,法家的思想主张中,倡导"法""术""势"。其中,法是国家利益的体现,禁止儒家思想中的"仁政""德治"思想,达到统一思想的要求;

而术则是实现法治的手段，君主为了掌握政权和使臣贯彻法令以实行法治，就必须有驾驭权臣的术；君主之所以能立法和行使权力，就是因为掌握了权势，这就是所谓的"势者，胜众之资也"。

在法家思想体系中，法家更强调人的动物性，强调人的物欲和在政治思想中的法治效率，用富国强兵之路来造势。北京大学儒商文化研究中心在《中国古代哲学思想综论》中提到，法家有其不足的地方。如极力夸大法律的作用，强调用重刑来治理国家，"以刑去刑"，而且是对轻罪实行重罚，迷信法律的作用。它认为人的本性都是追求利益的，没有什么道德的标准可言，所以，就要用利益、荣誉来诱导人民

始皇诏版 秦
这块青铜的诏版，原置于宫廷重要的器具之上，文为"廿六年，皇帝尽并兼天下诸侯，黔首大安，立号为皇帝，乃诏丞相状、绾，法度量则不壹，歉疑者，皆明壹之"。

去做。比如战争，如果立下战功就给予很高的赏赐，包括官职，这样来激励士兵与将领奋勇作战。这也许是秦国军队战斗力强大的原因之一，灭六国统一中国，法家的作用应该肯定，尽管它有一些不足。

那么整个秦王朝的兴衰与法家的是非功过又该如何评价呢？法家过于重物不重人，是否是其促使秦朝灭亡的根本原因呢？

传统观点认为，秦依靠法家学说统一中国，当秦的法治推行了一百多年之后，其本身就已经逐步走向僵化，原来有敌人，统一后敌人没有了，而之前保留的严苛法律却一直延续下来，并逐步走向极端；而法治思想本身就是建立在君权基础之上的，皇帝的个人素质对于国家的发展起到了很重要的作用，显然秦二世的才能远不及秦始皇；而法家所倡导的术，也是秦二世时期，秦二世、赵高、李斯钩心斗角产生的逻辑必然。

首先，最早为秦朝灭亡原因下定论的是汉初的儒生。贾谊《过秦论》中"仁义不施而攻守之势异也"的断语就成了后人评论秦亡原因的典型看法。而推论这

韩非子像

一断语的可靠性，不难发现秦推崇法家，儒生在秦朝过得并不如意，那么他们的定论就带有很强的倾向性。

其次，秦的很多做法恰恰是法家所反对的，如聚敛过度、徭役过重等。秦制本身就有许多内容违背了韩非子、法家所倡导的一些东西。诸如，法家反对秦始皇过于勤政，忘记了老子"民不畏死，奈何以死惧之"的教训。

韩非子《亡征》篇中列举的一百多种国家灭亡的征兆，秦始皇的做法就占了好几条。同时，在《过秦论》里贾谊还论述道："凡与民为敌者，或迟或速，而民必胜之。"这也许才是秦之所以灭亡的真正原因。

再次，秦的灭亡，是由于其过于迷信法律的有效性，它的法律超过了人性的限度。

接受了商鞅变法的秦国变得更加强大，当时的苛政并没有促使秦国灭亡，《史记》记载："行之十年，秦民大悦，道不拾遗，山无盗贼，家给人足。民勇于公战，怯于私斗，乡邑大治。"而在统一六国之后，秦没有解决好东方六国的旧势力，六国人对秦的"苛政"难以接受，人心未稳，潜伏动乱危机。

通过《史记》描述"商鞅变法"初时："令行于民期年，秦民之国都言令之不便者以千数。"不难发现，变法初期，秦人也抵制变法。反思之，六国之民初被秦国统治，同样抵制秦政。

而秦朝完成统一时，历经战争，人民渴望和平稳定的生活。但是，秦国不思考当时的状况，依旧迷信法律的有效性，仍然延续商鞅制定的"苛政"。随着秦统治的扩大，反抗秦的量变扩大，而且秦政越来越严苛，达到一定的度后，就会质变。被压迫的人民，终于起来反抗秦朝，秦朝在起义反抗之下崩溃了。

最后，秦的灭亡与它的征战、大兴土木超过了生产力的承担极限不无关联。统一六国之后，秦的军事部署重心放在长城、岭南一线，大兴土木，准备与胡人之间的战争，对内不加防范，以致陈胜、吴广起义之后救援不及。

秦的灭亡并非单一原因的结果，是多方面作用共同导致的结果，单一的论述为某一种思想的过失，这一结论有失偏颇，毕竟某种政治思想的力量是有限的。

"法家"与"法制"有何不同

法家是春秋战国时期影响深重的一个学派，法家的政治主张中，提倡依法治国。在讲究法治社会的今天，就有很多人认为"法家"就是我们现在所讲的"法制"，将二者混为一谈。不少讲述法家的文章中，也将二者放在一起进行比较，加深了人们对于"法家"就是"法制"的误会。

其实，法家的核心政治思想虽然是依法治国，但法家所讲述的"法与国"同现代意义上的"法与国"的含义是不同的。法家与法制的不同主要表现在以下几个方面：

其一，两者都是在强调依法治国，可出发点不同。

法家之"法"虽然指依法治国，但法家的核心政治思想中，还有"术"和"势"，在法家的政治思想中，还是讲求"人治"，"法"也局限为统治者的统治方法。冯友兰先生也论述过这一问题，他说："因此，如果对'法家'望文生义，以为法家便是主张法学，这便错了。法家的主张，用现代语言来说，乃是一套组织领导的理论和方法。法家之法实施的结果，是产生一个专制独裁的国家。"

而现在我们所讲的依法治国，是"法制"，是与人治相对的。法治之法实施的效果是诞生一个民主自由的法治国家。

其二，两者虽然都是在讲述法治，但达到的目的不同。

法家之"法"，核心的目的主要还是围绕治国平天下，是用于治理国家的方式方法，在法家的思想中看来，法是用于维护国家的武器，国家远高于个人，而国家属于君主。在这种价值观的诱导下，法家之法维护的是君主的个人利益。法律的制定和实施都以保护高居于个人头顶的国家、君主为目的。因为法家的法，主要保护国家利益，所以法家之法以公法为主，法律的制定主要是用以解决政府如何顺利地对下级政权机关、社会和民众实施管理，称之为政令更加准确。

而我们现在所讲的法制之"法"制定的核心，是为了给社会成员提供一套维护正当权益的机制。

其三，虽然都制定了法律，但两者的来源和产生程序都不相同。

法家之"法"来源自人为构建，是由统治集团制定，然后交由民众来遵守，是统治者意志和利益的体

"法"字
法字的古体字由"水""廌""去"三部分组成，分别代表公平、公正和决断，形象地道出了"法"的意义。

现。"法者，编著之图籍，设之于官府，而布之于百姓者也。"当统治者的意志通过立法程序转化为法律之时，代表的是有限阶层的利益，这与法治精神是背道而驰的。

而法制之法是非建构性的，法律是进化而非设计的产物，而且这种进化的过程乃是一种竞争和试错的过程，因此任何社会中盛行的传统和规则系统都是这一进化过程的结果。

其四，两者都有成文法律，但它们保护的对象和约束的对象不同。

前面讲到，法家之法是由统治阶级制定的，由被统治阶级来执行，是

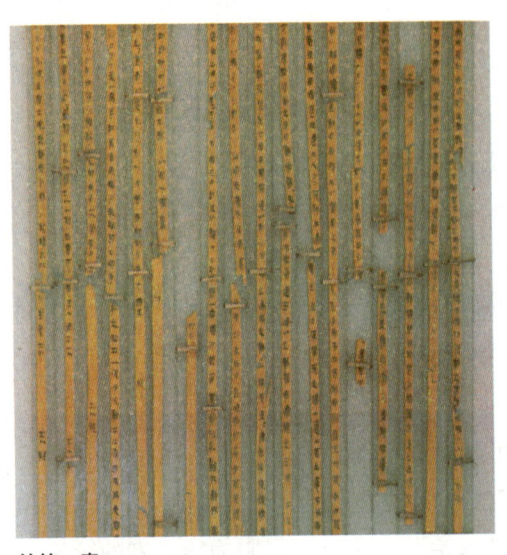

竹简　秦
韩非子的法家思想为秦朝统治阶级采用，这部出土于湖北省云梦睡虎地秦墓的律简，真实生动地记载了秦国是如何以法治国的。

用来稳固统治者权力地位和约束民众的。《史记》有谓："变法修刑，内务耕稼，外劝战死之赏罚。"法家所说的法，作为君主治理国家的方式方法，无一例外地认为给予最高统治者以毫无限制的治权是理所应当的事情，因此法家之法绝对没有约束君权的内容，单方面维护统治者的利益，而不维护被统治者利益。被统治者的利益得不到保障，就必定经常轻慢和违反法家制定出的法律，统治者想要"法"得以实施，就必须依靠强大的武力。于是法家之法造就了两千多年来的极权国家。

法制之法，是被发现而并非被制定，它阐述的是社会成员之间划定行为边界，让利益冲突在公序良俗的框架内得到解决，这些内容在被制定成法律之前，已经在社会成员之间发挥着作用，制定成法律之后，也很容易得到公众的认可，每个公民都会自觉地维护法律，法律在履行过程中虽然也会用到武力，但会被严格约束和限制。

法家认为"君臣之间"应该是怎样的关系

与儒家思想中"君君臣臣"的君臣关系解读完全不同的是，法家所推崇的君臣关系表现出了另外一种极端情况。

法家的这种思想来源也并非一蹴而就，其经历了一段时间的发展酝酿。法家

早期的代表人物慎到认为，君臣之间是一种上下级的服从关系。"人莫不自为也，化而使之为我，则莫可得而用矣。"（《因循》）天下都是为君主服务，为君主所用的，而身为君主也要善于利用臣子。

道家分化来的法家代表——申不害则认为，君臣之间的关系是支配关系。《大体》一书中对这种君臣关系是这样评价的，圣明之君就如同人体的躯干，而臣子就好像是手。君主发号施令，臣子就需要相应相和。君主设置好本源方向，臣子就要操持微末之事。君主治理国家会制定一些大政方针，臣子就要将其贯彻实施。这种君臣关系中，君主与臣子之间的关系是指挥支配关系，臣子要像车轮凑集于车毂那样，围着君主转。

这种君臣关系到法家之集大成者——韩非子这儿就已经演变成为赤裸裸的利害关系、权力关系。"人臣之于其君，非有骨肉之亲，缚于势而不得不事也，故为人臣者窥觇其君心也，无须臾之休，而人主怠傲处其上，此世所以有劫君弑主也。"（《备内》）大意就是，人臣对于君主来说，并不是具有血缘关系的骨肉至亲，而是因为附和其势力而不得不去侍奉君主，所以作为臣子，就要时时刻刻窥探帝王君心，但是，有时候帝王做事过于自傲而行，不把臣子当作一回事，这也就是有时候会出现臣子被逼弑君的缘由。

臣子对君主就是被利用、被使用的关系，随着法家思想的逐步演变，这种思想越来越严重。在法家眼中同样认为，臣子不可信，君主要用"术"来操纵和制约臣子，因为他们时时刻刻在想夺君主之位。法家认为如果过于宠爱臣子，和臣子太亲昵的话，就有可能危害到帝王自身的安全，因为如果人臣的地位过于显要的话，那么君臣关系就会颠倒。

这种思想的来源是法家总结了历史上的种种亡国原因产生出来的，认为有一些君王之所以最后落得个身危国亡，就是因为某些权臣的地位过于超然了，他们手中的权力过大，

臣子拜见皇帝图
图中皇帝高坐于堂上，左右有太监、仕女侍候，堂下一臣子匍匐在地上毕恭毕敬地叩头，似乎在等待皇帝的吩咐。这幅图表现了封建社会臣子对皇帝的绝对服从。

同时使得这些权臣的威信大大高于帝王。这里所说的显贵权臣，就是那种不依循法律而按照自己的喜好擅自行事的，因为他掌握了权力，所以他可以利用自己手中的权力让自己的行为更加方便不受束缚。这种权力高于帝王的情况，我们就将之称为"擅权势"。从历史中，我们也可以发现，之所以商纣王最后国破身亡、周王室最后地位日渐微弱，都是因为地方诸侯的逐渐崛起。

其实，法家的这种君臣关系理论产生，与法家的世界观有着极大的关系。

商鞅认为，君主的知识水平并不是治理好国家的关键因素，国家想要治理好，就要树立君主的尊严，让国家组织体系运作形成常规，法令制度要严明。只有这样，才能治理好国家。这里，君主的尊严是被首先强调的，君主要维护住尊严就要使用不同的"术"。

对于操纵臣子的"术"，法家思想者们的主张也各不相同。

早期法家代表慎到主张"人君任臣而勿自躬"。他主张，君主不要事必躬亲，而是尽量让臣子来完成，让臣子发挥才智，从而达到"事无不治"的目的。慎到认为，君主不要事必躬亲的理由是：第一，君主也会犯错，而事必躬亲的君主一旦出错，臣子反而会责备君主，这样就降低了君主的尊严，显然这样是有悖于法家理念的；第二，当君主的什么都做了，那臣子就会碌碌无为，并且碌碌无为的臣子也会是国家的负担，这是一种"君臣易位"的表现，这样的国家会混乱不已。因此，慎到认为，想要做一个好的君主，就一定不要事必躬亲，要充分地利用臣子。

申不害则认为，臣子才是祸乱国家的最大威胁，君主要时时防范身边的臣子。他的理论中，君主要"示天下无为"。因为臣子会"蔽君之明，塞君之听"；臣子会越权、作乱；臣子更会"弑君取国"。"今夫弑君而取国者非必逾城郭之险而犯门闾之闭也。"为了防范臣子们的这些行为，君主只有装作听不见、看不见、不知道，无为而治。只有这样，臣子才没有钻空子的可能性，君主才可以发现臣子的真实情况。申不害的"术"的出发点和归宿都是君主"独断"——"独视者谓明，独听者谓聪。能独断者，故可以为天下王"。

商鞅则主张"法治"。商鞅的观点就是，君主可以公正公平，严格按照法制行事，君主对敢违法或执法犯法的臣子要严惩不贷，而对有功之人给予相应的物质奖励。所以，法不只是"罚"，这里还有一种更客观的按照贡献来制定相应回报的思维。他在《商君书》中具体提到，一个圣主治理天下的话，是会依照法律来行事的，有功就赏、有过就罚。凡是战斗之中不畏死而英勇作战的，最后都能够按照军功论功行赏，以获得爵位。功劳越大的，他们获得的赏赐也应该越大。

法家集大成者韩非子则认为，君臣的矛盾来源自君主的权力不够集中，君主不能绝对的专制，臣子们权力过重。

《韩非子》书影

那么君主就要"主用术，则大臣不得擅断，近习不敢卖重"（《和氏》）。作为君主权势不可假借于人。对于臣子，君主要经常逐一考察他们的言行；有罪必罚，以维护其权威；有功必赏，驱使臣子竭尽全力为君主效劳。在对臣子的考察中可以用尽手段，包括"疑诏诡使""挟知而问""倒言反事"，只有这样，才可以防止臣子的诓骗。

《管子》中有何"人君之术"

《管子》是战国时各学派的言论汇编，传说此书为春秋时期管仲所著。此书内容庞杂，包括法家、儒家、道家、阴阳家、名家、兵家和农家的观点，而此书中关于人君之术的论述也是比较出彩的。人君之术，又称为人君南面术，是法家思想理论中君主治国的学说，之所以称为人君南面术，是因为古代帝王以坐北朝南为尊。所谓"君人南面之术"，即治国之术，政治哲学。

人君南面术的核心内容是"清静"和"无为"。"清静"是指清心寡欲，谦虚礼让，遇事以卑弱自处。"无为"是指"任人而不任智"，遇事多向臣子要办法，发掘臣子的才智，自己则以逸待劳收"无为而无不为"之效。

具体执行起来，可以总结为以下几点：

第一，"正形摄德"的"心术"

《管子》认为，为君的第一要义是加强道德修养。"立身者，正德之本也"，要求凡是要做的事情，既能做到，又不过分，"过与不及"都有害于国家。君主的"心治"是和国家安危紧紧联系在一起，"心安是国安也，心治是国治也"，在君主专制社会中，君主的思想往往代表一个国家的思想。那么君主言行的正当与否就显得十分重要了。

第二，"形名因应之术"

《管子》认为，君主在任免臣子时，要以臣子的能力或行为表现委以职务，再根据他的职务、言论检核他的行为、政绩。可想要达到这个目的，就需要君主客观地看待臣子所表现出来的能力。

如何检验臣子，《管子》主张"因任无为""静以待时"。是指君主既不"自用"，又不"变化"；既不"定形"，又不"制名"。君主需要表面上不动声色，暗中却察言观色，从容自在、以逸待劳。通过

管仲像

不偏不倚，不轻信人言；既保持主见，又能采纳意见；从个人想法出发，察验事实。这样，臣下的美恶便会自然显现出来。

第三，"上下之分不同任"术

法家认为，君臣之间的关系是赤裸裸的利用关系，但是君臣之间却不得不紧密地联系起来。君主的政令想要被贯彻执行下去，就需要各级臣子的支持，否则君主是毫无办法的。如何让君主控制好群臣，处理好君臣关系，就是个很重要的问题。

《管子》认为君主需要做的是，制定成文的法律，而通过法律让臣子来执行；知人善任，让臣子守职尽责；君主不可事必躬亲，臣子不可以上夺君权。做到了以上三条，就可以实现君明、相信、五官肃、士廉、家愚、商工愿的局面。

第四，"无为而治"术

《管子》认为君主对臣民乃至整个国家的经济、政治、军事、文化等方面都要"无为而治"。只有君主无为，君子的臣民才能发挥自己的能力。"君无为，则人乐；君多欲，则人苦。"那么，君主什么都不做吗？也不是，而是要发挥手下贤德之臣的主观能动性，让自己一个人不要负担太大。

什么是"五听"断案法

"五听"断案是指官吏在审讯案件过程中，通过"辞听""色听""气听""耳听""目听"五种方法得到真实的口供，从而得到较为客观的案情，以便做出公正裁判的方法。"五听"断案是古代听讼的基本方式，核心内容在于通过"五听"

来获取辨别当事人（尤其是被告人）的供述，获得查明案情的依据。

"五听"断案的具体方法，说起来就是"五声听狱讼，求民情：一曰辞听（观其出言，不直则烦），二曰色听（观其颜色，不直则赧然），三曰气听（观其气息，不直则喘），四曰耳听（观其听聆，不直则惑），五曰目听（观其眸子，不直则眊然）"。然后在此基础上"以理推寻"，逐步构建出整个案件的真实面貌，获得事情的真相。

详细来说，也就是官吏在进行案件审讯中，首先观察当事人的表情和神色，深入地洞察当事人每一个细微的神情，判断其有无异样，从而发现案件疑点，为发现案件真相奠定基础。官吏会在审讯中，自信鉴别当事人的陈述，判断其中的真伪。言为心声，通过当事人的言辞，既可窥见其内心活动，也可进一步为调查取证探明真相提供条件。

同时，根据当事人的外在表现，来找出事情的线索。人不经意间的外在表现反映出人的心理状态，通过观察当事人的诸多行为，来为查明真相提供线索。

再者，官吏在判断案情之前，先从人情、常理、逻辑入手，反推案件中不合逻辑、情理的情节，揭示其中的深层原因，从而查明案件的真相。

"五听"制度最早从奴隶制的周朝发端，后为封建历代不断承继并发展，成为对我国古代诉讼影响深远的方法。秦朝时"必先尽听其言而书之"，根据当事人的供词，反复询问其中矛盾或情节陈述不清的地方，以求获得事情真相，如果遇见"更言不服"者，甚至可以采取刑讯的措施，即"笞掠"。汉代时，加强了对被告进行审讯，称之为"鞫狱"，"汉世问罪谓之鞫"（《尚书·吕刑》）。唐朝，五听制度进一步发展，成为审讯查证过程中，必须使用的手段。宋承唐制，继承五听断案的方法。元朝五听断案法有了很大的发展，具有很大的进步意义。元朝在审讯中强调要遵循"以理推寻"的规则，刑法的启用，放置在了"问呵""讯呵"，不得

平遥县署
县署即县衙，是古代县官办公审案之地，堂中悬挂着"明镜高悬"匾额，象征办案官员目光敏锐，识见高明，能洞察一切。

审案图

"罪囚""言语回者"之后。明朝时加入了"观于颜色,审听情词",通过对刑讯中当事人的反应,来辨别口供真伪,清朝也非常重视通过五听获取"狱囚"的口供。

"五听"断案绵延数代的继承和发展,充分显示出其顽强的生命力。拥有如此大的影响力,是有其深刻的历史背景和合理性的。主要表现在:

首先,法官必须亲自问案,直接听取当事人的陈述,并对当事人的表情、神色、神态进行细致的观察,这有助于通过比较分析和综合判断,准确查明案件事实。

其次,"五听"制度从最初感性分析人的情感为基础,逐步上升到理性层面,通过运用事理、情理和逻辑推理对案件进行判断。从现代司法刑侦的角度讲,"五听"断案中包含了一定程度审讯学、心理学和逻辑学等的内容,有一定的科学依据。

但这种方法也并非毫无缺陷。"五听"断案过于强调法官对"五听"所做出的判断,过于感性和盲目,很容易导致主观擅断、造成冤假错案。而"五听"制度对古代司法官要求过高,要求他们"体察民情,通晓风物",并且具有较强的观察能力和分析能力,而在古代整个教育体系不完备的情况下,司法官群体素质也不高,这一制度也很难切实发挥作用。最后,"五听"制度过于依赖口供的价值,并且在当事人"不配合"的情况下又给予了很高的刑讯权限,成为司法官在"情不得实"时施以刑讯的借口。

"五刑"是什么

"刑""罚"在今天被合并作为一个词来使用,指依法对触犯法律的人加以强制处分的行为。而在古代,这两个字分别代表了不同的含义,"刑"主要是指肉刑、死刑,对触犯法律的人施加的在身体上产生伤害的处分行为;而"罚"则是指让触犯法律的人使用金钱来消除其罪过。

刑罚制度是社会法制的重要构成,其中,"五刑"构成了中国古代的刑罚体系,但五刑的具体含义和内容在各时期表现也不尽相同。

早在夏启政权诞生之前,大禹就已经采用刑罚来处置家族首领,大禹召集首领在会稽山聚集,"防风氏后至,禹杀而戮之"。这便成了最早的刑罚记载。

夏商西周三代,是以肉刑为中心的"五刑"体系,包括墨、劓、荆、宫、大辟等。五刑制度初立于夏,"夏后氏之王天下也,则五刑之属三千"(《晋书·刑法志》)。商沿用了夏的刑罚制度,只在其中增加了一些变化,但这种变化仍以五刑制度为主。西周继承了五刑制度,并在此基础上增加赎刑、劳役刑、拘留刑等作为补充。将五刑统一为"墨罚之属千,劓罚之属千,荆罚之属五百,宫罚之属三百,大辟之罚其属二百,五刑之属三千"的体系(《吕刑》),五刑体系逐渐完备。

春秋战国时期,为了适应富国强兵、中央集权的需要,徒役刑在这个阶段被广泛采用。同时,迁徙刑成为对新政府地区戍守和开发的有力手段。这一时期的刑罚体系为笞、杖、徒、流、刑。秦朝沿袭了这一时期的刑罚体系,又在此基础上有所创新,增加了侮辱刑、财产刑、其他刑等。

汉承秦制,也延续了这种混乱的刑罚体系。形成新的五刑制度:死刑、羞辱刑、经济刑、株连刑等八大类,其中五类为主刑,其余三类为附加刑。

三国两晋南北朝时期,刑罚体系有了很大的变化,新的五刑制度初步形成。首先是曹魏的《新律》,"改汉旧律不行于魏者皆除之,更依古义制为五刑。其死刑有三,髡刑有四,完刑、作刑各三,赎刑十一,罚金六,杂抵罪七,凡三十七名,以为律首"。西晋的《泰始律》又将曹魏的七种三十七等刑罚简化为五种。总的来说,就是逐渐宽缓,将对身体残害的刑罚手段减少,连坐范围缩小。

最终定型五刑体系的是隋唐时期,唐律最终将其定型,确认为笞、杖、徒、流、死五种二十等,比较以前各代要轻出许多,死刑也只保留了绞、斩两种。唐律也被称为"得古今之平"的刑中典范。

这一体系自唐定型后,在其后的时代都没有发生显

死刑图

著变化。

宋刑创制了折杖法,开始使用刺配刑。元代推行严酷的刑罚,还公开承认私刑合法化。明代则是在徒流上附加杖责,增加了充军刑和廷杖。至清代,则是沿用明代刑罚制度。

从原始社会开始到商周末期以肉刑为中心的五刑,逐步沿革成为废除肉刑,向徒流刑过渡的西汉时期,到隋唐时期形成以徒流为中心的"五刑"。

中国古代刑法制度主要就体现在五刑制度的变化上。

纵观中国古代刑罚制度,总的发展趋势是一个从原始的野蛮、落后、残暴向文明、慎刑方向发展的过程。刑罚的惩罚力度也是由重到轻发展。但不论刑罚如何发展,刑罚制度始终体现出了维护封建等级制度和特权的表征,刑罚对于不同的封建阶级表现出来的惩罚力度完全不同。

"监狱"制度是怎样完善起来的

"监狱",是指看管和羁押犯人的场所,是国家权力机构下属工具。"监"表示从旁查看,监视;"狱"表示囚禁罪犯的地方。从功能上来看,中国古代监狱包含了监狱与看守所两种功能,既监视犯罪嫌疑人,又囚禁罪犯。

监狱不是从来就有的,它是随着阶级的产生作为统治阶级实行阶级压迫的工具而存在的。中国有近四千年的监狱沿革历史,可以说中国古代监狱经过长期的发展,形成了一整套比较完善的制度体制。

铁钳和铁桎　秦
铁钳和铁桎正是刑徒所戴刑具,两桎环,一环上有铁锁一把。

最老的监狱起源自夏代"丛棘",最早是惩罚战犯和奴隶,使用荆棘编制成围墙,困住囚犯所使用的手段,"系用徽墨,(置)于丛棘"。

到了商代,监狱逐渐发展为"牢",是为了防止奴隶逃脱的产物。至西周,对监狱的称法多有不同。一称为囹圄,除了描述囚禁之意外,还有幽闭思伤的思想;一称为"圜土";一称"犴狱"或"狴犴",同时,"狴犴"分别代表两种不同的动物,因为监牢上常常装饰着这两只动物的形象,显示监狱的威慑作用,因此监狱也被称为"狴犴"。秦代的监狱分为中央狱和地方狱。由汉代开始,监狱逐步成型，我国监狱才正式称"狱"。治狱策略也在这一时期逐步成形，如狱卒不得辱骂、殴打有罪官员，"优礼长吏"；对老年犯和孕妇犯不得上刑，"颂系"；囚犯感觉冤枉可以上述，"呼囚录囚"等，奠定了监狱的基础。汉代的监狱设置繁杂，并且将囚犯进行细分，不同囚犯囚禁在不同名目的监狱里。如女监、蚕室、虎穴地牢等。

直到清代，古代的"牢狱"才正式更名为"监狱"，监狱的名称被正式列在《大清会典》中。对监狱的称谓就这样一直延续到今天。

中国历代统治者利用对前朝经验教训的不断总结，建立了一套自成体系的监狱管理制度。其特点十分鲜明，表现在：第一，中国历代统治者把监狱的镇压作用放在首位，崇尚的是威吓、惩罚和报复主义，已达到"务要内情不得外出，外情不得入内，使人知幽闭困苦之状，以顿挫其顽心"的目的。第二，从儒家的"德治""仁政"思想出发，建立了悯囚制度，其内容包括衿老怜幼、宽缓狱具、提供囚粮囚衣医药、纵囚归家、法外行仁等措施。第三，强制狱囚服劳役，采取自由刑与劳役刑相结合的刑罚制度。第四，中国古代被判处劳役刑的同时，会附加肉刑。第五，皇帝或各级官吏定期或不定期地巡视监狱进行狱情的审查和监督，从而起到减少非法虐待狱囚、平反冤狱等作用。

中国古代监狱所起的作用，遵循这样的规律：中国古代监狱包含看守所与监狱双重功效，始终没有严格区分已决犯和未决犯之间的法律界限。中国的司法实践中，劳役刑很早就已实施，监狱管理中劳役刑始终是主体。

历代监狱的发展历程，还说明了这样一些问题：监狱的设立从烦琐到统一，从汉代面面俱到名目繁多的监狱种类，到分工相对统一的唐朝，再到近代，监狱种类在不断地简化，逐渐体现出"法律面前人人平等"的绝对形式要求；中国古代的监狱与审判权之间关系密切。

《商君书》是怎样一本书

《商君书》也称《商子》，现存二十四篇，战国时商鞅及其后学的著作汇编，是法家学派的代表作之一。战国末年，秦国之所以能在短短的十四年崛起并以摧枯拉朽之势迅速统一六国，建立了我国历史上第一个中央集权制的国家，这一功绩不能不归功于商鞅在秦国进行的两次革新变法。商鞅变法的指导思想是什么，政策措施是什么，治国理论、方法手段，这些都被记录和描述在《商君书》中。

商鞅像

《商君书》是一本很有"思想"和"手段"的"君王之道"。在薄薄一本不到三万汉字的书中,《商君书》将封建君主治国手段的细枝末节,阐述得淋漓尽致。书中不但有理论的研讨,还有实行的手段。也因此成为历代君王的必读教材。《商君书》内所谈论的所有问题,基本上都是围绕着"富国强兵"这一个核心来展开的,君主作为一个明主、作为一个圣人的主要标志,就是要实现"富国强兵"。

为了达到这一目的,《商君书》中给出了如下手段:

首先就是"壹民理论"。

"圣人之为国也,壹赏,壹刑,壹教。"(《赏刑》)"壹民理论"是指,统一赏罚、统一教化。《商君书》中认为,想让国家强大,就必须让民众的力量汇集到一处,但是如何汇集民众的力量呢?《商君书》中同样给出答案:"民之所欲万,而利之所出一。"(《说民》)说的是民众有很多很多的欲望,但是国家应该让他所有的欲望都从一个渠道来实现,之后"利出壹空者,其国无敌"(《靳令》),再将国家所有的资源都控制起来,只通过一种渠道产出。如此一来,国家就具有了绝对的控制社会资源的能力,国家就会变得很强大,就会无敌。再用一种思想、一种观点来教导他,"入使民壹于农,出使民壹于战……民壹则农,农则朴,朴则安居而恶出"(《算地》)。就能达到民众安居乐业的目的。

其次是胜民(制民)五法。

《商君书》中认为,国家想要长治久安,那么国家一定要压服人民。"民弱国强,国强民弱,故有道之国,务在弱民。"(《弱民》)要想压服人民,就需要有一个好的办法来制服他们。在书中,他所描述的办法如下:

一、以弱去强,以奸驭良

意思是用思维简单的人去消灭思维复杂的人,发动群众,任命奸诈的人为官,来统治善良的百姓。这样才能统一思想,让国家的政策可以贯彻执行下去。

二、壹教

意思是要注重教育。这里的教育不是开化教育,而是统一思想忠君爱国的教育。完成君主对民众思想上的统治。

三、剥夺个人资产,造成一个无恒产、无恒心的社会

商鞅的思想中认为,剥夺个人资产,让民众没有安全感,从而依赖体制,按

照体制的规定办事，他们就会更加勤劳地习武耕种，更加依靠国家的强大。而失去财产之后人的道德心会逐渐变坏，战场上就会杀人如麻，这样国家就会有更多的力量，有更多力量的国家就会称王。"治国能令贫者富，富者贫，则国多力，多力则王。"

商鞅认为建立一套这样的制度才可以将民众全部操控在君主手中，使整个国家成为君主手中的利器。这一理论，也被后代尊崇为"帝王之术"。

四、辱民、弱民、贫民

《弱民》中提出，要侮辱人民，让他们没有尊严，让他们觉得自己实在是身份卑微，统治阶级想要造成一种"普通民众都是低贱"的错觉，这就是辱民；鼓励身心强健的人去战场战斗，战死者有赏，这样，很多人就会轻贱自己的生命，很容易就战死沙场。同时，还主张连坐制，就是查出一家有罪，身边的人都跟着获罪，这样让人与人之间出现了不信任的监视感。若干这样的行为就是弱民。而赋税很重，基本剥夺了百姓的财富，人民没有办法，只能为了生存而不停地奔波，这样的手段就是贫民。商鞅的思想中认为，只有抬高和维护了体制，让普通民众没有尊严，没有社会地位，没有钱，才能让民众在体制之外无所依存，更依赖于体制。这种过分违背百姓的行为，其实最终是会危害到国家本身的安定统治的。

五、杀力

杀力的意思是，发动对外战争，外杀强敌，内杀强民。商鞅认为战争是强大的必要手段，首先，可以"杀掉"其他的诸侯国家，可以削弱对方；其次，在战场上也把自己国家的强民杀掉了；最后，战争还可以增加人们的恐惧感，凝聚人心。也就是《商君书》中所描述的"国贫而务战，毒生于敌，无六虱，必强"。

《商君书》在短期来看效果显著。这样一套治理国家的理论，确实让秦国变得有了粮食，战斗力增强，迅速灭掉六国建立了统一的王朝，这点来看《商君书》是成功的。可从长远角度来看，《商君书》也为秦朝的最终灭亡埋下了祸根。在这本书的思想指导之下，秦国是一个无声的世界。它蔑视并抹去了任何一个特殊个体的个人目标，个体幸福被当作不正当的欲求和国家集体的障碍物而剔除，个人只是实现政府目标的手段与工具。而这个独裁的社会中，国家的意愿往往也只是君主的个人意愿，或者权力机构一小部分人的意愿，目标的合理性是无法得到保证的。

第十三章

兵家

——"以正合,以奇胜"的军事大谋略

一位著名的美籍华人作家说道:"随着中国经济的蓬勃发展,美国商界人士对中国的《孙子兵法》愈来愈好奇,如何利用孙子兵法,成了西方人探讨商场必胜的另一秘诀。走进美国各大书店的商业书籍栏目下,作者不同、内容各异的《孙子兵法》解释与感悟俯拾即是,就连给美国商学院学生讲演时,《孙子兵法》刚被我提起,一个微型《孙子兵法》的小语录已经被美国学生高高举起。"兵家经典思想的广泛流传可见一斑。

所以,我们可以了解到,兵家并不只是"兵"所使用,兵家中的许多思想可以有效地利用到很多的领域里。这也正如北京大学儒商文化中心所认为的那样,兵家思想已经流传于很多领域,而我们也应该在这种多元化领域的兵家思想运用中,既要发掘古人思想的精髓奇葩,又可有效将其与现实生活相连接。这样才能够让兵家思想永远处于鲜活的状态!而为了延续这种生命,我们就要习惯从兵家的历史和文化中去寻找答案。

《孙子兵法》有怎样的思想精髓

《孙子兵法》十三篇堪称中国古代军事学的巅峰之作,明人茅元仪说得好:"前孙子者,孙子不遗;后孙子者,不遗孙子。"此十三篇的顺序为:始计、作战、谋攻、军形、兵势、虚实、军争、九变、行军、地形、九地、火攻、用间。其中,孙子以正道为本,以诡道为辅;以仁义为本,以权谋为辅,全面而深刻地总结并升华了中华民族在春秋以前的政治智慧与军事智慧,写下如此奇书,成为后代兵家圭臬，被人称为"兵圣"殊不为过。

《孙子兵法》第一篇《始计篇》，首先推出全书总纲："兵者，国之大事，死生之地，存亡之道，不可不察也。"强调了重兵和慎战思想，而战争的胜负则取决于谋略。孙子认为，要从道、天、地、将、法五个方面，对敌我双方的情况进行比较分析，从而能够探索出敌我双方胜负的可能。要比较分析哪一方的君主更开明、更得人心，哪一方的将帅更贤能，哪一方占有天时、地利，哪一方的法令能彻底贯彻施行，哪一方的武器装备更精良，哪一方的士卒训练更有素，哪一方的赏罚公正严明。据此综合分析，就可预知胜负。这就是孙子"未战而庙算胜"先胜战略，也是其战争决策的基本依据。

《孙子兵法》重谋略，但是，其最大的谋略还不在于如何在战场上打败对手。兵法有云："夫用兵之法，全国为上，破国次之；全军为上，破军次之；全旅为上，破旅次之；全卒为上，破卒次之；全伍为上，破伍次之。是故百战百胜，非善之善者也；不战而屈人之兵，善之善者也。"用兵的原则是，使一个国家完完整整屈服为上策，用武力击败这个国家就次之；同样，使一个军、一个旅、一个卒完完整整屈服是上策，而用武力去征服他们就次之了。因此说百战百胜算不上高明中的高明，不开战就能让敌军屈服，才是高明中的高明。

孙子认为战争只有一个目的，那就是让对方屈服，如果能够不让士兵流血、生灵涂炭，那为什么还要大战呢？战争只是最直接的解决问题方式，但并不是唯一的。而智谋，是用来寻找解决问题之道的。尽可能地避免损伤，最大限度地减小损失。战争不到万不得已之时，不能使用，而且，就算已经是剑拔弩张了，也要利用开战之前的紧张和威慑力给对方最后一次机会。

《孙子兵法》云："知己知彼，百战不殆；不知彼而知己，一胜一负；不知彼不知己，每战必殆。"意思是，了解自己也了解对手，就是大战一百次也不会有危险；不了解对手但是了解自己，胜负的可能性各占一半；不了解对手也不了解自己，只要一作战就会危机重重，每战必败。故而，在交战前一定要进行详尽的运筹。而且不仅战争中需要妙算，一个人在设计自己的生活时也需要妙算，只有对现实详尽分析的

孙武塑像

孙武演阵教美人战 版画
图中孙武做道士装束,举旗于城上教宫女演习战术,吴王坐于对面的台上,俯视两队演武的阵容。

人,才能正确地为自己设计出好的生活。这也是《孙子兵法》超出兵法之外,对人生具有永恒意义的警示。

《孙子兵法》是孙武一生智慧的结晶。书中探讨了与战争有关的一系列矛盾的对立和转化,如敌我、主客、众寡、强弱、攻守、胜败、利患等,从而制定不同的策略,施行不同的战术。孙武提倡"知己知彼,百战百胜",认为战前要先摸清敌我双方情况,分析各方面的优势和劣势;行军中要注意地理环境、军事实力、情报收集,让一切尽在掌握之中,只有这样才能够取胜。孙武虽然是身经百战的统帅,可他却认为不战而屈人之兵才是最大的赢家,这反映了东方军事家超出流血搏杀之上的人性光辉。

兵法十三篇广为流传,其作用日益彰显,被历代兵家视为不可或缺的用兵宝典。战国大思想家韩非子称:"境内皆言兵,藏孙吴之书者家有之。"汉代大史学家司马迁亦记述:"世俗所称师旅,皆道孙子十三篇。"三国时的大政治家、大军事家曹操赞叹道:"吾观兵书战策多矣,孙子所著深矣!"蜀汉丞相诸葛亮则评价说:"孙武所以有制胜天下者,用法明也。"一生身经百战的唐太宗对《孙子兵法》更是推崇备至,他说:"朕观诸兵书,无出孙武。"到了近代,更是如此,孙中山先生高度评价说:"那十三篇兵书,便成了中国的军事哲学。"

古代军人都持什么"利益观"

古往今来，但凡有军队，就有军人利益观。利益观是指人们对利益的总体看法和根本态度。在人类历史中，代表不同民族利益、不同阶级利益和不同政治集团利益的军人利益观闪烁着其独特的魅力。就中国古代军人来说，就值得我们仔细品味。纵观中国古代历史，古代军人利益观并不是一成不变的。

夏商西周时期，军人利益观是为"天命"而战。

夏商周时期，"天命"学说是占据国家理论的主流，"天命所归"也是各代帝王给自己披上的神秘外衣。他们不断向自己的军队灌输本王就是"真命天子"的观念，而本王所属的军队是"义兵"，战争皆是执行"上天之命"的思想。

春秋战国时期，军人的利益观是为"民"而战。

这一时期统治者的思想发生了重大改变，他们不再认为"天命"是一成不变的。他们开始思考统治者与人民之间的关系，各家的学说也在不断地探讨这一问题。

老子认为如果一个国君行政不仁的话，让百姓无所食无所依，那么就是悖逆天地的事情，这种事情都是人神共愤的，所以，这个时候，如果有人发动战争推翻这样的君王的话，那么，就不算是弑君大罪。因为这个时候的君王已经失去了作为一个贤明之主的资格，老天要求诛杀之，百姓心中对他充满了仇恨，那么，这样的国君废除他是天经地义的事情。而孔子和孟子也认为，如果一个国君没有真正地做到一个君王的德行，不用圣心教化民众，而只是单纯地奴役民众的话，那么，这就是个祸国殃民的人，盛世天下不会由这样的人开创，也更是容不得这样的国君。而《吕氏春秋》更是认为当身为一个帝王，如果荒怠了自己的义务，没办法为百姓创一个太平盛世，而是贪婪无道，暴戾地奴役民众，只亲近和任用那些口蜜腹剑的小人，横征暴敛没有尽头，只知道从百姓那儿索取，滥杀无辜，赏赐小人。那么，像这样的君主，就是上逆天意下

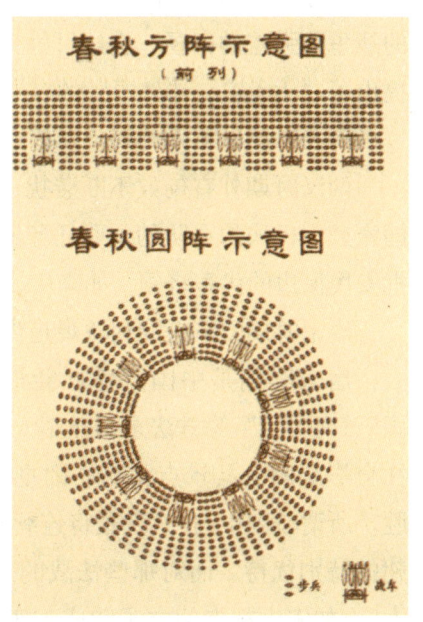

春秋兵阵示意图

木兰从军图　清　吴友如

木兰从军是中国脍炙人口的故事。据推测，此诗应该作于北魏时期，当时实行的是世袭兵役制，木兰家应该是军户，其父亲年迈，又无长男，不得已木兰才代父从军。

逆民意，肯定是不能让他做长久的。那么这个时候，如果发动战争的话，其实，就是将水深火热的民众拯救了出来。那么，这场战争就是正义的，因为他们要驱逐的是无道的昏君，除之就顺意了天民之道。不难看出，"民本"思想是这一时期思想的主要流向。那么军人是为"民"而战也就成了理所当然的事情。

秦代时，军人利益观是为"正义"而战。

秦时期，军人的利益集中体现在《尉缭子》这部著作中。尉缭从当时的社会实际出发，把战争分为正义和非正义两种，号召军民为正义而战。支持"不攻无过之城，不杀无罪之人""伐暴乱而定仁义"的战争；反对"杀人之父兄，利人之货财，臣妾人之子女"的战争。尉缭认为前者的战争是正义的，是为了维护社会和平所需要的战争，而后者的战争是强盗的行径，会给百姓带来无穷灾难。秦末的陈胜、吴广农民起义，也提出了"伐无道，诛暴秦"的口号。

两汉时期，军人的利益观是边境的安定、国内的安宁。

两汉时期外有匈奴不断袭扰，内有诸王之乱、农民起义的威胁。因此，作为国家武力机构的军队的主要任务就是外保边境、内安民心。这一时期涌现出了一批安民保边的优秀将领，如李广、卫青、霍去病等。

唐宋时期，军人的利益观是为荣誉而战，以英勇效命、战死沙场为光荣。

唐宋时期是中国封建社会最为成熟、最为辉煌的时期，这一时期用"图画""列甲门"等方法来彰显军人的荣誉等级，所谓"图画"，就是在能够有巨大社会影响的公共景点张贴功勋卓著的功臣图画形象予以表彰。例如凌烟阁等名胜。所谓"列甲门"，就是将连续几代以身殉国的忠烈之家列为"甲门"，享受王朝的特别优待。而对那些怯战的人则"垂狐尾于首"以"示辱"，且"不得列于人"。如宋太祖专门立了武成王庙，与孔庙相对应。在这些措施的激励下，那时的军队对政治荣誉非常看重。

辽金元时期，军人的利益观是"忠汗"。

辽金元是我国少数民族比较兴盛的时期。少数民族治理军队的很多思想影响了这个时期军人的利益观。在少数民族中，通过设立十户、百户、千户、万户等各级军事行政组织，利用多种方式反复灌输"忠汗"思想，即忠于自己的"大汗"，"汗权神授"、忠汗有奖赏、逆汗遭贬斥的观念。在人民心中灌输"汗"的前途就是大家的前途，"汗"的利益就是大家的利益的思想。因此，人民尊敬"汗"，"忠于汗"，紧跟其东征西讨、南征北伐，令行禁止。

明清时期，军人的利益观是爱民保民。

明清是我国封建社会的尾期，但在这个时期，皇权膨胀，进入君主专制统治的极点。在封建社会末尾的这几百年中，无论是建国的军队，还是造反的军队，都比较重视军民关系，强调爱民保民。

明太祖朱元璋要求各部严格执行群众纪律"加爱于民"；明中叶戚家军则是除暴定乱"卫国保民"；清初的努尔哈赤领导军队时以保全种族为号召。

而不得不着重提一下的，就是太平天国农民军，作为古今农民起义军中的最为成熟者，太平天国农民军提出了自己的革命纲领、建国蓝图，为了全体人民都可以享受到政治、经济、民族、男女四大平等权利，为了实现"有田同耕，有饭同食，有衣同穿，有钱同使，无处不均匀，无人不饱暖"的社会制度而奋斗。可以说太平天国农民军的利益观是中国古代社会最为进步的军人利益观。

所以，古代军人利益观还不够成熟，不够系统。但总的来说都体现出了阶级性，军人利益观本质上是阶级利益的集中反映，是为本阶级的利益服务的。

姜太公为什么被称为"兵家始祖"

姜太公，姜姓，吕氏，名尚，字子牙，或单呼牙，也称吕尚，是我国古代一位颇具传奇色彩的人物。他先后辅佐了六位周王，既是齐国始祖、齐文化的奠基人，被尊称为"太公望"，又被公认为先秦兵家始祖，是中国历史上杰出的政治家、军事家和谋略家。他的军事思想，在军事思想发展史上占有十分重要的地位。

最早将姜太公封为兵家始祖的文字记载，是司马迁的《史记》，他在其中评价道："其事多兵权与奇计，故后世之言兵及周之权皆宗太公为本谋。"

姜太公一生的主要军事实践，可以分为两个阶段，第一个阶段，是辅周灭

渔樵问答图
山中樵夫看到姜太公用直钩钓鱼，上前询问。

商，在这个历史时期，姜太公亲自策划和指挥的最重要的军事活动，就是牧野之战。

牧野之战发生于前1027年，这场战争以周军方面五万人对商纣方面十七万人，军事力量大比例悬殊的情况下，周军取得最终胜利。姜太公亲自率领突击部队冲锋在前，一面牵制迷惑商军，一面又不杀投降军士，瓦解敌人，商纣军队纷纷投降倒戈相向。最终，商纣王逃回朝歌自焚于鹿台。周军乘胜追击，一举灭亡了商朝。

这场战争的胜利，充分体现了姜太公作为军事家的指挥才能。

商灭周兴，周武王大搞分封。为表彰姜太公在创建周王朝过程中的功勋，被作为首封封于营丘，称齐国，在被封的功臣谋士中居于特殊地位。

姜太公封齐前后，同时受到来自国内外政治上、经济上、军事上的巨大压力，而军事上面临的形式最为严峻：

首先，原本为商属国的莱夷，武力侵犯。莱夷在今山东龙口境内，原本只是一个实力较强的夷人侯国，殷商大乱之际积极向外扩张，而周朝刚刚建立无暇顾及，莱夷当时已发展成为齐国的一个劲敌。

其次，商纣遗子武庚与管叔、蔡叔勾结武装叛乱。武王灭商后意欲笼络商朝贵族，因此将武庚即禄父封赏在殷商故地。为了防止殷商作乱，武王还将两位王弟封赏在殷商故地附近，"封弟叔鲜于管，弟叔度于蔡"，对武庚进行监视和震慑。武王的这个防范措施并未生效很久，就在武王去世、周公旦摄政之后，管叔、蔡叔就与武庚勾结在一起发动武装叛乱。

最后，南方的淮夷等地也并不太平，武庚叛周不久，他们也乘机叛周策应武庚。

现在可谓内忧外患，不但齐国的存在经受着严峻考验，连周朝的统治也面临巨大的威胁。

对于现状，具有周王朝太师和齐国首任封君双重身份的姜太公清醒地认识到，解除莱夷的武力威胁，稳定齐国的局势，在各项军务中，显得尤为重要。

当时齐国的状况已经一触即发，他决定尽快就国，整顿齐国军队，加强防务。为了能更早地缓解形势，更快地从周都镐京赶往齐都营丘，姜太公不顾路途遥远，日夜兼程。及时就国，在军事上做了充分的准备，使齐国在对莱夷的斗争中立于不败之地。

由此，一个善用谋略、料敌在先、当机决断、以谋取胜的军事家的形象跃然纸上。

不仅对军事谋略十分敏感，姜太公还有十分敏锐的政治嗅觉。周公旦居东平叛时，齐国奉命派军队配合周公东征。尽管当时姜太公年事已高，但他以一个战略家特有的眼光去看待面临的军事形势，政治家敏锐的嗅觉认识到机遇与危险和困难并存。因此，他不顾年迈，毅然率兵出征。

这场战争持续三年，齐军后来被姜太公交给了他的儿子丁公吕伋指挥。最终姜太公父子协助周公旦平定了武庚及三叔叛乱，杀死管叔、流放蔡叔，也击溃了淮夷的势力。《逸周书·作洛解》和《令簋衔》铭文中对这场战争的经过均有较详细的记述。

东征平叛的胜利，稳定了周王朝的统治地位，由于姜太公父子的参与，也进一步提高了齐国的地位。周王室派召公授权姜太公："五侯九伯，实得征之。""五侯九伯"是指齐国附近的东夷等族而不是泛指各方侯伯。有了这道授权，使姜太公父子的雄才大略有了用武之地，齐国军队可以"夹辅周室"为旗号，名正言顺、堂而皇之地四处扩张。在东至大海，西到黄河，南至穆陵（今出东临朐南），北到无棣（今山东无棣北）的广阔地域里，齐国都可以进行征伐。

周康王六年（约前998年）姜太公去世之后，他的子孙继续用兵，开拓疆土，使齐国很快就成了一个大国，对春秋时期建立霸业也产生了深远的影响。齐国具有悠久的军事学传统，作为齐国第一任封君和杰出军事家的姜太公，军事思想自然构成了其思想体系中非常重要的一环。如果没有姜太公正确的战略决策和高超的智慧计谋，齐国在不长的时期内获得如此迅速的发展是难以想象的。除此之外，以姜太公署名述作的兵书作品也很多，也许大部分的言论和作品都是后人依托而作，但这种现象恰恰说明姜太公作为兵家始祖在军事理论上有过颇多建树。

因此，姜太公以其高超的智慧、十分卓越的指挥才能和其丰富多彩、特色鲜明的军事思想，对我国传统兵家文化的构筑做出了不可磨灭的贡献。

《司马法》是何书？有何价值

《司马法》是先秦时期齐国兵书的代表作之一，大约成书于战国初期。在整个古代历史上也是一部极为重要的兵家著作。《司马法》流传至今已两千多年，亡佚很多，现仅残存五篇。《司马法》一向受到统治者、兵家和学者们的重视。汉武帝时，"置尚武之官，以《司马兵法》选，位秩比博士"。司马迁称赞《司马法》说，这本书内容深远、气象恢宏，哪怕是征伐世家都不能尽领其中的深意。

相传这本书的作者或者说后期整理者是司马穰苴，也是一位著名的军事家。司马穰苴，春秋末期齐国人。原来姓田，名穰苴，曾领兵战胜晋、燕，被齐景公封为掌管军事的大司马，后人尊称为司马穰苴。

司马迁指出："自古王者而有《司马法》，穰苴能申明之，作《司马穰苴列传》。"从一定意义上讲，司马穰苴应该是今本《司马法》主体内容及军事思想的来源之一。但《司马兵法》并不仅仅是司马穰苴一人的思想，如果单纯地将《司马法》一书的作者简单地记作司马穰苴的做法是不妥当的。而"司马"为官名，并非单指某一人。

从内容上来看，早在春秋时期以前，《司马法》的原型《司马兵法》中描述的关于古军礼内容就已存在，并作为重要的军事典籍，而《司马法》一书在形式上成型，最终确定于战国中期的齐威王时代。

但是，经过长期的流传，《司马法》的篇章已亡佚很多，到了战国中期，一般人对该书已经比较陌生了，当时，齐威王命大夫追论古者《司马兵法》，而大司马田穰苴就在这些整理者里面，所以后来这本《司马法》最后也被称为《司马穰苴兵法》，而这次的整理也在一定程度上使这本书恢复和保持基本原貌，并使其最主要的内容和核心精神未被历史的风尘所埋没。到了唐代，《司马法》的篇章已由一百五十五篇减至数十篇。入宋以后，更减至五篇，即今传本《司马法》。但就在这残存的五篇中，也还记载着从殷周到春秋、战国时期的一些古代作战原则和方法，对我们研究那个时期的军事思想，提供了重要的资料。

除了今本《司马法》中所保存的五篇外，尚有一定数量的《司马法》佚文流传下来，主要散见于一些类书和政书之中。清代学者进行了大量卓有成效的辑佚工作，近人在此基础上又做了一些补充和订正。这些佚文的辑本对于了解《司马法》原书的全貌，研究先秦时代齐国的军事制度和军事思想，同样具有十分重要的参考价值。

《司马法》可以被称为一部综述古今的混合型兵书，其五个篇章的内容分别论述了以下观点：

1. 以仁为本的战争观。提出"以仁为本，以义治之"的战争观。

2. 军事教育的各种法则。不使用未经军事教育的士卒作战；在治军上，"严""仁"得当。

战车复原图

3. 顺应天时，利用气候条件；利用地形，控制隘口、险要、阻绝等要地，各种准备以及阵法运用的原则等。

4. 论述阵法的构成及如何利用各种阵式作战。士卒在阵中的位置不可变更；阵中军政要森严，整体力量要轻锐敏捷，士气要深静，意志要统一。

5. 论述临阵待敌、用众用寡、避实击虚的战略、策略原则等。

而在这五篇内容中，也包含着丰富的军事思想。《司马法》反映出早期军事学家们在战争观问题上的辩证认识和理论。根据具体情况，将战争划分为正义的和非正义的两大类，既致力于避免战争，又正视战争存在的客观实际，对正义性战争持肯定态度。同时，这本书又严格区分了治军与治国两者之间的差异。明确指出治国与治军的方法不能通用，治军思想应该是建立在把握军队自身特点基础上。不仅如此，书中还提出了"智""勇""巧"三者有机结合的作战思想。指出指挥者应该集中兵力，以强击弱。同时要善于观察敌情，掌握全局，随机应变，困敌制胜。《司马法》中存有数量可观、较为系统的古军礼内容，为后世军队构建和完善法律条令奠定了基础。

《司马法》在讲论古代军政事务和战略战术原则中，教导人从实际出发，从客观存在的天、地等自然条件和人力、物力等物质条件出发来考虑问题。带有质朴的辩证观点的哲学思想。

齐桓公与管仲在军事制度上有哪些改革

齐桓公,春秋五霸之首,前685—前643年在位,姜姓,吕氏,名小白。僖公三子,襄公之弟。春秋时代齐国第十五位国君,是姜太公吕尚的第十二代孙。在齐僖公长子齐襄公和其侄子相继死于内乱后,公子小白与公子纠争位成功,即国君位为齐桓公。

齐桓公在位期间,推行改革,着重在军事制度方面推行了一系列卓有成效的改

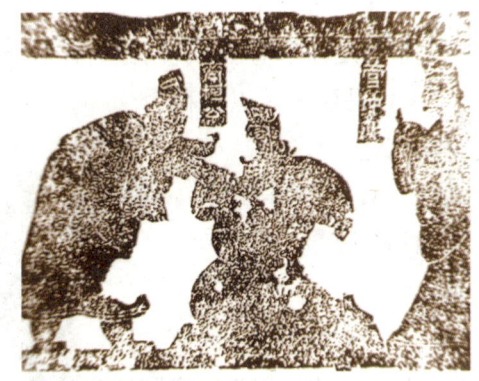

齐桓公与管仲画像砖

革方案。与齐桓公一起主持这次改革的,就是有"春秋第一相"之誉的管仲。管仲被称为管子、管夷吾、管敬仲,中国春秋时代著名的政治家、思想家、经济学家。

此二人在军事制度上的改革,概括起来主要有以下几个方面:

首先,打着"尊王攘夷"的旗号,牢牢掌握齐国军队的组建权和指挥权。

管仲等人根据当前时期客观形势的最新变化,不断地通过军事行动,将本国军队的组建权和指挥权牢牢地控制在自己手中。打着"尊王攘夷"的旗号,以《周礼》为依托,而实际上又"善变周公之法",在取得周王室支持的情况下,不断地通过战争的形式扩充齐国军队的实力和齐国的势力范围。

史书记载,齐桓公在位时建立了"三军"的编制。当时齐国军队的总兵力远远超过三万人,很可能已有十几万人之多。除了建立军队,齐国还使用结交、侵袭两相结合的军事外交手段,把周边各诸侯国笼络到齐国的周围,这样就大大减少了改革的外部阻力,确保了争霸大业的成功。

其次,实行"作内政以寄军令",兵民合一。

兵民合一的制度是指,士乡的居民必须服兵役。其措施是"叁国伍鄙",其内容为:将全国分为二十一乡,工商之乡六,士乡十五。工商之乡不从事作战,实际从事作战的是士乡十五。五乡为一帅,有一万一千人。由齐君率为中军,两个上卿各率五乡为左右军,是为三军,就是"参其国"。一乡有十连,一连有四里,一里有十轨,一轨有五家,五家为一轨,这就是"伍其鄙"。轨中的五家,因世代居处在一起,利害祸福相同,所以,"守则同固,战则同强"。

这种做法较好地实行了"民军制"与常备军制的结合。农闲时训练,有战事

时出征。这样的改革措施既提高了士兵战斗力,也不必支付养兵的费用;既可以处理好劳动力的分配问题,又可以在相当程度上减轻国家在军事后勤方面的巨大压力,使军队的武器装备和衣食给养得到较好的解决。这也是桓管时代军事改革中值得注意的成功经验之一。

而这一做法的另外一个好处是,使吏与士卒间比较熟悉,平时便于加强训练,战时便于指挥调动。桓、管的改革思想中强调士卒的军事训练,以提高部队的战斗力。当时齐国军队的训练同其他诸侯国相比,虽然在方式上并无多少创新之处,但是在训练的经常化和正规化方面却居于比较领先的地位。他们把军事改革纳入政治体制改革之中。使军事改革有了良好的社会基础和政治环境;对齐国军队的真正实力起到了隐蔽作用,不致引起周王室及其他诸侯国过多的注意和警惕。

这是一种社会与军事相结合的战斗体制,亦为后来大规模的战争做了准备。

最后,为了使齐国"甲兵大足",规定可以用兵器赎罪。

齐桓公与管仲在所进行的军事改革中,对武器装备的管理给予了特别的重视。军队武器装备的管理体制是否合理、完善,直接影响到其战斗力的强弱。为解决武器不足的问题,规定犯罪可以用兵器赎罪。犯重罪者可以用甲和戟赎罪,犯轻罪者可以用盾和戟赎罪,犯小罪者可以用金属赎罪,铜用来铸兵器,铁用来铸农具。诉讼成功则要交一束箭。从此,齐国的兵器也渐渐充足起来。这一时期,齐国军队的武器装备制作精良、锋利耐用。

通过上述措施的推行实施,齐桓公和管仲进行的这次改革,在注重发挥军事思想的指导作用的同时,还把理论运用于实践之中,有效地促进社会的发展。

除了在军事上的改革之外,齐桓公和管仲主持的改革思想,侧重谋略,较少迷信,"修明法术",重用人才等特点,也都是值得充分肯定的。

在管仲等人的策划和具体主持下,通过在军事上以及其他领域的不断改革,使得齐桓公完成济危扶困、"合诸侯、匡天下"的义举,为齐国带来了领土逐渐扩大的实际利益,完成齐国春秋首霸的目标。

何谓"合纵连横"？有哪些人和国家参与其中

所谓"合纵连横",是战国时期的纵横家所宣扬并推行的军事、外交策略。《韩非子》中提到:"纵者,合众弱以攻一强也;横者,事一强以攻众弱也。""合纵"是将几个国家的力量联合起来,对抗当时强大的秦朝,苏秦就曾联合"天下之士合从相聚于赵而欲攻秦",六国土地南北相连,对抗西方的秦国,故称合纵。"连横"是指六国分别与秦国结盟为东西向的联合。从策略上看,"合纵"是弱国阻止强国进行兼并的策略;"连横"是强国迫使弱国帮助它开展兼并的活动。

合纵连横两条军事、外交策略的产生,与当时的政治环境有着极大关系。

当时,各大诸侯国纷纷称王,名义上的周天子也彻底失去了作用,大国不断扩张,让夹在各个大国之间作为缓冲的小国被纷纷兼并,大国的领土相互相连,蚕食吞并土地的需求导致大国之间的冲突更加激烈。

魏国在败于东方的齐国和西方的秦国后,国力削弱,出现了秦、齐两大强国东西遥相对峙的局面。弱小的国家或是乞求强国的支援和保护,或是与其他弱国联合起来共同抵抗。在秦、齐二强并争时期,秦、齐既是合纵对抗的目标,也是连横可选择的两个对象。后来齐国衰落,秦国一家独大,成了连横的中心、合纵的对象。对当时的任何一个国家来说,没有永恒的朋友,只有永恒的利益,"纵""横"并不是一成不变的,今日参与合纵,明天可能加入连横。国家之间的相互结约联盟,也因为各自利益的不同,不断发生变化。这种错综复杂、变化多端的外交活动,就是"合纵连横"。

为了达成国家之间的联盟关系,造就了一批纵横家,他们热衷于研究各国的形势与相互关系,纵横捭阖,一策得用,便平步青云。其中的杰出代表,有公孙衍、张仪和苏秦等人。

公孙衍是魏国人,于秦惠文王五年(前333年)在秦,为大良造,后居魏。是合纵的发起人。公孙衍与张仪在政治上和私人关系上都是对手。张仪也正是连横的代表人物。

前324年,公孙衍鼓动魏、赵、韩、燕、中山五国展开"五国相王"运动,目的是联合抗秦。这是合纵活动的开端,但此次运动并没有什么具体的行动和成就。

前322年(秦惠文王更元三年),张仪担任魏相。公孙衍设法取得韩国当权的支持,破坏张仪秦魏联合的政策。

前319年,张仪被迫辞去魏相职务,公孙衍代张仪为魏相。

张仪像
战国时期魏国人,和苏秦同拜鬼谷子为师,学习纵横之术。

前318年，由于山东各国支持再任魏相的公孙衍，联合魏、赵、韩、燕、楚五国的合纵抗秦，以楚为纵约长，向秦国发动进攻。但楚并未出兵，出兵的主要是韩、赵、魏。这次进攻，以失败收场，军至函谷关而还。第一次五国抗秦的合纵以失败而告终。

公孙衍的政治对手——张仪，也在公孙衍不断策划合纵活动的同时，积极策划主张自己的政治思想，即连横。张仪，魏国安邑（今山西万荣）张仪村人，魏国贵族后裔。曾经师从鬼谷子，学习纵横游学。

前329年，张仪投奔秦惠文王，被秦惠文王拜为客卿，这时公孙衍担任秦国的大良造。次年张仪与公子华带兵攻打魏国，一举夺得魏国蒲阳城，张仪也在这个时机推出了自己连横的政策，说服魏国投靠秦国，并将魏国上郡十五县和河西重镇少梁献给秦国，张仪回到秦国，立即被提拔为秦相，代替公孙衍大良造职务。公孙衍遂离秦奔魏。前324年至前323年，也就是公孙衍这个政治对手开展"五国相王"活动之际，正是张仪施展政治策略的时候，秦朝为了对抗五国联军，派张仪联合齐楚。由于张仪的挑拨离间和拉拢腐蚀，公孙衍的"五国相王"没有达到预期效果，因而魏惠王更加憎恨齐、楚二国。

前322年，为了进一步使魏国臣服于秦国，张仪辞掉秦国相位，前往魏国，官拜魏国相。在任期间，张仪鼓动魏国归顺于秦，最终魏王同意了张仪的观点，派太子入秦表示归顺。前318年，张仪担任四年魏相之后回到秦国，秦惠文王依然启用他为相。

在齐国出兵打败了赵和魏，并与楚国结成联盟后，为破坏齐楚联盟，前313年秦派遣张仪前往楚国，离间齐楚。张仪到楚国后，首先买通楚怀王的宠臣靳尚，利用其取得怀王信任，对怀王说："我们秦王所敬重的人没有谁能超过大王您，即使我张仪愿意为臣下的也首推大王您；我们秦王所憎恶的人没有谁能比得上齐王，就是我张仪也最憎恨齐王。齐国虽然和秦国曾经是婚姻之国，然而齐国对不住秦国的地方太多了。现在我们秦国想讨伐齐国，所以我们秦王就不能侍奉大王了，我张仪也没法做大王您的臣子。如果大王能够与齐国断绝关系，臣下将请求秦王把商於六百里地方献给楚国。这样，齐国就一定会被削弱，齐国被削弱了，大王就可以使役齐国。这是向北削弱齐国、向西施德于秦而自己居有商於之地一计三利可得的事情啊。"昏庸无能的楚怀王十分高兴地应允了他。

回秦后，张仪称病三月不上朝，楚怀王得不到土地，以为秦嫌楚与齐断绝关系不够坚决。就特派勇士前去齐国辱骂齐王，一面与之断交，一面派人入秦与秦王商议共同伐楚。齐王怒气交加，随即转过来与秦结盟，共同对付楚国。当楚使向秦要商於之地时，张仪却说"从某至某，广袤六里"送给楚王。怀王听闻此说，大怒，派大将军屈匄与裨将军逢侯丑等率兵进攻秦国。前312年，楚国先是大败于丹阳，导致屈匄、逢侯丑等七十余将领被俘，八万楚军被消灭，汉中郡也被秦夺走。又在二次攻秦时败于蓝田，割了两个城邑向秦国求和。楚国遭此打击，从此一蹶不振。

在第一轮的合纵连横谋略比拼之后，另外一位纵横家登上了合纵的政治舞台，这个人就是鬼谷子的另外一名学生——苏秦。苏秦，字季子，汉族，东周洛阳人，是与张仪齐名的纵横家。

前314年，燕国内乱，齐国乘此之际，大举向燕进兵，几乎使燕国覆亡。前311年，燕昭王即位，苏秦成为昭王亲信。为了给燕国争取到一个发展振兴的时间，前300年左右，苏秦先奉燕昭王命入齐，暗中进行反间活动，使齐疲于对外战争，以便攻齐为燕复仇。在齐五年，使齐没有"谋燕"。前289年，齐湣王任命苏秦为相。苏秦即策划齐联合赵、楚、韩、魏等国合纵攻秦，被赵封为武安君。五国合纵攻秦迫使秦归还部分魏赵土地。而后，齐国乘机攻灭宋国。齐的这一胜利引起其他各国的强烈不满，各国纷纷联合起来，力图伐齐。不久，秦、楚、赵等国合纵攻齐，攻占了齐国的九城。

前284年，燕以乐毅为上将军，联合五国大举攻齐，在济西大败齐军。并连克齐国七十余城，齐湣王逃走，齐国几致灭国。而苏秦的反间活动也就此暴露，被车裂而死。苏秦以一己之力促成六国合纵，配六国相印，迫使强秦不敢出函谷关十五年，叱咤风云一时。

苏秦死后，秦国国力渐渐独步中原，各

苏秦归家妻不下机

苏秦六国封相　年画

国间的外交均势渐渐不复存在,"合纵连横"也基本上完成了其历史使命,慢慢地退出了历史舞台。

我国第一支建制骑兵是何时出现的

据史书记载,先秦时期赵国武灵王胡服骑射改革后建立的骑兵可以称得上是中国第一支建制骑兵。我国是世界上较早拥有骑兵的国家之一,《诗经·大雅·绵》中就有"走马"一词,顾炎武解释为"单骑之称"。这说明骑术在殷商时代就已经出现了,但遗憾的是,虽然骑术历经周、春秋数百年,却没能发展成为正规的骑兵部队。

战国后期,北方游牧民族的入侵使赵、燕、魏、秦各国受到威胁,庞大而笨重的战车在来去如风的游牧骑兵面前无用武之地,只有被动挨打的份。这使中原各国感受到骑兵真正的威力,于是痛定思痛,以赵国为首,各国纷纷大力发展骑兵,一时间大有超越车兵之势,其中,赵武灵王学习骑射的决心最坚定。赵武灵王经过改革军制,建立了中原第一支骑兵部队,以对付北方游牧民族,从此,骑兵作为中国一个正式兵种出现在战场上。但这时候骑兵的规模还是有限的,楚汉争霸以前,车兵始终是主战兵种,一直被广泛使用,也就是说,一直到这时,骑兵的作用仍没能完全发挥出来。

漠北之战　绘画

早期的骑兵和现在的骑兵有很大的不同，那时的骑兵没有马镫，只有马鞍，所以无论如何也不可能解放双手，而必须有一只手按在鞍桥上。另外，由于当时的冶炼技术有限，还不能够造出足够长的长刀，所以初期的骑兵破坏力和杀伤力非常有限，主要就是起一个骑马步兵的作用，用于突袭敌人后方。当时骑兵的主要战术是，所有骑兵一拥上前，在步兵前二百步止住，然后一齐放射弩箭，箭放完后就立即后撤，再一次重复这种战术。秦始皇陵兵马俑中便有很多骑马的弩兵，他们也都是无镫、有鞍、持弩的造型。

这也再次证明了春秋时代以前，骑兵基本上称不上是作战的主要兵种，即使到了春秋时期各国的军队中出现了少量的骑兵，也都是同战车步兵混编在一起的，骑兵仅仅是一种辅助力量。一直到了战国时代随着战争规模的扩大，战术的多样化及反击北边游牧民族需要，骑兵才开始逐渐展示自己的风采，作为一种独立的兵种开始受到重视。

诸葛亮的"八阵图"就是一座石阵吗

唐代大诗人杜甫在避乱成都期间，曾多次游览武侯祠，并留下了很多脍炙人口的诗句。比如"三顾频烦天下计，两朝开济老臣心"是赞美诸葛亮鞠躬尽瘁、死而后已的精神；"功盖三分国，名成八阵图"则是赞美其丰功伟绩和高明的军事才能。这里的"八阵图"究竟是什么，中国最早的阵法始于什么时候？

阵法与冷兵器时代密切相关。在中国漫长的氏族社会时期，部落之间经常发生斗殴和流血冲突。那时打仗都是一哄而上，没有特定的组织方式和作战规律。据说最早的阵法始于黄帝时期，当时为打败蚩尤，黄帝曾得"九天玄女"传授兵书和阵法。进入奴隶社会后，奴隶主为巩固统治和掠夺更多的奴隶，开始注重利用阵法来提高军队战斗力。

有史可考的阵法源于商朝后期，当时编制了左、中、右"三师"，从"三师"

的命名来看,军队已经采用固定的阵形。大约在前1046年,武王伐纣时,"周师三百五十乘,陈于牧野","陈"通"阵"。阵法的普遍使用,则是在春秋战国时期,当时的很多兵书都记载了各种军队排兵布阵的方法,如《六韬》(相传为姜尚所作,但有后人考证为汉或战国时期所作)、《吴子》(战国名将吴起所作)、《孙膑兵法》等。后代《唐太宗与李卫公问对》深研阵法。南宋岳飞留有兵法残篇讲授阵法。明代戚继光撰《纪效新书》《练兵实纪》,创立有"鸳鸯阵"和"三才阵",在抗倭战争中显现了威力。

其中最有名的还是"八阵图",此阵法在唐朝时传入日本,成为日本各种阵法的起源。八阵图相传为诸葛亮所创,《三国志·诸葛亮传》记载:"亮长于巧思,损益连弩,木牛流马,皆出其意;推演兵法,作八阵图,咸得其要云。"《三国演义》中也有大量关于八阵图的描述,其中非常有名的是诸葛亮在"鱼腹浦"立巨石阵以阻东吴追兵,陆逊误入阵中差点没有走出来。

"八阵图"是行军打仗的一种阵法。诸葛亮按照太乙方位确定休、生、伤、杜、景、死、惊、开八门,依靠八卦阴阳之理设定,实际上是周易数理的一种运用。

水陆攻战画像石
水上、陆地,刀光、剑影在狭小的空间里得到充分体现,反映了当时战争的一个侧面。

"杯酒释兵权"隐藏了怎样的政治形势

古人所说的"杯酒"就是喝酒,"释"就是放弃、丢掉的意思。"杯酒释兵权"从字面上理解,就是喝酒的时候丢掉了兵权。这到底是怎么回事呢?

"杯酒释兵权"的典故出自宋太祖赵匡胤,乾德元年(963年),宋太祖赵匡胤为了加强中央集权,同时避免别的将领篡夺政权,在酒宴上以威逼利诱的方

宋太祖像

式,让几位高阶军官交出兵权,从而以和平的方式将兵权收归中央的历史事件。和其他皇帝大杀功臣的行为相比较,赵匡胤则成为宽和的典范。

赵匡胤为什么急于在建国之初就将兵权收归己有呢?这一事件的始末还颇具有戏剧性。

唐代自安史之乱起,四方节度使手握兵权拥兵割据不奉王命,大臣篡政之事更是屡见不鲜,战争频繁不休,一直延续到五代十国。宋初曾有人描述这种状况说:"朝为比肩之人,夕便有君臣之分,政权更迭如同走马。"

赵匡胤深深地意识到这是个很严重的问题,有一天,他召谋臣赵普问道:朕想结束天下的战争,使国家长治久安,如何才能做到?赵普则回答说,造成这混乱的原因,是藩镇的权力太大,君主太弱,只有削藩限制他们的财政,回收军权天下才能太平。

赵匡胤登上历史舞台所依靠的就是他手中握着的禁军部队,有坚强的武力做后盾。因此,他剥夺的就是石守信等禁军将领的军权。石守信曾经为赵匡胤登基立下汗马功劳,赵匡胤与他在皆以兄弟相称。

于是,据《宋史·石守信传》记载,乾德元年(963年)春,赵匡胤在退朝后留下石守信、高怀德、王审琦、张令铎、赵彦徽、罗彦环诸高级将领饮酒。酒至半酣,赵匡胤突然惶惶不乐,发出为帝后未尝安枕而卧的哀叹。石守信等人忙问其故,赵匡胤讲:"人孰不欲富贵,一旦有以黄袍加汝之身,虽欲不为,其可得乎!"石守信等人大惊失色,赵匡胤遂借机劝他们退还兵权,多积金帛财物,"市田宅以遗子孙,歌儿舞女以终天年"。于是,石守信等人在次日便都借故有病,请求罢职。赵匡胤自然恩准,予以重赏,令他们以节度使名号在朝充任散官,让皇帝寝食不安的禁军兵权自然就转到赵匡胤一人手中。

解决了宿将主兵这个问题,困扰赵匡胤的就是节度使拥兵自重的问题。赵匡胤采取两步措施,一面重用文臣,将各州政事、司法、经济等职权分离出来、分担节度使权限;一面则直接着手削军权。开宝二年(969年),诸藩镇入京朝见皇帝,赵匡胤在设宴款待之际,故技重施,于是以凤翔节度使兼中书令王彦超为首的藩镇纷纷表示交出军权。次日,赵匡胤便将他们全部留居京城,改任环卫官或其他散职。

就这样,宋太祖以和平方式夺取了政权,又以和平的方式将兵权顺利收归中央,与汉高祖刘邦、明太祖朱元璋的血腥杀戮方法完全不同,给人留下深刻的印象,宋太祖之所以能够"杯酒释兵权",顺利收回政权,是与宋太祖对形势的准确把握密不可分的。当宋太祖确认已经完全掌握政局之后,方才适时地将兵权收归中央。这种做法有利于政权和社会稳定。这与北宋政权逐步统一全国的步伐是相一致的。

宋太祖收回地方将领的兵权以后,建立了新的军事制度,从地方军队挑选出精兵,编成禁军,由皇帝直接控制;各地行政长官也由朝廷委派。通过这些措施,新建立的北宋王朝开始稳定下来。

但是,"杯酒释兵权"的顺利进行绝非意味着它的完全成功。收归军权加强对军队的控制的做法,一直被其后辈沿用,为了防止兵变,收归兵权只是第一步,继而就是军事制度的变革——枢密院三衙统兵体制。

枢密院三衙统兵体制,使统兵权与调兵权相分离,能调动军队的不能直接带兵,能直接带兵的又不能调动军队;更成法令兵不知将,将不知兵;这样一来,虽然成功地防止了军队的政变,却削弱了部队的作战能力。凡此种种,均为今后宋朝在与辽、金、西夏的战争中屡战屡败埋下了制度上的祸根。同时,"杯酒释兵权"中宋王朝以优厚的生活条件换取了功臣宿将手中的兵权。这些人返乡之后,广置田产,多买奴婢,过起了富家翁的生活。他们的存在严重破坏了北宋的经济结构。后人在评价北宋经济时曾讲当时是"田制不立",究其根源,不能说与"杯酒释兵权"没有关系。

"杯酒释兵权"在历史上的影响已远远超出了军事领域。作为宋王朝军事制度改革的原则,它圆满地完成了鲜有叛兵的任务,但也成为宋王朝积贫积弱、外作战屡遭败绩、年年外奉岁币的历史事实的源头之所在。

宋太祖雪夜访赵普

第十四章

农工
——农家的"劝耕桑,以足衣食"

农业的发展并不单纯只是土地的问题,其影响和受其影响的因素是非常复杂的。自古以来,我国的农业原则、策略、方向都和当时的时代特征有莫大的关联。这一点我们可以从农业的产生和发展来看,北大历史系教授汪篯先生在其《汉唐史论稿》中,对于中国古代的农业发展有这样一段阐述:春秋以前的一个时期,中国的社会生产力还没有达到一定的高度,未经垦辟的土地占有极大部分。就连在经济、文化最发达的黄河中下游地区,基本上也是如此。在那里,农业居民区也还只是分散地、彼此孤立地布列在大地上。在各个农业居民区之间,则有广阔的山林、草场地带……春秋前期,黄河中下游一带出现了铁器。铁器的使用为山林、草场地区的开辟和广大田野的耕作提供了可能性……随着耕地的逐渐连接,一个国家就愈来愈能控制更多的土地,向着统一行进的战争也相应的有所发展。

在这里,我们可以隐约窥见农业的形成、完善过程与历史、政治的关系。正是因为农业的这种历史性、政治性的特点,如果我们要学习或者研究农家思想就要结合更多的社会背景和历史知识,而这也能够使我们对农家思想更有效的认知。

"神农"对农业文明的贡献

上古族氏或古国,大多借用与其密切相关的事物为标志,用以指称自己,即所谓"以事为氏",如燧人氏以钻木取火的创举著称于世,伏羲氏以驯化兽类的伟业名其族类,神农氏以制造耒耜、开启农耕的伟业令天下视之若神。按照这种理解方法,"神农"氏很可能与"农"相关了。

神农氏,是以"大德"闻名于世的三皇之一。传说他长着牛的头,人的身子。又说他诞生的时候,在他家的附近,完全不需要半点人力,自然就涌现了眼井,而且这眼井的水还是彼此相连的,从眼井里打水,其他眼井里的水都会跟着波动起来。总之,古代对圣贤之人,总会有许多传奇性的说法。

神农氏所处的时代,是中国从原始畜牧业向原始农业发展的转变关头。除了尝尽百草外,他还是我国原始农业的发明者。那时候,远古人民过着采集和渔猎的生活,人口已生育繁多,维持生计的是猎物和植物的果实。可是,天上的飞禽越打越少,地上的走兽越打越稀,所得食物难以果腹。怎样才能解决人们的

神农采药图

吃食问题?神农氏苦苦思索,可谓绞尽脑汁。他发明制作木耒、木耜,教会人民农业生产。他教人们开垦土地,播种五谷,带动了原始社会后期,由渔猎畜牧到农业经济的转变和发展。

据记载,有一天,神农氏见一只鸟儿,衔着一棵九穗谷经过,九穗谷掉在地上,神农氏把它拾起来埋在土里,后来竟然长成一大片。他把谷穗在手里揉搓后放在嘴里,觉得特别好吃。于是他教人在田地里除去野草,用斧头、锄头、耒耜等生产工具,开垦土地,种起了谷子。

神农氏从这里得到启发:谷子可年年种植,源源不断,若能有更多的草木之实选为人用,多多种植,大家的吃饭问题不就解决了吗?那时,五谷和杂草长在一起,草药和百花开在一起,哪些可以吃、哪些不可以吃,谁也分不清。神农氏就一样一样地尝,一样一样地试种,最后从中筛选出了菽、麦、稷、稻等五谷。人们因此再也不用再担心食物的问题。神农氏教民种五谷后,并不单单靠天而收,还教民打井汲水,对农作物进行灌溉。

神农氏教会了人们开展种植业古书里也有记载。他开创了人们更加实用和可靠的生存方式,并引领农耕时代的到来。《管子·形势》中说:"神农教耕五谷,以致民利。"《淮南子·修务训》也提到,先民吃的都是野生植物,喝的都是自然

的没有经过处理的水，采集着树上的野果子，吃的都是河蚌类的肉，这种野生的饮食习惯很可能造成身体不适，或者食物中毒等现象。于是，那个时候神农氏的出现，算是给民众带来了福音。他教给人们种植五谷的方法，也告诉人民关于地势高低、土壤肥薄的分辨技巧。同时，自己还亲自尝植物是什么味道，水是否能喝，从而让其他人注意。这种生活方式的改变，逐渐让人们从野蛮走向文明。

神农氏还发明了农业工具，提高了人们征服自然的能力。比如，《周易·系辞下传》说："包牺氏没，神农氏作，斲木为耜，揉木为耒，耒耨之利以教天下。"《绎史》中提到："神农之时，天雨粟，神农遂耕而种之，作陶冶斤斧，为耒耜钼耨，以垦草莽，然后五谷兴助，百果藏实。"而"耜""耒""钼""耨"，这些工具，对农业的发展起到了快速推进的作用。

而传说中，神农氏生于农历正月初五，所以每年的正月初五到正月二十便形成了祭祀的传统，祈求五谷丰登。历代达官贵人、文人学士在这时朝拜者比比皆是。

《管子》中对农业生产有哪些独特认知

《管子》是一本古代汇集各类知识的百科全书式著作，其中也十分鲜明地记载了一些管仲学派的农学思想。此书中含有丰富的农业科技内容，并在某些方面代表了战国时期的最高水平。如《地员》篇是战国土壤学方面的集大成之作。在防灾除害方面，《度地》篇论述了虫、水、旱、风雾雹霜、厉"五害"的防治方法。特别是在防治水害方面，对修堤技术的论述尤为翔实。可见此书中农学思想包含的内容十分广博实用，技术性非常强，具有现实指导意义。

管仲学派的农学思想，除上述有关农业科技的内容外，最具特色的是关于五谷桑麻六畜并举以富国富民的思想。书中总是提出一些非常精辟的观点，不仅着力于农业技术本身的打造，同时还会涉及人，包含着深刻的民本思想。比如，此书认为，若要从一年的时间来计量的话，那么做什么都比不上种粮食，这样可以满足人们最起码的生活需求；若要从十年的时间进行思考的话，那不如种树，无论从树木对环境的意义还是对木材带来的经济利益来说，这都是可靠的；如果要从自身一辈子的计量来看，那做什么都没有培养自己重要。也就是现在"十年树木，百年树人"的说法。同时，书中还认为百姓应该多多从事不同的农业工作，比如，耕种粮食、农田水利、种树产木，然后还有手工艺等，这样，起码生活的经济来源就不用愁了。农业上，民众能够做很多事，用来养活自己，用来创收，这样，百姓富有了，国家也自然不会积贫积弱。这也正像《重令》所言的那样"何为民之经产？畜长树艺，务时殖谷，力农垦草，禁止末事者，民之经产也"。

所以，在《管子》看来，农业生产并不局限于粮食生产，而且包括林业、畜牧业和其他副业。桑、麻、林、六畜等经济作物和农副产品的生产，对于富国富民也具有重要的意义。在五谷、桑麻、六畜以及渔盐诸业之间的关系上，《管子》认为农业劳动，特别是粮食作物的生产，是畜牧业发展的基础。可见，管仲学派在强调五谷、桑麻、六畜并举的同时，并不否认粮食生产的基础性地位。

故而，在管仲学派的农学理论中，五谷、桑麻、六畜并举的思想占有重要的地位，是其农学思想的突出特色之一。这样的农学思想，是齐国经济传统的产物，是齐国重视商品经济的国策在思想领域里的反映。管仲学派重农务本、通货积财、富国强兵的"霸、王"并用思想，与商鞅学派鼓吹农战、排儒抑商、"壹之农战"的主张，有着明显的不同。这反映了战国时期齐法家与秦法家之间的分歧和差异。

管仲最具有前瞻性的农业观点即是强调水利的地位和作用，把兴修水利看作治国安邦的根本大计。有一次，管仲与齐桓公一起探讨治国方略，管仲进言道："善为国者，必先除其五害。"所谓五害即水、旱、风雾雹霜、瘟疫、虫灾。"五害之属，水最为大。五害已除，人乃可治。"就是说，水和旱对经济发展和社会稳定有严重影响，特别是水灾的危害最大。治理国家必须采取措施消除这五种自然灾害，才能确保农业丰收，国家繁荣昌盛。在中国历史上，管仲首次提出了治水是治国安邦头等大事的论点。

总之，管仲关于农学的思想，体系完备，内容博大精深，处处闪耀着齐文

管鲍分金

化务实、民本、创新的光辉，为后世的经济学家所重视并借鉴、继承。其独特的思维方式和非凡的智慧谋略，值得我们认真研究、细致挖掘，以服务于当前的科学发展和深化改革。

汉初贾谊的民本重农思想

汉初杰出的政论家、文学家贾谊，积极响应新时代的呼唤，锐意进取，他传承先秦民本观点，比较全面、系统地阐述了以民为本的思想，北京大学中文系教授白化文也曾在他的专著《退士闲谈：屈原和贾谊》中说贾谊是优秀的政治家，贾谊的政治主张体现在多个方面，他的许多思想如民本思想、经济思想、伦理思想、礼治思想、朴素唯物论和辩证法思想等，对后世产生了深远的影响。而且作为经济思想的"重农主义"，对后世的影响巨大而深远。贾谊是汉代较早而又较为全面地论述和发展"农本"思想的思想家。

据《汉书·食货志》记载：汉代刚开始，因为刚刚完结的秦朝混乱局面，所以，整个国家正处于百废待兴的状态，秦朝的一些国家弊端仍然没有被处理完善。比如诸侯并起，连年征战，引起了大饥荒。那个时候，粮食卖得特别贵，穷人家吃不起饭，竟然互相换人来吃，当时战死的、饿死的、被杀的人很多，人口损失巨大。等到整个情况稍微稳定一些的时候，为了确保民间百姓的经济稳定，皇帝制定了上层阶级精简花销的政策，控制了自己和百官不必要的奢侈。同时，还减轻田租，剩下的花销用之于民。等到了汉文帝即位，更是躬修俭节，思安百姓。这就是当时的时代背景。

而在当时的大环境下，贾谊主张以民为本，重视民心。他说："闻之于政也，民无不为本也。国以为本，君以为本，吏以为本。故国以民为安危，君以民为威侮，吏以民为贵贱。此之谓民无不为本也。"（《大政上》）贾谊之所以强调以民为本，是因为他高度重视民心向背的问题，非常珍惜国家统一与社会安定的局面。以民为本，就是要使民众生活下去，摆脱贫困，富裕起来。只有衣食有余，家给

耕织图册·收刈

民足,天下才能安定,国家才能强盛。相反,如果民众不富足,就无法保证国家的长治久安。那么,贾谊究竟是怎么做而使人民衣食有余、家给民足呢?

首先,贾谊主张抑末以强本。贾谊认为工商"末"业妨碍了农业生产,所以发展农业就必须贬低甚至取消"末"业。他认为,现在让老百姓归于农事,就是回归了最本质的事情,这样才能让天下所有人能够自食其力。而农事发展好了,粮食足够了,那么,每个人都有的吃有的喝,不用再为吃饭的事情发愁。这种观点他在《论积贮疏》中也指出:"今背本而趋末,食者甚众,是天下之大残也;淫侈之俗,日月以长,是天下之大贼也。残贼公行,莫之或止;大命将泛,莫之振救。"他对"趋末"的危害性予以了高度重视。他还在《瑰玮》篇中批评"挟巧不耕"以事末业的人,多食农人之食,追求"雕文刻镂"之物,浪费了人力和物力,败坏了社会风气。

其次,贾谊重视积储粮食,提倡节俭,反对奢侈浪费。贾谊继承了管仲"仓廪实而知礼节"的思想,他认识到积储关系到国家的稳定,他认为,如果一个国家的老百姓连饭都吃不饱,那么国家的君王还谈什么治理国家呢?而积储的具体作用就在于防备灾荒和战争,积储是"天下之大命",国家和个人都应有积蓄。为此,贾谊极力主张驱民归农,发展农业生产,并提出具体措施:爱惜民力,注意使民以时,不耽误农时季节;厉行节俭,反对淫侈。

此外,贾谊还反对私人铸钱,主张把铜收归国有,统一铸币权,规定标准的"法钱","轻则以术敛之,重则以术散之",以平衡物价,增加财政收入。据《贾生年表》载,贾谊反对民间铸钱的主张就是在谪居长沙时上书《谏铸钱疏》提出的。

贾谊的重农思想,是当时社会经济条件下的产物,在当时对稳定社会,发展农业生产有过积极的作用。时代早已改换,但是贾谊思想的精华并未成为过去的东西,而是作为思想文化瑰宝之一,在历史上放射出耀眼的光辉。在充满机遇和挑战的当代,中国走向世界,世界也走向中国,贾谊的民本思想和重农思想仍有其参考价值和借鉴意义。

《齐民要术》有何与时俱进的精神

中国是世界文明古国,自古以农立国,农业与文化的发展有着密切的关系。北魏期间,贾思勰写了一部《齐民要术》,这是中国现存最古老且最完整的农业生物学书籍,也是世界农业史上的一部划时代巨著。

贾思勰是南北朝时期人，出生在北魏年间。他的生平不详，史籍《魏书》中并没有记载。我们对他生平的了解只有《齐民要术》中署名"后魏高阳太守贾思勰撰"十个字。根据许多学者的考证，贾思勰是山东益都（今山东省寿光市）人。他的这本巨著《齐民要术》成书于533—544年的北魏期间。"齐民"，就是平民；"要术"，为从事生产生活重要事项的技术。

南北朝时期国家形式十分混乱，在当时的时代背景下，贾思勰既看到了孝文帝改革后，北魏政权比较稳定和农业生产比较繁荣的景象，也经历了北魏政权趋于衰落，至永熙二年（533年）分裂为东魏、西魏的局面。正是在这一背景下，贾思勰"采捃经传，爰及歌谣。询之老成，验之行事"，为农业科学技术的总结提高倾注了毕生精力。而他的农学思想见之于这本《齐民要术》之中。

《齐民要术》全书十卷，九十二篇，十一万多字，引述文献达一百六十多种。在书中，贾思勰建立了较为完整的农学体系，对以实用为特点的农学类目做出了合理的划分。书中介绍了选种、浸种、施肥、轮作等精耕细作的方法；传授了一些谷物、蔬菜、果树和林木的栽培经验；记述了家畜、家禽、鱼、蚕等的饲养技术。从农副产品的加工、酿造到家畜、家禽的疫病防治，几乎对农业生产所涉及的各个方面都做了较为详细、清晰的论述。这一农学体系，为后人编纂农书所延续。

贾思勰认为农业是一国的立国根基，保证充足的农业生产使人民不饥不寒，这是政府的首务。如果民众不能得到温饱，则一切礼节荣辱都将沦为空谈，而国家也必将产生祸乱。可以说，贾思勰的农学理念至今都有指导借鉴作用。同样，他也认为圣明的君主应该重视农业生产，而轻视金玉财物；唯有民众安居乐业，君主的地位才能安稳。贾思勰的思想还具有与时俱进的精神。

第一，贾思勰认为，农作物生长是有规律的。谷子成熟有早晚，低产的果实味道好，高产的果实不好吃。良田可以晚种，薄田就要早种。良田不是一定要晚种，也可早种，但薄田晚种就可能收不到庄稼。山地种庄稼，要选强壮的种子，因为要避风霜。肥沃的田里种庄稼，可以用不一定强壮的种子，主要是多产。顺天时，量地力，则用力少而成功多。任情反道，劳而无获。

第二，贾思勰重农，首先是重视粮食生产。但他又并不把农业生产归结为生产粮食，而是要多种经营。《齐民要术》包括了粮食作物、园

贾思勰像

艺作物、林木、种桑养蚕、畜牧、养鱼、农副产品加工等内容。贾思勰认为，农副产品加工是农业生产的继续，是生产转向消费的必要环节。经过加工的农副产品，不但满足了消费的需要，而且价值提高了。《齐

耙地图　南北朝

民要术》中就有酒、醋、酱、豉的制作，还有把粮食、蔬菜、果品、肉鱼加工成耐储食品的方法。

第三，贾思勰在书中谈到，实际是教导农民，首先要按市场条件来安排生产，其次要有适当的规模和合理的田间布局来生产。要使用临时性雇工，以降低成本。要重视成本核算和利润的计算。《齐民要术》列举了大量的实例，教农民如何计算，甚至连运输、销售的费用都有计算。

贾思勰的农学思想当然是他最重要的贡献。难能可贵的是，他能放下身段，向老农请教，并且躬自下田，从事生产，有着丰富的农业知识与经验。他大量采纳收录民间农谚并请教有经验的老农，不耻下问，务使内容充实丰富并符合实际情况。由此可看出贾思勰写作此书时的务实精神及态度之认真与慎重。

《齐民要术》所载的农业与生物学知识，以现代化科学的眼光来判断，绝大多数都是正确无误且经得起考验的。而其内容之精彩丰富，资料之完整而翔实，堪称是农家最实用的百科全书。它记载及传承了我国6世纪以前先民所累积的农业生产技术与文明，对后世的农业研究有着极深远的影响。贾思勰的伟大贡献将永为后人所感念！

《农书》有何贡献？王祯有何民本思想

元代王祯的《农书》是一部伟大的著作，在农业历史上具有划时代的意义。这部有关农业的专著成书于1313年，全书分三部分：

1. 农桑通诀，六集，总论农业的各个方面；
2. 百谷谱，十一集，是各种大田作物及果、蔬、竹、木的栽培专论；
3. 农器图谱，二十集，是该书的重点，罗列各种与农业有关的工具，并绘图

二百七十余幅分别加以说明。其中一些农具已经失传,这本书留下了极其宝贵的资料。

书中还常对南方和北方的农业,以及所用农具的异同、利弊做比较,并进行讨论。可以说,这本书在古代农书中是一个创举。此外,《农书》还注意推广生产经验,以便利农业生产,如为解决农林劳动力不足问题,他主张推行北方流行的"锄社",说:"北方村落之间,多结为锄社。以十家为率,先锄一家之田,本家供其饮食,其余次之,旬日之间,各家田皆锄治……间有病患之家,共力助之……名曰锄社,甚可效也。"(《农书》卷三,《农桑通诀》三、《锄治篇》七)。所以说,《农书》是极值得重视的农业著作。

王祯《农书》有两个非常突出的特点。首先,对农业做了比较全面而系统的论述。在"农桑通诀"部分中,总论农业上一系列的问题,并随时注意各问题之间的相互关系。唐宋以前,南方尚没有农书出现,而北方农书由于受历史条件限制,也未能将南方农业的内容写入。所以,这个时候,并没有一本能够统筹南北方农业知识内容的农业书籍。而之后魏贾思勰所著具有农业全书性质的《齐民要术》,也仅仅是涉及黄河中下游一带,而且主要是叙述各项生产技术,没有系统地总论其中所包含的问题和原理;唐宋以后,随着《耒耜经》和《陈旉农书》等的出现,填补了南方没有农书的空白,但是南方农书从出现时起就以地方性为特色;元代初年的《农桑辑要》,目的是指导黄河中下游的农业生产,因而没有把江南地区的水田生产包括在内。

而王祯《农书》弥补了上述农书的种种缺陷。王祯《农书》是第一部兼论南北,企图从全国范围内对整个农业做系统性的讨论,并把南北农业技术及农具的异同、功能进行分析比较的农书。

所以,从整体上来说,王祯《农书》有总论,有各论,系统分明。谷谱的各论比《齐民要术》的分类更明晰,体例更整齐;而且几乎对每一种作物的性状都做了说明,这在古农书中也是创举。此外它又结合《农器图谱》,对农具做了分类,这就使这部书的内容更加全面,体例更加完整。

而作为作者的王祯既是著名的农学家,也做过县官,注意劝导百姓务农,关心百姓疾苦。所以,这也就加强了其著作的现实实用性,让这本书从理论和实践上都得到了很好的印证和阐发。他认识到人们基本的物质生活需要,一寸丝一口饭,均出自野夫田妇之手,因而决心编写一部较完备的农书。他的《农书》大约就是他在旌德、永丰县尹任上写成的。

王祯认为,吃饭是百姓的头等大事,所以作为地方官,应该熟悉农业生产知识,否则就无法担负劝导农桑的责任,因此,他留心农事,处处观察,积累了丰富的农业知识。每到一地,就传播先进耕作技术,引进农作物的优良品种,推广先进农具。这些做法为后来撰写《农书》积累了丰富的材料。

王祯恪尽职守,公正无私,勤勉务实。他在旌德县尹任内,为老百姓办过许多好事。旌德县多山,耕地大部分是山地。有一年碰上旱灾,眼看禾苗都要旱

王祯认为,吃饭是百姓的头等大事,国家从中央到地方政府的首要政事就是抓农业生产。

死，农民心急如焚。王祯看到旌德县许多河流溪涧有水，想起从家乡东平来旌德县的时候，在路上看到一种水转翻车，可以把水提灌到山地里。王祯立即开动脑筋，画出图样，又召集木工、铁匠赶制，组织农民抗旱，就这样，水转翻车使旌德县几万亩山地的禾苗得救。

王祯继承了传统的"农本"思想，认为国家从中央到地方政府的首要政事就是抓农业生产。王祯"以身率先于下""亲执耒耜，躬务农桑"。在永丰县尹任内，王祯以奖励农业和教育为主要任务，经常购买桑树苗、棉花籽教导农民种植，鼓励他们种好庄稼。旌德、永丰两县民众对他十分敬重，念念不忘。

王祯不仅对农业科学做出了突出贡献，而且对印刷技术也有很大贡献。他用木刻活字代替了胶泥活字，从而大大提高了排版印刷效率。王祯著有《造活字印书法》，附在《农书》之后，这是最早系统叙述活字版印刷术的文献。

《农政全书》为何十分重要

徐光启是明末的著名农学家、政治家、军事家，他做过高官，也提出过很多民本理论。他的出生地松江府是个农业发达之区，早年他曾从事过农业生产，取得功名以后，虽忙于各种政事，但一刻也没有忘怀农本。他眼见明朝统治江河日下，屡次陈说根本之计在于农。他自号"玄扈先生"（玄扈原指一种与农时季节有关的候鸟，古时曾将管理农业生产的官称为"九扈"），以明重农之志。徐光启有许多科学成就，比如，他曾同耶稣会传教士利玛窦等人一起共同翻译了许多科学著作，如《几何原本》《泰西水法》等，成为介绍西方近代科学的先驱。

徐光启撰写的著名农书就是六十卷的《农政全书》，在我国农学史上占有重要的地位。而他在我国古代农业科技发展史上颇有建树，关于甘薯的引进栽培，他发挥了重要的作用。

《农政全书》分为农本、田制、农事、水利、农器、树艺、蚕桑、种植、牧养、制造和荒政等十二部分，共六十卷、六十多万字。书中利用历代文献二百二十五种，同时，还以夹注或评论的方式，加进自己试验的新成果和看法。

《农政全书》涉及的范围很广，从政策、制度到农田水利、土壤肥料、选种、播种、果木嫁接、防治害虫、改良农具，以及食品加工、纺织手工业做了全面论述。其中记录了劳动人民的生产发明和农学、植物学的知识，如在《除蝗疏》中，记载了蝗虫的出现、成熟、习性等，是早期昆虫学知识的记录；西方农业知识，如水利的原理和新式提水工具等也有所记载；《农政全书》还批判了当时阻碍生产技术进步的落后思想和落后方法。他还强调了农业在中国经济上的重要作用，并且针对当时灾荒的情况提出"预防为上，有备为中，赈济为下"的积极主张，为说明问题，书中还绘制了大量图谱，很有参考价值。《农政全书》重点在开垦、水利和荒政三项，篇幅占全书一半以上。这几项农政在过去农书中都没有系统叙述过，《农政全书》却集中而系统地提了出来，成为这部书的显著特色。

徐光启像

《农政全书》是"杂采众家"又"兼出独见"的著作，而时人对徐氏自著的文字评价甚高："人间或一引先生独得之言，则皆令人拍案叫绝"。

徐光启出身农家，自幼即对农事极为关心。他的家乡地处东南沿海，水灾和风灾频繁，这使他很早就对救灾救荒感兴趣，并且讲究排灌水利建设。步入仕途之后，又利用在家守制、赋闲等各种时间，在北京、天津和上海等地设置试验田，亲自进行各种农业技术实验。并因此坚持数十载。

天启二年（1622年），徐光启却因病返乡，冠带闲住。此时他不顾年事已高，还是继续试种农作物，同时开始收集、整理资料，撰写农书，以实现他毕生的心愿。崇祯元年（1628年），徐光启官复原职，此时农书写作已初具规模，但由于上任后忙于负责修订历书，农书的最后定稿工作无暇顾及，直到死于任上。

徐光启不仅自己钻研实践，更重要的是，他勤于咨访，不耻下问，破除陈见，亲自试验。徐光启一生以俭朴著称，于物无所好，唯好经济，考古证今，广咨博讯。遇一人辄问，至一地辄问，闻则随闻随笔。

一事一物，必讲究精研，不穷其极不已。因此，在阅读《农政全书》的时候，所了解到的不仅仅是有关古代农业的百科知识，而且还能够了解到一个古代科学家严谨而求实的大家风范。

"耒耜"到底是什么器械

耒耜是古代耕地翻土的农具。耒耜也常为农具的代称。炎帝神农制耒耜，种五谷，奠定了农业基础。耒耜的使用和种五谷，解决了民以食为天的大事，促进了农业生产的发展，为人类由原始游牧生活向农耕文明转化创造了条件。古人云:"工欲善其事,必先利其器。"耒耜的发明大大提高了耕作效率。

北大教授刘仙洲在他撰写的《中国古代农业机械发明史》中这样说道:"农业机械的发明,在农业历史上是一个伟大的发明。"耒耜作为最早的专供种庄稼的农具,因其与农业起源有直接关系被当作标志性的农具,往往谈到农业起源无不谈到耒耜。《易·系辞》记载,"神农氏作,斫木为耜,揉木为耒。耒耨之利,以教天下",这是对炎帝、神农氏发明耒耜的最早文献记载。《白虎通德论·号》述,到了炎帝时代,"人民众多,禽兽不足,于是神农氏因天之时,分地之利,制耒耜,教民耕作",则进一步说明了耒耜这种生产工具产生的时代背景。耜是远古先民由采集经济生活方式向收割农业转变的象征,是农业发展史上一次革命性的标志。因此,先秦许多史籍中多有记述。《庄子·天下》曰"禹亲自操橐耜";诗《豳风·七月》说"三之日,于耜";《毛传》注"三之日于耜",曰"于耜,始修耒耜也";《周颂·载芟》"有略其耜";《良耜》篇专题颂耒耜;《小雅·大田》也说到耜;《淮南子·氾论训》"古有剡耜而耕"。

而在原始社会,耒、耜是最早的挖土农具,一开始都是木头做的。《易经·系辞下》说:"神农氏作,斫木为耜,揉木为耒;耒耜之利,以教天下。"神农是传说中的农业始祖,由此可以看出,耒、耜当为原始农业中首先出现的农具。

最早的"耒"是从挖掘植物的尖木棍发展而来的,是将一根树枝的一端削尖了,用来挖松土地或点种。以后在耒的下端安装一横木便于脚踏,入土更容易些。再后单尖木耒发展为双尖,称双齿耒,改进的耒有两个尖头或有省力曲柄,提高了挖土的效率。单尖木耒的刃部发展成为扁平的板状刃,就成为"木耜",其形状类似后代的锹、铲。木耜挖土功效比耒大,但制作也比较复杂。木耜的挖土效率更高,使用得也更为普遍,延续的时间也较长。木耜的刃部在挖土过程中容易磨损,人们就改用动物的肩胛骨或石头制作,耜刃绑在木柄

耱地图砖画　东晋
图中绘农夫半蹲于耱上,正持鞭驱二牛耱地。现在已知最早记载用耱耱地的典籍为北魏贾思勰所撰《齐民要术》,而砖画中的耱耱则比记载要早二百多年,是我国迄今发现最早的耱耱农具的图像资料。

上成为复合工具,就成为骨耜和石耜。

其实,很多学者对"耒耜"是有争议的,有的认为,这个词应该分开解释,一个字代表了一种农作工具,就像我们上面所提到的那样。但是,还有一些人则认为,"耒耜"就是一种工具,也有可能就是我们现在用的"犁"。但是,这不好做一个明确的定义,因为在不同文献中"耒耜"的含义是不尽相同的。在许多文章中,"耒""耜"和"耒耜"两词的含义是不甚分明的。也有一些古书把"耒耜"作为农具统称的代词,即泛指各种农具。把"犁"称为"耒耜",在一些文学作品中也比较多见。如著名的寓言"守株待兔"中讲的那个农人"因释其耒而守株",就是讲农人放弃农具不耕作了。到了唐代,还出现了一本讲述农具的农书——《耒耜经》。该书的作者是唐代著名的文学家陆龟蒙,常从事农耕生活。

耒耜的发明是中国原始社会生产力的一次大飞跃,它奠定了中国原始农业的基础,导致了一个新的历史时代,即"神农氏之世"的出现。

土地崇拜有何文化影响

土地不仅是财富的象征,同时也是农民的生存方式,自古就有"土生万物由来远,地载群伦自古尊"的土地崇拜观念。农民靠着几亩地养家糊口,繁衍生存,自然把土地奉若神明,侍奉祭祀,祈求风调雨顺,盼着好收成。就是在现代文明高速发展、农业现代化不断深入的今天,不论是城市,还是乡村,人们对土地的渴望和热爱也是有增无减的。

土地是农业生产最基本最重要的物质资料。人类生活的衣食住行无不与土地发生关系。按照五行说,土作为一种物质形态,居金木水火之中,产生万物,调和万物。土地能载育飞禽走兽,百谷庶类。古人视土地为生命的本原之一,不仅因为土地生长动植物,是人类生活资料之源,而且土地也形成了人类本身。女娲抟黄土造人,造出了我们这个黄皮肤的民族。

很多事物在古代社会都蕴藏着神秘与崇拜的象征,而农民对土地的崇拜更多的是顺应习俗和传统。

传说,土地神是掌握土地和庄稼的神灵。它能够保佑禾苗壮大,能够防御风雹虫害,只要虔诚地供奉之,便会获得丰收。春日田事方兴,向土地神祈祷丰收,秋收后,向土地神表达谢意,这就是"春祈秋报""乡野春则祀谷,数百人鼓乐,旗帜前导,后有擎神者,以木雕刻如楼殿状,而面以金制,极工巧,一村中,多者数擎。秋则极赛张制,盛列珍馔。近年,城乡用面作麒麟、狮、象等形,涂以丹碧,加以金饰,彼此争胜,用以供神"(《光绪泌源县志》)。

土地崇拜在民族文化中亦称社稷崇拜,其典型的表现形式是产生于远古,延续至近代的社稷享祀仪式,即对土地神——"社"和谷物神——"稷"的祭典。这种产生于农业经济背景,体现着民族生存本能的心理情结与社会的理性思考结合在一起,便形成了被历代统治者奉为治国圭臬的农本思想。从原始崇拜,到农耕文明,土地图腾都享有至高无上的地位,历代君主口中的"江山社稷"即是一个国家的根本。土地崇拜作为民族文化心理的深层积淀,为农本文化价值观维护自身的权威与地位,提供了强大的心理动力;而重义轻利和尚本抑末的观念又为土地崇拜这一古老的心理原型注入了具体的现实内容。

土地崇拜在农业生活中,也具有十分重要的意义,它不仅关系着农业的生产,也是在一定条件下安定民心的重要保证。作为一个农业大国,传统中国是一个典型的农业社会,从事农业生产的人口一直占有绝对的多数,有关农业和土地方面的崇拜与信仰几乎可以代表全部的崇拜与信仰。土地崇拜是农业生产时对大自然依赖的结果,在科技不发达的古代,农民们以为种子种在地里不仅是因其适应了自然而发育生长起来,也是上苍由于人们的虔诚与奉祭而赐福于人间。

农耕图 南北朝

悠悠几千年的历史沉淀,荡涤飘零的是过眼的繁华,永恒的是赖以生存的土地,这不仅仅是田地间劳作着的农人们的根,也是生活在这片土地上所有生命的根。在中华农耕文化的大背景下,所有关于土地的引申也是一个个神圣的音符,这个神圣而不容侵犯的音符,组成的是一曲祈求平安期望富足的天籁之音,是一篇跨越时空绝仰千古的壮美史诗,是一首千百年来流淌在中国民间的土地颂歌。

第十五章

医家

——从生命真谛中看中医的高度

中国的医学可以说是形而上和形而下的结合，既有从生活实践中得来的认知，也有思想大道的融合。北京大学医学院教授马文昭先生表示，我国古代医学多数是建立在临床实践的基础上。这就意味着我国医学体系的建立具有深厚的实践性和历史性。它从每个朝代的生活中而来，也可能会渗透着其他领域的思想内涵。它的很多理论和观点是比较玄妙的，但是却又能够具备十分有效的使用价值。比如医学中的气血、经络、五行等。

所以，我国的医学不仅是一种生理学，还具有更为广博的思想内容和价值取向。这样，它就不仅仅只是在研究人体，还有更大的外物范围，比如自然、宇宙。中国的医学既可以从最细微的人体的排汗、呼气等出发研究，也涉及了更为宏观的天地大道、宇宙大理的哲学层面的因素。这种包容万象的气度，怎能不让人拜服？

中医是怎样诊病的

中医诊病，主要有望、闻、问、切四种方法，简称为"四诊"。人体是一个有机的整体，局部的病变可以影响全身；内脏的病变，可以从五官四肢体表各个方面反映出来。通过望、闻、问、切四种诊断方法，诊察疾病表现在各个方面的症状，就可以了解疾病的病因、性质和它的内在联系，从而为进一步的辨证论治提供依据。

中医"望诊"中最有特色的是"舌诊"。"舌诊"包括看舌质和舌苔。舌质，

诊断图　布画唐卡　清
《诊断图》是《四部医典》系列挂图唐卡的第三幅,以"如意树"的形象,描绘出藏医学诊断病症的最基本方法。图中分别以三杆主枝代表望诊、触诊、问诊。

指的是舌的本体;而舌苔是舌质表面覆盖着的苔垢。可以通过看舌质来了解正气的盛衰,通过看舌苔知道邪气的深浅。正常人的舌头表面有一层薄白的苔,叫舌苔。如果外来的邪气侵入人体,影响脾胃的消化功能,苔就要变厚。如果舌面光滑如镜,说明正气太虚。舌苔之所以能反映疾病,是因为它通过"胃气"与五脏六腑发生密切的关系,"胃气"就是脾胃的功能状态,它的生理和病理状态对于其他脏腑的活动有非常重要的影响。中医对舌象的观察,包括观察舌质的颜色、舌苔的颜色和厚薄,以及舌体的形态等。在临床中,由于舌象能比较准确地反映机体的生理病理状况,所以有人认为舌象是人体生理和病理状况的一面镜子。

"闻诊"包括听声音和嗅气味两方面。听声音都是听哪些呢?比如,呼吸、肠鸣、说话等,会根据音调的清浊、大小来判定具体的病症为何。比如,有些人犯病的时候声音高而粗,有些人难受的时候声音细微几不可闻,这些对最后的病情判定都是有影响的。然后是嗅气味,这分为病体和病室两种情况,病体是由于身体病变而使气血、津液、脏腑产生败气,从体窍和排出物发出气味;而病室则是由病体及其排泄物气味散发的。不同的味道,症状不同,病情也不同。其实,人体内的各种声音和气味,都是因为内里出现了问题,都和五脏功能的变化有密切关系。

"问诊"在中医临床上是很重要的。我们可以通过询问病人或其家属,来了解有关疾病发生的时间、地点、原因、经过,过去得过什么病,患者病痛的部位,以及生活习惯、饮食嗜好、有无家庭病史等与疾病有关的情况。古代医生为了强调"问诊"的重要性和便于牢记"问诊"的主要内容,还编了一首"十问歌":"一问寒热二问汗,三问头身四问便,五问饮食六问胸,七聋八渴俱当辨,九问旧病十问因,再兼服药参机变。妇女尤必问经期,迟速闭崩皆可见。再添片语告儿科,天花麻疹全占验。"这说明中医看病,问诊是非常重要的。

"切诊"的"切"是用手触摸病人身体的意思。切诊包括脉诊和按诊两部分内容。脉诊是按脉搏,是医者以指腹按一定部位的脉搏诊察脉象。通过诊脉,体察患者不同的脉象,以了解病情,诊断疾病。它是中医学一种独特的诊断疾病的方法。按诊是在患者身躯上一定的部位进行触、摸、按压,以了解疾病的内在变化或体表反应,从而推断疾病的部位、性质和病情的轻重等情况,这是获得辨证资料的一种诊断方法。

中医有两种按诊的方法,一种叫遍诊法,就是触摸全身各处特定部位的动脉;另一种是寸口脉法,这也是中医经常采用的一种方法。"寸口"在手腕后的桡动脉表浅部位。如果手指轻轻地摸着皮肤,就感到脉搏在跳动,好像木块漂在水面上一样,这叫浮脉。浮脉一般是指比较轻浅的外感病。如果重按才感到脉搏在跳动,这叫沉脉,一般是内在脏腑的病变。正常成年人的脉搏一般在每分钟七十次左右,略微慢一点和快一点都不能算病态。如果成年人每分钟脉搏在九十次以上,这是"数脉",就得考虑是"热证";脉搏每分钟不足六十次,这是"迟脉",就要考虑是"寒证"。通过浮沉的脉象可以辨别疾病的部位,通过迟数的脉象可以辨别疾病的性质。可以从脉搏是否有力来辨别疾病的虚实,比如实证的脉就有力,虚证的脉就无力。因为疾病是一个复杂的过程,所以脉象也是多样的。祖国医学通过长期的临床实践,总结了丰富的脉学理论。一般常见的脉象,就有二十八种之多,此外还有病情危险时才能看到的怪脉等。

望、闻、问、切四诊是一个统一的整体,在观察疾病做出诊断的过程中,都有它们各自独特的作用,不能相互取代,也不可将其分裂开来。虽然舌诊、脉诊在中医诊断学上具有突出的地位,但在看病过程中也不能只是看看舌苔摸摸脉,将中医的四诊割裂开。在临床中必须把望、闻、问、切四种诊法结合起来,也就是"四诊合参"。此外,由

明切脉罗汉塑像
四川新津观音寺明代重修大雄宝殿中,有一对切脉诊病罗汉十分生动传神。病僧平伸左手微笑待诊,医僧凝神定气,圆睁双眼,全神贯注地沉浸在诊脉之中。表现中医诊脉的古代艺术品不多,遗存今日实属罕见。

于疾病的表现非常复杂,很多时候疾病的本质和表现出来的现象是不相同的,这需要医生依靠经验判断,分清真假,认识疾病的本质。

中药的"四气五味"

四气五味是指中药的性质和滋味,也就是中药的四种药性和五种药味。四气五味是中药药性理论的基本内容之一。所有的药物都具有一定的性和味。性与味是药物性能的一个方面。对于认识各种药物的共性和个性,以及临床用药都有实际意义。药性是在对其实际疗效的反复验证之后归纳出来的结论,是从性质上对药物多种医疗作用的高度概括。最初对于药味的确定,是通过口尝得来的,在这一过程中逐渐发现了不同滋味的药物所具有的医疗作用是不同的。因此,味的概念,不仅表示味觉感知的真实滋味,同时也反映药物的实际性能。自古以来,各种中药书籍在论述一药物时首先要标明其性味。

所谓四气,又称四性,即寒、热、温、凉四种药性。近代有关药物四气的临床观察和理化研究证明,现在能治疗热证的中药,大多属于寒性或凉性,具有清热、解毒、泻火、消炎、抗病毒、提高机体免疫力及镇静、降压、抗惊厥、镇咳、利尿、抗癌等作用,如黄连、石膏等;凡能治疗寒证的中药,大多属于温性或热性,具有温中、回阳、散寒、解热、镇痛、止呕、止呃、抗菌、促进免疫、强心、升压、兴奋中枢、改善心血管功能、促进细胞蛋白质的合成与代谢、改善营养状态、提高机体工作能力、兴奋子宫及性功能,并有类似肾上腺皮质激素的作用,如桂枝、附子等。通过实验测定,热证患者经寒凉药治疗后,自主神经指数下降,儿茶酚胺类和17-羟皮质类固醇排出量减少。

五味是医家在长期实践过程中,以脏腑经络理论为基础,用五行学说总结归纳而成的。五味是指辛、甘、酸、苦、咸五种药味。辛味能发汗解表、行气止痛,如麻黄;甘味能润补、缓急、和中,如甘草;酸味能收敛、固涩,如乌梅;苦味能清热、解毒、泻火,

熬药炉 明
中药煎药有文火、武火之分,先煎后下之别。古代上层社会都有专用熬药炉。图为明太医熬药炉,制作精致,造型美观,腹壁有纹饰,整体及炉膛较炊饮用炉小巧。

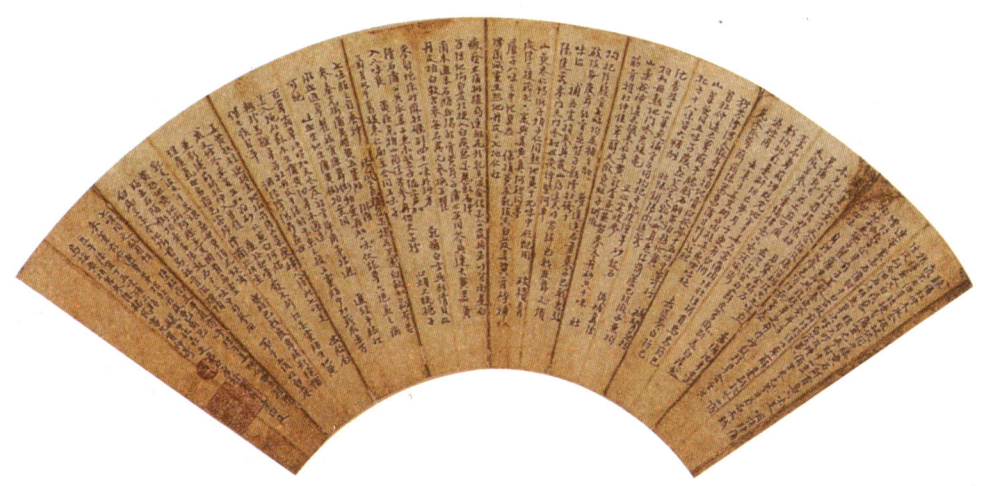

临症用药歌诀行书扇面　清
扇面内容为不同病症常用药物歌诀和用药注意事项，适于初学者熟读记忆。

如黄檗；咸味能软坚散结、润肠通便，如芒硝。

由于每一种药物都具有性和味，因此，必须把两种作为一个统一整体来看，不能割裂开来。例如两种药物都是寒性，但是味不相同，一是苦寒，一是辛寒，两者的作用就有差异。反过来说，假如两种药物都是甘味，但性不相同，一是甘寒、一是甘温，其作用也不一样。所以，不能把性与味孤立起来看。性与味显示了药物的部分性能，也显示出有些药物的共性。只有认识和掌握每一药物的全部性能，以及性味相同药物之间同中有异的特性，才能全面而准确地了解和使用药物。

在中医看来，我们日常食用的鱼、肉、鸡、蛋、蔬菜、瓜果、酱、醋、茶、酒等一般食物，本身也都有各自的性能，因此，一旦食用它们，对疾病的发生、发展和药物的治疗作用都会产生一定的影响。中医依性味、功效的不同，将食物分为黏腻、鱼腥发物、辛辣、肥甘厚味、生冷五类。

黏腻食物：这类食物的黏度比较大，附着性比较强，不容易消化。比如，糯米、煎炸食品。尤其是腰肌劳损的人不能吃这类食物，易化湿生痰，阻滞经络，抑遏阳气，影响康复。

鱼腥发物：主要是水产品（鱼虾蟹之类），还有其他发物（韭菜、芹菜、茴香、牛羊肉）等。这类食物可能会诱发或者加重肿毒、疮疡、皮疹、哮喘之类。

辛辣食物：尖锐而强烈的味道。此类食物包括葱、蒜、韭菜、生姜、酒、辣椒、花椒、胡椒、桂皮、八角、小茴香等。排汗祛湿，可以食用这类食物，但是不可多食，尤其注意上火。如辣椒属热性，若病人有发热、便秘、尿短赤、口干咽燥、咽喉肿痛、鼻衄、舌质红干等热象者，吃辣椒必然会加重热象，从而抵消清热凉血及滋阴药物的功效。

肥甘厚味：这类是指甜食、油腻的东西。比如，奶油蛋糕、五花肉之类。这类食物脂肪和糖的含量都很高，容易造成肥胖。再者，过食油腻食物，会使消化功能减弱，还可造成消化不良及胃肠功能紊乱，从而影响对营养的正常吸收。

生冷食物：未经过烹饪处理的，比较凉的食物都是属于生冷食物。也包括中医中所说的寒性食物，这些食物大多有清热解毒、滋阴降火的功效。

什么是"正气""邪气"

"气"是中医学上特有的术语，人体分为"邪气"和"正气"两种。"邪气"能引发疾病，包括外感六淫、疫疠、内伤七情、饮食、劳逸，以及外伤、虫兽伤等，只有两气平衡，身体才能达到健康状态。正气又简称为"正"。中医学所论的"正气"有着广泛而丰富的内涵，从发病机理的角度来说，正气是指人体的形体结构、精微物质及其产生的机能活动、抗病能力、康复能力，以及人体对外界的适应能力、调控能力之总称。精、气、血、津液是正气所概括的物质，人体各组织器官则是这些重要物质存在的结构基础。

正气有两种作用：一是抗御外邪，预防疾病，或疾病发生后驱邪外出；二是自身调节控制，以适应环境的变化，维持生理平衡，或病后自我修复，恢复健康。如若体内有着强盛的正气，则病邪难以侵入，或侵入后即被正气及时消除，一般不易发病，即使发病也较轻浅易愈。自然界中经常存在着各种各样的致病因素，但并不是所有接触的人都会发病，此即是正与邪相较量的结果。当正气不足，或邪气的致病能力超过正气的抗病能力的限度时，就会表现为邪盛正衰，正气无力抗邪，邪气入侵后又不能及时将其驱除出去，对机体造成的损伤无力尽快修复，不能及时调节紊乱的机能活动，于是发生疾病。

邪气是存在于外在环境中的，或人体内部产生的具有致病作用的各种因素的总称。在六淫、疫疠、七情、饮食失宜、痰饮和瘀血这些状况中，它们有的是一些物质性的致病原，有的是一些损伤性的作用因素。致病原侵入人体时会与正气

王大夫诊脉潇湘馆　清
此图为《孙温绘全本红楼梦》中插图之一。黛玉因心事过重，发昏、吐带血丝的痰。第二天，贾琏带大夫给黛玉诊脉。大夫告诉贾琏说："六脉皆弦，为平日郁结所致。"于是开了方子。大夫的话反映了中医病因理论中的"病由内起""七情内伤"。

相搏，使人体生理功能发生紊乱，导致发病；而损伤性的作用因素，则先造成人体结构及其功能活动的损伤，当这些因素消除以后，其损伤的结果依然存在，机体尚未将其修复，从而疾病产生。

中医学十分重视正气在发病中的主导地位，认为"风雨寒热不得虚，邪不能独伤人。猝然逢疾风暴雨而不病者，盖无虚，故邪不能独伤人。此必因虚邪之风，与其身形，两虚相得，乃客其形"。致病邪气是无处不在的，只要人体的正气充足，纵然有邪气的存在，也是不能伤人发病的。一旦体内正气不足，身体的免疫能力就会下降，或者邪气的致病能力超过正气的抗御能力时，外邪才会乘虚侵袭而发病。因此说"邪之所凑，其气必虚"。

而邪正的盛衰变化，对于疾病的发生、发展及其变化和转归，都有重要的影响。疾病的发生与发展是正气与邪气相互斗争的过程和结果。如果正气充沛，则人体有抗病能力，疾病就会减少或不发生；若正气不足，邪气旺盛，疾病就会产生和发展。因此，治疗的关键就是要改变正邪双方力量的对比，扶助正气，祛除邪气，使疾病向痊愈的方向转化。

对于气来说，还有两个概念，分别叫作"扶正""祛邪"。扶正就是使用扶正的药物或其他方法，以增强体质，提高抗病能力，以达到战胜疾病、恢复健康的目的。适用于正气虚为主的疾病，是《内经》"虚则补之"的运用。根据不同的病情，临床上有益气、养血、滋阴、壮阳等不同的治疗方法。祛邪就是祛除体内的邪气，达到邪去正复的目的。适用于邪气为主的疾病，是《内经》"实则泻之"的运用。临床上根据不同的病情，有发表、攻下、清解、消导等不同方法。扶正和祛邪是相互联系、相辅相成的两个方面，扶正是为了祛邪，通过增强正气的方法，驱邪外出，从而恢复健康，即所谓"正盛邪自祛"。祛邪是为了扶正，消除致病因素的损害而达到保护正气，恢复健康的目的，即所谓"邪去正自安"。因此运用扶正祛邪的治病原则时，要认真仔细分析正邪力量的对比情况，分清主次，决定扶正或祛邪，或决定扶正祛邪的先后。

中医所说的"气血"指什么

《素问·至真要大论》有云："疏其血气，令其调达，而致和平。"意思是说，对疾病的治疗，应注重疏通脏腑气血，使无壅滞之弊，则人体可恢复平和与健康。诚如清代姚止庵在《素问经注节解》中所释："疏其壅塞，令上下无碍，血气通调，则寒热自和，阴阳调达矣。"疾病的发生和发展，会导致人体气机失去正常的运动状态，即气机出入阻隔，升降失序。

这里面就涉及一个中医的概念，就是"气血"。中医讲"气为血帅，血为气母"，气壮则可以帅血以运行，又是生血之力，血气旺则是气化之物质基础，只要气血充沛，血脉畅行，营卫调和，人体就可以"阴平阳秘"，百病可防，已病可愈。

这是中医病因、病机的基本观点。朱震亨就曾说过："气血冲和，万病不生，一有怫郁，诸病生矣。故人身诸病，多生于郁。"这个观点强调了气血郁滞在发病学上的重要地位。朱震亨有气、血、湿、热、痰、食"六郁"之说，认为此六者既可单独致病，亦可合而为害，但其关键则在于气郁。因此他治疗郁证，首重调理气机。

气血瘀滞是导致人体衰老的主要原因，已引起人们广泛的关注和重视。目前社会上有不少人对补品的作用产生误解，片面追求和迷信补品能强身健体，坚持常年服用不懈。诚然，对于体质虚弱者来说，因人制宜地服些补品确有一定益

《红楼梦》张太医论病细穷源插图

处，但须慎防滋而伤胃，补而壅塞，导致人体气血阻滞，反生很多不良反应。对此，清代医家王孟英早就提出告诫，他针对当时"不知疗病，但欲补虚，举国若狂"的局面，大声疾呼"一味蛮补，愈阁气机，重者即危，轻者成锢"，极力反对滥用补剂，时至今日，也应当引起人们的警惕。

中医气血养生保健的方法十分丰富，在这里给大家介绍几种有效的方法。

1. 饮食调养。平时可常食桑葚、荔枝、松子、黑木耳、菠菜、胡萝卜、猪肉、羊肉、牛肝、羊肝、甲鱼、海参等食物，因为这些食物都有补血养血的作用。

2. 加强精神修养。血虚的人时常精神不振、失眠、健忘、注意力不集中，故应振奋精神。当烦闷不安、情绪不佳时，可以听听音乐，欣赏幽默剧，可使精神振奋、排解忧愁。

3. 配合穴道按摩更有效。

合谷穴——位于手背大拇指与食指交会处，用另一只大拇指按压三十秒后松开，重复五次。

足三里——膝盖正下缘约四根手指、胫骨凹陷处，利用食指弯曲的骨节来按压，至少三分钟。

风池穴——后头颅骨下缘，在颈椎中线与耳后中间的凹陷处，用大拇指按压至少三分钟。

什么是"经络"

关于经络对于人体健康的作用,两千五百多年前的《黄帝内经》中就有了系统的记载,这本被称为"人体健康圣经"的千年宝书对人体经络的作用推崇备至,如《灵枢·经脉篇》里说:"经脉者,所以能决生死,处百病,调虚实,不可不通。"那什么是经络呢?

中医认为,经络是看不见摸不着的,但它是联系全身的网络,也是人体的灵丹妙药。当孩子咳嗽时,我们可以给他按摩脾经,就相当于给孩子吃人参、白术,可以大补元气,治疗百日咳。老人腹泻时,就按摩大肠经,这就相当于吃诃子、炮姜。爱人受寒感冒时,推三关,可以代替麻黄、肉桂,发汗散寒等。从这个意义上来说,经络才是人体最好的医药。

经络由经和络组成,经就是干线,络就是旁支,人体有十二条主干线,也叫作"十二正经"。它们分别是,手太阴肺经、手厥阴心包经、手少阴心经、手阳明大肠经、手少阳三焦经、手太阳小肠经、足太阴脾经、足厥阴肝经、足少阴肾经、足阳明胃经、足少阳胆经、足太阳膀胱经。

十二经脉是气血运行的主要通道。通过手足阴阳表里的连接而逐经相传,构成了一个周而复始、如环无端的传注系统。就像奔流不息的河流,气血通过经脉内至脏腑,外达肌表,营运全身。其流注次序是,从手太阴肺经开始,依次传至手阳明大肠经,足阳明胃经,足太阴脾经,手少阴心经,手太阳小肠经,足太阳膀胱经,足少阴肾经,手厥阴心包经,手少阳三焦经,足少阳胆经,足厥阴肝经,再回到手太阴肺经。

此外,人体还有无数条络脉,经和络纵横交错,在人体里构成了一张大网。这张网就是人体的活地图,它内连脏腑,外接四肢百骸,可以说身体的各个部位,脏

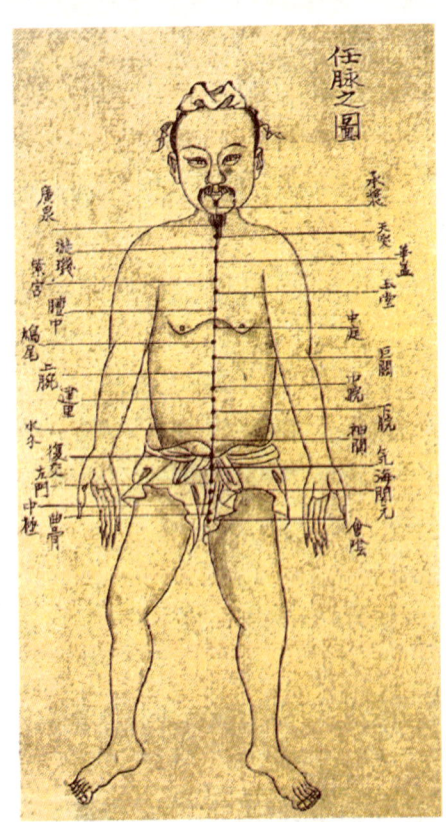

任脉图

腑器官、骨骼肌肉、皮肤毛发，无不包括在这张大网中。

经络是人体气血运行的通路，内属于脏腑，外布于全身，使各部组织、器官成为一个有机的整体。所以，保持经络的畅通是非常必要的，下面就带领大家认识一下人体的十二正经，这是一条重要的养生原则。

1. **胆经**

胆经是人体循行线路最长的一条经脉，它从人的外眼角开始，沿着头部两侧，顺着人体的侧面向下，到达脚的小趾和小趾旁第二个脚趾（次趾），几乎贯穿全身。胆经的当令时间在子时，也就是夜里的11点到凌晨1点这段时间。胆主生发，所以最好在11点前就入睡，这样才能把阳气养起来。胆经上有很多特效穴位：阳陵泉治两肋疼痛，光明穴可治老花眼，悬钟治落枕，风市可治各种皮肤痒疹。胆经上的穴位都气感明显而强烈，如能善加利用，会有极好的效果。

2. **肝经**

肝经起于大脚趾内侧的指甲缘，向上到脚踝，然后沿着腿的内侧向上，在肾经和脾经中间，绕过生殖器，最后到达肋骨边缘止。凌晨1点到3点，即丑时，是肝经的值班时间。在这段时间内一定要保证睡眠，以使肝气畅通。我们还可以在19点到21点的时候，按摩心包经，因为心包经和肝经属于同名经，此时按摩心包经也能起到刺激肝经的作用。太冲穴是肝经上最重要的穴位，是治疗各种肝病的特效穴位，能够降血压，平肝清热，清利头目。每天坚持用手指按摩太冲穴两分钟，要产生明显的酸胀感，用不了一个月就能感觉到体质有明显的好转。

3. **肺经**

肺经是人体非常重要的一条经脉，它起始于胃部，向下络于大肠，然后沿着胃上口，穿过膈肌，属于肺脏；再从肺系横出腋下，沿着上臂内侧下行，走在手少阴、手厥阴经之前，下向肘中，沿前臂内侧桡骨边缘进入寸口，上向大鱼际部，沿边际，出大指末端。它在寅时当令，也就是凌晨3点到5点。人一旦肺热或肺寒，气机运行就会受阻，身体就会出现不适，最典型的症状就是咳嗽，因此，肺经是主治咳嗽的经络之源，肺经上的十一个穴位都善治咳嗽。

4. **大肠经**

大肠经起于食指末端的商阳穴，沿食指桡侧，通过合谷、曲池等穴，向上会于督脉的大椎穴，然后进入缺盆，联络肺脏，通过横膈，入属于大肠。大肠经值班是在卯时，也就是早晨5点到7点之间，这个时候一般也是上厕所排便的时间。所以一旦出现便秘，就必然与大肠经有密切关系。我们不妨在早上5点到7

唐代《五脏六腑图》中插图

点按揉大肠经，就可以有效治疗便秘。

5. 胃经

胃经有两条主线和四条分支，是经络中分支最多的一条，主要分布在头面、胸部、腹部和腿外侧靠前的部分。胃经在辰时当令，就是早晨的7点到9点之间。这时候也是吃早饭的时间，但有些人为了赶时间不吃早饭，这对身体是很不好的。因为这个时候，太阳一般都升起来了，天地之间的阳气占了主导地位，人的体内也是一样，处于阳盛阴衰之时，所以，这个时候人就应该适当补充一些阴，而食物就属阴。

6. 脾经

脾经的循行路线是从大脚趾末端开始，沿大脚趾内侧脚背与脚掌的分界线，经核骨，向上沿内踝前边，上至小腿内侧，然后沿小腿内侧的骨头，与肝经相交，在肝经之前循行，上膝股内侧前边，进入腹部，通过腹部与胸部的间隔，夹食管旁，连舌根，散布舌下。常见的胃痛、腹胀、大便稀溏、饭后即吐、流口水等症状都和脾经不通有关。所以我们可以从脾经去治，在脾经当令的时候，即上午9点到11点，按摩脾经上的几个重点穴位，如太白、三阴交、阴陵泉、血海等。

7. 心经

心经起始于心中，出属于心脏周围血管等组织（心系），向下通过横膈，与小肠相联络。它还有两条支脉，分别与眼睛和肺相连。《黄帝内经》中说，当心经异常时，反映到人体的外部症状有心胸烦闷、疼痛、咽干、口渴、眼睛发黄、胁痛、手臂一面靠小指侧那条线疼痛或麻木、手心热等。心经在午时当令，也就是上午11点到下午1点这段时间，经常在这段时间敲心经就可以缓解这些症状。另外，这段时间是上下午更替、阳气与阴气的转换点。所以说，中午吃完饭后一定要午睡一会儿，以使心肾相交。

8. 小肠经

下午1点到3点，即未时，是小肠经当令的时间，这段时间小肠经最旺。《黄帝内经》里说，心与小肠相表里，心属阴在里边，小肠属阳在外边。心为君主之官是不受邪的，心脏病最初可能就表现在小肠经上，所以，在下午1点到3点这段时间，也就是小肠经当令的时间，如果有胸闷心慌症状者，一定要注意心脏了。小肠经上最重要的两个穴位是天宗穴与肩贞穴。天宗穴能治疗颈肩综合征，而肩贞穴对治疗肩周炎有很好的效果。

9. 膀胱经

膀胱经号称太阳经，是很重要的经脉，它从足后跟沿着后小腿、后脊柱正中间的两旁，一直上到脑部，是一条大的经脉。申时，也就是下午3点到5点，为膀胱经当令的时段。因为膀胱经经过脑部，而此时膀胱经又很活跃，这使得气血很容易上输到脑部，所以这个时候不论是学习还是工作，效率都是很高的。膀胱经是人体最大的排毒通道，无时不在传输邪毒，而其他诸如大肠排便、毛孔发汗、脚气排湿毒、气管排痰浊，以及涕泪、痘疹、呕秽等也是排毒的途径，但都是局部分段而且最后也要并归膀胱经。所以，要想去祛除体内之毒，膀胱经必须畅通无阻。

10. 肾经

肾经由足小指开始，经足心、内踝、下肢内侧后面、腹部，止于胸部。肾经如果有问题，人体通常会表现出口干、舌热、咽喉肿痛、心烦、易受惊吓；另外还有心胸痛、腰、脊、下肢无力或肌肉萎缩麻木，脚底热、痛等症状。每天的17点到19点，也就是酉时，是肾经当令的时间，如果有上述症状，你可以考虑在肾经当令之时，按摩肾经或敲打肾经上的重要穴位，如太溪穴、涌泉穴等。

11. 心包经

心包经是从心脏的外围开始的，到达腋下三寸处，然后沿着手臂阴面中间的一条线，止于中指。在心包经上有一个很重要的穴位——劳宫穴。这个穴位很好找，把手自然握拳，中指所停留的那个地方就是劳宫穴。晚上的7点到9点，即戌时，是心包经当令的时刻。如果你在一些场合觉得紧张，手心出汗、心跳加快、呼吸困难，这时不妨按按左手的劳宫穴，它可以帮助你找回从容自信的感觉。

12. 三焦经

三焦经主要分布在上肢外侧中间、肩部和侧头部。循行路线是，从无名指末端开始，沿上肢外侧中线上行至肩，在第七颈椎处交会，向前进入缺盆穴，络于心包，通过膈肌。其支脉从胸上行，出于缺盆，上走颈外侧，从耳下绕到耳后，经耳上角，然后屈耳向下到面颊，直达眼眶下部。另一支脉，从耳后入耳中，出走耳前，与前脉交叉于面部，到达眼外角。所以，经常刺激三焦经就可以减少鱼尾纹和防止长斑；按摩本经穴位还可以缓解耳聋、耳鸣、耳痛等症状。三焦经亥时即晚上9点到11点当令，亥时是阴阳和合的时段，这个时候是性爱的黄金时刻，其实就是通过男女的交合配合身体完成阴阳和合的过程，达到"三交通泰"。

世界上最早的人体模型是什么时候设计的

世界上最早的人体模型是天圣针灸铜人，它是北宋翰林医官、医学家王惟一设计制造的。集合了当时针灸学、雕塑艺术学、冶金制造学和绘画艺术等方面的成就，被称为"国宝"。

针灸是中国古老的中医治疗方法。早在新石器时代，人们就利用砭石来治病。据《黄帝内经》载，伏羲不仅画八卦，而且制造了用于针灸的"九针"。春秋战国时期，针灸理论趋于成熟，并出现了各种描绘人体穴位的图谱。唐代设太医署，当时针灸科教学主要采用人体实例教学的方法，并不方便学生的学习。

由于只有文字叙述或图形表示，错讹颇多。宋天圣四年（1026年），朝廷征集、校订医书。王惟一负责整理古籍，考订针灸著作，修正谬误。他绘制了人体正面、背面、侧面图，并在上面详细标明了腧穴的准确位置。在总结古今临床医学实践的基础上，写成针灸学著作三卷本，呈于宋仁宗。仁宗阅后，认为"古经训诂至精，学人执封多失，传心岂如会目，著辞不若案形"，下令"创铸铜人为式"，令王惟一负责监制铜人。

王惟一经过反复摸索和多方征求意见后，终于在天圣五年（1027年）用精铜铸成铜人两具。铜人仿成年男子而制，全裸直立，身高162厘米，胸围88.6厘米，共有穴位657个，穴名354个。造型逼真，结构精巧，体内雕有骨骼脏腑；躯壳由前后两件构成，可拆合。外部刻穴位名，穴位与

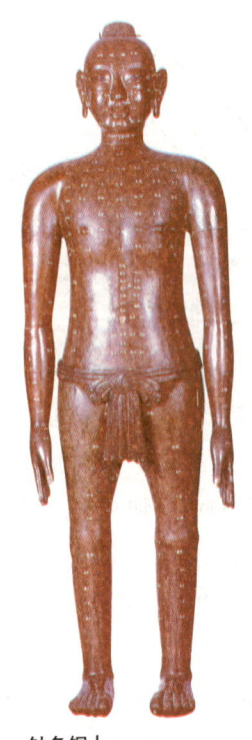

针灸铜人

体内相通，外涂黄蜡，内灌水或水银，用针刺中穴位，则液体溢出，稍有偏差则针不能入，因而可作教学或考试之用。铜人之一置于医官院供学习和考试用；一置于大相国寺仁济殿，供观摩用。

后来金人攻进宋都，北宋皇室携铜人逃难，途中丢失一具。另一具宋亡后献于忽必烈。至明代，天圣铜人下落不明。1988 年，开封市重铸天圣针灸铜人成功，还置于大相国寺，但失落的两尊铜人至今仍没有找到。

《黄帝内经》所讲为何

我国古代四大医学经典著作分别是《黄帝内经》《难经》《伤寒杂病论》《神农本草经》。《黄帝内经》《难经》，阐发医理，为我国现存的两部权威理论医著；《伤寒杂病论》论述内伤外感各症的辨证施治及处方用药，是我国临床医学的开端；《神农本草经》则载录药物性味功用，被后世奉为中药本草的祖书。

《黄帝内经》简称《内经》。它编于战国时期，是中国现存最早的中医理论专著。《内经》总结了春秋至战国时期的医疗经验和学术理论，并吸收了秦汉以前有关天文学、历算学

黄帝像

等各类非常丰富的理论，再和阴阳、五行、天人合一的理论相结合，对人体的解剖、生理、病理以及疾病的诊断、治疗与预防，做了比较全面的阐述，集中反映了秦汉以前的医学成就，确立了中医学独特的理论体系。《黄帝内经》的著成标志着中国医学由经验医学上升为理论医学的新阶段，为中医学的发展起了奠基和导向作用，是中国医药学发展的理论基础和源泉。历代著名医家在理论和实践方面的创新和建树，大多与《黄帝内经》有着密切的渊源关系；历代医家的著作取材或取法于《内经》；历史上各种医学流派的形成和崛起，其学术理论也大都滥觞于《内经》。

所以我们可以将《内经》称为"医学之宗"，直到今天，这本医书也是中医专业的必看书籍，千百年来都被医家奉为经典和基础理论。甚至当代医学科学的某些研究课题，如生命科学、经络实质、医学心理学、气象学等，也或多或少地

可从其博大精深的论述中获得新的发现或有益的启迪。

《内经》包括《素问》九卷和《灵枢》九卷，两部分各列专题八十一篇，内容非常广泛，用来解释人体生理、病理现象和指导疾病的预防、诊断、治疗等。《内经》在长期医疗实践、活体观察和古代解剖学知识的基础上，讨论了人体各脏腑、组织、器官的生理功能、病理变化及其通过经络沟通的相互联系、相互制约的关系。现存最早的中医药学著作《黄帝内经》收载的成方十三首中，就有十种中成药，并有丸、散、酒、丹等剂型。

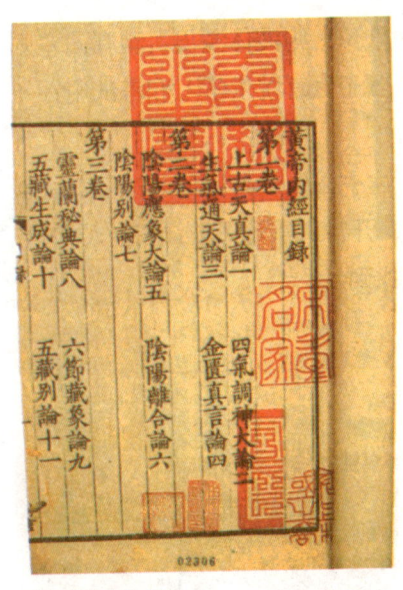
《黄帝内经》目录

论病学占了《内经》大部分篇幅，包括邪正理论、病因、病机、疾病传变和病症五个方面。《内经》中的邪正理论强调"正气存内，邪不可干"。《内经》中的病因有六淫、七情、饮食、劳伤致病等。病机分析也很详细，特别是提出的"病机十九条"，至今对临床实践仍有很大的指导意义。

《内经》通过阴阳、内外、寒热、虚实归纳了疾病传变，给了后世医家很大的启迪。据初步统计，全书还有侧重地对二百多种病症的病因、病机、症状、诊断、治疗、预后、预防等做了具体的论述，为后世的临床各科发展奠定了基础。

《内经》诊法的主要内容为望、闻、问、切，尤详于脉诊，而且强调"四诊合参"，为中医诊法的渊薮。《内经》还提出了"治则治法学说"：指出了治未病、治病求本、标本论治、扶正祛邪、补虚泻实、调整阴阳等一整套治疗原则。还总结了许多治疗方法，如针灸、按摩、导引、薰熨、外敷、蒸浴、放血等。书中提到的关于针灸的很多手法，至今还在运用。

在《素问》七篇大论内具体讲述了运气学说。着重探讨自然界气候的变化对人体生理、病理影响的变化规律，并试图按照这些规律指导人们趋利避害、防病治病。

在"天人相应，形神合一"等整体观念的指导下，《内经》提出了协调阴阳、饮食有节、起居有常、恬淡虚无、精神内守等一系列防病健身益寿的养生方法，其中防重于治的思想尤为可贵。

《伤寒杂病论》有何养生学思想

《伤寒论》是一部阐述多种外感疾病的专著，由东汉张仲景撰于3世纪初。张仲景原著《伤寒杂病论》，在流传的过程中，经后人整理编纂，其中外感热病内容结集为《伤寒论》，另一部分主要论述内科杂病。

《伤寒论》全书共十二卷，二十二篇，三百九十七法，除去重复之外，共有药方一百一十二个。全书重点论述人体感受风寒之邪而引起的一系列病理变化及如何进行辨证论治的方法。张仲景把病症分为太阳、阳明、少阳、太阴、厥阴、少阴六种，即所谓"六经"。根据人体抗病力的强弱、病势的进退缓急等方面的因素，将外感疾病演变过程中所表现的各种症候归纳出的症候特点、病变部位、损及何脏何腑，以及寒热趋向、邪正盛衰等作为诊断治疗的依据。

《伤寒论》六经病症的治则，总的说来，不外祛邪与扶正两方面，在具体运用上，实际包括汗、吐、下、和、温、清、消、补八法。张仲景于八法中，均不忘"保胃气"，如汗法的桂枝汤，用草、枣调补中焦，保护胃气；下法的调胃承气汤，用甘草缓急和中；补法的炙甘草汤，以甘草、大枣补益脾胃，因苦寒清热药易伤人胃气，故加入粳米、甘草调补胃气，此外，张仲景不仅重视以药物"保胃气"，在服药方法上亦强调"保胃气"。如他主张用药时宜喝点粥，因为粥有内充谷气的作用，既可助胃气以扶正，又可助药力以祛邪。

另外，张仲景继承并发展了《内经》"病热少愈，食肉则复，多食则遗，此其禁也"这一理论，注重疾病期间的调理。如他立专篇讨论瘥后劳复问题，指出病愈时"脾胃气尚弱"，尤需"保胃气"。

《伤寒论》不仅为诊治外感疾病提出了辨证纲领和治疗方法，也为中医临床各科提供了辨证论治的规范，从而奠定了辨证论治的基础，被后世医家奉为经典。《伤寒论》尽管主要是指导临床各科，但其中亦有不少宝贵的养生学思想，这主要表现在以下几点：

天人相应的整体观是张仲景养生学的基本出发点和指导思想。人类生活在自然界，并作为自然界的组成部分，只有顺应自然界气候的发展变化，才能得以生存，保持健康。

张仲景像

天人相应的整体观是张仲景养生学的基本出发点和指导思想。

　　防病、抗病重视保津液。津液之所以能防病、抗病，首先表现在津液具有固护机体、防御病邪的功能。如张仲景在揭示太阳病转入阳明的机理时，一再重申亡津液是其关键条件："太阳病若发汗，若下，若利小便，此亡津液，胃中干燥，因转属阳明。"正是其例。何以亡津液会导致病转阳明？因为津液乃阳明经的主要正气，津液足则阳明固，邪不可干；津液亡则阳明虚，邪气便可轻易陷入。

　　重视用饮食防病、治病。这里的饮食药物系指既可食用，又能防治疾病的动植物及其加工品。据统计，在《伤寒论》一百一十二方中，一共使用饮食药物十七种，计有大枣、生姜、干姜、香豉、粳米、葱白、蜂蜜、赤小豆、猪胆汁、蜀椒、乌梅、猪肤、鸡子黄、鸡子（去黄）、饴糖、苦酒、清酒。由此可见，张仲景对食疗是十分重视的，食疗养生是其养生理论的重要组成部分。

　　时时刻刻注意保胃气。张仲景认为，身体的功能与胃气的充沛与否有着十分密切的关系。这是因为机体所需的营养物质有赖于胃气的化生，治疗疾病的药物也需中焦受气取汁以发挥疗效。为此，他不仅重视脾胃阳气的一面，也注意到了脾胃阴液的一面。

　　重视增强身体抵御疾病的能力。《伤寒论》中所用药物非常广泛，以《伤寒论》所用一百一十二方与九十三味药来看，有扶正祛邪作用的人参、黄芪、白术、茯苓、当归、甘草、大枣等药物的条文不下上百条。在其所载的扶正祛邪药物中，多有调理脏腑、补养气血的作用。

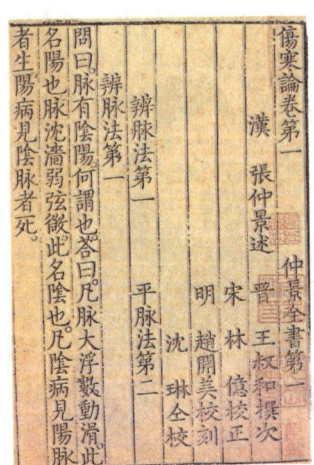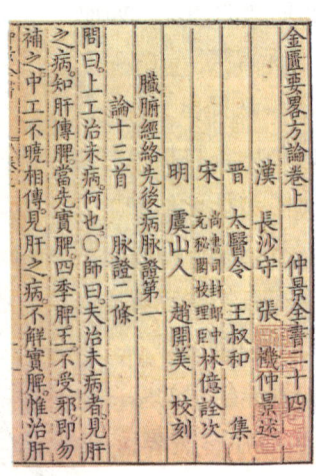

《伤寒论》和《金匮要略》书影
张仲景著《伤寒杂病论》，被后人整理成《伤寒论》和《金匮要略》两书行世。图为明万历年间虞山赵开美校刻本。

　　《伤寒论》总结了前人的医学成就和丰富的实践经验，集汉代以前医学之大成，并结合临床经验，系统地阐述了多种外感疾病及杂病的辨证论治，理法方药俱全，在中医发展史上具有划时代的意义和承先启后的作用，对祖国医学的发展做出了重要贡献。日本学者给予张仲景《伤寒杂病论》的研究以特殊的重视，日本收藏和刻刊许多《伤寒论》珍本，许多医学家在临床医疗中，十分重视该书原方之应用，并取得很好效果，运用该书中成方制造的成药，也为日本医界所依赖。

《本草纲目》为何被称为医学巨著

《本草纲目》是明朝医学家李时珍三十余年心血的结晶。全书共五十二卷，分十六部、六十类，一百九十多万字，记载了一千八百九十二种药物，其中三百七十四种是李时珍新增加的药物。书中绘图一千一百多幅，并附有一万一千多个药方。每种药首先以正名为纲，附释名为目；其次是集解、辨疑、正误，详述产状；再次是气味、主治、附方，说明体用。

《本草纲目》书影　明万历年间

在这部书中，李时珍指出了许多药物的真正效用，如常山可治疟疾，延胡索能够止痛。他还举了日常生活中容易中毒的例子，像用锡做盛酒器，因有毒素能溶解在酒中，久而久之，会使饮酒的人慢性中毒。他在写作中遇到难题时还跑到实地进行观察。如看到旧本草中说，穿山甲吞食蚂蚁是通过鳞甲来诱捕，他觉得奇怪，认为百闻不如一见，就捉了一只活的穿山甲，仔细观察了它的生活规律后，发现它是用舌头吃蚂蚁。他又解剖了穿山甲的胃囊，发现里面竟有蚂蚁一升之多，于是写下了这个发现。

李时珍就这样认真刻苦、一丝不苟地写下了他的巨著《本草纲目》。他在书中批判了水银"无毒"，久服"成仙""长生"等说法，而当时皇帝大臣都信道士们的水银炼丹，所以这部著作大书商们都不敢出版，直到他死后，这部著作才于1596年与读者见面。出版后立即引起了巨大的反响，人们到处传播它，并进行翻刻，成为医生们的必备书籍。从17世纪起，《本草纲目》陆续被译成日、德、英、法、俄五国文字。1953年出版的《中华人民共和国药典》，共收集五百三十一种现代药物和制剂，其中取自《本草纲目》的药物和制剂就有一百种以上。

《本草纲目》的成就，首先在药物分类上改变了原有上、中、下三品分类法，采取了"析族区类，振纲分目"的科学分类。从无机到有机，从简单到复杂，从低级到高级,这种分类法在当时是十分先进的。尤其对植物的科学分类,要比瑞典的分类学家林奈早二百年。

《本草纲目》不仅在药物学方面有巨大成就,在化学、地质、天文等方面都有突出贡献。在化学方面,它较早地记载了纯金属、金属、金属氯化物、硫化物等一系列化学反应,同时又记载了蒸馏、结晶、升华、沉淀、干燥等现代化学中应用的一些操作方法。李时珍还指出,月球和地球一样,都是具有山河的天体,"窃谓月乃阴魂,其中婆娑者,山河之影尔"。《本草纲目》不仅是我国的一部药物学巨著,也不愧是我国古代的百科全书。正如李建元《进本草纲目疏》中指出:"上自坟典、下至传奇,凡有相关,靡不收采,虽命医书,实该物理。"

《本草纲目》编写后,李时珍希望早日出版,为了解决《本草纲目》的出版问题,七十多岁的李时珍从武昌跑到当时出版业中心南京,希望通过书商来解决。由于长年的辛苦劳累,李时珍终于病倒在床,病中嘱咐他的子女,将来把《本草纲目》献给朝廷,借助朝廷的力量传布于世。可惜李时珍还没有等到《本草纲目》出版,就与世长辞了。这年(1593年),他刚满七十六岁。

不久,明朝皇帝朱翊钧为了充实国家书库,下令全国各地向朝廷献书,李时珍的儿子李建元将《本草纲目》献给朝廷。朝廷批了"书留览,礼部知道"七个字,就把《本草纲目》搁置一边。后来在南京的私人刻书家胡承龙的刻印下,在李时珍死后的第三年(1596年),《本草纲目》出版。1603年,《本草纲目》又在江西翻刻。从此,在国内得到广泛的传播。据不完全统计,《本草纲目》在国内至今有三十多种刻本。

1606年,《本草纲目》首先传入日本,1645年波兰人卜弥格来中国,将《本草纲目》译成拉丁文流传欧洲,后来又先后译成日、朝、法、德、英、俄等文字。

《本草纲目》是几千年来祖国药物学的总结。这本药典,不论从它严密的科学分类,还是从它包含药物的数目之多和流畅生动的文笔来看,都远远超过古代任何一部本草著作,是我国药物学的宝贵遗产,对后世药物学的发展做出了重大贡献。达尔文称赞它是"中国古代的百科全书"。

李时珍采药图

"太医"和"御医"是一回事吗

"太医"和"御医"是古代给皇宫大内或朝廷大员及其家眷看病的医生统称。这些称呼产生于什么时候,"太医"和"御医"是否存在区别?中国古代有供病人住院和治疗的"医院"吗?

"太医"一词最早可追溯到秦代,当时设有"太医令"一职。西汉时已有太医的官职设置。唐宋时期在太常寺设有太医署或太医局,金朝开始称太医院。元代的太医院已经成为独立机构,负责医疗,并制作御药。明代太医院则已经有了分科。

"御医"的级别比太医要高,一般只给皇帝或其姻亲眷属看病。从明清两代的太医院官职设置我们可以看出二者的区别。据《清史稿·职官志》记载:太医院的大夫分四个级别,第一等叫"御医",只有十三人,雍正乾隆时期为七品,和县令一个级别。第二等称为"吏目",只有二十六人,八品与九品各十三人。第三等叫医士,共二十人,"给从九品冠带"。第四等叫"医生",有三十人,无品。

"御医"只有第一等大夫十三人,连院使(正五品)和左、右二判(两位副院长)在内才十六人。"太医"则包括整个太医院的医生,共九十二人。其中御医、吏目、医士这三级的五十九位大夫可以独立看病,有处方权;第四级的"医生"只能当助手。

医院在中国产生得也很早,春秋战国时期已见其萌芽。据《诸子集成·管子卷》记载:"凡国都皆有掌养疾,聋盲,喑哑,偏枯,握递,不耐自生者,上收而养之疾,官而食衣之,殊身而后止。"齐国管仲当时在首都临淄创建"养病院",收容各种残疾人进行集中疗养,但还不是"医院"。

"医院"的产生与疫病流行有很大关系,这时候需要把大批病人集中起来进行治疗。如西汉元始二年(2年),黄河旱灾,疫病流行,皇帝专门安排地方和屋子,选派医生免费为百姓看病。延熹五年(162年),皇甫规任中郎将,军中疫病流行,死亡率很高。他专门租用民房,集中病员进行治疗,叫"庵庐",很像现在部队的野战医院。北魏孝文帝时在洛阳设有"别坊",免费提供诊疗和药物,贫穷无力出钱者均可前往治疗,这是公立慈善医院的雏形。

唐朝时医院叫"病坊",全国各州县均有设立。宋朝时改名为"安乐坊""安济坊",并开始开设门诊部,称"和剂局",和剂局的药方叫"和剂局方",算是当时通行的一种处方手册。这些机构均为官办,民间则以游医和药房为主。

第十六章

书画
——水墨间透析"古意"传统

  书法是写字的艺术化,文字的功用是思想、知识和情感的交流,文字的艺术化则再次让我们在思想、知识及情感的交流中得到美的享受。北京大学中国画法研究院院长范曾先生说,中国字带着浓厚的感情色彩,能够表达书法者本人的性格、当时的心情。当看到他的字,有时候我们也许不知道他字的意思,可是他点画之美,那种内部表现出来的力量,连外国人都会为之感动。所以讲,中国的文字,如果我们懂得它的内容,又能感受它的字形、机体之美的时候,我们就到了一个审美的境界。

  我国书法能够绵延几千年来而不衰,就是因为它永远渗透在人们的日常生活中,它在培养民族的审美情操、提高文化素养、加强道德修养等方面都有着特殊的意义,所以书法艺术是东方文化的象征,是我们民族文化的精粹之一,是一门有着深厚传统和辉煌成就的独立性艺术。因此在世界艺术之林中,它的民族性、群众性、艺术性的光辉永远光彩夺目。

中国书法有何发展历程

  书法,又称"中国书法",是中国特有的一种传统艺术及文化,汉字书法为汉族独创的表现艺术,被誉为"无言的诗、无行的舞、无图的画、无声的乐"。北京大学哲学系教授,后兼任中华全国美学学会顾问的宗白华先生曾经说过,中国书法是用抽象的点画表示出"物象之本",也就是说物象的"文",就是交织在一个物象里或物象和物象的相互关系里的条理;长短、大小、疏密、朝揖、应接、向背、穿插等的规律和结构。而这个被把握的"文",同时又反映了人对它们的情感反应。这种"因情生文、因文见情"的字就升华为艺术境界,具有艺术价值而成为美学的对象。而这种艺术价值在时代的流变中也展现着不同的特点。

中国书法最早可以追溯到殷商时期的甲骨文,至今已经发展了近五千年。汉人们将书法的技艺、传统代代相传,使得书法在漫长的岁月中逐渐发展、去伪存真、整合变迁,形成了今天丰富多彩、博大精深的书法艺术。在书法的发展过程中,从它的内容到形式,从它的内涵到外延,都有很多变化,而书法和中国文字的紧密结合始终贯彻于整个过程。

早在远古时期,劳动人民就创造了汉字,最初是以类似图画的形式出现,用来记录每天的生产状况。经过几千年的发展,当年的象形文字慢慢演变成了当今的汉字,这个过程中,书写的方法也慢慢形成了一套技艺,演变成后世所熟知的书法艺术。随着时间的迁移,书法以其特有的艺术形式为广大中国人民乃至世界所接受,并得到一代代人的继承和发展。

先秦书法奠定了中国书法的基础。商代中后期(约前14世纪—前11世纪)出现的甲骨文和金文是学术界公认的我国最早的古汉字资料。从书法的角度来看,这些最早的汉字已经具有了书法形式美的一些因素,比如线条美、单字造型的对称美、变化美以及章法美、风格美等。从严格意义上讲,书法的起始应该从甲骨文的出现算起,因为早前的图画符号并不具有中国书法的三个基本要素——用笔、结字、章法。后来的一段时期,出于当时的历史背景和实用价值的需要,汉字的演变趋势是由繁到简,具体到书法上就是字体和字形的嬗变。而到了西周晚期,金文越发趋向线条化,后来发展到古隶书,文字的形象性已经大大减弱,和早先的图形文字已经有了天差地别。但从另一个角度讲,正是这种转变让书法的艺术性随着书体的嬗变而愈加丰富起来。

秦代书法开创了书法的先河。春秋战国时期,各国文字差异很大,是发展经济文化的一大障碍。秦国横扫六合、一统天下之后,在全国范围内大力推进统一制度,采用"车同轨,书同

毛公鼎铭文
毛公鼎是现存西周青铜器中铭文最多的一个,其文字奇逸飞动,气象浑雄,是西周金文的代表作。

文"。丞相李斯主持统一全国文字，使之整齐划一，这不仅是中国历史上的一大创举，在中国文化史上也是一个伟大功绩。统一后的文字称为"秦篆"，就是我们俗称的"小篆"，是在金文和石鼓文的基础上删繁就简而来。《说文解字序》上有这么一段记载："始皇命赵高、李斯、胡毋敬取六国古文，或颇省改，设为小篆。"说的就是这件事情。李斯不仅是出色的政治家，更是当时著名的书法家，其代表作《秦泰山刻石》，历代都有极高的评价，由这样一个书法家来推动文字的统一和改革，更是有着深远的历史和文化意义。秦代是继承与创新的变革时期，既继承了战国时期各家之长，又在此基础上创新改革，所以秦代书法在我国书法史上留下了辉煌灿烂的一页，与雄伟的万里长城和壮观的兵马俑一样，气魄宏大，堪称开创先河，是中华民族无穷智慧的结晶。

汉代是汉字书法发展史上的关键时期。汉代分为西汉和东汉，两汉三百余年间，书法由籀篆变隶分，由隶分变为章草、真书、行书，至汉末，我国汉字书体已基本齐备。因此，两汉是书法史上的重要时期，承上启下，是书法由不断变革到趋于定型的关键时期。汉代书法是隶书发展最繁盛的时期。根据文献记载和地下资料出土，隶书形成于战国末期，一开始主要在民间流传。而"隶书"中的"隶"，原本就是表示隶属的意思，表明这种书体是当时正统篆书的辅助书体，隶属于篆书；民间还有一种说法，说"隶"是"徒隶"，就是奴隶或者徒隶的意思，表明这是下层老百姓使用的文字，不是官方的标准文字。不管是哪种起源，都没有影响这种民间文字的强大生命力，在后来的发展中，隶书逐渐取代了篆书，成了书体的主流。

魏晋南北朝是书法完成书体演变的时期，也是中国书法史上一个无法逾越的巅峰。魏晋时期，书体完成了演变，起到了承上启下的重要历史作用，这期间隶书产生、发展、成熟，并且孕育着真书（楷书），而行草书几乎是在隶书产生的同时就已经萌芽了。真书、行书、草书的定型是在魏晋二百年间，它们的定型和美化无疑是汉字书法史上的又一巨大变革。这一时期书法家层出不穷，大师辈出，而且大多产生于四庾、六谢、八

元怀墓志拓片（局部） 北魏

魏碑是楷书的一种，康有为对魏碑推崇备至，称其有"十美"。元怀墓志于1925年出土于河南，是魏碑的代表作品之一。

王等家族性的政治集团，这其中以王羲之、王献之两颗书法明星最为耀眼。即使在今天来看，"二王"的光芒依然无比耀眼，他们揭开了中国书法发展史的新的一页，树立了真书、行书、草书美的典范，更是书法家的代表人物。此后历朝历代乃至东邻日本，学书者莫不宗法"二王"的书法，甚至尊王羲之为"书圣"。

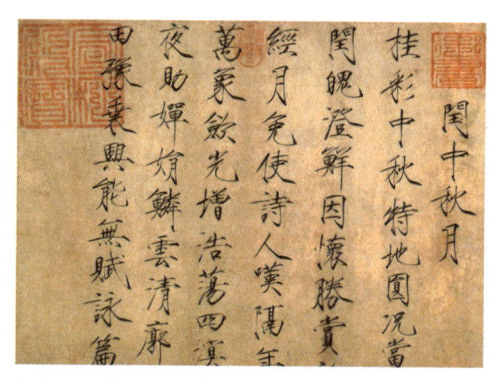

闰中秋月诗帖　北宋　赵佶
此帖乃宋徽宗独创的瘦金体的代表作，细劲有神，瘦挺险峭，融黄山谷、薛稷二家之长，变化以适己意。

到了唐朝盛世，在经济繁荣、国力强盛的大背景下，中国书法如鱼得水，得到了迅猛的发展。唐朝的建立结束了近三百年的动乱局面，国初二十年形成了文治武功的"贞观之治"，唐太宗李世民本身就是一位出色的书法家，所以有唐一代的书法氛围相当浓重，以至其后各代帝王都受其影响酷爱书法，此后从武则天到唐玄宗开元时期，书法更是呈现出超越两汉的空前兴盛气象。唐代文化博大精深、辉煌灿烂，达到了中国封建文化的最高峰，正所谓"书至初唐而极盛"。

宋元时期，由于国家动荡，战乱不断，书法的发展受到了一定的限制，相对比较缓慢。到了明代，书法又开始盛行，特别是在民间，法帖传刻十分活跃。但由于士大夫清玩风气和帖学的盛行，书法创作的多元化受到影响，整个明代书体以行楷居多，篆、隶、八分及魏体作品几乎绝迹。但也正是由于受到的关注极高，楷书在这一时期得到了较大的发展。不过明代的书法终究有其局限性，明代近三百年间，虽然也出现了唐伯虎、徐文长等一批有造诣的大家，但纵观整朝没有重大的突破和创新。

中国书法如何追求古法与古意

中国的书法艺术博大精深，源远流长，经历了上千年的发展，衍生出许多技法和传统。在书法艺术中，最为书法家追摹和推崇的就是古法与古意。虽然随着书法艺术的传承，后代许多书法家也开始归纳和总结新的书法技艺和创作意境，但从大的方面来讲，"古法"和"古意"仍旧是书法创作的过程中不可忽略的重要因素。

相鹤经　清　金农

金农书法效法汉魏诸碑，鼎力创新，遂有"漆书"揭其风格。冬心之"漆书"，乃是其个性之展示，其横笔粗直，起收如切、如斫，撇纵之际，细劲锋利，整体构字明朗，色效甚佳。其所取法乃《天发神谶碑》《国山碑》，取丝缕于人，而成布帛于自家机杼，此轴可谓冬心"漆书"名作。

"古法"泛指中国历史上一脉传承下来的书法规范总和，"古意"通俗地讲就是书法作品传达出来的古代的意境。古法和古意从实质上讲都是对过往的形式的淘漉和追想，是对过往优秀形式的唤醒。通过对优秀形式的不断唤醒和强调，成为一种宏大的旋律，人们从中获得深刻而永久的审美体验。中国书法中的古法与古意，其形成是一个漫长的过程。

早在先秦时期，以甲骨文、金文和石鼓文等为主的早期书法，古法与古意就已经开始形成。商代时期的甲骨文是刻在龟甲、兽骨上的文字，主要用于祭祀和占卜。由于受其用途的影响，所以甲骨的书刻过程力求平整，表现出锲刻文字的一种刚劲有力的感觉，在这个书刻的过程中体现中国书法的基本法则和美的意境。商代甲骨文的特征，开启了书法艺术的古法、古意的先河。到了青铜时代，金文的出现使得中国书法进一步发展。由于金文讲究美的造型，有很高的艺术追求，所以中国书法艺术等因素就开始被创作者所重视，金文的文字从字法到行气、章法自觉地组合成一个有机的艺术整体。例如在兵器上、在铜钱币上、在盛器上，这种美的艺术气息也能够十足地体现出来。后来的钟鼎大篆艺术，取法自然，在精微之处体现锋利的笔法，显得雍容华贵，将自然的物象尽化于运笔和字体的结构当中，处处体现流畅和圆润，其表达出来的意境正是书法界人人苦苦追求的意蕴所在，给后世书家带来了字的圆劲和风格的古澹。

秦代后期，古隶的出现是对之前篆书的一种传承和创新，在非常大胆简化隶书的同时，保留了以方折之笔，用直率的线条产生了简单直率的崇高之美。书法发展到了汉朝，大兴秦代刻碑、立碑之风，当时的书法界开始追寻前朝的刻碑风气，客观上促进了书法艺术的发展。在这一时期，以隶书为基础而简化出来的草书出现在历史舞台上,以其独特的笔法和简化的技艺迅速风靡。从书法艺术的发展角度来讲,草书的出现也推动了书法风格的多元化发展。在任何一个时代,汉文字书写形式与书法艺术都有着千丝万缕的联系。由于汉朝政务比较繁杂,记事文书甚多,为了提高办事效率,汉章帝时就提倡隶变的草书,世人便俗称其为"章草",章草行笔流畅,简便痛快的风格对后世书法的影响巨大。

从先秦的甲骨文到后来的章草,可以看到书法一直在不断演变传承,直到今天。其实任何传统艺术,都讲究"传承",无论是书法,还是绘画,抑或是戏曲无不如此。诚然,继承并不意味着一味守旧,也不可能"守旧",从中国历史发展分析,即使有些朝代的"复古",如元代时期的书法复古,也仅仅是一些浅层次的"复古",不可能一味地照搬古人的艺术。从用笔——这个最能代表书法技法的特征——来分析各个时期的书法,可以清晰地看到,每个时代的书法笔法和意境,都与其前面的"古"有较大差别,这当中既有继承,又有发展。

从中国书法发展与演变的过程中看到了字画圆劲、风格古澹以多中锋的金文,笔锋顿挫变化、具有点画波发、侧锋入笔的"八分"隶书,行笔流畅简便痛快的章草,还有灵动自然的"飞白"布局。可以说在书法的发展过程中,每个时期的特点,正是书法艺术所追寻的古法与古意,这个过程也正是中国书法的古法与古意的映射。书法的发展与古法古意的形成可以说是一体的,比如说中国书法古法与古意的形成过程在魏晋南北朝时期得到极大的发展,恰恰在这个时期中国书法艺术出现了空前的繁荣,这也正是对于中国书法古法、古意的继承和发扬的结果。

"文房四宝"指什么

"文房四宝"指中国独有的文书工具(书画用具),即笔、墨、纸、砚。文房四宝之名,起源于魏晋南北朝时期。历史上"文房四宝"还叫作"文房四谱""文房四宝谱""文房四士"等。"文房四宝"所指之物并不是固定不变的,在不同的历史阶段,"文房四宝"的含义屡有变化。例如,南唐时,"文房四宝"特指诸葛笔、徽州李廷珪墨、澄心堂纸、婺源(原属歙州府,现属于江西)龙尾砚。到了宋朝,"文房四宝"则是特指湖笔(浙江省湖州)、徽墨(徽州,现安徽歙县)、宣纸(现安徽省泾县,泾县古属宁国府,产纸以府治宣城为名)、端砚(现广东省肇庆,古称端州)和歙砚(现安徽歙县)。演变到今天,"文房四宝"通常用来统称古代书房中常用的四种工具笔、墨、纸、砚,而不再特指某一特定地域的产物。

文房四宝在书画的发展历史上起着重要的作用，从最开始的工具代称，演变到今天成为书画艺术的象征。千百年来，文房四宝以独特的神韵和风采，精美博深的艺术造型，引发了使用者的激情和遐想，为灿烂的中华文化谱写出累累篇章，具体到每一种工具，都承载着独特的文化内涵和历史价值，每一样都值得后人细说一番。

一、笔

毛笔是古人发明的独具特色的书写、绘画工具，与西方民族用羽毛书写风格迥异，主要是适用于独特的中国书法。北大张辛教授说："毛笔是书法之器，是书法的核心，是文房四宝的宝中之宝。"由此可见笔的重要性。

早在战国时期，毛笔就已经开始广泛应用，不过当时的毛笔没有统一的名称，各地的称谓都有不同。东汉许慎著《说文解字》中有"楚谓之聿，吴谓之不律，燕谓之拂"，"秦谓之笔，从聿从竹"的记载。当时的毛笔笔头是用兽毛扎成的，粘结在管状的笔杆上。一支好的毛笔应该同时具备"尖、齐、圆、健"的特点："尖"就是笔锋尖锐，"齐"就是修削整齐，"圆"就是笔头圆润，"健"就是毛笔弹性强，这样的毛笔写出来的字锐利挺健。

战国之后，毛笔逐渐成了书写的主要工具，随着毛笔的普及，其生产工艺也得到了迅速发展，逐渐出现了一些著名毛笔产地。在我国，最有名的笔是出自河北的侯店毛笔、浙江的湖笔以及河南的太仓毛笔。

中国侯店毛笔产于河北省衡水市侯店村，历史悠久，闻名遐迩，古称蒙笔、象笔，又称"蒙恬精笔""侯笔"。侯店毛笔品种多达二百七十种，而且选材精良，笔长杆硬，刚柔相济，含墨饱满而不滴，行笔流畅而不滞。

湖笔产自浙江湖州，主要产地在浙江省湖州市吴兴区善琏镇。湖笔深具绝佳毛笔必有的"尖、齐、圆、健"特点，挥洒自如，经久耐用，素有"笔颖之颖技甲天下"之称，成为全国著名的毛笔品种。

太仓毛笔的产地是河南孟津平乐镇太仓村，它的制作历史从清朝乾隆年间开始，在清末和民国时期达到鼎盛，曾经受到清廷官方的青睐，被指定为日

西汉毛笔和石砚

常公文专用书写用笔。太仓毛笔的特点是笔锋锐利，饱满圆润，吸墨性强，使用起来柔而不软，婉转流畅，富有弹性，在北方地区久负盛名。其中以小楷笔最为著名，成为商家不可或缺的记账工具。太仓村制作毛笔者多为潘姓人，比较有名的是潘友文、潘云升、潘太生等几家。所以在鼎盛时期与浙江的湖笔并称为"南湖北潘"。

毛笔虽然是实用工具，但随着社会经济文化的需求，毛笔的制作及品种不断提高、增多，工艺改进，使毛笔日益完善和精美，逐渐也成为收藏、鉴赏珍玩的古物。不少学者文人以拥有一支品质上佳的毛笔为豪，而毛笔的鉴赏和收藏价值也渐渐为大众所接受。

二、墨

墨是古代书写必不可缺的用品，是古代书画创作的原材料。借助于这种独创的材料，中国书画奇幻美妙的艺术意境才能得以实现。墨与笔一样，在我国有着悠久的历史。据考证，早在商代以前，我们的祖先就懂得使用天然石墨及矿物颜料在甲骨文上书写文字，这是人类最早使用墨料的记载。到秦代时，人工制造的烟墨就已经出现；东汉时又发明了墨模，使墨的样式趋于规整，生产更加规范；到三国时期，魏国墨的整个制作流程已经达到了非常精致的水平，魏人韦诞制出了超乎寻常的好墨，史料上记载"仲将之墨，一点如漆"，可见当时的制作工艺已经比较完备；到了晋朝，人们发明用胶配制，大大提高了墨的质量，西晋名士陆机的作品《平复帖卷》中，墨汁晶莹，书法朴拙，从另一个角度印证了当时书写工具改革的成果。

到唐代后，经济和文化的大繁荣带来了制墨业的空前兴盛，官府设官置厂专事造墨，还成立了专门的官职——墨官，专事研究进贡而来的松烟墨的制作经验，多方取材配方，采用古松烟与鹿角胶煎膏制墨的方法，大大提高了墨的质量。

到了五代十国时期，由于南唐后主李煜是一位热衷于书法绘画艺术的君主，在他的提倡和支持下，奚氏父子制出"丰肌腻理，光泽如漆"的佳墨，得到李煜的赏识，赐奚氏姓李，世称"李廷珪墨"。

到了宋代，墨的制作工艺又有了长足的发展，松烟墨、油烟墨相继被发明，当时制墨也成了一个颇具规模的行业，先后出现了张遇、梁杲、叶茂等有名的制墨工匠，可谓人才辈出，佳墨缤纷。宋朝是历史上有名的崇文朝代，人们重文轻武，文人的地位大大提高，因此也推动了书法等文化艺术的发展。由于文人以书法为重，故视墨为宝，取墨甚严，辨墨亦精，因此，在这样的大背景下，宋墨发展到尽善尽美的境地,足以辅助大书法家、大画家垂名千秋。宋人名迹之流传于今日,仍能见其艺术的辉煌,名墨之作用功不可没。

明代是制墨业历史上最光辉、最有成就的朝代。先进的"桐油烟"与"漆油"的制墨方法被广泛应用,带有装饰形式的成套丛墨"集锦墨"的出现受到普遍欢迎。清代制墨业虽及不上明代的规模,但康、乾二朝均善于书,对墨的制作极为注意,所以御制名墨,精绝千古。到了清朝后期,由于受到西方文化的冲击,墨的生产难以恢复往日的繁荣,开始逐渐走下坡路。

经过数千年的持续发展,无数能工巧匠的精雕细刻,历代文人的使用和品赏,墨已成为一种富有博大文化内涵的文品。当今,名墨的收藏更是成为一项高雅的艺术投资行为,一些名墨以其特有的风格和艺术魅力受到国内乃至国际收藏者的青睐,甚至成为一些国家博物馆和社会名流竞相收藏的珍宝。

三、纸

作为中国古代四大发明之一,纸的出现为历史上的文化传播立下了卓著功勋。早在西汉时期就出现了早期的纸,东汉的宦官蔡伦改进了造纸术,大大降低了造纸成本,纸张由此得到广泛的传播和应用。这里所指的纸,主要是由麻和楮为原料制成的,与后来以桑皮、藤皮为原料制作的纸不同。而文房四宝中的纸,是特指"宣纸"。

宣纸产于安徽泾县,古属宣州,故称宣纸。这种纸用青檀树作为主要原料,制作精细,纸的质地绵韧,色泽白雅,纹理美观,光而不滑,软而不脆,其墨色层次清晰,滋润有韵,历来被视为书画佳品。宣纸分生宣和熟宣两类,熟宣是用矾水加工过的,水墨不易渗透,可作工整细致的描绘,可反复渲染上色,适宜画青绿重彩的工笔山水,表现金碧辉映的艺术效果;生宣是没有经过加工的,吸水性和沁水性都强,易产生丰富的墨韵变化,以之行泼墨法、积墨法,能收水晕墨章,起到浑厚华滋的艺术效果。

在我国众多的纸张品种中,宣纸的声名独占鳌头,盛誉海内外。这是由于宣纸的品质优良及其影响所致,是别的纸种无法相比的。根据晚唐学者、山西永济人张彦远撰写的《历代名画记》中记载:"江东地润无尘,人多精艺。好事家宜置宣纸百幅,用法蜡之,以备摹写。古时好塌画,十得七八,不失神采笔踪。"这是目前所知"宣纸"一词最早的记录,可见唐代时,宣纸已经是颇受欢迎的书法佳品。历史上许多大书法家,如欧阳询、颜真卿、张旭等擅用宣纸,明清以后,相继出现了麻纸、皮纸、棉纸、二层纸等,但仍以安徽泾县宣纸在纸坛一枝独秀,独领风骚。

四、砚

早在新石器时代,我们的祖先就开始使用"研磨器"研制颜色、绘制图案,当时的墨砚已经初具雏形。西汉时,制砚技艺有了显著发展,砚品种类增多,有石砚、陶砚、铜砚、漆砚等;汉至魏晋的石砚,盛行圆形三

文房四宝图

足式、四足式,雕刻风格浑朴,造型生动;魏晋时,出现了瓷砚,多为青瓷砚,砚堂无釉,以利研磨,其形多为圆形蹄足。隋唐以后,由于制墨工艺的发展,墨质渐优,可不用研石,对砚的要求相应提高。唐时砚质、砚式都发生了较大变化,盛行龟式、箕式、山峰多足式砚。到明清时代,我国的制砚工艺更趋精湛,名砚佳品不断涌现,明砚讲究自然,出现了随形砚,因材制砚,形式多样,有莲叶、人面、新月、古钱、瓢、钱等,造型、雕饰古朴典雅。清砚讲究精雕细刻,出现了许多石砚之作。当时,还非常讲究砚石的色泽、文采、声音、嫩润及年代、石坑、题铭等,砚已由实用转为艺术欣赏和珍藏了。

砚在漫长的历史发展过程中,不同的产地形成了不同的特色,最为后人熟知、现在独享盛誉的四大名砚,即广东肇庆的端砚、安徽歙县的歙砚、甘肃洮州的洮河砚、山西绛县的澄泥砚,各具特色,品质卓越,均是极具艺术价值的瑰宝,是收藏者眼中不可多得的珍贵艺术藏品。

为什么说"气"是中国书法的生命

我国书法艺术博大精深,源远流长,几千年来对书法艺术的研究更是到了一种高深极致的境界,书法的研究不仅仅停留在技艺、笔法等具体的技能方面,而是上升到形而上的境界。很多大书法家在谈到书法的精髓时,都会说书法的精髓并不在于笔法、技艺,而在于蕴含在书法艺术中的"气","气"才是书法艺术的核心,是书法的生命。

在中国的古典哲学中,气是宇宙之本、万物之源。道家学说中就把天地中万物的根源归于"气",讲述宇宙万物的动力来源于"元气"。生命是由"气"决定的,世界万物皆由一团元气构成,人也是得天地之气而生,这种生命之气就必然要表现

到艺术作品中去，成为艺术作品的生命。这种看似玄幻的思想，对中国书法的发展有着极其深刻的影响。书法以表现宇宙大化的活泼流行为根本，书法家以湿笔濡染，去模仿天地混沌、迷离朦胧的根源之气，并不是用笔将一个固化的形象呈现在纸上面，而是要将自然万物的气息、流荡的节奏和氤氲的气化传递到作品中，用书法作品表现出一种境界，让观赏者在第一时间感受到书法作品中的"气"。

三国时期书法家钟繇有两句话，一为"用笔者天也，流美者地也"；一为"笔迹者界也，流美者人也"。这两句话非常重要，它们触及了书法在笔法中追摹宇宙元气流行变化的核心。钟繇是一个深明玄学的人，他用"天"和"地"来说明用笔和流美，话语之中带着浓厚的《周易》思想，显示了自然万物皆出自元气的理念。钟繇将这一思想导入书法之中，认为用笔的神妙莫测，隐蔽难形，就像清气上腾、尘埃飞扬之难言；而玄妙的用笔一旦流注于笔墨，则形成了笔迹，书法的美感遂形于目前，就像浊气下凝、聚为大地万物一样。而今观赏钟繇的作品，细细揣摩，仍可以从中感受到些许的自然之气。

魏晋时期，刚刚获得审美准则的书法，接受了气化的自然观和宇宙观。人在这时发现了自我，发现了自然、主体和艺术的沟通。这个时代的人们崇尚玄学、参悟自然之道的风潮达到历史的顶峰，人人都想参悟玄妙之学、无得自然的道法。在这样的背景中，书法所引起的人们对自然物象的审美，也超过了以往任何一个时代。于是，以自然物象来形容书法的美感，就充斥于当时的书法理论之中。但自然万物均源自混元一气，书法从根源上说，还是要写出宇宙根源之气。传为王羲之作的《记白云先生书诀》中说："书之气，必达乎道，同混元之理。""混元"是天地形成之初的原始状态，是宇宙之初元气未分的状态。

唐朝诗人杜甫有一句题画诗云："元气淋漓障犹湿。"其实，"元气淋漓"也是书法家追求的至高境界。书法中以表现宇宙节奏和生命精神为根本目的的艺术观念，就是在元气论哲学的基础上产生的。

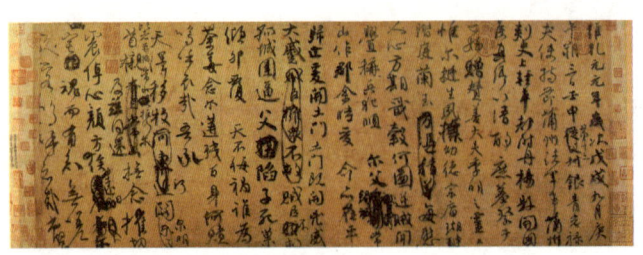

祭侄文稿　唐　颜真卿
此墨迹为颜真卿祭奠其侄子季明的祭文，情感、悲痛注于笔端。因而张宴评价道："告不如书简，书简不如起草。盖以告是官作，虽端楷为强约；书简出于一时之逸兴，则颇能放纵；而起草又出于无心，是其心手两忘，其妙见于此也。"

著名书法家、北大教授朱志良先生在谈及书法时曾讲："书法讲究意在笔先，'翰逸神飞'必要'神

绝交书 元 赵孟頫

赵孟頫以宋宗室降元,虽显赫一时,封侯晋爵,然静思此生,岂有不问心无愧处。此卷所书时,赵孟頫六十六岁,暮年光景,更有一番难言滋味。此卷开首颇平淡,行楷之雅全出,渐后渐急,纵横欹侧,韵致齐出,将胸臆中一股抑郁发泄而出,姿态变化,是古今行书之神品。

融笔畅',神融是关键,孙过庭讲'取会风骚之意,本乎天地之心',不是玄虚的东西,它要求必须有非常大的气度。"这里讲的"气",便是书法的意境、灵魂。气是活的生命,气在书法中的作用,是借助点画线条的塑造,把此时所流露出来的生命的节律注入线条形迹之中,使点画线条也带有活的、升华了的生命节律。通俗来讲,就是借助着气的乘载力量,把书法家主观的性情和客观的笔墨结合在一起,使之达到一种和谐的状态,然后表现在外在的作品中。气,一方面把性情乘载向点线,同时把点线乘载向性情,这样一来,性情因为气而能向外表达,点线因为气而得到了活的生命。于是,气在书法中的作用,就被发挥出来了。书法中的线条总是奔放而又流畅,激越而又欢快,充满了生命的动感。

书法的美,是一种动感的美,它是随着笔墨的运动而成。书法家以一画之笔迹,界破虚空,凿破鸿蒙,所以,书法家就是要吮吸造化的元气,发为生机流荡的生命形式。作为书法中的因素,"气"表现在书法创作与书法形象中,即作品中所显现出来的精神气质、动态风韵。书法讲究气,讲究阴阳调和,使其成为一门抽象的富有"意味"的艺术。"气"作为一种审美范畴和艺术境界的追求,使一个艺术家以天人合一的思想,做到法与意、形与神、文与质、理与趣的完美统一,以积极进取的精神求变、求雅、求美,在他的作品中赋予一种生命力量,流露出一种高雅脱俗的风度,气实乃书法之真谛所在。

甲骨文是怎样的艺术

甲骨文是殷商时期镂刻在龟甲兽骨上的一种因形生意的字体,距今已有三四千余年的历史,因为是刻在牛胛骨、鹿头骨、龟甲上的文字,故名"甲骨文"。因为甲骨文主要是王室用于占卜记事，而且大部分刻在龟甲和兽骨上，所以甲骨文又称"甲骨卜辞""龟甲兽骨文"。甲骨文是比较成熟的文字，是中国已知最早的成体系的文字形式，它以象形、假借、形声为主要造字方法。甲骨文在中国的文字系统上起着重要的转承作用，上承原始刻绘图文，下启金文铭文，是现代汉字的基础。今天的汉字，仍是以象形字为基础的形符文字，因此甲骨文已具备后代汉字结构的基本形式。从语法上看，甲骨文中有名词、代名词、动词、形容词等，其句子形式、结构也与后代语法基本一致。

甲骨文书法，一是指以商周甲骨文字体结构、书法特征为宗，加以工整地摹写而成的书法作品。这类作品是后人根据创作的需要，利用几千年前殷人留下的文字组成新的句子，通俗地讲就是"用古字写新内容"。但因为甲骨文总共才两千多字，其中还有不少尚未释出的怪字（特别是人名、地名），真正派上用场的不是很多，因此经常遇到甲骨文中没有内容所需要的字的情况。所以一旦遇到这种情况，就只好进行偏旁拆零，自己拼接了，再拼不出，就要到金文等其他古文字里去讨救兵，用这几种古汉字东拼西凑出一幅作品。首先尝试这个领域研究的是清朝末期的罗振玉，他之后逐渐有学者开始进入这个领域。甲骨文书法的另一层意思，是指借鉴甲骨文特征加以自行创作的现代书法作品，作者将甲骨文视作一种灵感，仅仅是艺术创作中的一点启示，吸取甲骨文书刻时的一种神韵，而并不在于追求"形似"。

因为具有独特的时代意义，甲骨文书法是书法中不可多得的珍品，也是书法领域中一枚长生不老、蓬勃发展的奇葩。甲骨文书法包含甲骨文契刻书法和笔墨书法两个方面，前者是用刀刻在龟甲兽骨上的原生态甲骨文书法，是最原始最正统的甲骨文书法；后者是后人经过对前者提炼、移植而在工具与载体发生重大变化形成的甲骨文笔墨书法，用的是笔而不是刀，这其中有个"刀笔转换"过程。因此，现代甲骨文书法最基本的特征是既要有契刻遗韵，又要有笔墨情趣。

甲骨文笔法特点有三个基本笔画：点画、直画、曲画，这三个基本构件造就了殷商甲骨文苍古雄劲、灵动多姿的艺术风格。

大型涂朱红牛骨刻辞　商
商朝的甲骨文是占卜时刻在龟甲或者兽骨上的象形文字，也称卜辞。河南安阳殷墟有大量出土。

从已经发现的史料来看，甲骨文结体多为长方形，少量为方形，既成汉字格局，又变化多姿，颇有运动感。多数象形字繁简不一，随体异形，婉曲舒徐，顾盼自如，构成一种天然的形体美，可见几千年前的先人就已经参透了书法的真谛。后世所谓欹侧多姿、朝楫呼应、穿插意连、鳞羽参差等结体法则，早在甲骨文中已大体具备。甲骨文形体结构具有"八美"之说：一是长圆方扁参差美；二是平正险绝对比美；三是直笔圆笔线条美；四是左右上下对称美；五是高度概括象形美；六是大疏大密相生美；七是有纵有敛意趣美；八是错落有致呼应美。

刻有数码的甲骨　商

除了结构上的八美，从欣赏的角度上讲，好的甲骨文书法要有五种美感：一要有传统气息美；二要有章法形式美；三要有用笔墨色美；四要有结体线条美；五要有气韵神采美。甲骨文章法是参差错落、相映成趣，形成了行气清晰、左右顾盼、前后呼应，既错落多姿又统一和谐的生动局面。

甲骨文是现代汉字的祖先，也是中国文化史上的一座丰碑。甲骨文不仅是作为最早的文字载入史册，更是中华民族传统文化的宝贵遗产，也是全人类的珍宝。作为炎黄子孙，有必要也有责任去认识学习基础的甲骨文知识，将甲骨文艺术代代相传、发扬光大也是所有炎黄子孙的历史使命。

中国画有怎样的发展历程

中国画也就是国画，在古代称作"水墨丹青"，泛指用毛笔、墨、国画原料等在各种画布材料（绢、宣纸或帛）上创作并加以装裱的卷轴画。国画的题材可分人物、山水、花鸟等，技法可分工笔和写意，在内容和艺术创作上，体现了古人对自然、社会及与之相关联的政治、哲学、宗教、道德、文艺等方面的认识。中国国画从开始发展，就有着重要而一贯的文化目的与人格追求，这些已成为国画能独立并永恒存在的理由。

中国绘画艺术历史悠久，源远流长，经过数千年的不断丰富、革新和发展，以汉族为主、包括少数民族在内的画家和匠师，创造了具有鲜明民族风格和丰富多彩的形式手法。与其他艺术形式一样，由于受到不同时期的历史背景、经济社会的特点以及生产力发展的需求影响，国画在不同的历史时期也以不同的形态面貌出现。每个时期都有浓厚的时代特点，有不同的侧重点，有许多不同的要求。但不同时期的国画又可以从更广泛的文化解读中找到认同感，所以形成了独具中国意味的绘画语言体系，既一脉传承又独具风格，在东方以至世界艺术中都具有重要的地位与影响。

绘画在先秦时期就已经在一些古籍中有记载，如周代宫、明堂、庙祠中的历史人物、战国漆器、青铜器纹饰、楚国出土帛画等。

到了秦汉时期，疆域辽阔，国势强盛，丝绸之路沟通中外艺术交流，绘画艺术得到了空前发展与繁荣。尤其是汉代盛行厚葬之风，王侯将相自不必说，许多陵墓依山而建，规模宏大，其墓室壁画及画像砖画像石以及随葬帛画，更是大量采用了绘画处理，生动塑造了现实、历史、神话人物形象，也反映了现实生活中的现象。由于受到当时整个社会的气象影响，秦汉的画风也是气魄宏大，笔势流动，既有粗犷豪放，又有细密瑰丽，内容丰富博杂，形式多姿多彩，体现出一种王者之气。

魏晋南北朝时期战争频仍，民生疾苦，但是在文化领域却有了长足的发展，这一时期绘画仍取得了较大的突破。尤其是在这个时期，佛教在苦难中找到了传播的土壤，逐渐在中国大地发扬光大，从而使佛教美术勃然兴起。如新疆克孜尔石窟、甘肃麦积山石窟、敦煌莫高窟都保存了大量的该时期壁画，这些壁画中人物刻画极其细腻，艺术造诣极高，对后世画风有着深刻的影响。由于上层社会对绘画的爱好和参与，除了工匠，还涌现出一批有文化教养的上流社会知名画家，如顾恺之等。除了佛教盛行，这一时期玄学也广为流行，文人崇尚飘逸通脱，注重理论研究，画史画论等著作开始出现，山水画、花鸟画开始萌芽，这个时期的绘画注重精神状态的刻画及气质的表现，以文学为题材的绘画日趋流行。

隋唐时国家统一，社会相对稳定，经济比较繁荣，对外交流活跃，既为绘画艺术创造了迅速发展的外部条件，也通过频繁的对外交流给绘画艺术注入了新的生机。这一时期的绘画题材仍旧以人物和佛教主题为主，但以吴道子、周昉为代表的中原画风作品也开始崭露头角，并且在后来的发展中逐渐占据绘画的主流。此外，民族风格在这个阶段日益成熟，展子虔、李思训、王维、张璪等人的山水画、花鸟画已工整富丽，取得了

步辇图　唐　阎立本

较高的成就。

五代两宋之后，中国绘画艺术进一步成熟完备，出现了一个鼎盛时期。由于两宋崇文之风极盛，从官方到民间都有着浓厚的文化氛围。朝廷设置画院，扩充机

林榭煎茶图　明　文徵明

构编制，延揽人才，并授以职衔，一时间人才辈出，宫廷绘画盛极一时；在民间的文人学士亦把绘画视作雅事，交流频繁，并提出了鲜明的审美标准，故画家辈出，佳作纷呈，而且在理论上和创作上亦形成了一套独特的体系，其内容、形式、技法都出现了丰富精彩、多头发展的繁荣局面。这一时期流传下来的绘画珍品种类繁多，艺术造诣极高，首推北宋张择端的《清明上河图》，其人物的刻画、细节的描绘以及整体构图布局的精妙，在今天看来仍旧令人叹为观止。

绘画发展至元、明、清，文人画得到突飞猛进的发展。在题材上，山水画、花鸟画已经占据了绝对的主流地位。文人画强调抒发主观情绪，"不求形似""无求于世"，不趋附大众审美要求，借绘画以示高雅，表现闲情逸趣，倡导"师造化""法心源"，强调人品画品的统一，并且注重将笔墨情趣与诗、书、印有机融为一体，形成了独特的绘画样式，涌现了众多的杰出画家、画派，以及难以数计的优秀作品。

到了20世纪，由于社会结构的巨变，也使得绘画艺术风格趋向多元化与价值判断的多角度化，集中体现在"文人画"与"画家画"之间的比较与争议。在那些受西方画风熏陶的画家，如徐悲鸿和林风眠等人看来，明清主流的文人画太执迷于主观意识，疏离了造型，落入了一种程式化，脱离了国画的核心。类似的视角，在已然成为艺苑重镇的当代美术学院，也已经得到非常广泛的认同。而另一方面，传统文人画的延续者则大多认为文人画的意境与功夫皆在画外，具有超出平凡的价值，有追求高品位的特殊绘画格体。如陈师曾就曾撰写过《文人画的价值》予以阐说，郑午昌更是认为文人画值得"挟之以世界宣传"。更有甚者，对画家画甚为不屑，如黄宾虹就曾批评传统绘画中注重造型的做法，是所谓"君学"而非民主艺术，将对画家画的批评上升到了社会阶层论的高度。

除了文人画与画家画之间的不同，在延续文人画的画家之中，也存在着重功力与重修养的不同取向。如傅抱石、潘天寿、来楚生、唐云、陆俨少、程十发等

画家，相对更重造型；而如吴昌硕、齐白石、黄宾虹、钱瘦铁等，则主要延续了明清文人业余画家以诗、书、印与绘画相结合的传统。

20世纪另一支重要的画学力量，是以南北画坛的金拱北、张大千、吴湖帆、溥儒、于非闇、谢稚柳、陈少梅、陆俨少、启功、陈佩秋等为代表，追求将画家画的功力与文人画的气韵相结合，博采众长，将两派的特点与优势进行融合。后来，由于社会的变迁，真正的文人画家在20世纪初渐渐消失。

中国画是中国文化的重要组成部分，根植于民族文化土壤之中。它不单纯拘泥于外表形似，更强调神似。它以毛笔、水墨、宣纸为特殊材料，建构了独特的透视理论，大胆而自由地打破时空限制，具有高度的概括力与想象力，这种出色的技巧与手段，不仅使中国传统绘画独具艺术魅力，而且对世界的绘画艺术有着长足的影响，日益为世界现代艺术所借鉴吸收。

山水画如何表现山势与龙脉

龙脉，本是风水学术语，用于指绵延山脉的走势。早在几千年前，我们的先人就曾用"脉"来比喻山川的走势，《吴越春秋·越王无余外传》中有"行到名山大泽，召其神而问之山川脉理"的记载，可见先民早就意识到山川与人体脉络之间的象形联系。从古至今，"龙脉"一词不仅出现在风水堪舆领域，而且常出现在古代画论中。古代山水画的构图常以风水中的龙势、生气为神韵指导，如山脉的急缓、山水的迂直，村落、民居的位置，均参照风水之法来处理。山水画中的山势与龙脉，同样是一门玄妙高深的学问。

中国山水画以表达思想感情为最高境界，主张以形写神，神的表达又以取势为基础。取势，顾名思义就是要利用精妙的笔法将山川、水流绵延不绝的气势取为己用，表现在画纸上。如何表现出雄浑之山，又如何表现秀丽之山，如何表现出峻峭之山，不同的山势都要在创作的过程中进行相应的取势构图，以达到准确的取势，进而写神的目的。

如果仔细观察古代经典山水画，会发现山与山之间气势连贯，充满生机，并且开合有度，主次分明，起伏飞动，云水穿梭，仿佛有一条生命线隐藏于画面之中。这条暗藏的生命线，就是画中"龙脉"的律动。古代优秀作品之所以充满生机、气势雄伟，就是因为画出了龙脉这条生命线，比如黄公望《富春山居图》，又如郭熙《早春图》等，这些名作已极为注重龙脉风水。

早在东晋，著名画家顾恺之就提出画山要"使势蜿蜒如龙"，如龙之势才能让青山跃然纸上；南北朝梁元帝萧绎提出画山要"首尾相顾，项腹相迎"，也有异曲同工之妙；唐代画家王维提出画山要分宾主远近，"主峰最宜高耸，客山须是奔趋"；五代画家关仝、荆浩画山也是先定宾主；宋代画家董源、李成、范宽、郭熙等对龙脉的认识更上一层楼，画面中的龙脉清晰可见，只是没有将龙脉一词运用于山水画论中而已。从历代这些名家的主张可以看出，古代山水画中的龙脉走势一直为作者所重视，而且随着时间的推移，这种对龙脉走势的把握越加深刻应用在创作当中，代代相传。

山水画中龙脉的把握体现的是中国书画艺术和风水理论的巧妙结合。在中国书画的发展过程中，中国风水理论在其中发挥了重要的作用，影响了中国山水画作的创作技艺。清初的"四王"（王时敏、王鉴、王翚、王原祁），以山水画对后代的影响甚深。

以风水中"龙脉"之说而论山水画景物构成，以清代王原祁在《雨窗漫笔》中的论述影响最大。王原祁借助堪舆学原理，构筑其山水画的"龙脉开合起伏"，即为典型的一例。王原祁说："画中龙脉开合起伏，古法虽备，未经标出。"他认为山水画的构图可分为两个层面：一为"龙脉"，一为"开合起伏"。龙脉为体，开合起伏为用；龙脉为纲，开合起伏为目；龙脉为母，开合起伏为子；开合起伏是为龙脉服务的。王原祁认为确定龙脉乃山水画家在构图方面必须解决的第一要务。如同董其昌强调作画"要之取势为主"（《画旨》）一样，王原祁也认为作画首先必须"顾其气势轮廓"（《雨窗漫笔》），先把山川走势了然于胸，才能挥毫泼墨，否则一切无从下手。至于如何表现龙脉，或换言之如何表现山体的源头气势，这就要靠开合起伏了。开合有宾有主，有回有转，有分有合；起伏亦有远有近，有向有背，有高有低。因此王原祁认为开合不可"闭塞浅露"，起伏不可"呆重漏缺"，一切皆应自然搭配，随机生发。此外，再加之局部与整体的统

渔父图　元　吴镇

桃源仙境图　明　仇英

一，即"通幅有开合，分股中亦有开合；通幅有起伏，分股中亦有起伏"和"过节映带间，制其有余，补其不足"，则其笔下之龙脉必然"斜正浑碎，隐现断续，活泼泼地于其中"而成为一幅"气韵生动"的"真画"。王原祁在这段不长的文字中条分缕析，层层推进，将堪舆学的原理，融之于文人山水画的构图原则，取得了化腐朽为神奇的特殊效果。

在长期的历史发展中，传统山水画论、诗论、文论和风水理论互相影响、互相借鉴、互相融汇，使山水画的美学思想更加丰富，对山水画的发展起到了积极的作用。山水画景物构成的观念和形式与风水理论，无论在哲学思想的渊源上，还是在选择和构建理想环境景观的价值标准和景物构成模式上，都有很多惊人的一致性，两者在艺术上的结合，也为后世之人带来奇妙变幻的山水创作。

什么是汉墓壁画

汉墓壁画是指画在汉朝墓室四壁、顶部及墓道两侧，以墓主人的生产活动、仕宦经历、享乐生活以及各种神话、经史故事为主要题材的壁画。汉墓壁画的发现始于20世纪初，先后在辽阳、洛阳、平陆、徐州、梁山、密县、托克托与和林格尔等地发现一批汉墓壁画。中华人民共和国成立以来，各地先后发现了大量汉墓壁画、画像石墓和画像砖墓。

汉朝大力提倡孝道和厚葬，主张"事死如事生"，所以当时墓室壁画盛行。当时的统治者提倡孝道，觉得孝子必是忠臣，特别是东汉时期实行察举孝廉制，要想当官就必须通过孝廉考核。因此，厚葬之风愈演愈烈，很多人竭尽所有，为父母或自己修建坟墓，在模拟生人居住的地下墓室壁面上，大量绘制表现生前权势、威仪和财富的生活及历史神异形象，以期获得"孝"的声誉，有利于仕宦之途。这就是汉墓壁画盛行的社会根源所在。作为有特定功能的墓葬艺术，汉墓壁画在形成和发展过程中受到了中国早期各种思想、信仰的影响。

汉墓壁画绘画技法使用毛笔和矿物质颜料，发展了战国至西汉早期殿堂壁画和帛画上所见的墨线勾勒轮廓、平涂敷色的手法。汉代墓室壁画可分前、后期。前期为西汉早期到东汉早期，仅有八里台、烧沟无名氏、卜千秋、枣园、千阳、西安、内蒙古鄂托克、商丘等地八座；后期为东汉中、晚期，包括此外所有汉墓壁画。前期的绘画手法还比较单一，西汉晚期至东汉时期，流行以彩绘壁画作为墓内装饰，到东汉晚期出现了大笔挥写的写意法，施色而不勾轮廓的没骨法和单色线勾勒的白描法，有的还使用了渲染法。构图上已摆脱了春秋晚期以来横向排列的形式，讲求比例和前后层次关系。这些成就为中国绘画的成熟奠定了基础。

汉墓壁画题材多种多样，有表现经史故事的写实，也有呈现祥瑞的神话故事，而更多的是表现墓主人一生的功绩，内容丰富、形象生动地反映当时社会经济、文化、生活乃至社会意识的若干侧面。到了东汉晚期，一些壁画墓中则把各种灵瑞从天堂仙界中剥离出来，集中展现了一些具有特定意义的祥瑞形象，其图像所蕴含的天人感应思想相当明显。汉墓壁画不仅是古代绘画雕刻艺术的瑰宝，也是研究当时历史的珍贵资料。特别值得一提的是在内蒙古和林格尔汉墓中发现的墓室壁画，还出现了"仙人白象"的佛教题材绘画内容，从另一个角度反映了当时佛教在中国已经有了一定的传播。

汉代墓室壁画作为汉代绘画的重要组成部分，具有很强的代表性和时代特征，对后世的绘画产生了一定的影响。从艺术鉴赏角度来看，汉代墓室壁画的艺术水准参差不齐，普遍以写实为主，但也不乏上乘之作。汉代墓室壁画无论是在中国美术史上的地位，还是在绘画艺术形式、表现技法等方面，均颇具关注和研究的价值。在色彩的运用上，汉墓壁画发展了战国绘画中的平涂技法，同时进一步完善了晕染法，并开始尝试没骨法等一些新的表现手法，从而增强了物象的表现力度。在技法上，创造了大笔写意法，在洛阳汉墓壁画《车马出行图》中，中国写意画就已显雏形。

壁画的绘画艺术有着悠久、深厚的文化传统，融合了同时代各种绘画技法、构图法则、思想理念，体现了中国汉民族本土文化的绘画特征和美学风格，其后各个历史时期的绘画技法，都能在汉墓壁画中寻找到踪迹，

和林格尔汉墓壁画《乐舞百戏图》

可以说从一定程度上为中国绘画奠定了基础和准则。著名的历史学家北大教授吴宗国曾说过:"古墓壁画,跟其他考古发现的各种文物和分布在各地的各种文化遗存一样,都使我们感觉到一个实实在在的古代。"汉墓壁画对于了解汉代社会的经济和文化及审美思想和绘画的发展,具有重要意义,并且对于后人了解汉代的社会经济文化习俗提供了许多有价值的历史线索,从这一点上讲,汉墓壁画在考古学上也有着重要的参考意义。

印章起源于何时?与书画有何渊源

印章,用作印于文件上表示鉴定或签署的文具。印章种类繁多,基本上可分为官印和私印两类。官印常见于机关公文、国家文件等,有权威性和唯一性。私印多用于代表个人身份或者艺术领域。一般的印章都会先蘸上颜料再印上,有些是印于蜡或火漆上、信封上的蜡印,有些不蘸颜料、印上平面后会呈现凹凸的称为钢印。制作印章的材料多种多样,最常见的有金属、木头、石头、玉石等。北大王岳川教授认为,中国印章文化由"封泥"发展而成,代表了东方大国的三个文化特征:其一是诚信,其二是真实,其三是权力。这三种文化特征在印文化的演变中逐渐融合发展,成了今天中国人对印章的独到理解和感情。

中国最早出现印章的概念可以追溯到先秦时期。那时候中国的文字以雕刻为主,最具代表性的有殷的甲骨文、周的钟鼎文、秦的刻石等,这些在金铜玉石等素材上雕刻的文字通称"金石"。从广义上讲,印章即包括在"金石"里。至于中国印章具体起源于何时,目前尚无定论,一般研究者认为大致在春秋战国之交,但1998年安阳殷墟出土了一方饕餮纹铜玺,是现今所能证实的经考古发掘的年代最为久远的印章,如果算上这个发现,那么中国印章的历史可以追溯到商代以前。

先秦时代的印章统称为"玺",秦以前,无论官印、私印都称"玺"。我们现在所能看到的一般最早的印章大多是战国古玺。这些古玺的许多文字,至今仍未能解开,只能从这些古玺的形状、配饰来猜测其用途和掌印之人的地位。古玺中还分为几类:朱文古玺大都配上宽边,加边栏,或在中间加一竖界格,文字有铸有凿,其印文笔画细如毫发,都出于铸印章造;白文古玺大多加边栏,或在中间加一竖界格,文字有铸有凿。官玺的印文内容各异,有"司马""司徒"等名称外,还有各种不规则的形状,内容还刻有吉语和生动的动物图案。据记载,战国时期主张合纵的名相苏秦佩戴过六国相印。秦统一六国后,为了显示皇权的至高无上,制定一系列等级制度,规定皇帝独称"玺",从这以后"玺"就成了历届帝王印章的专称,其他的印章统称为"印"。传世的古代玺印,多数出于古城废墟、河流和古墓中。从这一点可以推测,这些古玺大多是当时在战争中所遗弃,或者作为殉葬品埋在地下。当时有明确规定,凡在战场上虏获的印章必须上交,

"孝莫辞劳转眼即为人父母,善勿忘报回头但看汝儿孙"印及印文。

而官吏迁职、死后也须脱解印绶上交朝廷。所以后世发现的不少如官职连姓名的,以及吉语印、肖形印等一般都是殉葬之物,而不是实品。其他在战国时代的陶器和标准量器上,以及有些诸侯国的金币上,都用印章盖上名称和记录上制造工匠的名姓或图记性质的符号,也都流传下来。

从历史上看,印章发明了很长一段时间之后,才开始与书画之间形成关联。因为在造纸术没有改良和普及之前,人们的书写载体大多是竹简或者锦帛,印章主要运用在封泥上面。3—4世纪,随着造纸技术的改善和推广,纸张、绢帛逐渐代替了竹木简,封泥的使用习惯也就不再流行。印章的使用,也逐渐由钤于封泥转换为蘸朱红印泥钤于纸上。可以说,纸张的普遍应用,不仅改变了印章的使用方式,也为印章与书画艺术的结合创造了条件,从此以后书画和印章的渊源就一直延续到今天。

而书画家真正把印章用在自己作品上的做法,要到唐代以后才有明确记载,在此之前没有确切的史料记载过类似的做法。据《十国春秋》记载,前蜀茂州刺史许承杰"每修书题印,微有浸渍,辄命改换,书佐苦之",这里"题印"即盖印、钤印,与"题款"意义一样。从这里可以看出,前蜀时期已有人在书信来往中开始钤印了,但这仅是将私印应用于私人书信当中,还未曾涉及艺术的领域。不过,私印介入信函和公文也具有划时代的意义,因为这种做法为书画款印的出现打下了坚实的基础。

书画与印章的结合,比较明显的记载来自宋代。有宋一代重文轻武,由于宋徽宗、宋高宗等皇帝艺术造诣极高,对书画艺术极其推崇,大力提倡,鉴藏印在文人士大夫中风靡一时,书画款印也随之迅速发展起来。北宋时期使用书画款印,目前可见最早的实物是欧阳修的《致端明侍读书》,这件尺牍上钤押"六一居士"印,《尚恩帖》中也有欧阳修的"六一居士"印。"六一居士"就是欧阳修的晚号,可见当年的书法家们已经习惯了这种将代表自己的印章用于作品上。除

了"六一居士"这方印之外,欧阳修平时所用的"修"字印和"醉翁子孙其永保之"都是兼具收藏意义的印,在其他作品中也能够看到这两方印的形迹。

到了元代,许多文人绝心于仕途,转而寻找新的心理寄托。而社会上也逐渐形成了"政统易于上,而道统则仍存于下"的风气。于道如此,于艺亦然,所以当时的文化环境自由,朝廷对文化领域的管理相对宽松,这反而有助于艺术传统的一脉相承。这期间诗书画印的融合也得到进一步的发展,其中最为著名的人物首推赵孟𫖯、王冕。特别是赵孟𫖯,人称"书画诗印"四绝,当时就已名传中外,以至日本、印度人士都以珍藏他的作品为贵,为当时的中外文化交流做出了贡献。

到了明代中叶,印章艺术有了新的突破,文彭、何震作为明清流派印章辉煌业绩的开拓者,在印坛上一反浅陋怪诞的九叠文,复古秦汉,开辟了印章艺术的昌盛局面。当时,由于印章艺术风靡,举国上下掀起了一股印章艺术的热潮,大批的文人雅士开始拿起刻刀,刻制印章,求名家印章也蔚然成风。同时绘画发展到明清,抒情写意的文人画占据了主流地位,出现了一大批兼工书画、印章、诗文的艺术家,书画家能随心所欲地刻治印章,使之成为与诗文、书画并列的文人墨客的消遣之道,进一步推动了书画与印章的结合。

到了清代,印章走上了一条"印从书出""印从刀出""印外求印"的复合型创作道路。吴昌硕印章融浙皖两派之大成,错综秦汉而又归于秦汉,气息雄厚,超越前哲,印史上被称为"后浙派"。

到了近代,几乎每个书画名家都非常重视书画印的融合,印章的使用俨然成了书画艺术创造的重要组成部分。许多书画家本人即是治印高手,如陈师曾、齐白石、来楚生、余任天等,都是集"书画印"三位于一身的大师。还有黄宾虹、潘天寿、张大千等大师,虽然不是以印人的身份著称于世,所治之印的数量也不多,但其对于作品中印章的运用却有着独到的见解,用印技艺的精巧也从另一个侧面烘托了其书画艺术的极高造诣。比如张大千对于用印的讲究几乎到了苛刻的程度,且能根据各个时期的书画风格配以不同的印章。

私印 西晋
西晋时,玄学成为主流,这些私印体现了当时嗜爱清奇的风尚,字体修长潇洒,如玉树临风。

在长达几千年的历史中，中国形成了独特的印章文化，不仅与书法、画作等艺术作品互相交融，更体现了一种人文的魅力。

书画上都有哪些"用印"技法

在书画作品上钤盖印章，是我国传统书法绘画作品特定的艺术形式，往往可以起到画龙点睛的作用。这种做法起于唐代，发展于宋代，直到今天已经成为书画艺术领域的共同法则，几乎每一幅传世的作品都有着不止一个的印章，代表着作品的身份。

《兰亭集序》帖　东晋　王羲之

印章是书画作品章法上的一个有机组成部分，正如著名画家潘天寿先生所说"中国印章的朱红色，沉着、鲜明、热闹而有刺激力"，通过用印，作者不仅可以表达艺术观点，展示襟怀，记时记事，而且直接关系到作品的章法，起着调整构图和增强节奏感的作用。所以，历来书画家都非常重视书画作品的用印艺术。

书画作品用印是非常讲究的，有着一套特定的规矩。往往要根据画面款式的不同、章法中起承转合气势的不同和画面左右均衡来决定，因地制宜，灵活应用，因此，在用印的时候必须综合考虑印章的内容、形状、风格、颜色以及同书画主题的协调和配合度等诸多因素，以起到画龙点睛的神奇效果。

书画上的用印技法，常规上分为四种类型：一是姓名、字号、斋馆印。在一幅书画作品中，落款处钤盖印章的位置，应在最末一个款字的后面，中间相隔一个印章的距离，若用两方印章时，名印在上，字号印或斋馆印在下，而且要有阴阳变化。古人云"名阴号阳"，即名印阴刻，字号印或斋馆印阳刻，两个印大小最好相近，或阳文印略小（视觉原因），两印间隔至少一个印章的距离。在一幅书画作品上，既可以单用一方名印或字号印，也可以连用名、字、号三方印，这个可以根据不同的作品及作者用印习惯决定。二是引首印。引首，顾名思义是用在开头的位置，引首印一般用于作品的右上方，既要与落款相呼应，又要与画面融为一体。引首引的印面以长方形、葫芦形、椭圆形、圆形居多，其印文多为作者喜欢的名言、警句、籍贯、年份或斋馆号等，用以显示作者的品位，传达一种讯息。三是拦边印。拦边印指用在书画作品的左边或右边空虚处的词句印、闲印、肖形印等，根据画面章法布局的需要，主要起"聚气"和协调画面的作用。四是压角印。压角印用于作品下方的一个角上，起充填虚角、稳定画面的作用，以方形或长方形为主，也有用圆形的。压角印的印文内容常为寄情的诗句、格言、画论等，没有固定的格式。一般一幅作品中，只能用一枚压角印，印章的分量要与画面相称，以免产生下坠或轻飘的感觉。

在书画作品上用印有不少需要注意的问题。首先，钤印的位置要恰当，在一般规律中追求创新。在书画作品上姓名、字号钤盖在款字的下面，有时因章法之需要，钤于款字的左侧。引首印、压角印、拦边印等印章在书画作品中的位置，都有严格的规矩，不能随意钤盖。运用比较复杂，应根据画面章法的需要而定，既要合乎一般规律，又要根据作品的特殊要求巧妙钤盖。其次，用印数量要适度，统一中有变化。字画作品上没有印章是一种缺憾，古云："印不过三。"若数量太多，则有喧宾夺主之嫌，分散欣赏者的注意力。如果书画作品需要钤盖两方以上印章，必须注意一些细节上的处理：一方面需要注意用印技法的变化，一般两枚印章连用，需要一朱一白，体现出层次变化；如果还有第三方，则用白文。另一方面印章之间形状的变化，若压角印是方形的白文印，引首印则要用长方形、圆形或随意形的朱文印，不能在形状上重叠。在同幅作品中动用的多方印章，要使其符合画面的艺术审美要求，尽可能做到朱白相参、错落有致，避免印距相等和位置平行。再者，用印大小适中，与作品相称。古人云："用图章，宁小勿大，大则不雅。"要视书画作品尺幅大小选用印章，一般情况下，作品较大印章也要大些，但切记落款处的印章与落款字大小相仿，宁小勿大，否则，不但会给人以沉重下坠的感觉，有时还会影响画面的整体格调。一般印章应与款字大小相当，切不可极端，太大显得笨拙，太小显得小气且分量不够。最后，印章的艺术风格要与书画相宜。书画用印要与书画作品的风格协调一致。比如，齐白石单刀直入、痛快淋漓式的印章，就不适宜钤盖在笔触细腻的工笔画和楷书作品上；同样，雄浑奔放的书法和大写意水墨画上，也不能使用工稳秀丽的细圆朱文印章。

总之，书画作品用印，在遵循基本规律的前提下要灵活运用，不能一概而论。书法的用印取决于整幅作品的布局和艺术需求，合理的用印能够使得作品本身更具章法、更加完整，否则会画蛇添足。

集部

第十七章

诗学
——诗歌里的美学和艺术高度

诗是中华民族最珍贵的文化遗产，是中华文化宝库中的一颗明珠。北京大学中文系古代文学教授、博士生导师杜晓勤在讲解诗歌的时候说到，唐诗在表现内容和艺术形式的完美结合上，取得了很高的成就……国家的统一、经济的繁荣，为唐代文学繁荣提供了一个良好的政治、经济环境。政治的开明、思想的活跃，为唐代作家提供了良好的创作环境。连诗最为繁荣的唐代亦是如此，其他时代的诗歌艺术由此更加可见了。

故而诗作为一种文学形式，包含了太多的互通因素。正是因为这种互通特质，让诗更具有历史写照的特色，从诗中，我们可以看到一个朝代的气象，窥见一段历史的侧面反映，品味一个诗人或悲或喜的感情……在一首诗中，蕴含了太多的内容和思想。所以，学习诗，我们可以品读历史和文化，同时也能从中受益匪浅。

"平仄"是什么？怎么使用

平仄，是中国诗词中用字的声调。也就是平声和仄声，是指诗文所富含的韵律。平仄是将中文中的四声简化为二元的尝试。四声是古代汉语的四种声调。所谓声调，就是指字音的升降、平缓、长短等。平仄是在四声基础上，平指平滑音，仄指转折音。在古代语音中，去声、入声为仄，剩下的都是平声。

平仄，或者说是调平仄，主要作用是在说话或者诗文中，在适当的地方使用平声和仄声协调，用来增强语言的表现力，以及发音的规律性。平仄的运用在古代和现在并不相同,现代汉语普通话的声调有四种:阴平声、阳平声、上声、去声。可以把这四种声调分为平仄两类,那就是阴平、阳平(一声二声)是平声,上声、去声(三声四声)是仄声。这样分,是因为阴平和阳平的声音都会有延长音,而没有降音或者转折。它们有以上两个共同的特点,所以归入平一类,平是平直的意思,而仄声是上声和去声。声音都比较短,音不仅有降而且有转折,因为有此两种共同的特点,所以归入仄一类,仄是转折的意思。

汉武帝设立乐府,采集各地歌谣,加工整理后在郊祭时传习唱奏。

中国古籍中有不少阐述了声调的区别。按传统的说法,平声是平调,上声是升调,去声是降调,入声是短调。明代真空和尚在《玉钥匙歌诀》中提到:"平声平道莫低昂,上声高呼猛烈强,去声分明哀远道,入声短促急收藏。"清朝文学家顾炎武在《音论》一书中的说明为:"平声轻迟,上、去、入之声重疾。"在现代不少汉语语系的上声从低音转向高音,去声从高音转向低音,与古时的上声、去声可能相似,但具体如何转调,已经无从考证。简单来说,区别平仄的要诀是"不平就是仄"。

《切韵》《广韵》是隋朝至宋朝时期修订的韵书,其中写道:中古汉语有四种声调,称为平、上、去、入。除了平声,其余三种声调有高低平缓的变化,因此统称为仄声。诗词中平仄的运用有一定格式,称为格律。总的规律可以归纳为:

五律平起:首句第一第二字均为平声;

五律仄起:首句第一第二字均为仄声;

七律平起:首句第二字必用平声;

七律仄起:首句第二字必用仄声;

对联:(联尾)上仄下平。

唐朝是中国诗歌的黄金与巅峰时期。

例如诗中的第一句为"仄仄平平仄",那么第二句就应该是"平平仄仄平"。以杜甫的《春望》举例:国破山河在(仄仄平平仄),城春草木深(平平仄仄平)。但是由于现代汉语普通话里已经没有了入声,用普通话念诗,可能会出现"平仄不调"的情况。在以上例子中,虽然"国"字是入声,但在普通话里却念作阳平声(第二声)。若是用普通话念出上述两句,就会变成"平仄平平仄,平平仄仄平"。然而,其他地区方言如粤语、客家语及闽南语仍然保留了汉语四声。尤其粤语九声中有阴平、阴上、阴去、阳平、阳上、阳去、阳入、中入及阳入九声。

现在我国南方地区的方言仍然保留有平仄。平仄是通过整体语句音调的协调以及抑扬顿挫的舒缓音和促音来实现的。现在人们所说的普通话和古汉语差别很大,现在的普通话没有入声,而入声是最基本的仄音之一。我国某些地区的方言实际上仍然保留有入声,本身就存在有平仄。

"建安风骨"是什么意思

建安风骨特指汉魏之际曹氏父子、建安七子等人慷慨悲凉的诗文风格。由于汉献帝最后的年号为"建安",所以这一时期的诗文风格就被称为"建安风骨",又称"汉魏风骨"。建安时期的文学作品,以诗歌最为明显,建安诗歌是在汉乐府和"古诗"的基础上发展起来的。

"曹氏父子"是建安文坛的领军人物,以曹操三父子为代表的创作反映了社会动乱和民生疾苦的同时,又表现了统一天下的理想和壮志,有着鲜明的时代特色。展现了政治理想的高扬、人生短暂的哀叹、强烈的个性、浓郁的悲剧色彩。

"风骨"一词最早大量应用于魏、晋、南朝的人物评论,大体上"风"偏重指精神气质,"骨"偏重于指骨骼形态,二者密不可分,合为风骨,后被引用到书画理论和文学评论之中。至于文学评论,当以南北朝刘勰的《文心雕龙·风骨》最为精到:"怊怅述情,必始乎风;沉吟铺辞,莫先于骨。故辞之待骨,如体之树骸;情之含风,犹形之包气。结言端直,则文骨成焉;意气骏爽,则文风生焉。"意思是端直的言辞结合骏爽的意气,形成格调劲健和艺术感染力强的"风骨"。

风,就是内容的生命力,是一种内在的、能感染人的精神力量,有了风,内容才能鲜明而生动。当然,"风"始终比较虚化,它与作品的内容和情感有关,但并非指内容和情感自身。骨是指作品的表现力,也就是说内容应该表现得刚健有力,"骨"是一个比较实的概念,直接体现在语言的运用上;语言准确、简练、明晰,文章就能表现得有力。"风骨"这一概念很强调完整性,它们可以从不同的侧面去理解,但是不能分成两个概念来看。

建安七子

"建安七子"分别是孔融、王粲、阮瑀、陈琳、徐干、应场、刘桢。其诗作崇尚风骨,多悲凉慷慨之气,抒发救国安邦、忧国忧民之志。

"建安风骨"的产生,体现了魏文帝、魏明帝时期诗歌的美学特征,因此可以说它是时代的产物。当时天下大乱,社会长期动乱,世风衰败,民众怨恨颇多,作家都情志深远,笔力充沛,因此这个时代造就了一批优秀的诗人,他们的文章慷慨激昂而又富有气势。《文心雕龙·时序》说:"良由世积乱离,风衰俗怨,并志深而笔长,故梗概而多气也。"

这一时代的作家,继承了汉乐府民歌的现实主义传统,逐步摆脱了儒家思想的束缚,注重作品本身的抒情性,加上当时处于战乱动荡的年代,思想感情常常表现得更为慷慨激昂。

魏国统治者曹氏父子都爱好文学,招揽文士,他们周围聚集了众多作家。他们直接继承汉乐府民歌的现实主义传统,掀起一个诗歌高潮。"曹操古直悲凉,曹丕便娟婉约,曹植文采气骨兼备。"曹操的诗文,深沉大气、气势宏大;曹丕的诗文婉约秀丽;而曹植的文学成就最高,他功底深厚,辞藻华丽,善用比喻,他的《洛神赋》是千古名篇,以精练的语言及淳厚的感情,描绘出洛神的绝世之美及纯洁无瑕的形象。

除了曹氏父子,"建安七子"也是建安风骨的代表。"七子"以写五言诗为主。五言诗是一种新诗体,直到东汉后期才兴起。而七子的"五言诗"则是情致多变而富有文采、气韵飞扬而至臻美。

无论是"曹氏父子"还是"建安七子",都长期生活在河洛大地,这种骏爽刚健的风格是同河洛文化密切相关的。他们创作了一大批文学巨著,形成了文学作品内容充实、感情丰富的特点。普遍采用五言形式,以风骨遒劲而著称,并具有慷慨悲凉的阳刚之气,形成了文学史上"建安风骨"的独特风格,被后人尊为典范。

建安风骨是中国诗歌美学的典范之一。唐初陈子昂高举汉魏风骨的大旗,倡导诗歌革新,为唐诗的健康发展提供了有力保障。建安文学的辉煌成就,对后来文学艺术的发展产生了深远的影响。比如,南北朝刘勰和钟嵘反复推崇建安时期的文风,唐陈子昂盛赞"汉魏风骨",李白有"蓬莱文章建安骨"的诗句。

"诗仙""诗圣""诗佛""诗鬼"分别指哪几位诗人

在我国唐代,产生了一批诗歌巨匠,有众多诗坛大家被人们传扬称颂,其中成就显著的有李白、杜甫、王维、李贺等。后人根据他们各自的诗歌风格誉李白为"诗仙",杜甫为"诗圣",王维为"诗佛",李贺为"诗鬼"。这些称谓都是后世所起。

李白是我国唐代著名的诗人,字太白,号青莲居士,盛唐杰出的诗人,也是中国文学史上继屈原之后又一伟大的浪漫主义诗人,被后人誉为"诗仙"。他的诗存世有九百多首,代表作有《蜀道难》《将进酒》等,有《李太白集》传世。

李白经历坎坷,儒家、道家和游侠三种思想,在他身上都有体现。他的诗现存有九百多首,如《梁甫吟》《侠客行》《行路难》《古风》《梦游天姥吟留别》等。这些闻名至今的诗作,是盛唐时期社会的真实写照,表达了当时的精神生活面貌。他的诗具有大气磅礴的气势以及"笔落惊风雨,诗成泣鬼神"的艺术魅力,主观抒情色彩十分浓烈,感情的表达具有一种排山倒海、一泻千里的气势。比如,他入京求官时的著名诗句"仰天大笑出门去,我辈岂是蓬蒿人!"直到现今仍被广泛引用。想念长安时,"狂风吹我心,西挂咸阳树"。这样一些诗句都是极富感染力的。他还擅长运用极度的夸张、贴切的比喻和惊人的幻想,如"抽刀断水水更流,举杯消愁愁更愁""白发三千丈,缘愁似个长"等诗句。

李白的诗歌天马行空,浪漫奔放,包罗万象,才华横溢;诗句如行云流水,宛若天成。李白诗篇传诵千年,众多诗句已成经典。李白在诗歌上的艺术成就被认为是中国

太白醉酒图 清 改琦

浪漫主义诗歌的巅峰。李白的诗作在全唐诗中收录于卷161至卷180。

杜甫也是我们非常熟悉的唐代诗人，字子美，自号少陵野老，世称杜工部、杜拾遗，盛唐时期伟大的现实主义诗人，堪称世界知名，与李白并称"李杜"。杜甫生在"奉儒守官"并有文学传统的家庭中，是著名诗人杜审言之孙。他忧国忧民，人格高尚，诗艺精湛，是中国文学史上伟大的现实主义诗人，被后世尊称为"诗圣"。

杜甫的诗深刻地反映了唐朝由兴盛走向衰亡时期的社会面貌，他一生写下了一千多首诗，其中著名的有"三吏""三别"《兵车行》《茅屋为秋风所破歌》《丽人行》《春望》等。杜甫以古体、律诗见长，风格多样，"沉郁顿

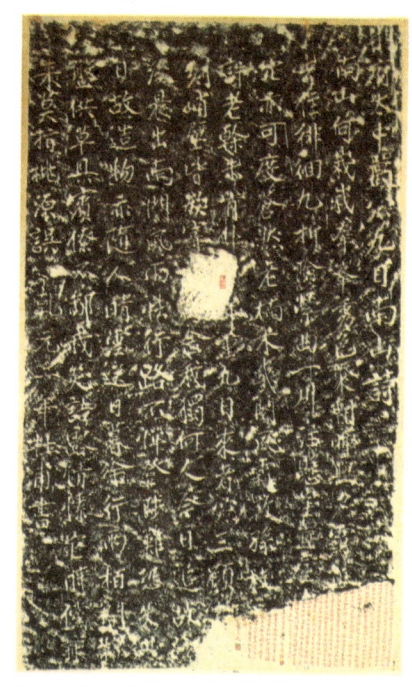

南山诗刻　唐　杜甫

挫"四字准确概括出他的作品风格，而以沉郁为主。诗歌的风格深沉而富有底蕴，感情、音节抑扬顿挫，跌宕起伏。杜甫的诗语言通俗易懂、平易写实，但功底极深。

杜甫生活在唐朝由盛转衰的历史时期，他的诗歌很多都描写动荡黑暗的社会以及民间疾苦，如"朱门酒肉臭，路有冻死骨"，表达了他对民间疾苦的关心，揭露了封建社会吃人的本质。杜甫的诗篇流传数量是唐诗里最多的，对后世影响深远。

王维，字摩诘，唐代杰出的诗人、画家，工书画。名和字均取自《维摩诘经》中的维摩诘居士，维摩诘是佛门弟子。王维多才多艺，工诗善画，兼通音乐，对于书法也有很深的造诣。苏轼评论他的诗画说："味摩诘之诗，诗中有画；观摩诘之画，画中有诗。"王维二十一岁中进士，得到张九龄提拔，官至监察御史。

王维早年是一个虔诚的佛教信徒，随着政治上遭受挫折，思想也日趋消极，他在中年以后日益消沉，晚年更是奉佛长斋，衣不文采，居蓝田别墅，与道友裴迪往来，"弹琴赋诗，傲啸终日"，正如他自己写的："一生几许伤心事，不向空门何处消。""晚年唯好静，万事不关心。"因而后期的不少诗作不理世事，消极思

想浓厚，有的甚至充满了佛空无寂灭的唯心哲理。王维的禅心可以从他的许多诗中得到印证，如"清浅白石滩，绿蒲向堪把，家住水东西，浣纱明月下"。在他生前，人们就认为他是"当代诗匠，又精禅上理"（苑咸《酬王维序》），死后更得到"诗佛"的称号。

北京大学教授钱志熙评论王维：在诗歌史中实居于"盛唐正宗"的地位，其创作个性不如李杜诸家之突出却兼有盛唐诸家之特点。王维的诗歌创作处于汉魏至盛唐诗歌史发展的主脉上，其基本的渊源一为"弥工建安体"，继承陈子昂以来复古诗学之实绩，并因此而上溯汉魏诗风。主要表现在对古诗散句体制、汉魏慷慨抒情、长于叙事等方面的学习。一为"盛得江左风"，即欣赏江左人物风流的士族文化趣味，并在此趣味上取舍六朝诗风。

李贺，字长吉，晚唐诗人，世称李长吉、鬼才、诗鬼、李昌谷、李奉礼，与李白、李商隐并称唐代"三李"。福昌（今河南宜阳）人。祖籍陇西，自称"陇西长吉"。家居福昌昌谷，后世因称他为李昌谷。李贺是唐宗室郑王李亮的后裔，但当时其家道已没落。由于擅长工乐府诗与先辈李益齐名。他的诗今存二百四十二首，多是讽刺黑暗政治和不良社会现象的。李贺的诗想象力极其丰富，敲文琢字。如"羲和敲日玻璃声""酒酣喝月使倒行""银浦流云学水声"等奇思妙想的奇语，比比皆是。他的诗想象丰富奇特，意境新颖诡异，富于浪漫主义色彩。李贺诗歌在唐朝诗坛上占有独特的位置。据统计，他的作品中出现"死"字二十多个，"老"字五十多个。尤其是写神仙鬼魅的作品，常常让人感到幽灵出没，阴森可怖。因此，后人称李贺为"诗鬼"。被称为"诗鬼"还有个原因是因为他生于790年，死于817年，一生体弱多病，二十七岁即逝世。

诗中亦有养生道

在我国历史上，一些文人墨客常把养生经验撰写于诗句之中，现代人从这些诗句中可以了解、欣赏到很多富有知识、科学、实用性和趣味性的诗词，如能识记一二，对养生会极有帮助。

古往今来，长生不老一直是人们的不懈追求。如秦始皇派五百童男童女东渡扶桑寻找长生不老灵丹妙药，《红楼梦》中的贾敬也是由于误食自制重金属仙丹一命呜呼，如此例子数不胜数。唐代著名诗人白居易享年七十四岁，这在古代已经属于高寿的年龄。在他的诗篇中，就有不少描写养生之道的。白居易《海漫漫》诗中道:"不言药,不言仙,不言白日升青天。"他认为,真正的灵丹妙药在我们自己手里。许多大作家、大诗人都很长寿,如李白、杜甫、白居易、苏轼、陆游。曹操在《龟虽寿》中写道:"盈缩之期,不但在天;养怡之福,可得永年。"确实,学习古诗词既能修身养性,也能从中体会古人的养生之道,可谓一举多得。

白居易《长恨歌》诗意图

白居易认为,人体的运动对养生十分有利,所以他很喜欢步行游览名胜。《玉泉》诗中写道:"湛湛玉泉色,悠悠浮云身。闲心对定水,清静两无尘。手把青筇杖,头戴白纶巾。兴尽下山去,知我是何人。"这首诗描写了白居易游览杭州西湖玉泉时的情景,诗中可见他在大自然中愉悦的心情,显然已经达到了忘我的境界。北京大学中文系古代文学教授杜晓勤评价白居易的养生之道时曾说:白居易乐天如命,始终保持心情的开朗、豁达。他有一个著名的观点:"心是自医生。"其次,白居易十分注重饭食之素与补。他的早餐很简单,不外是"一杯云母粥",或"烹葵炮嫩笋"。然而,在积极的练功方面,白居易更是深知其中三昧的。坚持散步,是白居易多年的习惯。不但运动对人体十分有益,白居易认为静也可养生。他在《消暑》诗中曰:"何以消烦暑,端居一院中。眼前无长物,窗下有清风。散热由心静,凉生为室空。此时身自得,难更与人同。"这首诗很好地阐释了一个观点:心静自然凉。白居易在晚年还经常练气功养生。他在一首《练功》诗中说:"负暄闭目坐,和气生肌扶。初似饮醇醪,又如蛰苦旁。外融为骸畅,中适一念除。旷至忘所存,心与虚俱无。"诗中描述了白居易练功时的情景。练功养生,诗人身心舒畅,达到了忘我的境界。

除了白居易的诗中,时常有养生之道,精通诗文的苏轼,也对医学颇有研究。苏轼一生曾仕途坎坷,却拥有六十五岁的高龄,主要与他乐观的性格和他对医学的研究有关。总结苏轼诗文,其对食疗、养生、养性的概括为以下几点:"固脾节饮水,游乐多行走;盘腿擦涌泉,闲坐观菖蒲;地黄芪门煎,酌饮蛤蜊酒;常饮茯苓面,常餐杞菊肴。"苏轼还经常向长寿老人学习,秉信民间"脾胃全固,百疾不生"的思想。他认为,喝过多的水会冲淡胃液,少喝水可以增强脾胃功能，所谓"气盛而液行"。据说，有位江南的老人，已经七十三岁了，但看着却像是四五十岁的人。苏轼向老人问永葆青春之道，老人说："无异术，平素不饮汤水，常人日饮数升，吾日减其数。"

苏轼与白居易相同，同样认为生命在于运动，也特别喜欢出外游览观光，几乎走遍了祖国的名山大川。除了身体方面的养生，苏轼还十分注重精神的保养，他认为闲暇无事的时候，观赏"碧玉碗盛红玛瑙，青盆水养石菖蒲"，这些令人悦目怡人的景象，是人生的一大乐趣。

东晋著名诗人、不为五斗米折腰的陶渊明在《归园田居》一诗中写道："结庐在人境，而无车马喧。问君何能尔？心远地自偏。采菊东篱下，悠然见南山。山气日夕佳，飞鸟相与还。此中有真意，欲辨已忘言。"陶渊明所描写的这历历在目的场景，就连读上一读都倍感心情舒畅，意境悠然溢出，妙不可言。为什么呢？因为作者从诗文的字里行间表现出自己的一种心态，那就是让自己心态平和，与自然建立一种和谐、稳定的关系，心态好，那么心理疾病就会远离。从中医理论来说，总是处于一种不稳定状态的心绪，会让人气结暗生，如此就有可能百病而起。这是最主要的养生方法。

古人关于陶冶性情的养生诗还有很多，这些古时候的精彩诗句在今天看来仍然颇有韵味，令世人赞叹不已。这些诗句不仅怡情养性，对于养生也颇有借鉴作用。古人的养生之道或游山玩水，愉悦畅快，或隐居田园，淡泊名利。虽然我们现代人无法归隐山林，并且遭受更大的压力，但是经常品读这些诗句，仍然可以从中获得几分闲淡与畅爽。

如何解析项羽《垓下歌》

据《史记》记载，前202年，失势的项羽被围"垓下"，当夜半闻听"四面楚歌"之时，项王"夜起饮帐中。有美人名虞，常幸之；骏马名骓，常骑之。于是项王乃悲歌慷慨自为诗曰：'力拔山兮气盖世，时不利兮骓不逝。骓不逝兮可奈何？虞兮虞兮奈若何？'歌数阕，美人和之。项王泣数行下。左右皆泣，莫能仰视"。《垓下歌》抒发了项羽在汉军的重重包围之际那种怨愤和无可奈何的心情。

这是楚霸王项羽在决战之前所作的绝命词。在这首诗中，洋溢着楚霸王项羽无与伦比的豪气，以及他对虞姬的满腔深情；虽然这首诗霸气十足，但世人看

鸿门宴 壁画

了皆会为诗中所描写的人的渺小而沉重叹息。面对死亡，坦然而歌者，真正豪迈也。英雄无奈，纵使失利，亦是豪气，此等气魄，何人能及！全诗仅短短的四句，却表现出丰沛的感情内容，真可说是个奇迹。

项羽是将门之子，少年气盛，史书上记载：长八尺余，才气过人，力能扛鼎。寥寥几笔，人物活灵活现；高伟奇貌，山一样站在你面前。"一身轻战三千里，一剑曾当百万师"，所以，从这样一个豪气无限的楚霸王嘴里吼出一句"力拔山兮气盖世"的盖世之歌就不足为奇了。

项羽自小便立有大志，他认为读书识字就是为了记得名字罢了，不需要学会做什么大文章的大学问。而在学剑术的时候，他又与众不同地认为，自己一个人学好了剑术，无非就是做好一对一的对敌，这个他不想学，要学就学以一敌万的学问。于是，他最后学了兵法，最终被别人赏识。后来，项羽八岁的时候起兵，之后经历了七十多场战役，基本都是所向披靡，无往而不胜，竟然是传奇一般没有打过败仗。之后，他更是成了诸路起义首领中的佼佼者。巨鹿一战，项羽破釜沉舟，与几倍于己的秦军浴血奋战，奇迹般地灭了秦军主力，被各路诸侯推举为"上将军"。此后，项羽所向披靡，直至进军咸阳，自封为西楚霸王。

在我们认识了这样一个人物生平和经历后，我们再来看楚霸王的绝命诗，会觉得这个人物充满了无限的悲壮。这首诗，我们不能称之为"凄凉"，这个词的意境不足以涵盖其中的时代矛盾和人物特点。我们说"悲壮"，不只是诗歌，而是指这个人。

诗歌的第一句，"力拔山兮气盖世"，就使我们看到了一个举世无双的英雄形象，概括了自己叱咤风云的业绩。他胸怀大志，面对不可一世的秦始皇，敢于喊出"彼可取而代之"的豪言壮语。但从这一句诗中也可以看出，项羽夸大了个人的力量，这是他失败的一

霸王别姬 年画

个重要原因。"时不利兮骓不逝",天时不利,连乌骓马也不肯前进了。项羽虽然与汉军大战七十,小战半百,打了不少胜仗,但有些逞匹夫之勇,用人不善,且天时地利不和,他的失败因此看来是命中注定。在我国古代,"气"既源于人的天赋异禀,又取决于后天的培养;人内在的品德、能力、外在的风度等表现,均取决于"气"。项羽自诩的"气盖世",意思是说他力气巨大,盖过了任何一个世人。"力拔山"三字是一种感性直观的感受,项羽通过这句诗,把自己叱咤风云的气概生动地显现了出来。

《垓下歌》第二、三句,所表达的内容突然变得力不从心。意思是说,由于天时不利,他所骑的那匹名马也走不动了,这使他感觉陷入了失败的绝境而只好不断地叹息"奈何奈何"。为什么项羽如此在意自己的这匹马,甚至写进诗句中?这是因为,项羽之所以能够建立伟大西楚,主要依靠的是他的这匹名马;有了它的配合,项羽所向披靡。项羽异常勇猛,单枪匹马打天下,因此他最主要的战友就是这匹马。这也就意味着在项羽的心里,没有一个人能够匹配得上他的主要战友——这匹马,这也表示了项羽的自傲,可谓天地间唯我独尊!不过,项羽虽然英勇无敌,举世无双但是天时不利,只能走向灭亡。项羽意识到在天机面前,是非成败微不足道;即使是人世间最了不起的英雄,也不能胜天。

第三、四句"骓不逝兮可奈何?虞兮虞兮奈若何?"是项羽身临绝境时发自内心的悲叹。项羽败兵被刘邦大军追及,撤至垓下,深陷重围,此时的他众叛亲离,帐内只剩下他心爱的虞美人。他夜不能寐,与虞姬默然相对,借酒浇愁。谁知忽然从四面八方传来阵阵楚歌,项羽大惊失措,惊呼:"汉皆得楚乎?是何楚人之多?"由此,项羽明白自己到了穷途末日,陷入深深的绝望与痛苦。适日兵败,王位、天下暂且不说,连自己心爱的女人和战马都保不住。项羽眼下最关心的就是虞姬和马的命运,怎能丢下而去?虞姬也很悲伤,眼含热泪,随后舞起宝剑,边舞边歌,唱道:"汉兵已略地,四方楚歌声。大王意气尽,贱妾何聊生?"唱完歌便自刎身亡,何其悲壮!

项羽知道自己的灭亡已经无可避免,他的事业就要烟消云散,但他没有留恋,没有悔恨,甚至也没有叹息。他所唯一忧虑的,是他所挚爱的、经常陪伴他

虞姬舞剑图

东征西讨的美人——虞姬的前途；如果项羽死了，独留虞姬在世，虞姬的命运将会十分悲惨。因此他无限哀伤地唱出了这首歌的最后一句："虞兮虞兮奈若何？"译成白话，就是虞姬啊，虞姬啊，我把你怎么办呢？这简短的语句里包含着何等深沉的、刻骨铭心的爱！

读完《垓下歌》这段历史故事，使人感叹惋惜。英雄与否，无论他曾经怎样的不可一世，煊赫一时，如果没有顺应天时地利人和，在事态发展到不可收拾之时，也将不可避免地走上失败的道路。

《春江花月夜》是音乐还是诗

《春江花月夜》诗是中国唐代诗人张若虚的一首名诗，描绘春天夜晚江畔的景色。诗歌沿用陈隋乐府旧题抒写真挚感人的离别情绪和富有哲理意味的人生感慨，语言清新优美，韵律婉转悠扬，完全洗去了宫体诗的浓脂艳粉，给人以澄澈空明、清丽自然的感觉，清末王闿运评价称："张若虚《春江花月夜》用《西洲》格调，孤篇横绝，竟为大家；李贺、商隐，挹其鲜润；宋词、元诗，尽其支流。"足见其非同凡响的崇高地位和悠悠不尽之深远影响。该诗中的"春江潮水连海平，海上明月共潮生""江天一色无纤尘，皎皎空中孤月轮""此时相望不相闻，愿逐月华流照君"等皆是描摹细腻、情景交融的极佳之句。闻一多称之为："诗中的诗，顶峰上的顶峰。"一生仅留下两首诗的张若虚，也因这一首诗，被喻为"孤篇横绝全唐"。

《春江花月夜》曲又名《夕阳箫鼓》《浔阳琵琶》《浔阳夜月》。它主要描绘的是月夜春江的迷人景色，赞颂了江南水乡的优美风姿。

它原是一首著名的琵琶传统大套文曲，明

春江花月夜图

清时广为流传。乐谱最早见于鞠士林（1820年前）的手抄本，1895年李芳园在编集《南北派十三套大曲琵琶新谱》时收入此曲，曲名《浔阳琵琶》。后人将此曲改为丝竹合奏，并根据《琵琶行》中的"春江花朝秋月夜"改名为《春江花月夜》。改编后的乐曲用二胡、琵琶、古筝、洞箫、钟、鼓等乐器演奏。全曲中没有一件乐器是从头演奏到底，但又一气呵成，毫无断线之感。全曲分为十段，按照中国古典标题音乐的传统，每段都有一个小标题。它们是江楼钟鼓、月上东山、风回曲水、花影层叠、水深云际、渔歌唱晚、回澜拍岸、桡鸣远漱、欸乃归舟和尾声。《春江花月夜》旋律古朴、典雅，节奏平稳、舒展，意境深远，具有很强的艺术感染力。

所以历史上既有诗歌《春江花月夜》，也有音乐《春江花月夜》。

如何品读《红楼梦》中的《好了歌》

世人都晓神仙好，唯有功名忘不了！古今将相在何方？荒冢一堆草没了！
世人都晓神仙好，只有金银忘不了！终朝只恨聚无多，及到多时眼闭了。
世人都晓神仙好，只有娇妻忘不了！君生日日说恩情，君死又随人去了。
世人都晓神仙好，只有儿孙忘不了！痴心父母古来多，孝顺儿孙谁见了？

这首诗出现在《红楼梦》第一回中。《红楼梦》是中国古典长篇小说中优秀的作品，是世界文学宝库中的珍品，也是我们伟大的中华民族的骄傲。

曹雪芹画像

这首《好了歌》出现在第一回中。甄士隐一家受到女儿丢失的打击后，夫妻俩就只好搬到乡下田庄里生活。然而又赶上祸不单行，家宅被烧，只好变卖了田产，投奔到岳父家。甄士隐的岳父是个卑鄙贪婪的小人，每天对甄士隐冷嘲热风。甄士隐"急忿怨痛""贫病交攻"，身体越发一天不如一天。一天，他拄着拐杖走到街上在街角休息，突然见一个"疯癫落脱、麻屣鹑衣"的跛足道人走过来，叨念出这首《好了歌》。跛足道人唱了《好了歌》是要启发甄士隐"觉悟"；

而甄士隐是聪明的读书人，而且有了家破人亡的经历，一听就懂了，接着就为《好了歌》做了这篇解注，进一步引申发挥了《好了歌》的思想。这首歌处处做鲜明、形象的对比，忽阴忽晴，骤热骤冷，时笑时骂，有歌有哭，加上通俗流畅，迭宕有致，就使它具有强烈的感染力。它对于当时封建社会名利场中的人物，无异于一盆透顶醒心的冷水；对于今天的人们认识封建社会的腐败黑暗，也有意义。

《红楼梦》书影

《好了歌注》中所描述的种种事件现象，后人分析是根据《红楼梦》小说的具体人物情节编纂的。歌的开头，就揭示了以贾府为代表的四大家族逐渐走向衰败的结局；例如一边送丧，一边寻欢之类的丑事，书中多有描述。又有对大观园十二钗的概括描写；倘说白首孀居，便是自然规律，则有指薛宝钗、史湘云的可能。另外，小说仅写到八十回，以后的回目没有完成，作者便去世了，所以也难分析出究竟是对谁下的断语，但窥见其中线索还是可见一二。沦为乞丐的是"甄玉（甄宝玉）、贾玉（贾宝玉）一干人"。甄宝玉的命运与贾宝玉的命运相似，可见"真假"宝玉是密切相关的。"蓬窗"换作"绿纱"的，指的是"贾雨村一干新荣暴发之家"，戴枷锁的则是"贾赦、贾政一干人"。但是，北京大学沈天佑教授评论，有人把《好了歌》和《好了歌注》每一句都落实到小说中每个人身上，是困难的。我看也没有必要，那样反而缩小了小说的文学价值。《红楼梦》许多语句内涵十分丰富，有相当大的普遍性，它或者反映了自然规律，或者概括了社会发展的某一方面。

这首《好了歌》是宣扬一种"无为"状态，展现了以此来逃避现实的无为之道。其内容讲述的是，人们活在世上，所争的功名、所取得的金钱、贪恋的妻妾、惦记的儿孙，到头来，都是荒无一物。这首歌就是用通俗浅显的民间语言来说明这一切都是空像。跛足道人说"好便是了，了便是好"，这是说明只有和这个世界斩断一切联系，也就是说只有彻底"了结"，才能够达到彻底的"好"。所以他这首歌就叫《好了歌》。

后来甄士隐对《好了歌》的解释说得更具体、更形象、更现实。富贵的突然贫贱了，贫贱的又突然富贵了；年轻的突然衰老了，活着的又突然死掉了——人

大观园图

世无常,一切都是虚幻。想教儿子光宗耀祖,可他偏偏去当强盗;想使女儿当个贵妇,可她偏偏沦为娼妓;想在官阶上越爬越高,可是偏偏成了囚徒——命运难以捉摸,谁也逃脱不了它的摆布。

从《好了歌》的词句中便可看出,作者曹雪芹写作功力颇高,本身也出身名门贵族,描写大观园多种复杂的生活现象游刃有余,是任何人难以超越的。然而曹雪芹在描写跛足疯道人褴褛如同乞丐,他所唱的歌,自然不能是文绉绉的语言,与其身份不符。只能是最通俗易懂、最浅显,任何平民百姓、老幼妇孺都能一听就懂的话,歌又要以人世间普遍存在的种种现实为对象,而其中又包含了非常深刻的人生宗教哲理。这样矛盾复杂的好了歌,是非常难写的。从歌词中表达的现实社会,作者让后世读者看到了当时社会的残酷、讹诈及互相倾轧,但作者也找不到解决这些矛盾的出路,于是将这首《好了歌》以消极的虚无主义态度进行描写,宣扬"众生皆苦",以及"好了"的结局。

《好了歌》的消极色彩是十分明显的,但是,它的实际作用是对社会进行的一种现实的批判,尽管是一种消极的批判,也有它的价值。曹雪芹出身于上层的封建世家,亲眼见证了这个阶级的腐朽、堕落,进行了半生深沉的思索,激起他强烈的愤慨,《好了歌》便是痛骂的歌、诅咒的歌。作者世界观中尽管有虚无消极的一面,但同无爱无憎的和尚道士不同;如果没有深厚的生活激情,无法写出这样一部博大精深的《红楼梦》。

集 部

第十八章

词学
——词中韵律美的要义

唐宋词分期是词学研究中一个十分重要却又众说纷纭的基础性课题，在这方面，曾任北京大学校长的国学大师胡适先生首创的"三段论"为20世纪最早也最有影响的观点之一。他在《词选·序》中，把词从晚唐至元初的演变分为"歌者的词""诗人的词""词匠的词"三个阶段。歌者、诗人、词匠分别点明了词在演变过程中的总体属性。从晚唐附和声韵成"歌"，到宋的融合感情和技法成"诗"，再到最后元的建立体系成"匠"。

在词的演变里面，不得不说蕴含了太多的社会因素和时代背景。在一本《大宋文臣的非正常生活》中提到："在唐、宋、明三个朝代中，宋代文人是对天地自然与人的心灵最有感应的一群人，唐代文人的生活环境受太多的马蹄和尘土的影响，不够舒适，对心灵的感受不如宋人细致，因为来不及；明代有太多的禁忌，又要背诵太多前人的优秀篇章，影响到他们的自信。再者我认为，看一个社会文明程度高不高，一个指标就是要看其中文化人活得悠闲自在与否。"所以，这种历史变化，也就决定了词本身的时代内涵和背景倾向。

词的主要题材

词，作为一种新兴的文学题材，源于唐朝，兴于五代，在两宋时期得以繁荣发展，并流传至今。到两宋时期，由于城市的发展，市民阶级的兴起，人们物质生活水平有了一定的提高，自然就对文化水平有了一个更高层次的要求。那时，教坊比较多，于是词这种文学题材广为流传。词又名长短句，如辛弃疾的词集就被称为《稼轩长短句》。和诗歌一样词也有很多种题材。词的题材以祝颂、写景、艳情、羁旅、闺怨最为常见。

在整个宋词当中以祝颂类型和咏物类型的题材最为常见。

"乐禁初开,平地耸,海山清绝。千里内,欢声和气,可融霜雪。盛事终将椽笔记,新歌翻入梨园拍。道古来,南国做元宵,今宵别。灯万碗,花千结。星斗上,天浮月。向玉绳低处,笙箫高发。人物尽夸长乐郡,儿童争庆烧灯节。疑此身,清梦到华胥,朝金阙。"这就是典型的以祝颂元宵为题材的宋词。这类祝颂词更多是在表现一种当时当地特定的场景和氛围,以及作者所被感染的情绪。而这样的词往往蕴含了很多当时的文化背景、民间风俗等,历史情俗的意义比较明显。

而咏物词就更常见了,咏物一般都以寄情为主要目的,被咏之物本身和所要表达的情感之间有一定的联系和象征意义。从手法上来说,咏物词主要有由物及情,也有物情相合等技巧。前者是先把具象表现出来,引带出读者的共鸣,然后再将作者自身的感情释放出来。后者则是虽然通篇咏物,但也是通篇咏情。当然,作者所要表达的可能只是某种单纯的情绪,也有可能是融入了自己生平的感念。比如,咏梅花,多数都是表示其高洁之姿,最后梅花本身和作者的品格就相融合了。

另外,由于两宋时期的整个环境动荡不安,政局不稳。涌现了大批的词人。这个时期的词大都以军旅题材为主,突出了词人的爱宋情操。尤其以辛弃疾、陆游为代表。比如辛弃疾的《破阵子》:醉里挑灯看剑,梦回吹角连营。八百里分麾下炙,五十弦翻塞外声。沙场秋点兵。马作的卢飞快,弓如霹雳弦惊。了却君王天下事,赢得生前身后名。可怜白发生!

陆游的《诉衷情》:当年万里觅封侯,匹马戍梁州。关河梦断何处?尘暗旧貂裘。胡未灭,鬓先秋,泪空流。此生谁料,心在天山,身老沧洲。从这些词的题材以及内容都能看出,词人通过对军旅生活的描写重在表达自身的爱宋热

"无可奈何花落去,似曾相识燕归来"词意图　明　尤求

《少年游·并刀如水》词意图

情！显然，这是由整个的时代背景所造成的。

还有一种比较常见的题材就是艳情题材。我们知道，词一开始是用来供教坊歌女弹唱的歌曲。所以，大部分的词作还是比较香艳的。这点在五代时期得到了充分的体现。其中，尤以南唐后主李煜前期的作品为代表。虽然后主李煜的词作流传下来的不是很多，仅有三十多首，但其中也不乏一些名作。比如其《浣溪沙》中的"红锦地衣随步皱，佳人舞点金钗溜，酒恶时拈花蕊嗅，别殿遥闻箫鼓奏"。还有《菩萨蛮》中的"画堂南畔见，一向偎人颤，奴为出来难，教君恣意怜"。不过后来由于南唐的灭亡，后主李煜的词风一改之前的艳情题材，而是以忧思亡国这类题材为主。这也是因为面对亡国的伤痛，词人也只能靠词作来发泄心中的悲痛。

在宋词题材当中，怀古这一类也是很常见的一种。比如苏轼《念奴娇·赤壁怀古》中的"遥想公瑾当年，小乔初嫁了，雄姿英发。羽扇纶巾，谈笑间、樯橹灰飞烟灭"。还有辛弃疾《永遇乐·京口北固亭怀古》："想当年，金戈铁马，气吞万里如虎。元嘉草草，封狼居胥，赢得仓皇北顾。四十三年，望中犹记，烽火扬州路。可堪回首，佛狸祠下，一片神鸦社鼓。凭谁问，廉颇老矣，尚能饭否？"这类怀古题材的词作主要是通过对古往之事的感慨借而抒发内心的情怀。词人以历史事件、历史人物、历史陈迹为题材，借登高望远、咏叹史实、怀念古迹来达到感慨兴衰、寄托哀思、托古讽今等目的。这类词由于多写古人往事，且多用典故，手法委婉。

"词"和"诗"有何关系

作为我国古代文学的两大重要题材"词"和"诗"来说，两者之间有着很大的关系。

诗词可谓源同流分，各臻其妙。如果说唐诗是豪情，那么宋词就是柔肠，是

乐府钟　秦
乐府是秦汉时期专管音乐的官署名称。汉时将乐府收集的诗称"歌诗",魏晋南北朝时将其称为"乐府"或"乐府诗"。故乐府诗,主要是指两汉至南北朝,当时乐府采集的歌诗。图上铜钟出土于陕西省西安市临潼区秦始皇陵,上面铸有"乐府"二字,表明早在秦代,乐府这个机构已经出现。

艺术性的俚语(民间俗语或地方方言)表现。

诗这种文学体裁是通过有节奏和韵律的语言来表现现实生活,并且阐发自身情感的。而词又是由诗演化而来。所以,词又被称为"诗余"。

从历史的进程来看,词之所以会出现,是因为人们对一种更肆意表述情感的文学体裁的需求。"诗"这种题材在先秦时期就已经出现了,比如我们熟知的《诗经》,而到了魏晋南北朝时期,逐渐流行起了乐府,那个时候普遍还是绝句式,还算是古体诗歌。而到了隋唐的时候,古体诗有所发展,词就慢慢地演化出来了。这是因为,在当时那种社会环境相对稳定、经济环境繁荣的情况下,人们有更多的时间和精力放在上层建筑的开拓和革新上。人们在这种大气恢宏的环境之下,想要表述的情感是十分丰富的,而这个情况下模式性比较强的诗,对情绪的抒发就形成了一种束缚,人们急需一种文学体裁来满足他们内心对于表达感情的一种需求。相对于诗歌的严格规定,词的形式显得更加的灵活多变。它对字数的要求可控范围更广,对韵律的要求更具有可调整性。所以在文化繁荣的时期,人民也愈来愈偏爱"词"这种文学题材。

词本身的用韵、平仄、字数、句数与近体诗一样,都有严格的规定,并且词是配合音乐的文学,因而词有词调,词牌就是词调的名称,词人作词,要以词牌来写,所以又叫填词。

虽然诗词同源,但是其区别还是很明显的。除了格律、句式、句法上面的区别,最主要的就是从起源开始,从而发展出来的意境、风格、内容、修辞手法等的不同。其一,诗显得更为刚直,词显得比较和婉;其二,表达的手法有别,诗手法率直,词九肠回曲;其三,情意的表露程度有别,诗显性比较明显,词隐性比较明显;其四,来由和归属有别,诗如男,阳刚,词似女,怀柔。总归一句话,诗是诗,词是词,专就意境方面来说,疆界也是很分明的。王国维曾言:"词,能言诗之所不能言。"因为与律诗比,词更委婉、阴柔、通俗,更口语化。诗,有韵有辙即可;词,规定格式,规定字数,不可更改。诗词之别,既表现在音律方面，又表现在意境方面。所以，词要更婉约、细腻。因为它是偏重于个人情感的编织。

当然，这也不一定就是百分百的符合，只能算是一种大致的方向。就以词为例，虽然有清新雅丽的婉约词，但是，也有豪气四溢的豪放派，不能以一定论。

也就是说，诗比较严谨一些，而词可能就显得随性一些。诗的出现也比词的出现要早很多。但是，在一定程度上来说，"诗"和"词"还是有着千丝万缕的联系的。词是在诗的基础上演化而来的。在后期，词和诗是可以共存的。我们常说"诗词歌赋"，这也就表明诗词是相辅相成、并驾齐驱的。不管是诗还是词，都是中华文化史上不可磨灭的耀眼光芒。

"千古词帝"李后主有何妙词

李煜是南唐的末代君主，祖籍徐州。他原名从嘉，字重光，号钟山隐士、钟峰隐者、白莲居士、莲峰居士等。开宝八年（975年），南唐国破投降于宋，皇帝李煜被俘至汴京，被封为右千牛卫上将军、违命侯。后来被宋太宗毒死。

李煜虽不通政治，但其艺术才华却非凡。精书法，善绘画，通音律，诗和文均有一定造诣，尤以词的成就最高。政治上毫无建树的李煜在南唐灭亡后被北宋俘虏，但是却成了中国历史上首屈一指的词

李煜像

人，为世人留下了千古杰作，如《虞美人》《浪淘沙》《乌夜啼》等词，被誉为"千古词帝"。

李煜的词，从内容上可分为两类：第一类为降宋之前所写，是描写富丽堂皇的宫廷生活和风花雪月的男女情事，如《菩萨蛮》《相见欢》。第二类为降宋后，李煜以亡国的悲痛，以自身感情而作，此时期的作品成就远远超过前期，可谓"神品"。千古杰作《虞美人》《浪淘沙》《相见欢》《望江南》《子夜歌》《破阵子》等，皆成于此时。这一时期的词作大多哀婉凄凉，主要抒发了自己凭栏远望、梦里重归的情感，表达了对往事的无限眷恋。

李煜作为五代十国时期的南唐后主，其亡国以后的词作相当沉痛、深切和凄恻动人，就艺术技巧来说，大部分词作已经达到了词的最高境界，特别是小令。如这首《相见欢》：

无言独上西楼，月如钩。寂寞梧桐深院锁清秋。

剪不断，理还乱，是离愁。别是一般滋味在心头。

此词上片写景，缺月、梧桐、深院、清秋，这一切无不渲染出一种凄凉的境界，反映出词人内心的孤寂之情，同时也为下片的抒情做好铺垫。作为一个亡国之君、一个苟延残喘的囚徒，他在下片中用极其婉转而又无奈的笔调，表达了心中复杂而又不可言喻的愁苦与悲伤。

下片抒情，具体写离愁，是词的旨意所在，也是这首词写得最深刻的地方。"剪不断，理还乱，是离愁"，像波涛汹涌，把全篇推向高潮。此言"剪不断，理还乱"，则离愁之纷繁可知。所谓"别是一般滋味"，是无人尝过之滋味，唯有自家领略。后主以南朝天子，而为北地幽囚；其所受之痛苦，所尝之滋味，自与常人不同，心头所交集者，不知是悔是恨，欲说则无从说起，且亦无人可说，故云"别是一般滋味"。全词情景交融，感人至深。

又如《虞美人》：

春花秋月何时了，往事知多少。小楼昨夜又东风，故国不堪回首月明中。

雕栏玉砌应犹在，只是朱颜改。问君能有几多愁，恰似一江春水向东流。

这是李煜最后一首感怀故国的名作，词人以形象的比喻、诘问的口吻、悲愤的情怀、激荡的格调，放笔悲号，写尽亡国君主的哀愁。上阕曲调高亢悲慨，唯有经历过大灾难，练就大手笔，才能究诘人生，写有如此深度和力度的词作，大有负荷全人类之悲哀的气概。

下阕则用了曲笔，"朱颜"暗描江山易改，"改"字点出全词题旨：是悲恨的根源。最后，词人把难以说明的去国之思、失国之悲、亡国之恨全部纳入一个"愁"字中。"问君能有几多愁，恰似一江春水向东流。"真乃千古绝唱。正如王国维说："尼采谓一切文学余爱以血书者。后主之词，真可谓以血书者也。"

李煜的词，继承了晚唐以来温庭

南唐文会图　北宋　佚名
这幅图描绘了南唐后主李煜和三位文士在庭院聚会的情形。

筠、韦庄等花间词人的传统，又受了李璟、冯延巳等的影响，将词的创作向前推进了一大步。其主要成就表现在：

1. 具有较高的概括性

李煜的词，往往通过具体可感的个性形象来反映现实生活中具有一般意义的某种境界。"小楼昨夜又东风，故国不堪回首月明中"（《虞美人》）"流水落花春去也，天上人间"（《浪淘沙》）"自是人生长恨水长东"（《相见欢》）"离恨恰如春草，更行更远还生"（《清平乐》）等名句，深刻而生动地写出了人生悲欢离合之情，引起后世许多读者的共鸣。当然，还有"刬袜步香阶，手提金缕鞋"（《菩萨蛮》）这样的艳情诗，也是十分著名的。

2. 扩大了词的表现领域

在李煜之前，词以艳情为主，内容浅薄，即使寄寓一点怀抱，也大都用比兴手法，隐而不露。而李煜词摆脱了《花间集》的浮靡，他的词不假雕饰，语言明快，形象生动，性格鲜明，用情真挚。亡国后词作更是题材广阔，含意深沉。多数作品直抒胸臆，倾吐身世家国之感，情真语挚。所以王国维说："词至李后主而眼界始大，感慨遂深，遂变伶工之词而为士大夫之词。"（《人间词话》）

3. 风格的独创性

《花间集》和南唐词，一般以委婉密丽见长，而李煜则出之以疏宕。正如纳兰性德所说："花间之词，如古玉器，贵重而不适用，宋词适用而少质重，李后主兼有其美，饶烟水迷离之致。"

4. 较强的表现力

语言自然、精练而又富有表现力是李煜词的又一显著成就。他的词不镂金错彩，而文采动人；不隐约其词，却又情味隽永；形成既清新流丽又婉曲深致的艺术特色。如《玉楼春》的"豪宕"，《乌夜啼》的"濡染大笔"，《浪淘沙》的"雄奇幽怨，乃兼二雄"（俱见谭献《复堂词话》），《虞美人》的"自然奔放"，"如生马驹不受控捉"（周济《介存斋论词杂著》），兼有刚柔之美，的确不同于一般婉约之作，在晚唐五代词中独树一帜。

李煜从一代帝王到阶下之囚，由风花雪月的富贵生活，沦为家仇国恨满怀的阶下囚，不仅是物质生活上的变化，更重要的是内心的极大受挫。也正是这样的经历，造就了李煜在词坛的成就与地位：把伶工之词变为士大夫之词，把词中的风花雪月转换为家愁国恨，没有亡国之恨，也就不会有词内容的转换，也就不会有千古词帝——李煜。

柳永词的魅力何在

柳永是北宋著名的词人，也是宋词"婉约派"的创始人物。汉族人，崇安（今福建武夷山）人，原名三变，字景庄，后改名永，字耆卿，排行第七，又称柳七。他自称"奉旨填词柳三变"，以毕生精力作词，并以"白衣卿相"自诩。其词多描绘城市风光和歌伎生活，尤长于抒写羁旅行役之情，创作慢词独多。铺叙刻画，情景交融，语言通俗，音律谐婉，在当时流传极其广泛，人称"凡有井水饮处，皆能歌柳词"，对宋词的发展有着重大影响。

柳永的词特别的和谐娟美，他自身对民调十分有心得，所以他在章法、层次、结构、字词上就特别的用心，有自己的风格特色。他继承了民间流行的俗曲慢词，突破了晚唐五代及北宋初年文人雅士只填小令不写慢词的风气，这是在形式上对词的一大开拓。这些形式上的特色，对北宋后期长调的写作，特别是对周邦彦《清真词》中的铺叙及音律影响很大。

从当时的时代背景来看，城市经济高涨和市民阶层的兴起，市民生活逐渐爆发出惊人的生命力，一些勾栏瓦肆的文艺逐渐繁荣兴旺起来。经济发达的生活中，人民和社会本身激发的那种艺术性就特别强烈，新的气象就自然就有了新的艺术参照。柳永第一次比较全面地写了当时许多大都市的繁华景象，第一次比较完整地描绘了生活在繁荣都市的市民的生活与心态，从而赢得了他们的热爱与推崇，形成了自己全新的艺术个性和审美观念。

柳永可以说是一个文学的革命者，他开拓了一种新的题材，就是对于繁荣的都市生活的描绘，当然，这和当时的时代背景是分不开的。这一类的题材在很多阶级之间都有了很大的接受度。同时又由于柳永一生仕途不顺，他一方面磨砺锋刃，一求再试；一方面开始了封建时代知识分子在所难免的干谒与漫游。据相关文献记载，柳永足迹踏遍了很多地方，有睦州、泗州、华阴、开封、长安、建宁、会稽、杭州、扬州、苏州、金陵、鄂州等，几乎涵盖了当时的大半个中国。也正是因为有这种"读万卷书，行万里路"的经历，他的作品才充满了现实主义和自我情感的结合，而他那些描写大都市繁华景象的篇章，则生出了无穷的生命力。

柳永的一生还有一个特点，就是他对于底层人民、女性都持比较尊重的态度。柳永的秦楼楚馆之作，所以深刻动人，就在于他是用自己的心在写作。这里边不仅有他的真性情，而且熔铸了他悲苦的身世之感。《斗百花》一词写道："无限幽恨，寄情空掷执扇。应是帝王，当初怪妾辞辇。陡顿今来，宫中第一妖娆，却道昭阳飞燕。"平庸之辈一个个都平步青云了，胸怀长策的他仍然不获一展，是不是皇上对自己抱有固而不化的成见呢？他悲叹自己的遭遇，同时也把自己对人生的理解，融入了对其他人群的同情之中。所以，他和许多歌伎之类的女性感情比较好，他常为她们填词，也常感叹自己与她们相类似的遭遇，使他同她们之间产生了深厚的感情，他同情歌伎，反映她们的愿望，抒写她们的幽怨。就像他在自己的作品《雨霖铃》中所说的，"执手相看泪眼，竟无语凝噎"。是爱情在"别离"这一特殊条件下的表现，往昔的恩爱，离别时的凄苦，别后的孤独、凄凉，都凝结于此。很难设想，在没有深厚感情的情况下，能抓住别离时刻的这些特征，道出肺腑之言。柳永生活于社会的最下层，与

残月晓风杨柳岸　清　任预
画题取自柳永的《雨霖铃》。红袖无言，默对残灯；游子怅惘，遥望楚天。

歌伎乐工的命运相类似，深深熟悉她们，了解她们的苦痛，对她们寄予深刻的同情，表现了她们的悲苦命运。因而，这部分歌词特别受她们的欢迎。

　　柳词在艺术上最大的一个特点就是有"情"。柳永这个人有现实的矛盾，又有理想的追求，对不满意的现实生活充满了痛苦，可是又对都市中的人、事、物充满了热爱……本身这些感情就非常的丰富也非常的矛盾。这是因为有这样的戏剧性和差异，所以，他的作品中所抒发的"情"也非常的有韵味，他抒发着不同的感情，异样的感情又彼此交织着，最后完美地融合出一个复杂而又令人深思的境界。他的感情，总是有着极大的感染力，使人能在不知不觉中随着作品内容的起伏而产生感情上的起伏。像《八声甘州》《雨霖铃》等都是一些表达了真情实感的作品。这些优秀作品，往往在音律上都与内容配合得很好，词调选得合适得当，因此，收到的效果也很好。正因为柳永本身的民众性，所以他的作品语言通俗，明白如话，便于传唱，这是柳词能够广泛流传于民间的重要因素。柳永长期浪迹社会下层，因而能用当时的口语进行创作，一扫晚唐五代词人的雕琢习气。如《望江月》一词便是口语化的，"明月明月明月。争奈乍圆还缺。恰如少年洞房人，暂欢会、依前离别。小楼凭栏处，正是去年时节。千里清光又依旧，奈夜

永、厌厌人绝"。这首词,在今天读来也依旧明白如话,一听就懂。柳永的词不仅在词的选材上有了一大突破,更重要的是他将自身的感情融入进去,使得自身的词作也更加感动人,这也正是柳永词的魅力所在。

苏轼诗词有何创作风格

苏轼(1037—1101年),字子瞻,号东坡居士,人们因其号而称之为苏东坡。苏轼是宋代著名的文学家、书画家。他与父亲苏洵、弟弟苏辙皆以文学名世,世称"三苏";与汉末"三曹父子"(曹操、曹丕、曹植)齐名。著有《苏东坡全集》和《东坡乐府》等。

苏轼一生仕途坎坷,他天赋极高,后天的学识又十分了得,在很多方面都取得了非常高的成就。其文汪洋恣肆,明白畅达,与欧阳修并称欧苏,为"唐宋八大家"之一;其诗清新豪健,善用夸张、比喻,表现出独特的艺术风格,与黄庭坚并称苏黄;书法擅长行书、楷书,能自创新意,用笔丰腴跌宕,有天真烂漫之趣,与黄庭坚、米芾、蔡襄并称宋四家;画学文同,论画主张神似,提倡"士人画"。

尤其是他在开词一派上的成就,对后世影响重大。苏轼开创了"豪放派"词,与辛弃疾并称苏辛。苏轼的诗,其内容广阔,风格多样,多以豪放为主,笔力纵横,变幻无穷,具有浪漫主义色彩,为宋诗发展开辟了新的道路。叶燮(字星期)《原诗》说:"苏轼之诗,其境界皆开辟古今之所未有,天地万物,嬉笑怒骂,无不鼓舞于笔端。"而苏轼的词则描述了更为广阔的天地意境,不只是停留在专写男女恋情和离愁别绪的狭窄题材,具有广阔的社会内容。刘辰翁《辛稼轩

枯木怪石图　北宋　苏轼

词序》中就表示，苏轼的词像诗一样有庄雅的意向，又像文章一样有深刻的含义，倾荡磊落，就像是天地之间的奇观。这也表现出了苏轼词的一种特点——"以文为诗"，既然"如诗如文"，具象和意象就自然不同于缠绵悱恻的那一类词了。

赵翼在《瓯北诗话》中说："以文为诗，自昌黎始，至东坡益大放厥词，别开生面，成一代之大观……尤其不可及者，天生健笔一枝，爽如哀梨，快为并剪，有必达之隐，无难显之情，此所以继李、杜后为一大家也，而其不如李、杜处亦在此。"

之所以苏轼的词会有这样的特点，就是因为他将北宋诗文革新运动的精神，扩大到词的领域，所以，在词的题材和意境上自然就走向更大更广的天地，也就不再只是具有局限性的婉转曲情的描写。尤其是晚唐五代后，多有一些凄艳的词，显得压抑和小气，而苏轼这种豪迈的风格正好激荡人胸中的浩然正气，也让人领略到更为广大的情怀。

正因为苏轼在这一片依红偎翠、奇艳俊秀之风中发出了豪壮的声音，让人们逐渐脱离了花前樽下、伤春悲秋的呻吟之感。苏词就建立了一种里程碑式的意义——冲破了词为"艳科"的藩篱，把词从"诗余""小道"不登大雅之中解放出来，将其放在一个与诗等同的地位。这不仅冲破了婉约的一统天下，开拓了词的表现领域，而且首次为词正了名。词既然如同诗一样，是一种抒写情志的文学体裁，就可以抒写作者胸中所有的各种情志，而不仅仅是"析酲解愠""期以自娱"的"男欢女爱"。苏轼正是在这种情势下，写出了旷达之情，抒发了旷达之意。

但是，1079年，苏轼在湖州因乌台诗案获罪入狱，次年元月，被流放至黄州。诗案之前，自1071年任杭州通判以来，苏轼历任密州知州、徐州太守和湖州太守，政绩卓著。以乌台诗案为界，苏轼的诗词作品在创作上有继承也有明显的差异。

乌台诗案之前，苏轼的诗词内容上则多指向仕宦人生以抒政治豪情，在整体风格上是大漠长天挥洒自如。而乌台诗案之后，虽然也曾经官至翰林学士，但其作品中却少有致君尧舜的豪放超逸，相反却越来越转向大自然、转向人生体悟，越发表现出其淡泊旷达的心境。

"归去"这一情结始终贯穿于苏轼的作品之中，可以看到其笔触由少年般的无端喟叹，渐渐转向中年的无奈和老年的旷达——渐老渐熟，乃至平淡。

第一，在题材上，前期的作品主要反映了苏轼的政治倾向，而后期作品则将重点放在了人生思考，疾恶如仇，遇有邪恶，则"如蝇在台，吐之乃已"。乌台诗案后，他被贬谪到黄州生活，这一经历使他"讽刺的苛酷，笔锋的尖锐，以及紧张与愤怒，全已消失，代之而出现的，则是一种光辉温暖、亲切宽和的诙谐，醇甜而成熟，透彻而深入"。

第二，在风格上，前期的作品大气磅礴、豪放奔腾如洪水破堤一泻千里；而后期的作品则空灵隽永、朴质清淡如深柳白梨花香远溢清。

第三，在文化上，前期尚入世，于是便崇"儒"，后期尚出世，于是便崇"佛"。前期，他有儒家所提倡的社会责任，他深切关注百姓疾苦；后期，尤其是两次遭贬之后，他则更加崇尚道家文化并回归到佛教中来，企图在宗教上得到解脱。他深受佛家"平常心是道"的启发，在黄州、惠州、儋州等地过上了真正的农人生活，并乐在其中。

就词作而言，纵观苏轼的三百余首词作，属于豪放风格的作品却为数不多，而且大多集中在密州、徐州，是那个时期创作的主流。这些作品虽然在数量上并不占优势，却着实反映了那段时期苏轼积极仕进的心态。后期的一些作品既有地方人情的风貌，也有娱宾遣兴、秀丽妩媚的姿采。诸如咏物言情、记游写景、怀古感旧、酬赠留别、田园风光、谈禅说理，几乎无所不包，绚烂多姿。至此，他把所有对现实对政治的不满、歇斯底里的狂吼、针尖麦芒的批判全部驱逐了。

婉约词人李清照有何创作历程

李清照（1084—1155年），号易安居士，南宋女词人，山东济南人，婉约派代表词人。代表作有《声声慢》《一剪梅》《如梦令》《夏日绝句》等。李清照的文学创作具有鲜明独特的艺术风格，居婉约派之首，对后世影响较大，在词坛中独树一帜，称为"易安体"。

李清照是我国文学史上杰出的女作家。她对诗、词、散文、书法、绘画、音乐，无不通晓，而以词的成就为最高。她的词委婉、清新，感情真挚，表现了自然风光和别思离愁。抒发了伤时念旧、怀乡悼亡的情感，也寄托了强烈的亡国之思。

李清照亦是我国历史上首屈一指的女词人。她的作品和她的人生经历有着密切的联系。以1127年的大变化划界，前后期作品有显著的区别。前期词描写了她少女少妇时期的生活。四十三岁之前的李清照生活比较安定，作品是欢快、幸福的，多反映闺情、生活方面。李清照为女子，本以妍媚声姿，贵阴柔之美。

李清照的一首《如梦令》，写的是她和姐弟们在家乡济南游大明湖晚归的情景，此词非常具有其前期作品的典型性。

常记溪亭日暮，沉醉不知归路，兴尽晚回舟，误入藕花深处。争渡，争渡，惊起一滩鸥鹭。

　　这是一首记游赏之作,以李清照特有的方式表达了她早年生活的情趣和心境。把读者带到了一个美好的文学天地,好像在面对一位知己娓娓道来。"常记"二字表示追述,地点在"溪亭",时间是"日暮","沉醉"二字却透露出作者心底的欢愉,已经醉得连回去的路径都辨识不出了。"不知归路"也曲折地传达出作者流连忘返的情致。看起来这是一次给作者留下了深刻印象的十分愉快的游赏。"兴尽"两句就把这种意兴递进了一层。"误入"一句,显示了主人公的忘情心态,马上呈现出荷花丛中一叶扁舟摇荡的美景。一连两个"争渡",表达出了主人公急于从迷途中找到正确路径的焦灼心情。正是"争渡"的快捷,所以把停栖在洲渚上的水鸟都吓飞了。

　　这首词全篇无一处正面描绘少女的音容笑貌,但读罢掩卷,其天真活泼的神情和清纯中略带野味的形象却宛然在目。封建时代,个人存在的价值是被否定的,尤其是妇女更缺少人格的独立和个性的自由,被束缚于封建礼教的桎梏。李清照这首词却写了少女离开深闺的室外活动,表现出其天真活泼、热爱自由的个性。一改传统的闺愁春怨之类情调,给当时的词坛带来一股清新的空气。

　　当李清照满载着闺中少女所能得到的一切幸福,步入婚姻时,她的美好人生又更上一层楼。她和夫婿赵明诚是文学知己,情投意合。赵明诚的父亲也在朝为官,两家门当户对。这一时期,李清照为我们留下了爱情甜美的诗篇。

　　从靖康元年(1126年)起,李清照连续遭到国破、家亡、夫死的苦难,过着长期的流亡生活,饱尝了国破家亡的忧患,这些都深刻地影响了她的创作思想。因此,后期的作品风格突变,充满了爱国的情调。

　　在词作《武陵春》中,作者写道:"风住尘香花已尽,日晚倦梳头。物是人非事事休,欲语泪先流。闻说双溪春尚好,也拟泛轻舟。只恐双溪舴艋舟,载不动许多愁。"

　　"风住尘香花已尽"告诉读者在此以前曾是风吹雨打、落红成阵的日子。在此期间,词人肯定被这无情风雨困在家中,其心情之苦闷是可想而知的。"尘香"一词不

千秋绝艳图之李清照像

仅说明天已晴朗多时，落花已化为尘土，并且寓有对美好事物遭受摧残的惋惜之情和对自身"流荡无依"的深沉感慨。"日晚倦梳头""欲语泪先流"是描摹人的外部动作和神态。这时李清照因金人南下，几经丧乱，和她志同道合的丈夫赵明诚已经离开人世，自己只身流落金华，眼前所见的是一年一度的春景，以及丈夫赵明诚留下来的《金石录》和别的一些文物。睹物思人，物是人非，不禁悲从中来，感到万事皆休，无穷索寞。因此她日高才起，妆容也懒于梳理了。"欲语泪先流"，话未说出口，泪水却先夺眶而出。把那种难以控制的满腹忧愁一下子倾泻而出，具有一股感人心弦的艺术魅力。"闻说双溪春尚好"是陡然一扬，词人刚刚还在流泪，可是听说郊外的双溪春正明媚、游人如织的时候，这个平时喜爱游玩的词人遂起了出游之兴，可是又担心双溪的舟载不动她的满腹忧愁。可见愁之深之广。作者竟将愁搬上了船。

李清照创作的词，以女性特有的笔触，抒写离情别绪，感时伤怀。她不依傍古人，自出机杼，以情制胜。词作里飘溢着淡淡的幽香，含悲的絮语中充分体现出女性意识及女性美。素有"男中李后主，女中李易安，极是当行本色"之说。李清照正是以对真情实感的抒写和清新自然的语言特色，最终成为宋代词坛的杰出作家之一。

纳兰词为什么这么受后人喜爱

纳兰性德是满族人，字容若，号楞伽山人，清代最著名词人之一。其独具特色的"纳兰词"在清代以至整个中国词坛上都享有很高的声誉，在中国文学史上也占有光彩夺目的一席。他生活于满汉融合时期，其贵族家庭兴衰具有关联于王朝国事的典型性。虽侍从帝王，却向往经历平淡。特殊的生活环境背景，加之个人的超逸才华，使其诗词创作呈现出独特的个性和鲜明的艺术风格。流传至今的《木兰花令·拟古决绝词》——"人生若只如初见，何事秋风悲画扇？等闲变却故人心，却道故人心易变"。富于意境，是其众多代表作之一。

人们对纳兰词的评价非常高。清代文学家顾贞观曾经评价说纳兰容若这个人天资超然洒脱，悠然仿若红尘之外的人，他的乐府、小令是非常的婉丽凄清，使读者读来就会有一种不由自主的感伤，淡淡的清婉后又带着欣喜。

很多人将纳兰与后主李煜相提并论，这也说明了纳兰在词作上面的造诣是非常可观的。清代的周之琦说过，纳兰容若简直可以说是南唐李后主的再生。李后主词中之意就如同天籁之声，不像是人为而作。而纳兰容若也绝不逊色。他作品多不统一限定韵律，小令的格调十分深远有韵味，极尽缠绵之势。但是，与后主李煜相较，纳兰词少了一份后主对于亡国之愁的深刻感受。所以纳兰词多以语言优美，感情细腻而著称。

纳兰词因为行文如流水般朗朗上口，温婉细腻，恰到好处地表达了内心的情感，没有一丝矫揉造作，使读者的内心与之产生强烈的共鸣！后人也十分喜爱纳兰词。王国维更是给予了纳兰容若"北宋以来，一人而已"的赞誉，他认为纳兰词是用了极致的双目观察极致的世界，以极致的自然之语来阐述极致的自然之情，所以十分的真切！

纳兰性德像

纳兰词有着优美的意境。纳兰词上承李后主后期之词，并吸收李清照、秦观的婉约特色，意境凄美，自成高格。境非独谓景物也，喜怒哀乐亦人心中之一境界。纳兰词含蓄、凝练，既不是思想的直接灌输，也不是情感的直接流露，借景抒情，咏物言志。它是现实生活的写照，更是词人审美创造的结晶和情感意念的载体。在纳兰词中，意境又独具特色，即凄美。"萧萧黄叶""疏窗""昏鸦尽"令人心也凄冷；"风也萧萧，雨也萧萧"，用叠词更添凄美之境；"一钩残照，半帘飞絮"意境深静，静至也；"秋梦不归家，残灯落碎花"观此意境，我似乎也在其中，凄美之处顿出。处处兼有我之境与无我之境，物物皆着我之色彩又不着我色，由此而观之，那物的凄美必融作者心情之凄凉。情景交融、情真意切，一切景语皆情语，情为景生，景为情没。何以萧萧，只因作者情思深重，于景中诉入其真情，平生万种情思皆融其中，凝结于心，表之于词。其友顾贞观如是说："容若词一种凄婉处，令人不忍卒读。"其诗独抒性灵，似杜鹃啼血，于婉转的歌声中诉千古风情。与生俱来的飘零感和敏感度，至情至性，造就纳兰多愁善感之笔，一段忧郁，平生情思，化作绵绵的哀诉，生与死，悲与欢是生命的常态。扩小爱到大爱，以小痛到大痛，此则纳兰词也，实乃一切真性情之绝唱。

第十九章

文章学
——"文"是思想精华的浓缩

中国古代的文章除了表现文人本身的思想倾向以外，还能够体现出当时的时代文化。曾任北京大学代理校长的傅斯年，在谈到文人与所作文章本身的关系时写道：因文人的职业之不同，古文人的作品有的为人，有的为己，有的为少，职业是在客位者为人，在主位者为己，在上层社会者为少，在下层社会者为多……文学因时代的不同，每每即是文人的地位因时代的不同。

从这里我们虽然看到了一种文人"随波逐流"的倾向，但不得不说也同时客观地将社会性、立场性、原则性融入了文人的文章中。所以，我们现在观古人文章，不得不感慨，在他们有限的文字之中，的确隐藏了更多深刻的情感和历史因素。甚至有些文章颇有一字千金的架势，也就是那一个字孕育着已然浓缩的思想精华。所以，观古文，必须正己见，必须通历史，必须广涉猎。

汉朝的"赋"为什么这么有气势

赋是古代一种文体的名称，最早渊源于荀子的《赋》。在赋的发展过程中，受到屈宋楚辞和战国恣肆之风的极大影响。当时，汉朝的经济发达，国力强盛，这就为汉赋提供了雄厚的物质基础，统治者也非常喜爱和提倡写赋，许多文人士大夫争相以写赋为能事，于是赋在汉朝得到广泛的流行，成为汉代四百年间文人创作的主要文学样式。

汉赋分为骚体赋、大赋、小赋。骚体赋大都是抒发怀才不遇的不平，抒发一种不得帮闲的牢骚，代表作如贾谊的《吊屈原赋》《鹏鸟赋》，司马相如的《长门赋》，司马迁的《悲士不遇赋》等。大赋以铺叙事物见长，继承了"楚辞"一些形式上的特点，更多地采用散文手法，篇章宏大。代表作如司马相如《上林赋》、扬雄《长杨赋》、班固《两都赋》、张衡《二京赋》等。小赋在保留汉赋基本文采的基础上，创造出篇幅较小、文采清丽、讥讽时事、抒情咏物的短篇小赋，赵壹、蔡邕、祢衡等都是写小赋的高手。

汉赋的主要特点是散韵结合，专事铺叙。刘勰在其文学批评巨著《文心雕龙》里说："铺采摛文，体物写志。"是赋之特征。可见，赋的特点主要表现在形式和内容两方面：从形式上来说，在于"铺采摛文"；从赋的内容上说，侧重"体物写志"。

汉赋的写作追求美学，华丽的语言和形式无不叫人称赞。赋体的兴盛也与汉代注重的官能赏乐的审美追求是息息相关的，这种世俗的娱乐追求也是这种文学形式流行的重要动力。汉赋在形式上世俗化的追求，不仅适应了当时的"赏心悦目"，更标志着一种审美文体在中国文学史上的诞生。比如司马相如笔下的云梦泽，就不同于《九歌》中的楚山楚水。而《子虚赋》《上林赋》，既写人，又写物，既在飞动的气势中，表现出对力的赞颂，又在侈靡的氛围中，见出柔媚之美。

汉赋这种"穷造化之精神，尽万类之变态，瑰丽窈冥，无可端倪"（程廷祚《骚赋论·中》论宋玉语）的特点，不是诗的削多成少、以少总多，而是"总众类而不厌其繁"（同上，论司马相如语），与绘画的"以时观空"极相似，尤与国画的长卷相近。它们都以观赏中的时间的持续绵延，感受到空间的无穷扩展，并使形象唤起的想象得以在广阔的空间驰骋。

汉赋中最典型的是宫廷文学，其内容多为天子歌功颂德，描写国家的富强，宫室苑囿的宏丽，水陆物产的丰饶，帝王生活的奢侈，等等。我们看看司马相如《上林赋》中的一段文字：

文君听琴图
司马相如早年任武骑常侍，结识卓文君。卓文君慕其才，私奔相如，同至成都，以卖酒为生。

离宫别馆，弥山跨谷；高廊四注，重坐曲阁；华榱璧珰，輦道纚属；步櫩周流，长途中宿。夷嶵筑堂，累台增成，岩窔洞房。俯杳眇而无见，仰攀橑而扪天。奔星更于闺闼，宛虹拖于楯轩……

这是描写帝王宫室之盛。大意是说，为天子而建的离宫别馆，布满山谷之间，高高的回廊环绕四周，到处是双层楼房，曲折的殿阁，华美的屋椽，嵌玉的瓦当，行辇车的阁道绵延不断，长廊通往各处，一天走不完还须中途住宿。削平山头盖房屋，一层层垒起高台，岩下修筑洞房。俯身下看深幽而无所见；仰身攀着屋椽，可以摸到青天。流星穿过宫门，长虹跨过栏杆……

从这段文字可以看出汉赋的气势开阔，辞藻华丽，描写宫廷院落非常细致，给人呈现一个富丽堂皇的宫殿。

虽然汉代赋家这种对美感的追求，受到了很多人的赞赏，但是也受到了一些人的非议。他们之所以不认可这种文字形式，是因为那种过于铺排的浮夸，但是他们却忽视了汉赋追求大美的合理性，忘记了汉赋是为了充分适应汉代的社会而产生、存在的，是为了满足汉代人的审美追求而存在的。正是因为那样的时代环境才会产生这样华丽的文体。所以，这种追求"大美"的合理性，要从历史发展中去找原因，正所谓"文变染乎世情，行废系乎时序"。

汉代是一个大一统的时代，它的疆域非常辽阔，甚至比秦朝还要辽阔，这个大国的统治者，难免要踌躇满志，比如他们建筑上的追求是"无令后世有以加"，追求大的东西，以大为美。同时，繁荣的经济、强盛的国力和四海一家的政治形势，为文学家提供了优越的创作条件，使之得以用彩绘之笔歌颂帝王物质享受之富庶，描绘苑囿建筑工艺之精细，赞美祖国山河之壮丽，赋予作品伟大的气魄。另外，疆土的扩展，中外文化的交流，大大开拓了人们的眼界，人们在审视自己面对的世界、生活时，有了极强的开放性、并蓄性、包容性，有了一种傲视天下的豪情，从极度满足之中产生出一种夸张的心态。

在这种心态支配下，赋家自然喜爱用铺张扬厉的方式来表现自己生存的环境，正像刘勰说的，在雕画现实时，"莫不因夸而成状，言饰而得奇"。赋家也把自己追求大、描写大、张扬大的行为，认为是极为自然的。只有汉代人才能深刻理解他们生存的时代，才能理解赋家追求大美的合理性。即使像王充那样认为汉赋是"虚妄之语"的文学家，也认同了赋家追求大美的合理性："汉室治定久矣，土广民众，义兴事起，华叶之言，安得不繁？"（《论衡·定贤》）

"句读"是什么

相传,我国早在汉朝就已经有了句读,东汉许慎的《说文解字》中记载:"丨有所绝止丨而识之也"。清人段玉裁注称:"凡物有分别,事有可不,意所存主,心识其处者皆是,非专谓读书止,辄乙其处也。"可见,类似"丨"的符号在东汉的时候,就已经使用了。

句读(jù dòu),也称句逗,是句号和逗号的合称。古时称文词停顿的地方叫作句或读。连称句读时,句是语意完整的一小段,读是句中语意未完,语气可停的更小的段落。

现代汉语中,经常会以标点符号作为一个字或者一段话的终了,同样的道理,句读就可以理解为现代汉语中的标点符号,也是用来断句的。在句中,语气的承转和停顿以读号(或顿号)标记,就相当于现代标点符号中的逗号和顿号。像这样加注句读的动作,被称为"断句"或"圈点",而圈点并且加上注解或注脚的动作,则被称为"圈注"。要知道,正确的圈点不仅可以帮助人们正确地理解句子的含义,而且还能彰显一个人的学识涵养。

为什么在古文中会出现句读呢?因为在古时候,没有现代汉语中的标点符

文苑图卷　五代　佚名
文苑,是文人荟萃之所。此图描绘文人聚会于古松下构思创作诗文的情景。

号，文章也就没有断句的标记，因此就需要用句读来帮助人们断句以理解文章。如果人们不懂句读，往往会造成误读、误解文章原意，闹出许多笑话。正如唐代文学家韩愈在《师说》中所说："句读之不知，惑之不解，或师焉，或不焉，小学而大遗，吾未见其明也。"

有这样一个句读引发的有趣故事：

从前，有一个穷秀才，几次考试都没有中举，一心只为了求取功名，根本不为自己的生计考虑，因此生活很贫苦潦倒，每天都吃不饱，就天天想办法，去别人家混饭吃。每当人家差不多要开饭时，他就会到人家家里"拜访"，而且还编出各种各样的理由，让他朋友留下他吃饭。日子久了，谁都会讨厌这样的人。

有一天，穷秀才又去拜访自己所谓的"友人"。双方还不是很熟悉，所以那个人不好意思直接赶他走，正打算看情形再说的时候，突然，外边下起了大雨。

这时穷秀才说："天下大雨了！"

那个友人想来想去，终于灵机一动，在桌子上了留了一张字条，说自己还有其他的事情，借口出去了。

那张字条上写着：下雨天留客天留人不留。白话意为："下雨天就要留客（下雨天留客）？天留你，但我不留你（天留，人不留）。"

友人心想："这下他应该知道我的意思了，一会儿回去的时候，他肯定不好意思厚着脸皮还赖在那里。"可当他回来的时候，还看到秀才在那儿。就问："呀，你怎么还在这儿，你不走吗？"

穷秀才就说："是你叫我留下的啊。"友人很奇怪，问怎么回事。

穷秀才指着那张字条："下雨天留客天，留人不？留！（白话意为：下雨天就是留客天，留人吗？留！）"秀才就笑着说："你都这么客气了，我还好意思走吗？"

那位友人真是哭笑不得，不知该说什么好。

这个故事充分说明了句读的作用，如果不懂得句读，就会曲解句子的原意，误解别人的初衷。

在古代，文章非常紧凑，文章中即使是哪一句看不懂、看不明白，只要联系上下文，意思就很明白。所以读古文不能断章取义，否则容易望文生义。也正是因为如此，句读之学才会如此受重视。又如："与父老约法三章耳杀人者死伤人及盗抵罪余悉除去秦法。"有的标点本和旧读是"约法三章"连成一气，以"耳"字为读，而中华书局《汉书》标点本则标为："与父老约，法三章耳，杀人者死，伤人及盗抵罪；余悉除去秦法。"后者之意是说高祖入关后，制法不及，遂取秦法中三条，与父老相约遵用，其余秦法全部取消。如依旧读，则是高祖新定三法，下文余字将不知所指。在阅读古文的实践中，这样的实例不胜枚举。句读之学大有学问，即使饱学之士，误断误释，亦在所难免。

所以，这就要求人们需要持审慎的态度加强学习和研究，平时应该多多了解基本知识和技巧。

"骈体文"是什么结构

骈体文是汉以后产生的一种特殊的文体。梁启超在他的《文学革命论》中写道："所谓'骈体文'者，思绮堂与随园之四六也。"的确，司马相如、扬雄等人的文章是用了许多平行的句子，东汉班固、蔡邕等人的文章更讲求句法的整齐，开创了骈体文的先河。但是上述诸家作品里的平行句法，只是为了修辞的需要，还没有形成固定的格式，不能算作一种文体。明代王志坚在《四六法海序》中说，骈体文从魏晋才开始形成。南北朝是骈体文的全盛时代，这时候，骈体文成为文章的正宗。唐宋以后，骈体文的正统地位被"古文"代替了，但是仍旧有人写骈体文。

在表达方式上，骈体文与一般的散文有着很大的区别，主要体现在语言方面，具体地说表现为以下三个方面：第一是语句方面的特点，即骈偶和四六；第二是语音方面的特点，即平仄相对；第三是用词方面的特点，即用典和藻饰。

首先是语句方面：骈偶和四六。

骈偶，就是两两对举出现，又称对称句，在字数上，不要求完全对称和相同，也不要求完全工整的句子。两马并驾叫作骈，两人在一起叫作偶，也就是两两相对。古代宫中卫队的行列叫仗（仪仗）；仪仗是两两相对的，所以骈偶又叫对仗。骈体文一般是用平行的两句话，两两配对，直到篇末。比如：

英辞润金石，高义薄云天。（《谢灵运传论》）
高峰入云，清流见底。（《答谢中书书》）
经正而后纬成，理定而后辞畅。（《文心雕龙·情采》）
燕歌远别，悲不自胜；楚老相逢，泣将何及。（《哀江南赋序》）
无路请缨，等终军之弱冠；有怀投笔，慕宗悫之长风。（《滕王阁序》）

而四六的骈文是以双句为主，注重对偶声律，多以四字、六字相间成句。一般四六文常用于表章奏记的撰写。其后，四六骈句大量运用于南朝骈文。刘勰《文心雕龙·章句》说："若夫句笔无常，而字有条数，四字密而不促，六字格而非缓。或变之以三五，盖应机之权节也。"已以四六骈句为骈文基本句式，但六朝尚无四六文之名。唐人奏表等也多用骈体。骈文别称四六文，起于中晚唐之间。比如，《与朱元思书》写道："风烟俱净，天山共色。从流飘荡，任意东西……经纶世务者，窥欲忘反。横柯上蔽，在昼犹昏；疏条交映，有时见日。"

文章从前往后看下来不是四句，就是六句，相互对称，声律和谐，构成了骈体文四四六六的工整句式。

其次是语音方面：平仄相对。

骈体文在语音方面讲究平仄，其平仄协调，在很大的程度上能增强语言的声音美。南宋齐武帝永明时期，声调被自觉地作为艺术化手段，那时出现了新体诗，又名"永明体"，然后发展成近体诗、律诗的声律。后来的宋词、元曲格律也受此影响。魏晋时期的骈体文，不讲究平仄；而唐以后的骈体文，受到律诗的平仄格律影响，也恢复平仄讲究了。骈体文运用平仄的规律，跟"律诗"中的律句大致相同，即要求在一句之中，平节和仄节交替；上下联之中，平节和仄节相反（以平对仄，以仄对平）。

最后是用词方面：用典和藻饰。

用典又叫"稽古"，是引用的一种，在先秦两汉的时候作为一种修辞使用。它主要是引用古代的故事或诗文来表情达意，容易引起联想，使文章变得典雅、含蓄。《文心雕龙·事类》篇说："事类（即指用典）者，盖文章之外，据事以类义，援古以证今者也。"这就是说，用典的目的在于援引古人、古事和古人的话来加强论据，证明自己的观点是古已有之，是正确的。

但骈体文的用典除了有上述目的，同时也远远超出了这一目的。在骈体文中，用典可以使文章委婉、含蓄、典雅、精练。以《滕王阁序》为例，其中的典故不仅数量多，用得恰当，而且善于把古代事典中传颂的美谈与眼前的情景和作者的心情巧妙结合起来。通过用典，在这篇序文中，那种怀才不

滕王阁
现存的滕王阁是 1985—1989 年重建的，它是以钢筋混凝土仿宋阁楼式建筑。

遇的悲凉感和不甘于失败的上进心理就表现得非常充分，同时由于用典，又表达得非常委婉曲折。"徐孺下陈蕃之榻。"这个典故主要是说徐孺的。徐稚，字孺子，是东汉时名士，满腹经纶而淡泊名利，时称"南州高士"。同时期还有一位名臣，叫作陈蕃，要到豫章做太守，立志做一番大事，一到当地就急着找名流徐孺请教天下大事，随从劝谏应该先到衙门去，结果被他臭骂。当时徐稚已年过五十，当陈蕃派人将他从楂山请来时，专门为他准备了一张可活动的床，徐稚来时放下，走后挂起。因此王勃在《滕王阁序》中说："人杰地灵，徐孺下陈蕃之榻。"把徐稚作为江西"人杰地灵"的代表。同时也以这种隐含的"招贤纳士"反衬自己怀才不遇的悲凉。

滕王阁图　元　夏永
此图根据唐代王勃《滕王阁序》的文意绘制而成，描绘中国四大楼阁之一的"滕王阁"，界画精丽，上部题有《滕王阁序》的全部文字。

"序""跋""赠序"分别写什么

序，又称叙、叙文、叙言、序言、序文、引、引言、导言，等等。一般来说，序都是写在正文的前面，其用意是说明作者的来历和写作本书的动机。

在题材上，序的类型是多种多样的：议论文，记叙文，抒情散文……比如说《史记》中的书、表、传的序，借以总结历史教训，表达作者的政治见解和对所记叙的人与事的态度，在议论中夹着感慨，因此这是一种议论文；《战国策序》主要是讲述从春秋至战国的转变，通过叙事表现作者的道德礼义观和对战国至秦之间君臣兴诈伪任刑法的看法，以及对纵横游说之士作品的评价，因此这是一种记叙文。可见，通过序的内容，可以帮助人们大致了解这部书的核心内容和主要题材。

以叙事为主、夹叙夹议的序并不常见，最具有代表性的是韩愈的《张中丞传后叙》，这是韩愈读了李翰所作《张巡传》后写在该传后面的，文章主要是讲述张巡的事迹，以补李翰传文的不足。而在文章的前半部分却用了两大段文章发表议论，以批评"小人之好议论，不乐成人之美"的时弊，因此这篇文章是叙事为主，并不是传记，而是序。

以抒情为主的序，大多数是为诗歌唱和的集子而作，如王羲之的《兰亭集序》、李白的《春夜宴从弟桃李园序》、柳宗元的《愚溪诗序》和欧阳修的《释秘演诗集序》。这里要提醒的是，虽然这些序是为了抒情，但是也离不开叙述和议论，这几种表达方式交替使用。以《春夜宴从弟桃李园序》为例："夫天地者，万物之逆旅；光阴者，百代之过客。而浮生若梦，为欢几何？古人秉烛夜游，良有以也。况阳春召我以烟景，大块假我以文章。会桃李之芳园，序天伦之乐事。群季俊秀，皆为惠连；吾人咏歌，独惭康乐。幽赏未已，高谈转清。开琼筵以坐花，飞羽觞而醉月。不有佳咏，何伸雅怀。如诗不成，罚依金谷酒数。"显然，这篇短文是桃花丛中欢宴的纪实，抒情、叙事、议论融为一体，而人生短暂、需及时行乐的情怀是全篇的主干。

从唐代起，序又称为"引"。刘禹锡所作的序，都写作"引"，如《彭阳唱和集引》《吴蜀集引》等。苏洵也以引为序，如《族谱引》之类。这是作家的习惯问题。刘禹锡的父亲叫刘绪，绪、序同音，苏洵的父亲苏序，因为要避父名，所以二人改序为引。这本来是特殊情况造成的作家个人的规矩，但由于刘、苏的影响，后人多沿用"引"字。

古人将放在书后面的序，称为后序或跋。跋的内容、体例大致相同，因而可合称序跋文。这类文章，按不同的内容和表达方式分别属于说明文或议论文。其用途主要表现为以下几个方面：

第一，对作者作品进行评论或对问题进行阐发。

第二，为了说明书籍著述或出版宗旨、编辑体例和作者情况的文章，也包括对作家作品的评论及有关问题的研究阐发。

第三，作者如果还有要说的话，或者别人要把心得、意见、考证等内容写上去，就写在书、文之后，如韩愈的《张中丞传后叙》、柳宗元的《读韩愈所著〈毛颖传〉后题》等。

赠序，此文体始于唐代，是文人临别赠言性质的文字，内容多是勉励、推崇、赞许之词。文人往往依据不同的人、不同的环境阐发自己的感想，抒发内心的情感，言辞恳切而意味深长，相当于议论性散文的写法。最典型的例子就是韩愈的《送东阳马生序》：

余幼时即嗜学。家贫，无从致书以观，每假借于藏书之家，手自笔录，计日以还。天大寒，砚冰坚，手指不可屈伸，弗之怠。录毕，走送之，不敢稍逾约。以是人多以书假余，余因得遍观群书……以中有足乐者，不知口体之奉不若人也。盖余之勤且艰若此。

这篇赠序,作者先是现身说法,叙述自己青少年时期求学问师的种种艰难和勤奋学习的经历,然后对比当时的太学生求学条件的优越,指出学业是否有成,关键在于自己的用心与否,最后说明作序的缘由,表达对马生的期望和勉励之情。

三者同样是"序"的形式,但是却又有一些个性特征。序和跋在写作内容上比较类似,但是前者一般在正文前面,后者一般在正文后面。而赠序则是在内容上和"序""跋"有所区别。

庄子"寓言"有什么特点

在中国古代文学史上,很多文人大家都是通过寓言来说理,特别是在先秦时期,很多人都是通过讲述寓言来阐发自己的政治主见或者人生观点,这也是先秦诸子散文和历史散文的主要特色之一。在先秦散文中,频繁使用这种用寓言来达到抒情表意目的的人,同时,也最具有文学和韵味的人,无疑是庄子。在庄子的散文中,他使用了大量生动有趣的寓言来说明一定的事理。

庄子自称他的书中是"寓言十九",也就是他的作品中,寓言起码占了十分之九,可见数量巨大。在

庄子像

他的书中寓言几乎随处可见。同时,其中也蕴藏着大量令人深思的故事,深刻地蕴含着一些哲理。纵观这些寓言故事,我们会发现有以下几个鲜明的特点。

第一,想象力丰富,虚构的故事中寓有深刻的含义。

司马迁曾经评价庄子的寓言大多为"皆空语无事实",就是说庄子的内容大多是凭空而出,没有实际根据,很多基本为庄子本人所虚构而成。正如刘向所说,庄子一般虚拟出一个人物的时候,从这个虚拟人物的名字和他所说的话中,就能够表现出作者想要阐发的观点。故而,庄子很可能是第一个运用虚构手法的作家。庄子寓言的独特性,还在于它的"多义性"。庄子在创造了如此大量、丰富多彩、变化多姿的艺术形式的寓言之时,其寓意却是比较隐蔽、模糊的。

他在讲故事时,并没有明白、精确地点明要说明的道理,而是靠那卓异的形象思维,通过故事自然流露出来。这样,其寓言的寓意就变得多面、模糊,具有"形象大于思想"的特点。一个寓言,需要人们再三体味,才能领悟其深层含义;或者同一寓言,不同的人读之会有不同的理解。

第二,善于运用拟人化的手法,进行论辩和惩戒。例如在《惠子相梁》中是这样写的:惠子在梁国做丞相,庄子要前往去看他,有人就对惠子说,庄子这个人太有才了,他来了,一定会取代你的位置。于是,惠子十分惶恐,他想要派人抓住庄子,并在城中搜索了许多天。庄子后来自己去找惠子,并对他说:"你知道吗?据说南方有一种鸟儿,名字叫作鹓雏(古书上指凤凰一类的鸟),鹓雏从南海飞起出发,要飞去北海,这期间不是梧桐树就坚决不栖息,不是竹子开花后结的果实(传说竹子百年开花后立即结果死亡,以此表述其珍贵)坚决不吃,不是甜美的甘泉之水坚决不喝。这样的鸟儿是如此的高贵!而有一只相貌凶恶的鸱鹰,刚得了一只腐烂的老鼠,那个时候鹓雏从它头上飞过,鸱鹰抬头看见鹓雏,发出'吓'的怒斥声。难道现在你想用你的梁国(相位)来威吓我吗?"以此庄子用鹓雏比喻惠子,用来告诫惠子。

这类寓言充分体现了庄子的浪漫主义风格,就思想内容而言,这些故事都形象地反映了庄子哲学的虚无主义、相对主义,而表达这些内容的手法,基本上是富含想象的浪漫主义手法。具体来说,庄子的文章寓言都有哪些特点呢?

首先,故事很多,层层叠叠。往往在一篇之中,运用好多故事,又层层相套,大故事套入若干个小故事,形成了层层叠叠的故事群体。庄子运用这些故事,从不同的角度和方式来阐释一定的道理,让人们不枯燥乏味,生动趣味地领会一些哲理。据统计,就在内篇的七篇中,除了一般的短寓和寓言中的寓言外,意思和结构完整的故事就有四十个。有些重要的篇章如《人间世》,除了开头和结尾两处外,其余的都是由寓言故事组合而成。每个故事既有相互独立性,又相互联系,共同发挥喻明大道的作用,这么多寓言镶嵌在文中,使庄子的散文呈现出扑朔迷离的面貌。

其次,所有故事都是怪诞奇幻,不同凡响。庄子的想象力无边无痕,无拘无束,敢于不拘一格,这也是其散文获得成就的关键。如《达生篇》,

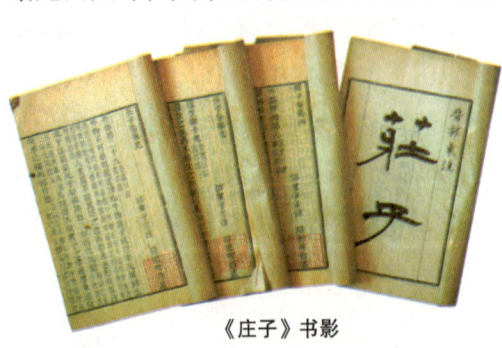

《庄子》书影

佝偻成蜩，竟然能在粘蝉的竹竿顶上累叠五个小圆球而不会掉下来，这是连现代最高级的杂技师也难以办到的，作者居然把故事编得宛然如真。

最后，用形象手段寄寓哲理。枯燥的概念被大量栩栩如生的形象所代替。如《齐物论》中的《庄周梦蝶》：

> 昔者庄周梦为蝴蝶，栩栩然蝴蝶也。自喻适志与！不知周也。俄然觉，则蘧蘧然周也。不知周之梦为蝴蝶与？蝴蝶之梦为周与？周与蝴蝶则必有分矣。此之谓物化。

这一段千古名篇，表现了庄周与蝴蝶从现象上看是不同的，但实际上庄周和蝴蝶是有物的不同形态，因而是齐一的。这就充分地说明庄子虚无主义的特征，即现象的一切都不过是梦幻、乌有而已。这类的故事既拍和主旨，又有别致的意境。

《文心雕龙》是本怎样的书

《文心雕龙》是中国古代文学理论著作，成书于南朝齐和帝中兴元年、二年（501—502年）间，南朝梁刘勰所著。《文心雕龙》是中国文学理论批评史上第一部有严密体系的文学理论专著。骈文在南朝时很流行，所以《文心雕龙》也是用骈文写的，如《神思篇》中说文思变化倏忽不定的句子："故寂然凝虑，思接千载；悄焉动容，视通万里；吟咏之间，吐纳珠玉之声；眉睫之前，卷舒风云之色；其思理之致乎！"还有被纪晓岚称为天下第一"赞"语的《物色篇》赞曰："山沓水匝，树杂云合。目既往还，心亦吐纳。春日迟迟，秋风飒飒；情往似赠，兴来如答。"可见，这些文章句句有诗的魂魄，让人难以忘怀，美不胜收。

《文心雕龙》全书共五十篇，见解卓越、内容丰满、知识丰富。该书全面系统论述了写作中的各种问题，尤其是对一些应用问题的写作批评。该书体系严密，材料丰富。之所以要写五十篇，刘勰说这是遵循所谓的《易》学中的"大衍之数"，有四十九篇专门论述与文章相关的具体问题，最后一篇即《序志》阐明写书的缘由及该书内容的安排。下面从以下几个方面分析此书：

在文章的创作上：《文心雕龙》在文学创作中对于主客观的关系做了详细而深入的描述，先秦两汉时期，文论已简括涉及这一问题，如《诗大序》的"情动于中而形于言"等可为代表论点。魏晋时，曹丕开始接触作家的禀性气质问题，陆机对艺术想象问题做了精辟的论述。而刘勰则对创作中的主客观关系等，做了更

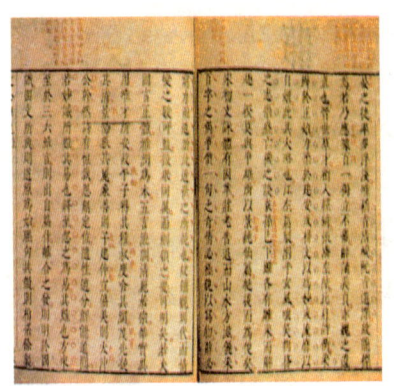

《文心雕龙》书影

《文心雕龙》的版本较多,最早的刻本是元至正本。这个本子是以后各版本的祖本。此外尚有清人黄叔琳的《文心雕龙辑注》,今人范文澜的《文心雕龙注》、杨明照的《文心雕龙校注》、周振甫的《文心雕龙注释》以及詹锳的《文心雕龙义证》。

为明确而全面的论述。它首先肯定了"云霞雕色""草木贲华"等现象之美,是一种客观存在,所谓"夫岂外饰,盖自然耳"(《原道》)。同时,又十分强调创作主体即作家先天的禀性、气质、才能(《体性》《才略》等篇)及后天的学识修养等对文学创作反映现实美的重要性。

特别值得注意的是,《文心雕龙》还论述了在创作中,主观的"情"和客观的"景",是互相影响、互相转化的,即"情以物兴"和"物以情观"(《诠赋》),"情以物迁,辞以情发"(《物色》),"登山则情满于山,观海则意溢于海"(《神思》),认为作家观察外物,只有带着深挚的情感,并使外物染上强烈的感情色彩,艺术表现上才会有精巧的文采。《文心雕龙》对于物与我、情与景关系的论述,对唐代及唐以后有关这个问题的探讨,有着重要影响。

《文心雕龙》十分强调情感在文学创作全过程中的作用。要求文学创作要"志思蓄愤,而吟咏情性",主张先有感情的抒发和宣泄,才能出现文章以此记情,而不应该是为了去写文章刻意无病呻吟地生搬硬造感情。书中认为创作构思都是因为感情有所流变才形成的,而文字结构则要求按照一定的规则进行,然后与感情有机融合,同时,书中还认为,感情要表现到位,就应该有所设置,哪部分文字需要充满情思、哪部分不需要、哪部分多设置一些、哪部分少一些,这些剪裁都是需要注意的。这一认识是相当深刻,符合文学的特点和规律的。

在文学批评上:《文心雕龙》关于"批评"的论述,颇多精到的见解。"批评"就是对书籍、文章加以批注点评,就是对别人的评价。以《知音》为例,这篇是中国文学史上关于批评的文章较早的文献。它提出了批评的态度问题、批评家的主观修养问题、批评应该注意的方面等。有些论述虽然带有经学家的气息,但不少论述都是较精辟的。例如关于批评态度的问题。

在批评的问题上,刘勰强调批评应该有全面的观点,不应该因一个人的偏执而妄下判断。作家本身的禀性不仅"修短殊用""难以求备"(《程器》);而且,由于文学创作从内容到形式都是丰富而多样的,这就不允许批评家"各执一隅之解,欲拟万端之变",否则就会出现各种偏激的现象。

对于批评家而言，他还强调批评家要有广博的见识。因为这对于客观地评价文章是非常重要的。刘勰还根据桓谭的"能读千赋则善赋……能观千剑则晓剑"（《全后汉文》卷十五《赋道》），提出了一个在后十年非常著名的论断："操千曲而后晓声，观千剑而后识器"（《知音》）。意思就是说任何批评中的真知灼见，只能是建立在广博的学识和阅历的基础之上。这些意见不仅是对当时作家们偏激的态度的有力抨击，而且更有积极的针砭意义。

在文章的体裁与源流上：自曹丕、陆机相继对文章体制的同异提出了意见后，晋代挚虞的《文章流别论》、李充的《翰林论》，都对这一问题进行了进一步的探讨，但这些著作都已亡佚。刘勰的《文心雕龙》从第五篇《辨骚》起，到第二十五篇《书记》，就成为中国现存的南朝时代关于文章体制和源流唯一重要的著作，也是关于这一问题重要的历史文献。其中不乏细致、中肯的见解。例如在《明诗》篇中，它对自建安时代起到刘宋初年诗歌发展过程的论述，就是如此。

在艺术想象上：刘勰在《文心雕龙》中还提出了"积学以储宝，酌理以富才，研阅以穷照"等见解，强调艺术想象要有平日广泛的积累和生活知识，这样就为他的艺术想象的理论奠定了坚实的朴素唯物主义基础。《文心雕龙》继《文赋》之后，对于艺术想象及形象思维的论述，对后世产生了重要的影响。

在文章追求美文上：刘勰的《文心雕龙》全书以孔子美学思想为基础，兼采道家，全面总结了齐梁以前的美学成果，细致地探索和论述了语言，文学的审美本质及其创造、鉴赏的美学规律。刘勰提出的"辞约而旨丰，事近而喻远""隐之为体，义主文外""文外之重旨""使玩之者无穷，味之者不厌"等说法，虽不完全是刘勰的独创，但对文学语言的有限与无限、确定性与非确定性之间相互统一的审美特征，做了比前人更为具体的说明。

刘勰还看到，诗文的内容不是一般经典的道与理，而是和理、志、气相联系的"情"，其形式不是一般的言，而是和"象"与"文"相结合的有"采"之言。两者的关系是，"情者，文之经；辞者，理之纬。经正而后纬成，理定而后辞畅"。它们相辅相成，形成质文统一的完美艺术。

他还认为语言文学既再现着客体的物貌，又抒发着主体的情与理、志与气。所以，刘勰侧重从"体性"来划分文学的风格，即所谓"才情异区，文体繁说"。刘勰对文学的形式也给予了极大的重视。从语言文学的角度总结了平衡、对称、变化统一等形式美的规律。

第二十章

小说
——小说中深厚的文化内涵

自古以来,许多文学作品,尤其是小说,在很大程度上总是作为现实的镜子出现的。因而,现实就如同文学作品中一个必不可少的线索,就如同空气对于人的作用一样。

兼任北大讲师的鲁迅先生在其《中国小说史略》中认为,中国小说本身的发展,就是历史和文化的发展,它吸取着很多哲学、政治、时代背景等因素,变成了自己的故事框架,同时也形成了人物思想和小说主旨的核心。

所以,我们可以知道,小说本身就体现了"文以载道"的特点。可能也是因为文人们早已习惯了这种写作思维,因而在创作的文学作品中,总是或多或少地能看到这种现实的影子:风土人情、道德规范、时尚元素。当然,除了这些,还有更为重要的,就是特定历史时期的思想与主张。作品越是真实地反映现实,越是能获得世人的认可。所以,阅读古代小说的时候,除了娱乐性之外,我们还可以带着学习历史、品读文化的目的而读。

中国小说都是如何发展的

小说在诸多文学体裁中算不上最悠久,但或许是最受欢迎的体裁。"小说"这个词曾经出现在东汉桓谭《新论》里,如"小说家合残丛小语,近取譬喻,以作短书,治身理家,有可观之辞"。班固的《汉书·艺文志》也对小说下过定义,即"小说家者流,盖出于稗官,街谈巷语,道听途说之所造也"。这样的定义与我们现代意义上的小说比较相近。北京大学的权威刊物《北京大学学报(哲学社会科学版）》2010年第3期有一则名为《古代小说的情节与情节研究》的文章，其中介绍，情节问题的复杂性或理论意义不限于某一特定的文本，对于有着漫长历史的中国古代小说来说，情节的继承与衍变既可能是某一具体作品不断改进、臻于完善的过程，也可能是这一作品在广泛传播中迎合市场需要或适应接受者心理的一种变通性调整，当然，还可能是小说艺术整体发展成熟的表现。

中国小说的发展，其实从本源来说，基本和世界其他国家的说法一致，就是神话传说。神话传说是远古人类对所观察或经历的自然界或社会现象的解释和说明，只是它经过了"幻想"的加工，成了想象中的"神化"了的现实生活；所以神话是原始氏族社会的精神产物。而这种幻想和虚构成分，正是小说的特质之一。在长期的封建社会里，小说一向受到封建正统文人的鄙视。我们似乎可以这样认为，中国古代小说，是在封建正统文人"每訾其卑下"的歧视眼光下发展繁荣起来的。

魏晋南北朝时期，出现了志怪、志人小说，其中以《世说新语》最为有名。这也和当时的历史环境有关，当时的统治者多信佛教、道教等，而佛经中有很多以事喻法的故事。关于这一点也有历史发展的说法。中国本土本来是信巫，从秦汉以来，神仙之说就开始盛行起来，汉末的时候，巫风又有了兴起的大势，鬼道之说越来越火。这个时候，佛教流入了中土地区，逐渐就传扬开来。此次之后，世人就开始大谈特谈神鬼灵异之说，所以，从晋代到隋代期间，出现了很多记录那些神鬼怪异的书。这些书有的是文人写的，有的是信徒写的。文人写的那些书，并不是真的有意想要做出这一些书出来，而是想要宣扬他们的信仰，想要神化他们的教派。所以，那个时候的人们都认为，虽然有人鬼殊途的说法，但是

神骏图　南宋　佚名
本画是根据《世说新语》中支遁爱马的故事绘制的。图中僧人支遁袒胸露腹，以右臂支撑，侧卧石案之上，左手斜握长杖，与对面石案上友人望着水面上疾骤而来的神马。马踏水腾跃，马上一童子持缰执鞭，神采奕奕，令整个画面尽显脱俗之气。

鬼怪之类的确是真实存在的，所以记录下那些神鬼之事，就好像记录常人的生活一样，当时的人不觉得有什么不合理的地方。所以，不得不说，魏晋南北朝佛教盛行，为小说的诞生发展提供了良好的环境。

到了唐代，文化知识越发向民间普及，促进了古代小说的成熟。这一时期，形成了独立的文学形式——传奇体小说，由此我国的小说脱离历史领域而成为文学创作。较之前朝有进步的地方就是，和之前粗陋的语言相比，这个时候的小说更显得文字颇有润色，读起来也有了几分朗朗上口的快意，这个时候文字上面的革新是十分明显的。这个特点直接加强了小说本身的可读性。而且，还有一点不同就是，之前的人写小说是无意而作，现在开始则是有意将其作为故事记录的形式来写作了。所以，唐代小说的发展主要表现在富于想象虚构与讲求文采。比如，元稹的《莺莺传》，李朝威的《柳毅传》《南柯太守传》《谢小娥传》，白行简的《李娃传》，陈鸿的《长恨歌传》等，都是传奇小说杰出的代表。

到了宋朝，小说的趣味性明显就打折了。宋代的文人创作出来的志怪小说，文字过于朴实而没有文采，写得传奇，又多是想要借古讽今，说教的意味太大了，读起来让人没有乐趣和精彩之处，更不要说什么独创性了。当时的小说大致是根据史事记载完成的，没有什么虚构和富有文采的创作加工。不过，这倒是影响了后世的历史小说，虽然虚构性和文采降低了，但是，对历史的还原和尊重却还是保留了下来。

到了明代，资本主义萌芽，市场经济发展。整个社会环境又出现了一种欣欣向荣的状态，这也就促进了市井文学的日益兴盛，而小说也由此重新崛起。同时，这个时候的小说，具有十分戏剧性的情节，即使带有批判性，读起来也是很精彩的。比如，四大名著中的《水浒传》《三国演义》《西游记》都是此时写成，另外还有《金瓶梅》等。

林黛玉像

清初，最具代表性的短篇小说集《聊斋志异》异峰突起，成为文言小说的又一座丰碑。《聊斋志异》虽然跟当时的神仙志怪小说同类，都是关于神仙狐怪妖精等的故事，但是重在故事显得非常有情节和层次，同时逻辑性很强，用的都是传奇手法，书中的手段变化无穷，十分有趣。又或许写的内容和别人不一样，出于幻域，顿入人间。同时说到一些琐事的时候，都是十分简洁的一笔带过，所以，这本书让读者耳目一新。接着《儒林外史》和《红楼梦》的出现，把中国古代小说发展推向了高峰，达到前所未有的成就。小说中开始出现了反映个性解放思想的新人物，以此来表达作者对封建社会的失望，使作家作品带有更浓重的感伤和困惑情绪。

《儒林外史》书影

而在鸦片战争以后，直至1894年中日甲午战争，近代小说尚未出现，这一时期兴盛的侠义公案小说和狭邪小说是古代小说的余波。同时，讽刺小说、谴责小说在这个时期也发展到较高水平。

侠义公案小说，最具代表性的是古典名著《三侠五义》，还有《施公案》，此后出现《彭公案》《续侠义传》《小五义》《永庆升平（前后传）》《续小五义》《圣朝鼎盛万年清》《七剑十三侠》《李公案》等大量此类题材相继涌现；而且一续再续，如《三侠五义》续至二十四续，真可谓风靡一时。狭邪小说指以优伶、妓女为创作题材的小说。其代表作有陈森的《品花宝鉴》、魏子安的《花月痕》《九尾龟》等。讽刺小说是以嘲讽、批判、揭露、抨击的态度描述社会中滑稽可笑、消极落后乃至腐朽反动的现象、事物或思想的小说。其代表作有《儒林外史》。谴责小说是抨击政府和时弊，提出挽救社会的主张。其代表作有李伯元的《官场现形记》，刘鹗的《老残游记》，曾朴的《孽海花》等。

纵观整个中国封建社会的小说发展，其根源来自民间，是人民群众思想、愿望以及生活实际的反映。中国小说的每次发展、进步都是由优秀的文人作家向民间学习，参与、加工民间创作而取得的。

总体来说，中国小说的发展一直呈上升的趋势，但不可否认，在这个过程中小说经历的波折和困阻要远大于其他的文学艺术形式。甚至在明清时形成了这样一种尴尬的局面：一方面广大人民群众热爱小说艺术，另一方面文人却以写小说为耻，以致许多伟大的作家生活、创作条件都无法保障；许多伟大的作品不知道作者是谁。但苦难才能造就伟大的作品，小说作家们披肝沥胆，更让我们感觉到他们作品的不朽和可贵。

什么是志怪小说？它在文学上有何地位

志怪小说，顾名思义，就在"怪"字上。何谓"怪"？就是怪力乱神之事。而这种题材的小说兴盛于魏晋南北朝时期，并在整个中国古代小说发展史上有着非常强的生命力。

具体说来，志怪小说记述的就是神仙妖怪、方术异物、灵异佛法的故事。之所以产生和流行于魏晋南北朝，与当时的思想宗教有关，当时玄学风气十分兴盛，同时，又有佛教的传播，而这些信息直接影响到了人们的思想。很多学者也将之前汉代的同类作品归于志怪小说之类。

志怪小说内容庞杂，大致可分为三类：琐闻，用来炫耀地理博物；历史传闻故事，用来记述正史以外的野史；传奇故事，用来记述鬼神怪异等。比较典型的志怪小说有曹丕的《列异传》、张华的《博物志》、王浮的《神异记》、干宝的《搜神记》、葛洪的《神仙传》、王嘉的《拾遗记》、陶潜的《搜神后记》、刘义庆的《幽明录》和《玄验记》、刘敬叔的《异苑》、东阳无疑的《齐谐记》、吴均的《续齐谐记》等，其中以《搜神记》为代表作品。

志怪小说的最高成就，应该体现在《搜神记》上。它主要是以辑录鬼怪神仙故事为主，同时还记录一些琐闻杂记，和当时的地理博物作品不同，《搜神记》不但内容丰富，而且语言也雅致清峻、曲尽幽情，确是"直而能婉"的典范。其艺术成就在两晋志怪中独占鳌头，对后世影响极大。它不但成了后世志怪小说的典型，又是后人取材之渊薮，传奇、话本、戏曲、通俗小说每每从中选材；至于其中故事被用为典故者，更是不可胜计。《搜神记》是受《穆天子传》及《山海经》影响而出现的，作者则是东晋初年著名史学家干宝。干宝出身世家，从小就勤学好问、知识博学，甚至写了二十卷《晋纪》，为人所称颂。为什么这样一个正统的史学家会去做志怪小说呢？据说，是因为他曾经经历过一次父亲之婢和兄长死而复生的神秘事件。于是，感到人世之间可能会有一些神灵的力量，所为人不知。之后，他一方面"考先志于载籍"，另一方面"收遗逸于当时"，参考了大量的书籍，经历了数十年，终于做成此书。但可惜的是，在这部书流传的过程中，原来的三十卷在宋元之际遗失了，现在只存了二十卷，还是明代学者胡应麟从《法苑珠林》《太平广记》《太平御览》等书中辑出的。

魏晋时期的志怪小说在小说发展史上起着承上启下的作用，在它之前，有上古时期的神话传说，这段时间的传说为志怪小说做了一些怪力乱神的信息储备。

志怪小说承袭了远古神话的部分内容，从远古神话中汲取题材。而这些神话大都讲述的是古代原始生民与自然做斗争以求生存的故事，带有神奇色彩。志怪小说把这一内容加以融化，表达了魏晋时期人们对自然的思索。人们夜观星象，便认为那里有一个比人类居住的地球要圣洁得多的世界，想寻求通往那个世界的方法途径。当人们无法实现时，就只好在志怪小说中寻找灵魂的安慰。

同时，志怪小说还开启了隋唐的传奇戏剧，对当时人们的宗教信仰有一定的反映。其中许多作品宣扬了宗教迷信思想，但也不乏"恶鬼被惩，人战胜鬼"的故事。同时，还总表现一些能人异士，能治病求风雨亦能捉妖，鬼怪都向他们求饶。

但在当时，文学评论家认为志怪小说是不入流的，难登大雅之堂，尤其是在一些经典的典论文献中也没有关于志怪小说只言片语的评述。文学评论家刘勰对魏晋子书写作的小说化的倾向也是持批评态度的，在他看来这是子书流于歧途的表现，这些小说都是荒诞不经的，是文士的败笔，属于小道消息的小说与主流意识形态相距过远，难以被为统治阶级服务的正统文人所雅正，自然也难进入正统思想。

但是，志怪小说却十分有群众基础，因为这种有趣生动的内容记录，可以说趣味性比较强，这种具有玄幻色彩的内容，有着极强的生命力。同时，也从侧面给予人民一种灵活性比较强的题材——可以用荒诞不经的内容来表达对现实的不满，以此宣泄对无情的统治、丑恶的社会现象、动荡不安生活的不满等。比如，《干将莫邪》(《搜神记》)斥责了封建统治者自私的罪恶本质，歌颂了劳苦大众的反抗精神，通过神话的形式，表达了对统治者复仇的愿望，给人以希望。

志怪小说对后代文学有着深远的影响。唐代传

干莫炼剑图　清　任颐
任颐，字伯年，浙江绍兴人，清末海派画家的代表人物。干将、莫邪的故事最早出现在干宝《搜神记》书中。任颐这幅作品以这个故事为底本，用轻盈飘逸的笔致将干将、莫邪炼剑的情景予以充分展现。

奇，首先是在志怪的基础上，加以繁衍扩展，形成着意虚构而又怪诞离奇的长篇，而后再转向人间生活。而且，在整个文学史上，志怪小说始终没有消失。其中最有价值的一点，乃是有意识地利用志怪形式，在奇幻的故事中表现社会生活和人生情感的作品，蒲松龄《聊斋志异》可以作为代表。至于六朝志怪中的故事，为后代小说、戏剧所吸收，加以创变，推陈出新，更是不胜枚举。

什么是志人小说？它在文学上有何地位

志人小说，也是中国古典小说的一种，指魏晋六朝流行的记载历史人物奇闻逸事，以及记录一些特别人物言行的杂录体小说。这类小说重在品藻人物、崇尚清谈，所以也称为"清谈小说"，这种小说的形成与当时的社会风气有关。

志人小说，其实是鲁迅从"志怪"推衍出来的，这个名目的设立，就是为了和"志怪"相对应。其实，志人的这种形式在文学历史上还是比较悠久的，很多古书都有这样的记载模式。只不过那个时候的志人多倾向于阐述一些道理，同时还用来议政。这就正如《中国小说史略》中提到的那样："记人间事者已甚古，列御寇、韩非皆有录载，惟其所以录载者，列在用以喻道，韩在储以论政。若为赏心而作，则实萌芽于魏而盛大于晋。虽不免追随俗尚，或供揣摩，然要为远实用而近娱乐矣。"这里提出的观点很重要，即所谓志人小说，其写作目的，虽仍有记录史实、供人揣摩的考虑，但欣赏和娱乐的特点已经很强。

志人小说的兴盛与士族文人之间品藻人物和崇尚清谈的风气有很大关系。"品藻"就是指评论人物风貌、行止、德行等的高劣，其实，品评的内容也不仅仅只限于此，还有一些其他我们现在所不知的评价标准，这种品评并不是出于恶意的。他们所品评的人都是当时的人，品评某人跟某人相当，某人超过或不如某人。"清谈"是魏晋时，承袭东汉清议的风气，就一些玄学问题析理问难，反复辩论的文化现象。

根据这样的一个背景，志人小说有以下四个方面的艺术特点：一是以真人真事为描写对象；二是以"丛残小语"、尺幅短书为主要形式；三是善于运用典型细节描写和对比衬托手法，突出刻画人物某一方面的性格特征；四是语言简练朴素、生动优美、言约旨丰。这些艺术特点对后世小说产生了很大影响。

志人小说今传较少，但是，在若干的作品中，还是可以按其内容将其分为三类：

逸闻轶事。逸闻轶事是指世人不知道却很感兴趣的传闻和故事。这是志人小说的主要部分，有（东晋）裴启《语林》、（东晋）郭澄子《郭子》、（梁）沈约《俗说》、（梁）殷芸《小说》等。

笑话。笑话多是篇幅短小、情节简单的故事，但是，情节往往充满了戏剧性和喜剧效果。大多都是在揭示生活中乖谬的现象，具有讽刺性和娱乐性。其趣味有高下之分。《笑林》开了后世俳谐文字之端。

野史。野史指古代私家编撰的史书，与官修的史书不同的另一种史书，与"正史"相对而言。（东晋）葛洪伪托刘歆所作《西京杂记》，记述西汉的人物轶事，也涉及宫室制度、风俗习惯、衣饰器物，并带有怪异色彩。其中有的故事后来很流行，如王昭君、毛延寿故事，司马相如、卓文君故事。

在所有的志人小说中，最著名的非《世说新语》莫属。这部小说是在南朝宋时期产生的，主要由南朝刘宋宗室临川王刘义庆组织的一批文人编写，梁代刘峻作注。全书原八卷，刘峻注本分为十卷，今传本皆作三卷，分为德行、言语、政事、文学、方正、雅量等三十六门，全书共一千多则。这本书主要是记述自汉末到刘宋时名士贵族的逸闻轶事，主要为有关人物评论、清谈玄言和机智应对的故事。

从志人小说的整体特点来看，它篇幅短小、叙事简单，只是说出故事梗概，也即平铺直叙一件事情，故事主干讲清楚即可。所以，它的想象力和艺术加工基本比较少。对于人物个性的描写就是简单的点评，没有进行特别深入、细致的记述。所以，这个时候的志人小说，只是最初级的小说雏形，而不是成熟的小说。

志人小说与志怪小说在中国小说史上，是不可或缺的一环。在人物刻画、细节描写，以及叙事语言的运用等方面，它们都为唐代传奇的写作积累了经验。一些唐代传奇的故事取自这个时期的小说，如《倩女离魂》与《幽明录》中的《阿庞》，《柳毅传》与《搜神记》中的《胡母班》，《枕中记》与《幽明录》中的《焦湖庙祝》，都有继承关系。唐以后的文言小说始终有志怪一类，

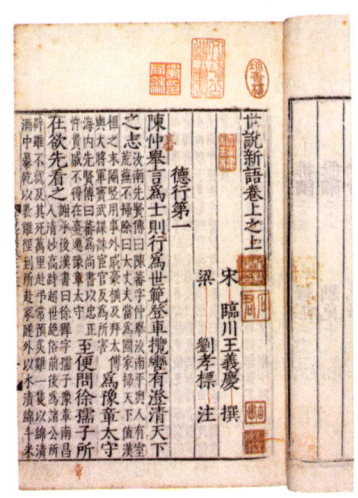

《世说新语》书影
《世说新语》问世以来，校注研究甚多。其中以南朝梁刘孝标所注最为精核。1983年中华书局出版了余嘉锡撰《世说新语笺疏》。1984年又出版了徐震堮《世说新语校笺》。此书影是宋椠本。

《聊斋志异》是这类小说的顶峰。模仿《世说新语》的小说达几十种之多，这也说明了魏晋南北朝小说的影响。

《琵琶记》如何体现当时的价值观

《琵琶记·蔡公逼试》插图

《琵琶记》诞生于戏曲高度发达的元朝末年，创作者是曲作家高明，作品前身是宋代戏文《赵贞女蔡二郎》。原作中男主角是个陈世美一般的形象，为了个人富贵而抛弃结发妻子。《琵琶记》基本继承了《赵贞女》故事的框架。它保留了赵贞女的"有贞有烈"，但对男主角蔡伯喈的形象做了全面的改造，让他成为"全忠全孝"的书生。为了终养年迈的父母，他本来并不热衷于功名，只是辞试不从，辞官不从，辞婚不从，这"三不从"导致一连串的不幸，落得个"可惜二亲饥寒死，博换得孩儿名利归"的结局。

《琵琶记》之所以在中国戏曲中有着非常高的地位，一方面是因为它把情节写得曲折动人，另一方面还宣传了忠孝双全的封建道德。

对《琵琶记》的研究，能够让我们充分了解当时社会的主流价值观念和家庭伦理观念。可以说戏曲史上，尚无第二部作品能够像《琵琶记》深刻地揭示出中国传统社会中的家庭生活内涵。《琵琶记》中的主角们，几乎都是按照当时的正统思想来塑造的，没有人从本质上来说是坏人，都有自己美好德行的初衷，每个人都有自己善良的愿望和出发点。但是，在当时的社会环境中，这些出发点和之后的行为，有可能产生一系列的"蝴蝶效应"。从《琵琶记》中能看到非常传统的中国孝道思想，这本是无可厚非的。但是，这里却对很多当时的主流思想进行了剖析和拷问，我们是否应该无条件地遵从这些主流教学？我们是否能够在所谓的社会大潮流面前，坚定地保持住自己的意志？我们是否可以适当地放宽对"离经叛道"这些概念的范围？所以，《琵琶记》从很大的程度上来说，除了揭示当时主流观念中对人进行束缚的一面，同时，还对这些观念的遵守者、卫道者进行了分析和灵魂的质问。其中所引发的思考，远比表层的"全忠全孝""子孝妻贤""刺王四"或者"否定现实""宣扬礼教"之类深刻得多。因为它触及了中国人敏感的神经，拷问着中国人的灵魂。

《琵琶记》中，戏剧冲突的线索是强试、强官、强婚，即戏中说的"三被强""三不从"（明人亦称之为"三不从琵琶记"）。撇开各种先入为主的见解，以作品的描写为唯一依据，循着"三不从"的线索，从剧情的展开来看，我们能深切地感受到中国封建伦理道德的强大力量。

第四出"强试"是冲突的开端。蔡伯喈本来出于孝道考虑，想到父母年纪大了，需要人来照顾，虽然即将到考科举的时候，但是，他想着这个时候应该以父母为重，想要放弃考试。但是，其父蔡公却并没有从儿子的角度进行考虑，他对儿子的这种行为不抱持理解，反而进行了斥责，指责他并不是因为什么孝顺，而是因为贪恋新婚妻子，所以才想要以此为借口不去参加科举考试。同时，蔡公还直接点明了当时人的一种主流思想——男子一定要考科举，只要获得了功名，那么身价就完全不同了，那个时候，纵然是自己死了，只要儿子能够光耀门楣，他也是心满意足的。这就是矛盾的起点，也是社会主流观念引发悲剧的开始。而这个时候，第二个主流观念又出来了，它进一步推进了悲剧的发生——深受封建思想熏陶的蔡伯喈，既不能违背孝道伦理原则，又不能违抗父命，在无可奈何的情况下，只好离开了家，向悲剧的境地迈开了第一步。这里表现的是封建伦理中的"孝道"。这就是辞考不成的悲剧之一。

迫于父亲给予的压力，蔡伯喈如期赴试，得中状元，便得到牛丞相的青睐。这个时候，牛丞相想要招蔡伯喈为女婿，还请来了皇帝想要促成这桩婚事。蔡伯喈此时却是没有权利拒绝，一个丞相，一个皇帝，他一个新科状元而已，是万万得罪不起的。这里面需要考虑的问题太多，一旦这两个高位之人暴怒，那么，丢了功名事小，有可能会牵连到一家人。有苦难言之下，便有了辞婚不成的悲剧之二。

蔡伯喈倒不想滞留京师，他在辞婚的同时，上表辞官，希望皇帝任命他为乡官："乡郡望安置。庶使臣，忠心孝意，得全美。"但朝廷的答复是："孝道虽大，终于事君；王事多艰，岂遑报父？……可曲从师相之请，以成《桃夭》之

《琵琶记》书影
《琵琶记》传本甚多，其中以嘉靖苏州坊刻本和清陆贻典抄本最为接近原著。此外尚有李卓吾评本、上海古籍出版社出版的钱南扬校注《元本〈琵琶记〉校注》。

化。"君命难违，蔡伯喈有苦难言，有家难归，不得已入赘牛府。这也就是辞官不成的悲剧之三。

最后呢？个人善意的考虑，最终没有得到理想的结果。蔡公一心盼望儿子能够高中状元，从而光宗耀祖。但是，儿子得中状元之后，却根本没有办法尽孝身前，蔡公蔡婆也在家乡的灾祸中衣食无着，最后家破人亡。而一心为了父母考虑的蔡伯喈，最终却一辈子无法消弭心中的内疚，他在常人眼中的喜事——高中状元、得娶丞相女，都成了一种可笑的悲剧。就这样，一个努力按照封建伦理行事的"孝子"，却因伦理纲纪的不合理以及伦理纲纪自身的矛盾，成为可怜可悲的牺牲品。

《琵琶记》插图　清　胡锡珪

从这个作品中，我们看到了一系列的封建伦理，统治者将它们看作赖以维护封建秩序的支柱。而儒家也以血缘为基础，推衍出一套君臣父子的伦理纲常，以规范人们的行为准则，要求人们按伦理纲常行事，即要求人们通过礼教的自律，抑制个人的欲望，实现社会的和谐。然而，伦理纲常有时候没有行事到位，就有可能与最正常的人性相悖，以至于产生所谓"忠孝不能两全"的悲剧，即因为伦理纲常本身经常出现抵触的局面。蔡伯喈服从了皇帝朝廷，便照顾不了父母家庭；反过来，他要做"孝子"，便做不了"忠臣"。至于个人的意愿，更遭到无情的践踏。这一来，努力按照伦理纲常行事的蔡伯喈，只能陷入两难的境地。作者借此对封建伦理宣扬的"全忠全孝"进行了一定深度的批判。

《水浒传》是一人所写，还是多人所著

中国四大古典名著之一的《水浒传》在民间广受欢迎，一百零八将除暴安良、替天行道的故事更是家喻户晓。一般认为，《水浒传》的作者是施耐庵，但由于中国古代小说创作的特殊性，小说的作者往往并不能确定，不光《水浒传》，四大名著中其他三部作品的作者也是一直存疑的。

集 部

四大名著均诞生于明清之际，远的距今六七百年，近的不过两百多年，为何作者竟成了谜？究其原因，一是近代以前，人们认为小说只不过是上不得台面的小道，只有诗文才是大道，所以，小说之类没有十分正式的记录。而就作者本身来说，由于受这种观点的影响，自身也不是特别高调，因为毕竟作为"小道"的创作者是没有什么值得高调的理由。多数作者可能自己都羞于登上自己的名字。二者和小说本身的发展流变相关。小说从早期民间集体创作，到后来逐渐成为作家独立写作，经历了一个很长的历史发展过程，其间有许多模糊的界限。早期的许多作品可称之为累积型的作品，《三国演义》《水浒传》就是典型。

施耐庵像

作为四大名著中最早的白话小说，《水浒传》无论是在民间还是在殿堂，其影响都非常之大。封建朝廷屡次将其列为禁书，普通百姓却一直争相传诵，知识分子更是评价甚高，明末清初的金圣叹把《水浒传》与《离骚》《史记》等并列，谓之"六才子书"！但流传如此之广，影响如此之大的作品，其作者是谁，却一直有争议。

所以，关于作者最主要的说法就归类为了三种：1.施耐庵说。2.罗贯中说。3.施耐庵、罗贯中合撰说。

施耐庵说

施耐庵是元末明初的文学家，据说此人极其有才，辞章诗歌、天文、地理、医卜、星象等无不精通。

此说见于嘉靖四十五年（1566年）郎瑛在《七修类稿》中说："此书为'钱塘施耐庵的本'。"万历年间，胡应麟在《少室山房笔丛》中指出："武林施某所编水浒传，特为盛行。"现代的许多主流观点也一致认为施耐庵是《水浒传》作者。施耐庵写完《水浒传》后没过几年就病逝了。

罗贯中说

罗贯中是山西太原人，他是元末明初的小说家、戏曲家，著作有章回小说《三国演义》。据说，他在战乱之中认识了施耐庵，两个人以师徒相称，甚至还参与了一些起义政权。

335

梁山伯收关胜　年画

此说见于明代郎瑛《七修类稿》、田汝成《西湖游览志余》、王圻《续文献通考》、《稗史汇编》、许自昌《樗斋漫录》、阮葵生《茶余客话》等书的记载。郎瑛在《七修类稿》中说:"《三国》《宋江》二书,乃杭人罗贯中所编。予意旧必有本,故曰编。"

施耐庵、罗贯中合撰说

此说见于我们现在已知的题署:一是高儒《百川书志》所记录的"施耐庵的本,罗贯中编次";二是国家图书馆所藏残本(嘉靖本)《天都外臣序本》,袁无涯刊本所题署的"施耐庵集撰、罗贯中纂修"。这表明施耐庵是作者,罗贯中是编者、整理者。施耐庵的著作权应该得到毫不含糊的承认,罗贯中参与了创作,是施耐庵的合作者,应该得到公正的对待。

虽然说法不一,但可以确定的一点是,《水浒传》的产生和丰富并不是一时一地一人一力所致。宋江等一百零八将在梁山聚义的故事本有所源,民间又有很多文学作品有所涉及,元杂剧更是有许多"水浒"的戏目。不管其作者究竟是谁,这本小说都可以看作中国民间智慧的结晶。

《西游记》中有何现实影射

在《西游记》这部中国人熟知的神话小说中,存在着四个不同的时空:天庭、地府、龙宫和人间。对于现实生活中的人而言,这四个"异度空间"都是神秘莫测的,就连孙悟空这样集天地之灵气而生的"神猴"也有同感。

第一次来到天界时,他眼前的景象远非想象所能及,"金光万道滚红霓,瑞气千条喷紫雾","琉璃造就""宝玉妆成"的南天门,"缠绕着金鳞耀日赤须龙"的大柱,"盘旋着彩羽凌空丹顶凤"的长桥,"脊吞金稳兽"的三十三座天宫,"柱列玉麒麟"的七十二重宝殿,"正是天宫异物般般有,世上如他件件无"。初来乍到的孙悟空被如此美景惊呆了,故而有"猴王有分来天境,不堕人间点污泥"。

然而,在这个想象出来的完美时空之中,也依然存在着与现实相通之处:神仙虽有不老之身,但也并非永生不灭,他们也需要经历"天人五衰"的考验,如果法力不足以抵抗这种考验的话,上千年的修行便也会"神死灯灭"。

因此,神仙也并不像想象中的那样逍遥自在,虽然他们不像人那样被死亡的阴影所困扰,却也不得不担心随时可能降临的"天人五衰"的考验。于是,不断提升自己的法力成了他们无忧无虑的生活中唯一需要操心的事。但自我修炼毕竟太过辛苦,神仙们也希望能走捷径,那些仙界的珍品,便是解决问题的最佳途径。

瑶池的蟠桃有三千六百株,有吃了可以成仙得道的三千年一熟,有吃了可以长生不老的六千年一熟,也有吃了可与天地齐寿的九千年一熟;五庄观的人参果,三千年开花,三千年结果,三千年成熟,只要闻一闻,也能活三百六十岁,要是能吃上一个的话,就能活四万七千年。这样的仙界珍品一旦下肚,可以省去很多打坐修行的工夫,而且只要定时将它们融入体内,"天人五衰"的问题便可迎刃而解了,它们自然就成了神仙眼中的宝贝。

然而,这样的宝贝就如同世间的宝藏,只有那些有能力的人、地位高的神仙才可以享用。地位低的神仙也只有孙悟空不知天高地厚敢随便拿来吃,其他神仙则只能用一句"见便曾见,却未曾吃"的凄楚言话来表达心中的羡慕了。于是有了太上老君身边的看炉童子所言:"我们打什么坐,立什么功,炼什么龙与虎,配什么雌与雄,只该吃他(唐僧)去了。"他虽位列仙班,但地位受限而无法品尝那些仙界的珍品,因而只得到人世间吃经十世修行的唐僧肉,以期延寿长生。正如观音大士所说:"菩萨妖精,总是一念。"

人世间又何尝不是如此。在中国的古代社会中,即便是繁盛如大唐帝国,弱肉强食也始终存在,居上位者掌控着世间的资源整合权,他们自然能享有所有的美好,居下位者无权享受这些,则只能向更下层者伸手索要。"大鱼吃小鱼,小鱼

《西游记》图册　清
明代吴承恩的《西游记》问世后,各种表现唐僧师徒取经故事的艺术题材相继涌现,如诗歌、绘画、书法、雕塑、建筑等,不仅有巨大的美学价值,而且在民俗学、社会学上也有不小成就。《西游记》图册由清代康熙时期的四大书法家之一的陈奕禧书写简单的文字说明,图画生动传神,富有想象力,图文并茂,使故事情节通过图片与文字得到更好的体现和延伸。

吴承恩墨迹

吃虾米"的轮回从未停息，天庭存在的"伦理"正是人间现实的反映。

《西游记》中想象出来充满奇幻色彩的人间，也都是现实生活的投影。比丘国王因贪恋女色，纵欲过度，"弄得精神瘦倦，身体尫羸，饮食少进，命在须臾"。国丈进言：只要用一千一百一十一个小儿的心肝煎汤服药，不仅药到病除，而且还会修得"千年不老之功"；车迟国因长年大旱，而使百姓颗粒无收，"不论君臣黎庶，大小人家，家家沐浴焚香，户户拜天求雨"，此时来了三个妖道，解了这一困境，自此国王便对他们言听计从，甚至害死了一千多名和尚。

身为君王如此荒淫无度、是非不分，不禁让我们想到了明代嘉靖帝的昏庸、正德帝的荒淫。倘若这两位君王有幸看到这一部分，不知是否会有所感触。

再回过头来看看那个令人不寒而栗的地府。俗话说："阎王判你三更死，不得留人到五更。"地府在世人的心中，是公正无私的，无论是豪门富户，还是九品寒门，在那里都应是一视同仁的。

然而，在吴承恩的笔下，这里不是想象中的那般公正，就连生死簿都可以随便涂改。唐太宗来到冥间，将一封魏徵所写的书信交与崔判官，原来崔判官生前与魏徵乃八拜之交，就此生死簿上唐太宗的阳寿无端增加了二十年。公正被人情所取代，一如人世间的徇私舞弊。

胡适曾说："他（《西游记》）至多不过有一点爱骂人的玩世主义。"鲁迅也曾说《西游记》"虽述变幻恍惚之事，也每杂解颐之言，使神魔皆有人情，精魅亦能世故，而玩世不恭之意寓焉"。吴承恩用他的想象，写出了一部很有趣味的滑稽小说，他笔下的天庭、人间、地府，都是意料之外的完美时空，其中充满了种种神话色彩，但与此同时，却又与现实的人世间有着千丝万缕的联系。

《金瓶梅》如何阐述"欲"

中国传统文学从《诗经》时就被定下了基调："乐而不淫，哀而不伤。"西汉确立儒家思想统治地位后，文学的理性与功能性更为加强，程朱理学之后更是达到"存天理、灭人欲"的顶峰。所以，正统的中国文学是理性的，以格律约束情欲。自从话本小说这种为民间所喜闻乐见的文学形式诞生后，有关欲望的描述变多了。这种对欲望的表现逐渐累积下来,到了明朝,一部非常另类的作品诞生了,它就是《金瓶梅》。

《金瓶梅》的作者署名兰陵笑笑生,这本书是我国明代的长篇世情小说,成书约在隆庆至万历年间。小说借《水浒传》中武松杀嫂一段故事为引子,牵扯出兼有官僚、恶霸、富商三种身份的封建时代市侩势力的代表人物西门庆及其家庭罪恶生活,揭露了明代中叶社会的黑暗和腐败,具有较深刻的认识价值。

《金瓶梅》之所以在中国文学史上被认为属于异类,关键点在于这本书对"欲"的描写过于直白、过于原始化,简直就是将欲望赤裸裸地展现在人前,并且篇幅非常大。这在之前的作品中,哪怕是同类作品中,也是非常少有的。在这本书里,几乎所有的角色都是将自己沉浸在"欲望"之中,并且很少带有"情",只是单纯的动物性的原始欲望。所以,这样的表述才是前所未闻的。

除了欲望本身,这本书还可以作为当时社会百态的借鉴。全书一方面辐射市井社会,一方面反映官场社会,展开了一个时代的广阔图景,彻底暴露出人间的肮脏与丑恶。西门庆一方面凭借经济实力来交通权贵,行贿钻营,提高政治地位;另一方面又依靠政治地位来贪赃枉法,为所欲为,扩大非法经营,从而成为集财、权、势于一身的地方一霸。在这样的一条主线之中,反映着从上至下的社会状态,从官府权贵到普通百姓,都展示了不同阶层的不同状态,反映着当时社会现象的黑暗。

虽然这本书中描述人的欲望、社会百态等,但是最终都可以归纳到人性上。是在当时的社会环境之中,人性的扭曲和异化。尤其是书中的女性形象,最终都是悲哀的,作为当时弱势的女性来说,她们没有能力去改变或者反抗男权社会加之于她们身上的痛苦。所以,这些女性也十分清楚地认识到这个现况,从而只能一同堕落。因为她们无法改变,所以,只能以一种更为痛苦的异变来抗衡。这些女性形象自身带有的情欲、物欲,简直可以说是超常,这种人性异变也是其中一个原因。这些形象的表述没有任何曲

《金瓶梅》故事图 清

折,就是这样赤裸裸、血淋淋地直接解剖在读者面前,就是非常直接地将这种无法改变的痛苦命运直面出来。这种对人性的拷问,这种对命运的沦陷,说明该书揭示的主旨还是非常深刻的。

在张爱玲看来,《金瓶梅》是远比《红楼梦》重要的小说,她举出很多例子说明《红楼梦》的书写受到《金瓶梅》的强烈影响。她从一个女性的角度认真地解读《金瓶梅》,并公开推崇它,在当时的社会是很难得的。从"情"与"欲"的层面来说,两者是不同的。《红楼梦》里也有些"欲",但是,这种"欲"是的的确确带上了"情",无论是宝玉、黛玉,还是贾瑞等,都是这样的。这种欲望就不是单纯的、原始的欲望,它更多的是带上了一份天然的人性,所以《红楼梦》中"情"和"欲"在某些地方是有所纠缠的。但是,《金瓶梅》中,我们也知道,"情"这种天然人性的成分相对比较少,而且描写得比较直白粗放,相对于《红楼梦》中那种模糊的、隐性的、被细腻安排过的"欲"来说,《金瓶梅》的这种直面欲望本质的表述就是为人所诟病的地方。

台湾作家侯文咏就说过,《金瓶梅》这本书的奇特之处在于,别的书都在找读者,而《金瓶梅》反过来,它在拒绝读者。兰陵笑笑生在写本书时,仿佛在说:"看不懂的人不要来读这本书。"或者:"水准不高的人别来看这本书。"它从诞生之初,就是为了寻找那些真正能读懂的知音。其中,读者也需要有一定的能力。当你读懂的一刹那,你会惊叹:写得真好!当然,现在我们来看这本书,还是会有很多密码,我们不能完全了解。但历经几百年的思想解放,现代人已经越来越能以坦诚的眼光来看待《金瓶梅》中的情欲描写了。就像在西方的启蒙运动时期,他们就经由启蒙运动去认识情欲,卢梭写《忏悔录》剖白自己的情欲,就是让情欲走到一个比较光明正大、比较开放、比较健康的状态中。从这个角度说,《金瓶梅》也是一本旨在启蒙民众思想的小说。

《聊斋志异》中的女性为何带有一些"青楼"悲情色彩

《聊斋志异》中最经典的故事大部分都是爱情故事,因而有学者将《聊斋志异》称为"爱情的大观园",各种各样的爱情在这里展览,让人赏心悦目,怡然忘返。但明显这些爱情故事具有理想化的倾向,所以蒲松龄巧妙地将爱情的主体转嫁到狐鬼花妖等不受世间礼俗限制的角色身上。这样一来,蒲松龄便可以放开手脚地描述爱情,而爱情这种在古代看来颇为讳言的东西,又总容易让人与青楼女子联系在一起。《聊斋志异》里的佳人，隐隐地有青楼女子的身影。

在国学大师陈寅恪看来，《聊斋志异》中那些花妖狐媚女子具有非常鲜明的青楼红粉的特征。狐鬼与青楼之间有哪些关联？

首先，《聊斋志异》爱情故事中的女主角都年轻貌美。狐仙鬼魅自是貌美如仙，古代有名的青楼女子也都色艺双绝，像苏小小、李师师、陈圆圆、柳如是等，无不是男人倾慕的对象。

其次，这些女子大都出身凄凉，与郁郁不得志的书生能产生某种共鸣。《聊斋志异》里的女鬼佳人，大多是早逝的，红颜薄命，成了孤魂野鬼，流落异乡，可能还像聂小倩一样被老鬼奴役。这种命运与青楼女子相似，没有哪个女子是兴高采烈地奔入青楼的，过上迎新送旧的卖笑生活，纯属为生活所迫。正因为她们无处倾诉的人生之苦，给了那些书生以路见不平拔刀相助、展现英雄气概的机会。而同时落魄书生也有着怀才不遇的苦闷，于是书生怜香惜玉，青楼女子怜才爱才，便在同命相怜中产生了爱情的佳话。

蒲松龄像

再次，这些女子都具有一定的文学修养，思想上也比传统的女子更为开放。《聊斋志异》里的佳人们大都能吟诗作赋，至少也可以红袖添香。有些则在与才子的交往过程中受到熏陶，脱离文盲。古代层次较高的青楼女子一般都是受教育程度较高的一群人，她们不仅能歌会舞，而且会填词谱曲。因为有一定文学修养，才能和才子们吟诗作对，在文学和思想上有交流，才能产生深层共鸣，成为才子的红颜知己。身处青楼，思想开放，受礼教的拘束也就更少。

最后，这些女子的结局也有相似之处，要么没有结果，要么修成正果。《聊斋志异》里狐仙鬼魅修行成人后，要为人世所接纳，往往要付出比凡间女子更多的艰辛，而最后这些苦心的狐鬼也不一定能与所爱之人修成正果。青楼女子从良后，亦是如此，她们饱受俗世的非议，要承担比常人更多的压力和苦难。但这样的女子一旦从良，就更有成为贤妻良母的潜质。如孔庆东在《空山疯语》里说："妓女成为妻子后，一方面保留了她色艺双全的魅力，能够与主人诗文唱和，调笑欢娱；另一方面又以良家女子的形象处世，孝敬公婆，抚育子女，管理家务，

《聊斋志异·钟情失皇》插图

《聊斋志异·画皮》插图

《聊斋志异·姊妹易嫁》插图

结束了卖笑呈欢、生张熟魏的色相生涯，把全部身心奉献给自己的家庭。"

结合以上这些相似之处，我们便能感受到青楼女子在蒲松龄心中的地位。当然，这种喜爱不同于浪荡子的淫邪之心，蒲松龄爱上的是她们的才情、不羁与悲凉的命运。当然，蒲松龄笔下的女性也有明显的不同。青楼女子不存在所谓的贞洁，而蒲松龄笔下的佳人可都是"俨然处子"，林四娘"妾年二十，犹处子也"。连锁也是"依然处子"。这一点又要联系到蒲松龄的现实生活。不管逛青楼，还是把青楼女子长期包养下来，都需要花钱，而且数目还相当可观，不是一般人能负担得起的。至少，像蒲松龄这样的落魄书生是负担不起的。而《聊斋志异》里的佳人不仅不花钱，还常常是倒贴的。由于这些书生面临着实际的生活困难，所以那些美丽、聪明、善良的女性就往往不但不需要他们破费，给他们增加生活的负担，相反，还会以自己的方式帮助男子改善生活。连城"矫父命赠金以助灯火"，阿宝则带给孙子楚一笔不小的嫁妆，菊仙黄英靠种菊贩菊以自家神通致富，老鼠精阿纤则是发挥老鼠的特长以勤劳、善于囤积致富。貌美女子反过来追求男子，未尝不是蒲松龄这样的落魄文人的一点遐思。

在对蒲松龄生平的研究中，我们发现他与青楼女子有过接触是毋庸置疑的。蒲松龄早年曾有过一段为孙树百担任幕僚的经历，其间，他和孙树百青楼出身的姬妾顾青霞的关系非常特殊，他亲昵地把她称作"可儿"，为她编选了百首唐人绝句以为香奁之诗，并让她读给自己听。他还为她写了很多诗，有些诗歌的色彩非常暧昧。除了顾青霞，他还与其他青楼女子交往，他有为数不少的《赠妓诗》。

所有这些，都为蒲松龄写作有关青楼女子的文字提供了扎实的生活基础。蒲松龄的妻子刘氏是一个贞洁而平实的乡下女人，是这些青楼女子，给了蒲松龄孤独的幕僚经历些许浪漫，为他清贫而乏味的生活增添了几许色彩。

《铸雪斋抄本聊斋志异》书影

但在《聊斋志异》中能够看到，直接写到青楼女子的篇章很少，蒲松龄明确点到出身青楼的女子只有《晚霞》中的晚霞、《嘉平公子》中的温姬、《狐妓》中的鸦头、《瑞云》中的瑞云、《细侯》中的细侯等。而完完全全生活在人间的青楼女子，则只有《瑞云》中的瑞云与《细侯》中的细侯。但即使是"瑞云"，身上也披着些许的神异色彩，一位颇有仙家风范的年轻书生为瑞云的绝世风姿所折，为免其沉沦俗世，用法术遮掩了她的美丽，使她丑陋如鬼，这样一来，贫穷的贺生才有机会娶到瑞云。当然，如果那位书生没有出现，虽然贺生表白了自己的忠诚，瑞云也会一生感到愧对贺生的真情。是书生的法术，使得他们最终各得其所，两全其美。蒲松龄为什么不写成瑞云重病，贺生昼夜服侍，终于使自己的情人重获往日的美丽呢？或者，让这种真情更坚实一些，让贺生一直等待，直到瑞云人老珠黄不值钱，然后再把她娶回家中，像珍宝一样对待？唯一的解释就是，蒲松龄不喜欢这种质实的笔墨。正像他自己所说，"避实击虚，方是文章高手"，他更愿意把作品写得虚无缥缈。

结合清初的社会文化，以及蒲松龄的个人际遇，我们能发现蒲松龄笔下的这些女子基本上是他根据个人需求设计的，或者说是专门为他这样的落魄寒士而设计的，这些女子如此完美，几乎是全方位地满足了男性的一切欲望，既可以满足他们个人价值的认定，还能帮助他们实现物质上的富足。唯有将青楼女子与现实中的闺秀结合起来，方能有这样的女子。可以说，到蒲松龄这里，中国悠久的青楼文学进一步与狐鬼的意象真正凝结在一起了。

如何理解《镜花缘》中的"女儿国"

《镜花缘》中，李汝珍记录了一个有关"女儿国"的故事，但是，这个国度却与人们心中的女儿国相去甚远，正如舵工多九公所言"这女儿国非那女儿国可比"。唐僧师徒西天路上所经的西梁女国，更接近《山海经》的描述，那是一个

《镜花缘》图册 清 孙继芳

纯女无男的国度，女子只要饮下"子母河"中的圣水，三个月后到照胎泉照得个双影，回来便可生出女儿，世代繁衍，生生不息。

李汝珍笔下的"女儿国"，却与现实社会一样，由两性构成，国中有男有女，通过正常的男女结合繁衍后代。与现实最大的不同，就在于"男子反穿衣裙，作为妇人，以治内事；女子反穿靴帽，作为男人，以治外事"，完全是"女主外，男主内"的模式，将现实世界"男主外，女主内"的模式完全颠倒了过来。

长期以来，始终掌握在男人手中的权力，在这里全部转移到了女子手中，而女子以往所受的种种欺侮与摧残，在这里也全都落到了男子身上。于是，当来自"天朝上国"的林之洋被女儿国的国王视为"佳丽"，强行要立为"王妃"时，他亲自尝了尝做女人的滋味，不仅换了服装、穿了耳洞，还尝尽了缠足之痛：

"那黑须宫娥……先把林之洋右足放在自己膝盖上，用些白矾酒在脚缝内，将五个脚趾紧紧靠在一处，又将脚面用力曲作弯弓一般，即用白绫缠裹；才缠了两层，就有宫娥象著针线上来密密缝口：一面狠缠，一面密缝……及至缠完，只觉脚上如炭火烧的一般，阵阵疼痛。不觉一阵心酸，放声大哭道：'坑死俺了！'"

看到这里，让人忍俊不禁的同时，又带上了一些深思。自宋代以来，为了男人喜爱的"三寸金莲"，女子自小便开始缠足，用布帛紧束双足，日日夜夜不能放松，直至骨骼变形为止。身为男儿身的林之洋，于此种"酷刑"面前尚且放声大哭，更何况那些稚嫩的女童，怎能受得了这样的痛苦煎熬。

千百年来，只有女子明白这种锥心之痛，而李汝珍让一个如假包换的男人——林之洋亲自体味了一下缠足的感觉，也算是看到了女性备受束缚的痛苦，难怪胡适会将女儿国看成"李汝珍理想中女权伸张的一个乌托邦"。

但此处也只是个"乌托邦"而已，正如李汝珍不可能穿越时空一样，他的人生注定只会出现在中国的最后一个王朝——清朝。一个人的见解，往往受他的生活背景所局限，李汝珍也不例外。他年轻时生活在当时的京城，因朝廷下令禁止八旗女子缠足，使缠足之风稍逊于外地，但弥漫于整个社会中的缠足之风，还是不可避免地渗入了李汝珍的脑中，他一方面反对缠足，不愿以女性的痛苦为乐；另一方面又与当时的大多数人一样，逃不出以"三寸金莲"为美的审美观。对于流行了几个朝代的缠足尚且如此，更何况是延续了几千年的"男尊女卑"观念。于是，在《镜花缘》中我们看到了一种异变的现象：男女地位互换，但实质丝毫未变。

唐敖等人初入女儿国，便见识到了此处的"妇人"，他们一副女人家的打扮，"一头青丝黑发，油搽得雪亮……头上梳一盘龙鬏儿，鬓旁许多珠翠……耳坠八宝金环；身穿玫瑰紫的长衫，下穿葱绿裙儿；裙下露着小小金莲，穿一双大红绣鞋，刚刚只得三寸；伸着一双玉手，十指尖尖，在那里绣花；一双盈盈秀目，两道高高蛾眉，面上许多脂粉。"不仅如此，其动作形态也是一副女儿态，"行动时腰肢颤颤巍巍"，一走到人多的地方，就"躲躲闪闪，遮遮掩掩"。

细看之下，才发现原来这些"妇人"都是有胡须的男人，众人不禁莞尔。原来在女儿国里，占据主导力量的女子，穿着打扮和行为方式都与男子无异，被称为"男人"。真正的男子，则处处装扮成女子模样，人们称其为"女人"。男女在这里发生了一百八十度的转变，然而，封建礼教中那些陈腐的东西还是一成不变的："男人"还是居于统治地位，掌管国家大权，可以拥有三妻四妾；"女人"还是一样要遭受穿耳、缠足等身体上的残害。

在这个表面看来是"女尊男卑"的女儿国，并非真的是女人的天下，它与人类最初的母系氏族社会中女性掌管一切，有着天壤之别。在女儿国中，地位尊贵者仍然是"男人"，备受欺凌和折磨的依然是"女人"。"男人"和"女人"的社会地位，并没有发生实质性的变化，与现实社会一样，这里仍旧是一个以"男人"权力为中心的"男尊女卑"的世界。

李汝珍笔下的女儿国，只是现实世界在镜中的景象而已，只是把男权社会全套搬过来，然后置于镜前，一切自然就会倒过来。它远非有些学者所说的那样，是一个女权社会。法国作家西蒙娜·德·波伏娃在《第二性》中说，女权社会是女性应该在所有领域，包括文化方面与男性享有一致的权利。

显然，这个女儿国并非如此，人们所看到的女人掌控一切，玩转天下的场景，也不过是一场镜花水月而已，恰也应了这部小说的主题。

《镜花缘》图册　清　孙继芳

第二十一章

戏曲
——唱、念、做、打的综合表演词

中国戏曲是一门值得深思和研究的学问，单纯从形式上来说，就十分值得考究。曾任北京大学教授的全能戏曲家吴梅老先生认为，中国戏曲最大特点之一，就是它的虚拟性，追求神似和以形写神的韵味。

不得不说，这种神似的特点是因为戏曲舞台曾有的简陋和有限的技术空间，但也正是因为这样留下的空白，而带来了更大的想象力的发挥。一个动作、一句唱词、一张脸谱，都涵盖了许多值得探讨的文化内涵，而戏曲本身的流变也增加了其更为精彩的历史属性。可以说，中国的戏曲是一种创造，而且是一种极具解放力的创造，它解放了人们的主观空间，让戏曲的欣赏者也一同参与到唱、念、做、打的表演之中，同时也加强了欣赏者无形中对戏曲人物的再认知。

"戏曲"应该如何理解

戏曲指的是中国传统的戏剧。戏曲是汉族特有的民族艺术。"戏曲"一词始见于《水云村稿》中（词人吴用章传），指南宋流行于民间的永嘉戏曲，是南戏戏文发展之先导。在河南省出土的一座宋代墓葬里，发掘出来的"宋杂剧演员丁都赛雕像砖"，是中国现存最早记录戏曲演出活动形象的文物。王国维的《宋元戏曲考》首次将中国传统戏剧推上近代学术之林，"戏曲"乃成为"中国传统戏剧"之专称。

中国戏曲早在汉代就有了百戏的记载，在13世纪已进入成熟期，其鼎盛时期是在清代。

中华人民共和国成立之初，已经发展到三百多个剧种，剧目更是难以数计。戏曲始终扎根于中国民间，为人民喜闻乐见的京剧、豫剧、越剧被官方和戏迷友人们誉为"中国戏曲三鼎甲"。各种地方剧种都有其观众对象。远离故土家乡的人甚至把听、看民族戏曲作为思念故乡的一种表现。

戏剧因以"戏"和"曲"为主要因素，所以称作"戏曲"。戏曲的内涵包括唱、念、做、打，综合了对白、音乐、歌唱、舞蹈、武术和杂技等多种表演方式，不同于西方的歌剧、舞剧、话剧。因此，简单来讲，戏曲演员所饰演的剧中人物生、旦、净、丑等不同脸变化的角色行当做的肢体表演，就是所谓的"戏"，而戏曲演员每日所练以及表演的唱、做、念等声音表演，就是所谓的"曲"。北京大学中文系教授潘建国写道："戏曲是场上艺术，重点在于展示曲词、唱腔、科介及舞台服饰之美。"其中就包含肢体表演的"戏"和对白演唱的"曲"。

民国《四进士》戏画
做是对戏曲演员的身段、表情、气派、风度等表演的总称，是戏曲表演的主要组成部分，也是舞台行动的主要组成部分。戏曲的做，多为程式性的动作，大都写意。《四进士》故事见于鼓词《紫金镯》，讲述明代嘉靖年间，新科进士毛朋、顾读、田伦、刘题四人沉浮官场的故事。图画中为杨素贞在公堂受审的情形。她痛诉冤情，不禁泪湿衣襟，为表现这种冤悲的心情，她用长袖作拭泪状。堂上大人前倾身子，右手指向杨，表明他在询问和倾听。

戏曲在"戏"的表演上着重运用以生活为基础提炼而成的程式性动作和虚拟性的空间处理。此类表演富于舞蹈性，技术性很高，构成有区别其他戏剧而成为完整的戏曲艺术体系。而"曲"的表演中，唱，指唱腔技法，讲究"字正腔圆"；念，即念白，是朗诵技法，要求严格，所谓"千斤话白四两唱"。

王国维将戏曲定义成"合歌舞以演故事"，由此更可以看出，戏曲必须具备演员、剧场、诗歌、舞蹈、音乐、代言体、演故事等基本元素，结合了"戏"和"曲"两方面的演出。有学者将王国维对戏曲的定义视为戏曲小戏必须具备的条件，小戏的表演艺术较为原始。而相较于小戏的大戏有更高度的艺术表现，已经是综合的文学与艺术，其定义为："中国古典戏剧是在搬演故事，以诗歌为本质，密切结合音乐和舞蹈，加上杂技，而以讲唱文学的叙述方式，通过俳优装扮，运用代言体，在狭隘的剧场上所表现出来的综合文学和艺术。"

戏曲是"戏中之曲"，在戏中演唱唱词。起源历史悠久，在原始社会歌舞已

徽班进京　清

清代乾隆年间（1736—1795年）活跃于北京剧坛的四个著名安徽戏班（三庆、四喜、和春、春台）同时适应北京观众多方面的需要和发挥各班演员的特长，逐渐形成了四大徽班各自不同的艺术风格，表现为三庆的轴子（指三庆班以连演整本大戏见长）、四喜的曲子（指四喜班以演唱昆曲戏著称）、和春的把子（指以擅演武戏取胜）、春台的孩子（指以童伶出色），出现了"四徽班各擅胜场"的局面。嘉庆、道光年间（1796—1850年），汉调（又称楚调）艺人进京，参加徽班演出。徽班又兼习楚调之长，为汇合二黄、西皮、昆、秦诸腔向京剧演变奠定了基础。因此"四大徽班"进京，被视为京剧诞生的前奏，在京剧发展史上具有重要意义。清末宣统二年（1910年），"四大徽班"已相继散落。

有萌芽，经过八百多年不断地丰富、革新与发展，逐渐形成比较完整的戏曲艺术体系。

"戏曲"的特点是，以集汉族古典戏曲艺术之大成的京剧为例，一是男女的反串，既可以是男人扮演女人，也可以是女人扮演男人；二是四大行当的划分：生、旦、净、丑；三是脸谱，这是一种极具夸张性和表现性的化装艺术；四是"行头"，即戏曲服装和道具有基本固定的式样和规格；五是利用"程式"进行表演，就是表演的规范化。

同时，其音乐性在于有各种各样的演唱形式，以唱腔为主，有独唱、对唱、齐唱和帮腔等，这些表现手法是为了更好地发展剧情、刻画人物性格。而其他的一些因素，比如，唱腔的伴奏、过门和行弦则是可以有效地起到托腔保调、衬托表演的作用。开场、过场和武场所用的打击乐等则是渲染气氛、调节舞台节奏与戏曲结构的重要因素。

所以，中国戏曲可以说是一种具有综合性和全方位性的舞台艺术样式。它将众多艺术形式，以一种标准聚合在一起，而各种糅合在一起的形式却并没有因为彼此的混杂而失去了自身的个性特色。这些形式主要包括诗、乐、舞。诗指其文学，乐指其音乐伴奏，舞指其表演。此外还包括舞台美术、服装、化装等方面。这些艺术形式的完美结合，就是为了一个目的——通过各种传达具象和意向的手法，来表现一个具有审美性的故事。中国戏曲之特点，一言以蔽之，谓以歌舞演故事也（清末学者王国维语）。戏曲与话剧，均为戏剧之属，都要通过演员扮演人物，运用对话和动作去表现一定长度的故事情节。所不同者，戏曲是运用音乐化的对话和舞蹈化的动作去表现现实生活，即歌舞的手段，也即人们所熟知的唱、念、做、打。这也就是戏融于曲，曲融于戏。

什么是"生、旦、净、末、丑"

京剧角色的分行十分细致，早先分为十行，后来才归并为"生、旦、净、丑"四行。各类角色根据剧中人物的身份、气质与性格的不同，都有固定的脸谱、扮相和服饰，各行角色的舞台动作也都有规范。

行当就是戏剧中的角色。远在七八百年前的元代，杂剧仅仅被划分为三大行当：末、旦、净。在这三大行当下面又分出小的行当，其中末分正末、外末、冲末；旦分正旦、外旦、搽旦；净分净与副净。正末和正旦为主要角色。虽然在现在看来，元杂剧对于行当的划分稍显粗糙，但这种行当的划分在当时具有很大意义。后来，在正式的人物行当划分中，"生、旦、净、末、丑"形成了自己的重要程式。

生行：京剧中重要的行当之一，分为须生（老生）、红生、小生、武生、娃娃生等，是京剧中的重要行当之一。须生（老生）：在戏曲表演中，都是中年以上的剧中人，口戴胡子（髯口），会根据角色的性格与身份的不同，分为安工老生或称唱工老生（多是扮演文人官僚或者帝王）、靠把老生（多扮演武职人员）、衰派老生（多扮演命运坎坷之人）。红生：为勾红脸的须生（多扮演关羽之类）。小生：指演剧中的翎子生（多扮演王侯将相的角色）、纱帽生（多扮演文职官员的角色）、扇子生（多扮演的是书生一类的角色）、穷生（多扮演为生活窘迫的书

同光十三绝
"同光十三绝"指的是清同治、光绪年间，京剧舞台上享有盛名的十三位演员。

京剧《霸王别姬》项羽脸谱

京剧中项羽的脸谱俗称霸王脸、无双脸,因为这种脸谱为霸王专用,绝无重复。在两眉与眉梁之间勾成一钢叉形状,以象征项羽的威猛,因此又称钢叉脸。项羽眉间勾画相连的长寿形,在脸谱中称此中眉为万字眉。京剧和皮黄戏中的项羽都是以黑色为主,只是脸谱谱式有所差别。《霸王别姬》里西楚霸王项羽的脸谱为哭脸,用以表现这位陷入四面楚歌的末路英雄。

生)等。武生:为戏中的武打角色,穿厚底靴的叫长靠(墩子)武生,穿薄底靴的称短打(撇子)武生。

旦行:简称"旦",分青衣、花旦、武旦、刀马旦、老旦、贴旦、闺旦等角色。旦角全为女性。青衣:以唱为主,一般都是扮演贤妻良母型角色。花旦:亦叫花衫,以服装花艳为特色,以演皇后、公主、贵夫人、女将、小贩、村姑等角色为主。贴旦:所扮演的多数为村姑贫女、侍妾丫鬟。武旦、刀马旦:为演武功见长的女性。老旦:用本嗓子演唱,多为中老年妇女。

一般来说,"生""旦"的化装并不夸张浓厚,而是稍微略施薄粉,所以也称为"素面"或"洁面",就是需要这种"俊扮"美化技巧。其特征是"千人一面",意思是说所有"生"行角色的面部化装大体一样,无论多少人物,从面部化装看都是一张脸;"生""旦"人物个性主要靠表演及服装等方面表现。

净行:净角指脸画彩图的花脸角色,表现的是在性格气质上粗犷、奇伟、豪迈的人物。看来并不干净,故反其意为"净",俗称花脸。净行人物按身份、性格及其艺术、技术特点的不同,大体上又可分为:正净(大花脸),人物主要以唱工为主。京剧中又称铜锤花脸或黑头花脸,扮演的人物大多是朝廷重臣,因而以气度恢宏取胜是其造型上的特点。副净(也可通称二花脸),又可分架子花脸和二花脸。架子花脸,以表演为主,重身段动作,多扮演豪爽勇猛的正面人物,如鲁智深、张飞、李逵等。也有扮反面人物的,如京剧中抹白脸的曹操等一类。在其他剧种里大多不称架子花脸,在川剧、湘剧等剧种叫草鞋花脸。二花脸也是架子花脸的一种,戏比较少,表演上有时近似丑,如《法门寺》中的刘彪等。武净(武二花),分重把子工架和重跌扑摔打两类。重把子工架一类扮演的人物如《金沙滩》的杨七郎,《四平山》的李元霸等。重跌扑摔打一类,又叫摔打花脸。如《挑滑车》中牛皋为架子花脸,金兀术为武花脸,金兀术的部将黑风利为摔打花脸。

末行:简称"末"。该行当多为中年以上的男性。实际上由于是引戏者,末行一般会在打头出场，反其意而称为"末"，后来并入了生行。在北杂剧中，末称"末泥"或"末尼色"，泛指末本正角，与宋元杂剧所称的"生"类似，而与"末"的含义不同。宋元南戏所称之"末"实即"副末"，除介绍剧情梗概和剧目主题的开场外，还在戏中扮演社会地位低下的次要角色。

丑行：简称"丑"。剧中丑行勾脸，画"三花脸"，面谱与花脸有很大区别。在鼻梁眼窝间勾画脸谱，多扮演滑稽调笑式的人物。在表演上一般不重唱工，以念白的口齿清晰流利为主。可分文丑和武丑两大分支。文丑中又称为方巾丑（文人、儒生）；武丑，专演跌、打、翻、扑等武技角色。"丑"为笨的代名词，但舞台上的武丑也叫开口跳，能说能跳，表演活泼伶俐，善演武功武技的角色。

戏曲中人物行当的分类，各剧种中不太一样，以上分类主要是以京剧的分类为参照，具体到各个剧种中，名目和分法要更为复杂。

何谓"杂剧""散曲"

元曲是盛行于元代的一种文艺形式，包括杂剧和散曲，两者都采用北曲为演唱形式。散曲是元代文学主体，不过，元杂剧的成就和影响远远超过散曲，因此也有人以"元曲"单指杂剧。现在我们来具体看看"杂剧"和"散曲"这两个概念。

杂剧可分为宋杂剧、金院本和元杂剧。就其音乐——北曲来说，则是一种早期的以曲牌体为特色的重要声腔系统。它吸收、融合了中国传统艺术的优秀成果，对当时的南戏和明代以来南北各种地方声腔剧种产生了广泛而深刻的影响。

杂剧最早见于唐代，泛指歌舞以外诸如杂技等各色节目。到了宋代逐渐成为一种新表演形式的专称，包括歌舞、音乐、调笑、杂技。北宋以后，杂剧既有随宋室南迁的，也有为金所继承的，金继承的宋杂剧也称院本，性质上与宋杂剧没有区别。北宋末至南宋初，南方也产生了一种与宋杂剧不同的戏曲南戏，又叫戏文，又因为产生地在浙江温州，所以又叫温州杂剧或永嘉杂剧。南

《元曲选》插图

青花《西厢记》人物故事图瓶　元

戏重故事情节，结构可调整，而宋杂剧基本由三段构成。南戏不讲究宫调，后来才形成集曲成套，曲牌连接有一定次序。

到了元代，杂剧几经发展成熟，元杂剧又被称为北杂剧、北曲、元曲，与南戏在中土各占一席。元曲包括元杂剧和元代散曲两部分，它在金院本的基础上形成。

13世纪后半期，元杂剧雄踞剧坛。它呈显著的四折一楔子结构，一人主唱，曲白相连。"折"相当于一场戏，一折当中场景可有所变换。"楔子"的篇幅比较短小，通常放在第一折前作为序幕，偶尔也会放在两折之间作为剧情的过渡。个别杂剧亦有突破四折一本形式的，例如《赵氏孤儿》，其为五折。一般说来，一本为一剧，但《西厢记》则是以五本为一剧，看来故事的内容对剧本也甚有影响。元代杂剧剧本注重舞台性，角色分工类型化，漠视生活外部真实形态，以类型化、象征化的手法，表现剧作的内在情绪。内容多为民间传唱的故事，反映当时的社会现实。

杂剧有三个构成部分：宾白、唱词、科介。三者交相配合，推动剧情发展，刻画人物性格。"白"有韵白、散白，还有"带云""背云""内云"等名目，起串联唱词、交代内心活动、人物间交流的作用。"科介"包括人物动作、表情、武打、歌舞以及音响效果等内容。"唱词"是在音乐上采用联套方式，由同一宫调的数支曲子组成，一折一套。

元杂剧的音乐北曲，是形成于北方的一种曲牌联套体声腔系统。它继承了唐宋以来的歌舞音乐（如大曲和转踏）、说唱音乐（如鼓子词、唱赚和诸宫调）、歌曲（如曲子词、汉族和北方兄弟民族的民间歌曲）等音乐元素。

散曲被元人称为"乐府"或"今乐府"。其名最早见于明初期朱有敦的《诚斋乐府》，它指出散曲只含小令，不包括套数。明代中叶以后，散曲的范围逐渐扩大，把套数也包括了进来。至20世纪初，吴梅、任讷等曲学家确认，散曲包含小令和套数。

散曲产生于民间的俗谣俚曲。是一种同音乐结合的长短句歌词，在宋金时期又吸收了一些民间流行的曲词。尤其是少数民族的乐曲进入中原之后，与中原正乐融合，许多传统词曲不能适应新的音乐形式，散曲即应运而生。金元时散曲于北方起源，故又称北曲。它包括小令、套数和介于两者之间的带过曲等几种主要形式。

小令又叫"叶儿"，其名称源自唐代的酒令。单片只曲，调短字少。还有一种联章体又称"重头小令"，则是由数支小令联合而成，题同调，内容相连，首尾句法相同，每首小令可以单独成韵，多的可达百支。

套数又称"套曲""散套"或"大令"，是从唐宋大曲、宋金诸宫调发展而来。有三个特征：全套必须押韵相同；需有尾声；同宫调两个以上的单曲连缀而成。套曲篇幅相对大，内容复杂，或抒情，或叙事，或二者兼而有之。

带过曲是由同一宫调的不同曲牌组成，如《雁儿落带得胜令》《骂玉郎带感皇恩采茶歌》等，曲牌最多不超过三首。带过曲属于小型曲组，容量较小，没有尾声。

散曲从结构上还可分为小令、中调、长调。它之所以称为"散"，是相对元杂剧的整套剧曲而言的。但它是一种可以独立存在的文体。其特性有三点：语言有一定格律，同时吸收口语自由灵活的特点，因此呈现口语化以及曲体某一部分音节散漫化的状态；艺术表现上比近体诗和词更多地采用"赋"的方式，加以铺陈；散曲押韵比较灵活，可以平仄通压，句中还可以衬字，北曲衬字可多可少，南曲有"衬不过三"的说法。

南戏和北杂剧形成于何时

在中国古代光辉灿烂的文化艺术中，有一颗璀璨的明珠，那就是中国古代的戏曲艺术。但是中国戏曲艺术究竟形成于何时，历来众说纷纭，莫衷一是，难以得出一个确切的定论。

从戏曲的雏形来看，其起源看法各不相同。或认为起源于巫觋歌舞，或认为起源于傀儡戏，或认为起源于战国时期出现的雏形歌舞剧《九歌》，或认为起源于梵剧，或认为萌芽于原始时期的歌舞，或认为起源于"百戏"。

傀儡戏婴图　宋
傀儡戏有着悠久的历史，汉到唐代列入散乐，表演歌舞节目。宋代有悬丝傀儡、杖头傀儡、水傀儡、药法傀儡数种。图中所展示的应属悬丝傀儡。

而从时间来看,十二三世纪,中国的南北方分别涌现出南戏和北杂剧这两种戏曲形式。它们无论在表演内容和艺术形式上都脱离了中国早期戏剧类似杂耍的痕迹,而趋于高度成熟。一般认为,它们是中国戏曲最早的成熟形式。

南戏是中国的百戏之祖,其产生于我国的南方一带,又被称为"温州杂剧"或"永嘉杂剧",可以说是最早的戏曲雏形,它的具体产生年代是明人祝允明和徐渭首先提出来的。祝允明在《猥谈》中认为:"南戏出于宣和之后,南渡之际。"也就是说,祝允明认为,南戏应该是出于宣和宋徽宗时期。徐渭的观点和祝允明稍微有些不同,他在自己的《南词叙录》(研究中国古代戏曲南戏的重要专著)中提出:"南戏始于宋光宗朝,永嘉人所作《赵贞女》、《王魁》二种实首之。"徐渭认为,南戏应该是从宋光宗时期就产生了。宋徽宗朝是1101年到1125年,而宋光宗朝是1190年到1194年,之间相差了大概八十年。

洪洞明应王殿元杂剧壁画(摹本)
画高411厘米,宽311厘米。画上横额为"大行散乐忠都秀在此作场",并注明是泰定元年(1324年)。画面是演出的舞台,靠后有大幅台幔,上有绘画两幅。左面是一壮士执剑,作砍杀状;右面是青龙张牙舞爪,作抗拒状。其用途是隔开前后排。台上十人,前后各五人,其中七人为化装的剧中人物,其余三人是鼓、笛、拍板的伴奏者。可见当时时兴演奏者同台的风气。

无论这两种说法哪种正确,起码可以证明一点的是,南戏产生的时间可以追溯到北宋时期。

而对于北杂剧来说,有说法认为其形成于金末元初。北杂剧当时还掺杂在金院本中没有独立出来,到了元代才脱颖而出。院本就是宋杂剧在宋、金南北分治之后,保留在北方并得到发展的舞台艺术,其内容、形式、角色以及"务在滑稽"、唱念应对通"遍"的艺术特点,也与宋杂剧一脉相承。《太和正音谱》中将关汉卿列为"杂剧之始"的说法是不太准确的。因为那个时候,关汉卿的作品已经具有十分成熟的风貌了。说明这个时候的北杂剧应该是处于发展得比较成熟和完善的时期,如果硬要说成才刚刚兴起的话,这两点就相互矛盾了。但是,北杂剧形成于金末元初的说法的形成,却也是有据可依的。

首先,从文学基础上来说,已经有了较为成熟的宋杂剧和金院本,这为北杂剧的产生和兴盛打下了十分夯实的基础；其次，从政治原因来说，明沈德潜《万历野获编》和臧懋循《元曲选序》认为元代以词曲取士是北杂剧发达的原因；最后，从经济条件来说，当时的城市经济发展兴盛，为北杂剧的产生和兴起提供了充分的物质条件，而元朝贵族本身也是十分喜好歌舞、戏曲的。

所以说中国戏曲是一种高度综合性艺术，它的发展线索不会是单线，来源也不止一个，它的孕育和萌芽有一个缓慢过程，戏曲都有或多或少的渊源关系。先秦到魏晋南北朝是中国戏酝酿和萌芽曲的时期。

"元曲四大家"是谁？因什么而出名

元曲四大家是指关汉卿、白朴、马致远、郑光祖四位元代杂剧作家。四者代表了元代不同时期不同流派杂剧创作的成就。元曲大家中，著名全能曲家吴梅推崇王实甫、关汉卿和马致远三家。他说："尝谓元人剧词，约分三类：喜豪放者学关卿，工锻炼者宗实甫，尚轻俊者号东篱。"

明代何良俊在《四友斋丛说》中说："元人乐府称马东篱、郑德辉、关汉卿、白仁甫为四大家。"在此以前，元代周德清在《中原音韵》序中说："乐府之盛之备之难，莫如今时……其备则自关、郑、白、马，一新制作。"但是，周德清虽以四人并称，却没有以"四大家"称呼四人。这些说法表明，元曲四大家的概念是逐渐形成的。最终统一于关汉卿、白朴、马致远、郑光祖四人。

关汉卿，是元代著名的戏剧大师，代表作《窦娥冤》。贾仲明《录鬼簿》悼词称他为"驱梨园领袖，总编修师首，捻杂剧班头"，可见他在元代剧坛上的地位。

据各种文献资料记载，关汉卿编有杂剧六十七部，现存十八部。其中《窦娥冤》《救风尘》《望江亭》《拜月亭》《鲁斋郎》《单刀

《窦娥冤》年画

《窦娥冤》是取材于元代社会现实的一部作品，是我国古代一个著名的悲剧，窦娥是封建社会开始觉醒的被压迫阶级一个成功的悲剧典型。700多年来，这部剧作不仅成为我国戏曲舞台的保留剧目，而且被译成多种文字流传国外。

会》《调风月》等，是他的代表作。关汉卿以杂剧的成就最大，散曲今存小令四十多首、套数十多套。关汉卿塑造的"我却是蒸不烂、煮不熟、捶不匾、炒不爆、响珰珰一粒铜豌豆"（《不伏老》）的形象也广为人称赞，被誉为"曲家圣人"。

关汉卿的杂剧内容具有极强烈的现实揭发性，同时具有十分鲜明的反抗精神。他不满于当时社会动荡中激烈的阶级矛盾，表现了对上层腐败黑暗现象的揭示和讽刺，同时，也表达了下层人民的同情和感伤。

关汉卿像

白朴，元代著名的文学家、杂剧家。其代表作《梧桐雨》，在元代杂剧的文坛中，具有重要的地位。据元人钟嗣成《录鬼簿》著录，白朴写过十五种剧本，这十五种是《唐明皇秋夜梧桐雨》《董秀英花月东墙记》《唐明皇游月宫》《韩翠颦御水流红叶》《薛琼夕月夜银筝怨》《汉高祖斩白蛇》《苏小小月夜钱塘梦》《祝英台死嫁梁山伯》《楚庄王夜宴绝缨会》《崔护谒浆》《高祖归庄》《墙头马上》《秋江风月凤凰船》《萧翼智赚兰亭记》《阎师道赶江江》。加上《盛世新声》著录的《李克用箭射双雕》残折，共十六本。如今仅存《唐明皇秋夜梧桐雨》《董秀英花月东墙记》《墙头马上》三种，以及《韩翠颦御水流红叶》《李克用箭射双雕》的残折，均收入王文才《白朴戏曲集校注》一书中。

白朴的剧作，所著作的内容，多源于历史传说，剧情多为佳人才子的风流韵事。比如记录唐明皇与杨贵妃缠绵爱情故事的《唐明皇秋夜梧桐雨》，再比如写李千金冲破世俗礼教，自择配偶的《墙头马上》。

马致远，晚号"东篱"，以此来效仿陶渊明之志，他比关汉卿、白朴等人稍晚，其代表作为《汉宫秋》。马致远著有杂剧十六种，但是因时代变迁，多有遗失，现在存世的有《吕洞宾三醉岳阳楼》《江州司马青衫泪》《半夜雷轰荐福碑》《破幽梦孤雁汉宫秋》《西华山陈抟高卧》《马丹阳三度任风子》《开坛阐教黄梁梦》七种。其散曲作品辑本《东篱乐府》，收录小令一百零四首，套数十七套。朱权《太和正音谱》评价："马东篱之词，如朝阳鸣凤。其词典雅清丽，可与灵光景福两相颉颃，有振鬣长鸣万马皆喑之意。又若神凤飞于九霄，岂可与凡鸟共语哉！宜列群英之上。"

马致远的作品以反映退隐山林的田园题材为多，风格奔放飘逸。《汉宫秋》被后人称作元曲的最佳杰作，作品收入《东篱乐府》。马致远少年时追求功名，却未能得志。明初贾仲明曾称赞他是"万花丛里马神仙"。马致远实际是当时在北方流行的全真教信徒。他晚年退隐田园，过着"酒中仙、尘外客、林间友"的生活。然而，正是这种逃避现实的厌世态度大大影响了他的创作成就。

郑光祖，元代著名的杂剧家和散曲家，代表作《倩女离魂》。据文学戏剧界的学者考证，郑光祖一生写过十八种杂剧剧本，全部保留至今的，有《迷青琐倩女离魂》《刍梅香骗翰林风月》《醉思乡王粲登楼》《辅成王周公摄政》《虎牢关三战吕布》等。

郑光祖一生从事于杂剧的创作，在当时的元曲界享有很高的声誉。当时演唱元曲的伶人，都尊称他为郑老先生，他的作品被广泛地传播，在民间产生了广泛的影响。除了杂剧外，郑光祖还写过一些曲词，留至今日的，有小令六首，套数二曲。这些散曲的内容，饱含对陶渊明的歌颂，以景抒情，抒发对故乡的思念，以及对江南荷塘山色的描绘。

周德清在《中原音韵》中称赞郑光祖为"大美"，颇具明德光辉之才能，名不虚传。而钟嗣成在《录鬼簿》中也给予了他极高的评价，认为他是满腹的锦绣文章和才学，才能写出这样惊人的字句来，今古相交，简直可以称为"词坛老将伏枥"。而王国维也在《宋元戏曲史》中给予了他"清丽芊绵，自成馨逸""均不失为第一流"的评价。

清代戏曲"双璧"：南洪北孔

清代戏曲"双璧"——南洪北孔指的是清初著名历史剧作家洪昇和孔尚任。洪昇创作的剧作《长生殿》和孔尚任创作的《桃花扇》举世闻名，他们因此也享有了"南洪北孔"的美誉。

清康乾时期，盛世而至，社会经济飞速发展，昆剧演出盛极一时。而曲坛却多流俗于风花雪月、才子佳人悲欢离合等艳俗故事，经常老套新翻，同类型创作千篇一律，索然无味。这时，"南洪北孔"犹如两颗闪亮的明星，划过长空，卓然而立，超迈群伦，成为登上传奇现实主义创作艺术巅峰两个不朽的艺术典范。

孔尚任，据说是孔子的六十四代孙，早年考取秀才，后来避乱随父在曲阜北石门山中读书。历官国子监博士、户部主事、员外郎，清初诗人、戏曲作家。他的作品《桃花扇》被誉为清代传奇南北高峰之一,是一部结构宏伟的历史悲剧。它从细致情节到宏观排场,无一不严谨工巧,更为难得的是其内外两层结构能够和谐统一,相互映衬。《桃花扇》思想主旨深刻,语言艺术近乎完美,反映出孔尚任非凡的创作能力和对于传奇结构高度自觉的形式审美意识。

孔尚任是一个具有儒家正统立场和思想倾向的士人。他思想上依附于统治阶级,对康熙皇帝一度怀着强烈的感激之情,但因为在官场不得志,对清廷的掌权派不满,并逐渐对康熙的"知遇"之恩表示怀疑。所以,他逐渐形成了一种非常复杂的思想感情,他并没有对现况有过多的不满和痛苦,但是却又希望自己能够施展才能而不得,这是形成其矛盾思想的冲突之一;他对明朝自然是有一番思念,但是,对社会现实也有着比较明确的认知和时代倾向,这是他形成矛盾思想的冲突之二。所以,他的思绪就时而停留在新朝,时而回到明朝,他对新权贵也有结识的想法,而对遗民也颇有神交之意向。

对孔尚任来说,《桃花扇》是一部现代历史剧,我们肯定它的艺术价值和品位,但是不得不说,他的历史还原性是值得商榷的。因为,作为时人,这部作品不可能过多地提及明清政权交接的问题,更不可能将一些战争场面过于血淋淋地描述出来,这就等于唤起前明人心中的惨痛经历,同时,这也是当时的政权机构不允许的事情。不是说这部作品不会涉及这些内容,而是不可能表现得过于真实和惨烈。尤其是迫于环境,不能直接展现战争的内容,有意回避、改变了一些情节。所以,作品是控制在一种度上来表达自己的民族情感的,揭示了那个时候的整体社会局面和人性异变。

洪昇也是著名的戏曲作家,以著作《长生殿》闻名天下。这位出身钱塘望族的大剧作家,竟因大作《长生殿》而引出祸患,入仕不久即被黜,从此穷困潦倒。共著有《长生殿》《青衫湿》等传奇十二部,杂剧《四婵娟》等。《长生殿》是其十余年苦心经营而成的旷世杰作,演绎唐明皇与杨贵妃之间生死相恋的爱情故事。

洪昇的戏曲著作有九种,除《长生

彩绘本《桃花扇》插图　清

殿》外，还有《回文锦》《回龙记》《锦绣图》《闹高唐》《节孝坊》《天涯泪》《青衫湿》《长虹桥》。现存《长生殿》和杂剧《四婵娟》两种。另有《稗畦集》《稗畦续集》《啸月楼集》等。

洪昇的作品在当时颇具名气。内容大多都是一些游记、赠予和感怀之作，旨在表现自己的身世艰难变迁，以及在这种坎坷境遇中的惆怅，整体风格也略带一些愁意和凄凉。同时，其作品中不乏感叹现世，同情底层人民的内容。他的诗虽然思想不很深刻，却具有真情实感。诗风接近唐人，于平淡处见工力，无雕琢矫饰之弊。他的散曲现存者有五个套数，虽是应酬之作，却也透露出他潇洒恬淡的情怀，词语用处，清新秀逸，可以看出洪昇的功力。

明皇游月宫图　明　周臣
唐明皇李隆基游月宫的故事在唐代已广为流传。后代的众多文学家、书画家更是将这一故事作为常用的表现题材，唐代白居易的《长恨歌》、元代白朴的《梧桐雨》就是其中的代表作。在清代，洪昇对前代有关的文学作品润色加工并加以创造，衍生成戏剧《长生殿》。

其代表作《长生殿》思想内容十分丰富。不仅表现出了唐明皇与杨贵妃的爱情，同时，将这种感情放在了当时战乱的社会环境之下，更是体现出其缠绵凄美之意。洪昇把唐明皇和杨贵妃的爱情理想化了，不符合帝王后妃的实际，这样从实际来说就有一些失真，但是，这也从侧面反映出了作者对于真挚爱情的向往和作者本身的一些浪漫情怀与理想主义。同时，还进一步地表现了当时广阔的社会生活，感叹出一代兴亡的哀伤。

《赵氏孤儿》阐述了怎样的故事

《赵氏孤儿》是中国古代最有名的复仇记之一，不但司马迁特别为此著文，就连法国思想家伏尔泰都忍不住将其改编送上舞台，在欧洲一度引起轰动。当时的欧洲正流行一股"中国风"，无论是物质上还是思想上。西方人认为，中国人的想象力和行动力既奇特又令人震惊。诸如大丈夫"其言必信，其行必果，已诺必成，不爱其躯"，这是中国儒家信义所讲的核心，做人最重要的是一个"义"字，为此被千刀万剐亦万死不辞。伏尔泰可能就是看中了这种忠义哲学观，才将

《赵氏孤儿》的故事引进,而且他认为,《赵氏孤儿》是只有在中国才会发生的复仇式悲剧。

一幕历史剧既然能引起全世界的关注,就不应该让它的剧作者纪君祥无人问津。有人考证说,纪君祥又作纪天祥,大概生活在元世祖忽必烈时期,虽然被称为戏曲家,留下来的作品却很少,但一个成名之作就足矣令他著作等身。到底出于什么目的令纪君祥去改编这段发生于春秋时期的故事呢?这就必须了解它发生的背景与作者所处的现实有多么相似。

司马迁在《史记·赵世家》中详细地讲了"赵氏孤儿"一事,纪君祥为了使其变得更加富有戏剧性,在某些细节上投注了自己的臆想。是他的巧妙编剧,使得西方人对"赵氏孤儿"的故事关注起来。

晋景公年间,大奸臣屠岸贾欲称霸皇庭,密谋陷害忠烈名门赵氏,并将其一家老小全部杀害。唯一漏网的是当家的赵朔之妻,她是晋成公的姐姐,腹中怀有赵朔之子,由于她当时身在皇宫,才躲过此劫,并在不久后产下一名男婴。赵朔的好朋友程婴和门客公孙杵臼发誓要为赵朔报仇,将这名男婴秘密保护起来,但此事还是被屠岸贾发现,并立刻下令追杀赵氏遗孤。

程婴一路逃亡,仍是被屠岸贾的部将韩厥拦住去路。程婴本以为必死无疑,却没想到韩厥竟然放了他们。望着程婴离去的背影,韩厥心道:"我若是献出去图荣进,却不道利自己损别人。可怜他三百口亲丁尽不存,着谁来雪这终天恨?怕不就连皮带筋、捻成齑粉,我可也没来由,立这样没眼的功勋!"(《赵氏孤儿大报仇》第一折)

杀一个手无寸铁的婴孩,对韩厥来说是不仁;想到赵氏一家若因自己的阻拦而不能得雪仇恨,他韩厥就是不义。不仁不义之徒,韩厥自认绝对做不出来,思来想去,干脆自尽算了,成全了自己,也成全了别人。屠岸贾大概做鬼也想不到为赵家遗孤第一个献出忠魂的竟是自己的手下。

为了找到程婴和赵氏孤儿的下落,屠岸贾扬言要屠杀晋国所有一个月以上、半岁以下的婴儿。为免连累无辜,程婴带着自己的儿子与公孙杵臼逃往一个方向,引敌人来找,另一方面让他的妻子带着赵氏遗子逃往另一个方向。屠岸贾果然率师追杀程婴和公孙二人。程婴假意投降屠岸贾,"出卖"公孙杵臼和婴儿。公孙杵臼明白他的苦衷,咬牙陪他做这场"血泪秀"。

剧中有三段唱腔,内容是公孙杵臼大骂朝廷败坏,昏君无道,竟让屠岸贾卑鄙小人位列三公。他直言皇帝老子简直有眼无珠,又假意骂程婴"狗贼","出卖"自己和赵氏。

屠岸贾怕程婴作假，就让程婴鞭打公孙，程婴只好忍着心痛抽打公孙，而心中却在淌血，几乎把银牙咬断。他暗道此仇不报，誓不为人。到最后，他只能眼见着亲生儿子死于乱刀之下，而好朋友公孙杵臼也一通撞倒在地上，头破血流而亡。

背着"忘恩负义"的骂名，程婴将赵氏遗子带在身边，躲在深山老林里隐居。在与世隔绝、青山绿水的桃源中，程婴将报仇的念头不断灌输给赵家小子。这样做是对还是错，程婴一直在挣扎，但是想到赵家满门三百口皆死于屠岸贾之手，如果不除掉此人，恐怕连天都不容。

京剧《赵氏孤儿》剧照

山中一日，世上千年。不知不觉，赵氏遗子赵武立世成人，联合屠岸贾的"亲信"，里应外合将屠岸贾诛杀，还了赵氏和程婴等人的清白。然而，程婴想到自己的孩子和朋友皆不能复生，痛不欲生。他被接入了豪华的赵府，却并没有享受的心情，而是每日待在屋中，沉默地坐在案席之上，到了夜晚，对月无语。

隐约间，他好像看到了点点青鸦，几株桑树，闹闹吵吵，簌簌耕夫。这些是他在深山里最常见到的情景。过了一会儿，他仿佛又看到了那些死去好友的魂魄在面前晃来晃去，好似在召唤他一般。

忘不了山中的生活，因为隐居能消除他心中的罪孽，然而青山也治愈不了他痛失朋友的悲苦。除了一死，程婴想不出还能用什么来祭奠那些死去的人。

在真正的历史当中，程婴自刎了，以死来祭奠朋友的魂灵。不过在《赵氏孤儿大报仇》这部剧中，纪君祥让程婴免于一死。因为如果他的结局也以死收场，就真是大悲特悲的惨剧了。即便不是个纯正的悲剧，近代中国著名学者王国维仍认为，《赵氏孤儿》与《窦娥冤》至少情节不相上下，"列之于世界大悲剧中，亦无愧色也"。更有甚者说《赵氏孤儿大报仇》跟《哈姆雷特》的戏剧地位持平，毕竟它取胜在既有真实历史支撑，又富有传奇色彩，而莎士比亚的《哈姆雷特》不过是"凭空捏造"。

其实赵氏孤儿传达的无非是儒家仁义礼智信的"义"。在孟子那里，"义"有个有趣的诠释:"鱼,我所欲也,熊掌,亦我所欲也;二者不可得兼,舍鱼而取熊掌者也。生,亦我所欲也,义,亦我所欲也;二者不可得兼,舍身而取义者也。"对贪心的人来说两全其美当然更好,可是如果"生命"和"道义"两个不可以同时要,按照中国人的观念,自然是"道义"重过"生命"。所以韩厥、公孙和程婴都制造了令人极端费解的"自杀事件"。

中国古代的"自杀事件"之所以被外国人相中,并被他们拿去改编成符合外国人观赏角度的剧目,是因为外国人对中国的"忠义观"很感兴趣。而对朋友忠诚、对事业忠诚的人,在全世界都可以引起共鸣。《赵氏孤儿》动人的一面,就是凭借"忠义"二字,在意识形态上融入了别国人的心灵。

如何品读《西厢记》中的"红娘"一角

《西厢记》全名《崔莺莺待月西厢记》,作者是元代的王实甫。此剧表现出了"愿天下有情人终成眷属"的主题思想。

其实,王实甫的《西厢记》并未让后人锁定张生、崔莺莺等角色,却把最佳女配角红娘推上历史舞台,实在是他的不经意之举。《西厢记》原本是由唐人元稹的传奇小说《莺莺传》改编的。主要讲张生和莺莺恋爱的波折,红娘不过是个不起眼的丫鬟,但在王实甫笔下却加了她的戏份,将其作为张生和莺莺爱情的催化剂。不料这一增戏份,却把红娘捧红了。

细述《西厢记》的种种情节亦不必,只简单讲讲张生与莺莺的邂逅与续缘。崔相国身故,夫人郑氏为丈夫送灵柩回河北安平安葬,身边带着女儿崔莺莺。在行至河北的途中因故受阻,郑氏等人只好暂居河中府普救寺。

寺中的住客当中还有一书生张生,他本是前礼部尚书之子,父母死后家境败落,赴京赶考也经过此地,在普救寺中停歇数日,碰巧正遇到在寺中游览的崔莺莺和红娘。张生见莺莺美貌如花,立刻一见钟情,唐突地送了莺莺一首赞美诗。

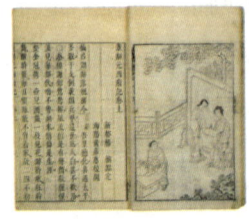

不同时期、不同版本的《西厢记》书影

他原以为会遭到莺莺的拒绝,没想到莺莺竟然回了一首诗。从此二人就这样悄无声息地以情诗为媒介开始恋爱。几日下来,崔夫人发现女儿的行为反常,暗中叫红娘监视莺莺,却不料红娘会阵前倒戈,反而帮助两人私下幽会。

当朝叛将孙飞虎听闻崔莺莺有倾国倾城之容,便率领五千人马,围困普救寺索美人。崔夫人一心解围,声称只要谁能解普救寺之难,就将崔莺莺许配给那人。张生立刻书信一封给他的八拜之交、征西大元帅杜确,铲除了孙飞虎这个大害虫。但之后崔夫人却出尔反尔,声称莺莺已经许配给公子郑恒。张生只有和莺莺隔墙以琴表心意,通过红娘进行书信来往。

《西厢记·惊梦》插图　清　任薰

红娘之所以极力撮合张生和莺莺的情事,一开始是热心,后来则带几分私心。在她帮助张生穿针引线时,张生表示过要好好酬谢她,她却说:"不图你甚白璧黄金,则要你满头花,拖地锦。""满头花"和"拖地锦"其实是古代婚嫁的礼服,她的意思是希望张生能娶她。

女作家侯虹斌对这点曾有过一段解读:红娘是崔莺莺的丫鬟,以她的身份只能终身为婢,嫁人也只能嫁给下等人,生子生女都是奴婢。但古有"陪嫁丫鬟"一说,小姐嫁出去之后,富家有权纳小姐的丫鬟为妾。红娘极力撮合张、崔两人,也是相中了张生的人品,希望后者能顺带娶她。而且她不止一次暗示过张生,明里暗里都在问张生如何报答她。她的想法并没有原则性错误,利己考虑是因为身份卑微而引发的权宜之计,倘若张生断然不娶她,她也没办法。何况她并没有损害任何人的利益。

在红娘的协助下,张生与崔莺莺虽然能隔墙幽会,但无法见面依然让两人活得很苦。几天之后,张生就因相思而病倒,莺莺也因日思夜想魂不守舍。崔夫人便叫来红娘严刑逼问,才知张、崔两人一直有来往。红娘料定夫人听闻之后会怒不可遏,不但不怕,倒干脆为张、崔辩驳起来,指责夫人不通人情。

【秃厮儿】我则道神针法灸,谁承望燕侣莺俦。他两个经今月余则是一处宿,何须你一一问缘由?

【圣药王】他每不识忧,不识愁,一双心意两下投。夫人得好休,便好休,这其间何必苦追求?常言道"女大不中留"。

【麻郎儿】秀才是文章魁首,姐姐是仕女班头;一个通彻三教九流,一个晓尽描鸾刺绣。

【幺篇】世有、便休、罢手,大恩人怎做敌头?起白马将军故友,斩飞虎叛贼草寇。

【络丝娘】不争和张解元参辰卯酉,便是与崔相国出乖弄丑。到底干连着自己骨肉,夫人索穷究。

——《西厢记》(第四本第二折)王实甫

这五段唱腔出于《西厢记》第四本第二折,是红娘最出彩的段子。"圣药王""麻郎儿""幺篇"三段曲子是红娘赞崔、张是才子佳人、情投意合,而张生的义兄还是大将军,与崔家门当户对;而"秃厮儿""络丝娘"两段里,红娘直接损老夫人不守信用,坏人家姻缘,连心头肉的好女儿都不管不顾。五曲铿锵有力,完全展露了红娘伶牙俐齿的一面。

老夫人被红娘一连串的抢白,弄得一句话也说不出来,思来想去,考虑到张生义兄杜确的身份,只有同意二人交往,但要求张生必须考取功名才允许他和崔莺莺结婚。不久,张生果然考得状元,立刻赶往家中报喜。然而一波未平,一波又起,郑恒突然横插一脚,欺骗莺莺张生已经成了卫尚书的东床快婿,意图染指莺莺。好在张生和杜确及时赶到,惩治了小人郑恒。而张生终于得偿所愿,抱得美人归。此时的张生早把答应红娘的事情忘在脑后,小小的红线人只能黯然退出了舞台。

红娘的可爱、大胆、泼辣赢得众多人喜爱,然而人们总是看不到一个角色背后的悲剧。据说当代学者吴晓铃曾在他的书中说红娘想要张生娶她为妾才肯那般全力帮忙,这个言论在当时遭到

听琴 今人王叔晖绘《西厢记》剧情
《西厢记》因为其曲文的无比优美和抒情性被视为一部诗剧,其"愿天下有情的都成了眷属"更寄托了人们的美好愿望。

很多读者的痛骂。其实,这是由于人们对戏剧形象要求过于完美的惯性在作祟,让人们不愿承认红娘的私心,然而这却是王实甫要在《西厢记》里真正突出红娘的原因。红娘的个性再坚强泼辣,但她一样是一个需要呵护的小女人,她并不是人们心目中的神,而是一个没有社会地位的女人,仅仅想要为自己寻找出路。她撮合莺莺与张生,既不损人又可利己,这才是真实的人性。王实甫正是站在人性的角度进行艺术的探索。

贾仲名在追忆王实甫时曾言:"风月营密匝匝列旌旗,莺花寨明飚飚排剑戟。翠红乡雄赳赳施谋智。作辞章,风韵美,士林中等辈伏低。"每日混迹在妓馆市井的王实甫,见"卑贱者"无数,了解到他们每个人活着的方式都有所不同,生活际遇也大相径庭。他如此写红娘,一是对此类女性心存同情,二是真的想在戏曲中为普通世人争得永世流芳的机遇。

《墙头马上》是何故事?表现何种思想

《墙头马上》是白朴戏曲里的最得意之作,倾注了他的很多感情。剧中的主人公李千金,名字就是"千金",也可以视作她的代称。她是洛阳官宦人家的小姐,刚过二八年华,小女儿的心事便由原来的红装刺绣及玩耍转变为考虑嫁人的问题。

清代戏衣——女帔

帔一般为皇帝、文官便服和士绅常服。男帔及足,女帔及膝。夫妻之帔花色相对,称对帔。

剧情是从李千金在某日趴于墙头向外张望开始写起。长年不出闺门的她,因为对外面的世界格外好奇,便爬上梯子登墙,看院外大街上的风景。心情略显惆怅的千金深吸了一口气,轻轻地唱道:

柳暗青烟密,花残红雨飞。这人、人和柳浑相类,花心吹得人心碎,柳眉不转蛾眉系。为甚西园陡恁景狼藉?正是东君不管人憔悴!

——《墙头马上》第一折【寄生草】

这段话是写李千金所住的园内情景:"柳暗青烟密,花残红雨飞。"在李千金眼中,园内景物残破,徒惹佳人不快,实则是佳人不快,才看不惯园内的风光。

升平雅乐图　清　张恺

图中所绘为清宫廷戏曲乐队。清代宫廷内有掌管戏曲演出的机构，初称"南府"，至道光七年（1827年）改名"升平署"。乐队每逢年节和宫廷喜庆典礼时奉命演出。乐队中出现的乐器有板鼓、堂鼓、手锣、钹、中堂锣、笛子、唢呐等。

就在她百无聊赖的时候，突然见到一个俊美至极的书生骑马经过。两人四目相对，风拂过，掀起二人的发丝，勾勒出他们清新的轮廓，那一瞬间，他们彼此均感如沐春风。千金脸上一红，急忙从梯子上下来，躲在墙后。

骑马的书生并不是普通人家的子女，而是工部尚书裴行俭的儿子裴少俊，但千金并不知晓。裴少俊当时年过十八岁，墙头惊鸿一瞥，觉得千金貌若天仙，一时间心潮涌动，文思泉涌，随手写了首诗，抛进了李家的墙内。躲在墙后的千金拾起诗来看了看，微笑着回写一首抛出去。此后，两人便常以传小诗的形式恋爱。以诗传情是古人常常采取的形式，比如王实甫的《西厢记》里就有类似的情景。

李千金的乳母发现二人偷偷恋爱，可怜他们爱得辛苦，便帮他们两个私奔。裴少俊遂把李千金偷偷带回家藏在后院，整整七年，裴家人都没有发现千金的存在。在这七年当中，李千金还为裴少俊生了两个孩子：儿子端端六岁，女儿重阳四岁。

许是天不从人愿，又或者事情早晚要曝光。端端和重阳在玩耍的时候被工部尚书裴行俭发现，后者几番追问裴少俊，才知道他竟然早已暗结连理，便大骂李千金不知礼数，迫使裴少俊休了她。李千金据理力争，但裴少俊却拗不过父亲的威逼而休了她。痛苦异常的李千金唯有回到洛阳，却发现父母双亡，一时间悔恨不已，心念着："家万里梦蝴蝶，月三更闻杜宇。则兀那墙头马上引起欢娱，怎想有这场苦、苦。都则道百媚千娇，送的人四分五落，两头三绪。"（《墙头马上》第四折【醉春风】）想当初只顾着恋爱，可七年下来却落得被休的下场，父母又双双亡故，人生还有什么希望？万念俱灰下，她去了父母的坟前守孝，寻个清净。

时光匆匆流逝，大半年过去了，裴少俊中了进士，担任洛阳令一职，将父母接到洛阳，打算与千金再续前缘。但千金早就断绝了复婚的念头。而且她痛恨裴少俊耳根子软，就那样休了自己，缘分已被隔断，还有什么可续，于是死活不肯答应复婚。

而裴行俭这时知道了李千金竟然是自己的旧交李世杰之女，便主动跑去跟她道歉，希望她再做自己的儿媳妇。千金被求得心烦，又看到自己的儿女抱着她的大腿不肯松开，无奈之下只好原谅裴少俊。总之一切便是皆大欢喜。

一个墙头、一匹高头马，成就了这段姻缘，所以白朴为李千金与裴少俊的故事起了《墙头马上》的名字，以言表对墙头、马背等"媒人"的感激。白朴为李、裴设定的美好结局，让这个故事成为元杂剧四大爱情剧之一，也是难得的喜剧。然而事实上在真实的生活中，李、裴二人原型的结局却并非如此。

这个故事本来源于白居易的一首诗《井底引银瓶》："妾弄青梅凭短墙，君骑白马傍垂杨。墙头马上遥相顾，一见知君即断肠。"一个女子爱上了一位男子，二人同居了五六年，终被家人发现。男方家里认为，没有三书六聘就进门的女人，甚至连妾都算不上，便将女人逐出门。回到家中的女人趴在墙上，看着墙外骑马而过的夫郎，二人虽然近在咫尺，实则已远如天涯，一时间心如刀割，肝肠寸断。白居易在写唐明皇与杨贵妃的时候，说出了"在天愿作比翼鸟"的美好愿望，可同是在他的这首诗中，写的却是"劳燕分飞"。

现实的残酷让人们心灰意冷，所以人们把美好的寄托全放在向往当中。许多古代的悲情故事，在曲人、剧作家的笔下都变成了欢喜结局，这些作家想从世人那里看到感动和欢乐的泪水，而不想看到他们为一个个悲情故事痛哭流涕。

美好的感情不只会令当事人变得风采十足，也会使欣赏他们的人觉得赏心悦目。在古今文人的笔下，爱情无论好坏，都是行文的永恒主题，人们在怨怼情感生活不美满的同时，也愿意给予厚望，因此不如把惨剧化作喜剧呈现给世人。这也就是白朴写《墙头马上》的重要原因。